イザドラ・ダンカン
美と魂の表現者

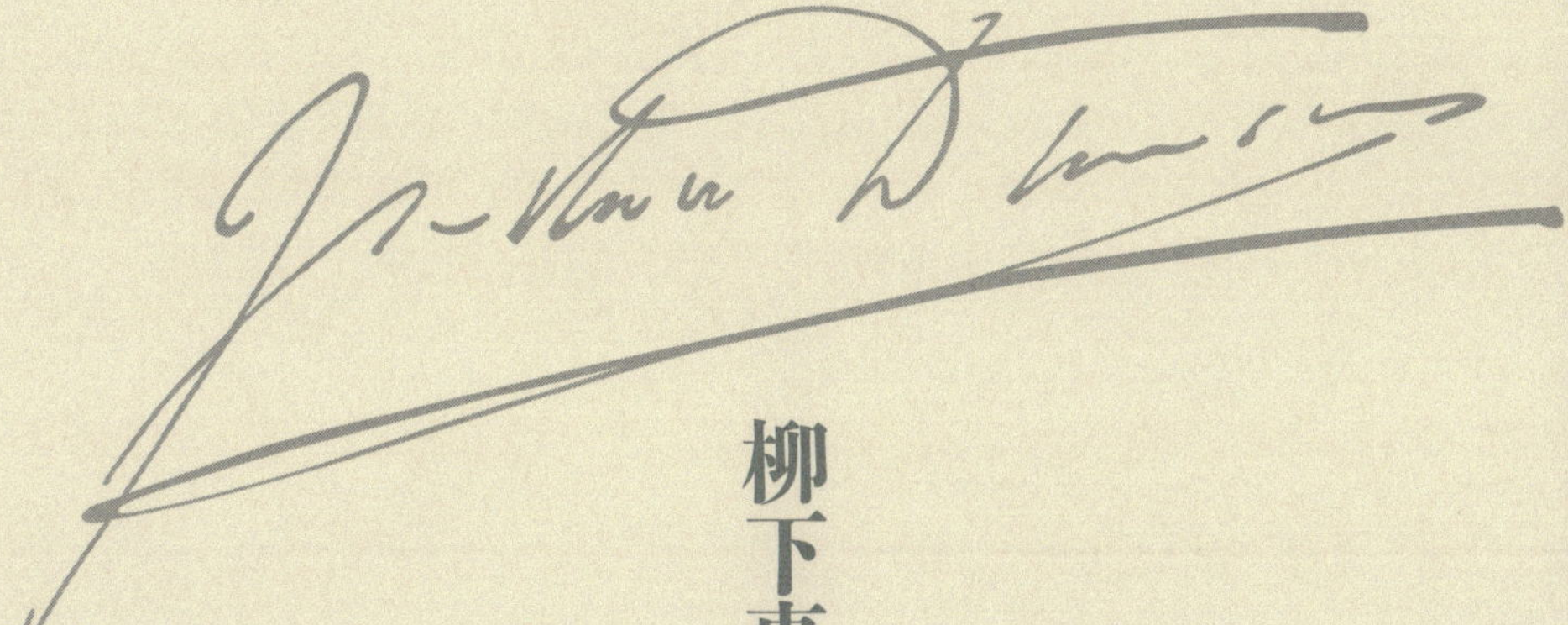

柳下恵美

国書刊行会

イザドラは、舞踊を天上の頂へと運び、
新しい世界の夢を蒔《ま》いた

彼女はダンサーではなく、
独特な世界の言葉を語る預言者であった

彼女の芸術は、私たちの心に降り注がれる
神々の微笑みであった

彼女の動きは、超人的な理想への道を導く
燦爛《さんらん》たる光を生み出した

レイモンド・ダンカンの言葉より

刊行に寄せて　末裔からの言葉

私が柳下恵美に初めて会ったのは、彼女が大学院生のときでした。恵美は私の大叔母にあたるイザドラ・ダンカンの生涯と功績に強い関心を持っており、すぐに私たちダンカン一家にとって信頼のおける友人になりました。それ以来、十数年にわたってアメリカに来る度に私たち家族は彼女を温かく迎えてきました。

恵美のイザドラに対する情熱はやむことなく、アメリカ滞在中に私だけなく、母リゴア・ダンカン、兄ミッシェル・ダンカンが持っている史料にもあたっています。叔母にあたるイザドラを直接知っていたリゴアは、子どもの頃、ニースとパリのイザドラのスタジオでともに過ごした時を思い出しながら、イザドラの生涯に関する貴重な史料を見せていました。リゴアからはリゴアの父レイモンドと彼の妹イザドラがともにクリエイティヴな情熱を共有し、作品に関わっていたことを恵美は聞いています。レイモンドとイザドラは想像以上に親しい間柄だったのです。一方ミッシェルは、イザドラとレイモンドのコラボレーションに関して、芸術、哲学、舞踊、ジムナスティック、ライティング、音楽、演劇、テキスタイルなどを含んだパリのアカデミア・レイモンド・ダンカンの活動も交えながら、恵美に説明していました。

イザドラ・ダンカンはよくモダンダンスの母と呼ばれますが、彼女の永続的な影響は芸術文化の全てにみることができます。イザドラは世界市民であり、初期フェミニストの象徴であり、自由な精神を持った社会的影響力のある人物で、二〇世紀を形作ったと言えます。

私は恵美がこの本を執筆し、イザドラ・ダンカンの重要な功績を日本に伝えることに大変な喜びを感じております。イザドラの生涯と功績が知識人、芸術家、そして若い世代の方々まで多くの皆様にインスピレーションを与えることを願ってやみません。

ドレ・ダンカン

イザドラ・ダンカンの姪孫。
ハーバード大学を経てコロンビア大学で博士号取得。
現在、「アカデミア・ダンカン」を主宰。

ドレ・ダンカンと筆者

私の先祖にあたるイザドラ・ダンカンの本が日本で刊行されることは、大きな喜びです。

柳下恵美は彼女が大学院にいたときに私たちダンカン一家を訪れ、まず最初に私の母リゴア・ダンカンに会って、イザドラと彼女の兄レイモンド・ダンカンについてインタヴューをしました。私の母は、叔母であるイザドラについて日本人の研究者が執筆していることを知って大変うれしく思い、彼女に様々な話をしていました。

当時私は主にマサチューセッツ州、母はフロリダ州に住んでいたのですが、恵美は私たちとその後も頻繁に連絡を取り合っていました。そのころ、私は毎週ラジオ番組を受け持っていたので、恵美のアメリカ滞在中には、ラジオ番組のゲストとして出演してもらったこともあります。彼女は研究のために毎年アメリカに来て、ダンカン家の倉庫に一緒に行って未刊行の史料も見つけました。

さらに私たちはニューヨーク公共図書館、カリフォルニア大学ロサンゼルス校の図書館、フランスのアーカイヴも一緒に訪問し、熱意をもって真実のイザドラを追求してきました。これまで数多くの史料を私たちは共有してきましたが、恵美が他では容易に見つけることができない貴重な史料を扱っていることを大変うれしく思っています。

私たちダンカン家はこの本を通して、数多くの読者がイザドラ・ダンカンと彼女の生涯、国際的な活躍、芸術への献身と貢献、美、教育、遺産について、よりよく知っていただくことを願っております。

ミッシェル・ダンカン

イザドラ・ダンカンの甥孫。

コロンビア大学卒業後、ウースター州立大学教授。
現在、ウースター州立大学名誉教授。「アカデミア・ダンカン」主宰。

ミシェル・ダンカン（左）、リゴア・ダンカン（中央）と筆者

イザドラ・ダンカン　美と魂の表現者

目次

凡例

・本書では、人物名表記は原音読みを優先させている。例えば、Isadora Duncan は「イザドラ・ダンカン」としている。
・図版中の丸枠と下線は、筆者によるものである。
・他の資料からの引用箇所は原文を尊重し、表記などについても変更はしていない。したがって、本文中の人名、地名とは表記が異なっているところがある。
・引用した文献が旧かな・旧漢字になっている場合、読みやすさを優先させ、新かな・新漢字に変更したところもある。
・引用箇所の（　）の部分は、原則筆者による補記である。
・引用文献の省略表記については、脚注の初出に記している。
・巻末の人名索引に関しては、本文を対象に、主要な人物を収録した。

はしがき

二〇世紀初頭、ギリシア風チュニックに裸足で踊るという独自の舞踊スタイルで、世界に一大旋風を巻き起こした芸術家イザドラ・ダンカン。彼女は生前、「私はおそらく日本人の踊りを除いて、あらゆる類の舞踊に感心しません」という興味深い言葉を残していました。この言葉だけでは、イザドラが日本人の舞踊のどこに感心したのかはっきりしませんが、実は彼女が裸足で踊り始めた背景には、日本文化の影響があったと考えられます。

彼女が活躍した時代の西欧文化圏では、基本的に室内でも靴を履いて生活するという習慣が根づいていました。そのため、公の場で靴やサンダルを脱いで「裸足」で踊る西欧人の舞踊家は皆無だったのです。このようななか、イザドラは、一九〇〇年のパリ万博で観た川上貞奴の踊りに深く感動し心を奪われます。特に草履を脱いで自由に流れるように踊る貞奴の美しい姿に魅了され、毎晩会場に足を運びました。それまでは、ボッティチェリの絵画『プリマヴェーラ』に描かれている人物と同じような衣装と姿で踊っていたイザドラは、足元だけは裸足になれずに金色のサンダルを履いていたのです。貞奴の自由な足元に鼓舞され勇気をもらったイザドラは、その後舞踊の探究に没頭します。そしてついに、サンダルを脱いで「裸足」で踊り始め、舞踊の源が太陽神経叢《たいようしんけいそう》（第二の脳と言われている胃の下の辺りにある自律神経の集結部）にあることを発見することになります。彼女の「裸足」で踊る姿は、当時センセーショナルなこととして話題になり、大きな反響を呼びました。最初、観客はその斬新な踊りを観るために劇場に駆けつけたのですが、やがて、彼女が身体で表す魂の表現に心を揺さぶられ、そこに芸術としての美をみることになります。

当時の舞踊家のほとんどは、演出家の指示に従って何かを演じて踊るというスタイルでしたが、イザドラは、選曲、振付、演出、構成の全てを自身で考え、魂から湧き出てくる感情を自らの身体を通して表現していました。ヴィクトリア朝の風習の名残りがあるなか、コルセットを付けずにギリシア風チュニックを身にまとい裸足で踊ったイザドラは、舞台上で踊りに付随する様々な役割を全て一人で担う創造性に満ちあふれた驚嘆すべき芸術家でした。

このことは同時代の舞踊家をはじめ多くの芸術家に多大な衝撃を与え、彼女を模倣する踊り手やバレエ・リュス、さらにはバレエ界全体にまで改革を促すことになりました。しかし、彼女の踊りの真髄は外面的なところにあるのではなく、目に見えない内面的な部分にありました。哲学や教育に強い関心を持っていたイザドラは、芸術家や知識人と意見交換する中で、自己研鑽に努め、それが彼女の踊りの崇高さを裏付けていたのでした。

彼女の舞踊精神は、同時代の一流の芸術家、文化人の共感を得て、多くの賛美の言葉を生みました。例えば、彫刻家オーギュスト・ロダンは「彼女は才能と呼ばれるものではなく、天才にほかならないあの力を自然から借りている。〔中略〕これこそが、まさに完全で、至高の芸術なのである」との言葉を寄せ、彫刻家アントワーヌ・ブールデルは「劇場にある私のミューズ神は皆、イザドラの飛翔の中に捕えた動きである。彼女が私の主なる源泉であった……。多くの女性の表情の中から私がつかみえた九つの異なる顔をもってしても、私のフリーズの中でイザドラと競い合うのは讃歌の熱狂の中の、あるいは神への奉納におけるイザドラである」と書き残し、イザドラから得たインスピレーションに基づいた多くの作品を創作しています。共演した詩人ジャン・コクトーにいたっては「イザドラ！　称賛すべき女性」と感嘆の声をあげ、ベルリンでイザドラの踊りを観ていた作曲家の山田耕筰は「何と言っても彼女が従来の踊り手から一歩抜きんでた境地に居る人であり、又或る意味に於いては、確かに勇敢な近代的舞踊の革命者であつたからでございます」と評しました。舞踊批評家の永田龍雄は「近代の舞踊の母、人類にもっとも美を教えて呉れたイサドラ・ダンカンの魂は永遠に世界に生きる……」と記しています。

このようなイザドラに対する畏敬の念を示す言葉は、ほんの一部にすぎず、彼女は同時代の彫刻家、画家、学者、作家、詩人、音楽家、演出家、建築家、俳優、外交官、政治家、実業家、王侯貴族など多岐にわたる人々と活発に交流し絶賛されました。そして、そこから当然のごとく新たな文化・芸術が生まれ、広く社会にまで影響が及ぶことになったのです。つまり、彼女の生涯や功績について知ることは、二〇世紀の文化・芸術史を追うことに等しいとも言えます。

イザドラは自身の舞踊芸術の探究に留まらず、一方で、自らの舞踊精神を伝えるために無償の寄宿学校を創設し、恵まれない子どもたちに舞踊教育を施しました。しかし今世紀においては、イザドラの成し遂げたこれらの偉業は必ずしも多くの人に知られているわけではありません。その時代に多大な影響を及ぼした重要な人物であっても、時が経つにつれて次第に忘れ去られてしまうのは歴史上の人物の宿命なのでしょうか。

そこで本書では、世界中の観客を魅了し、多くの芸術家に影響を与えたイザドラ・ダンカンが、一体どのような生涯を送り、いかなる功績を残したのか、彼女の人間的な魅力も含め可能な限りその実像に迫りたいと思います。イザドラの全体像を捉えるにあたり、本書の構成を第1部「イザドラ・ダンカンの舞踊芸術」、第2部「イザドラ・ダンカンの三つの舞踊学校」としました。この構成により、イザドラにとって彼女の舞踊芸術と舞踊学校の創設や学校での教育が分かちがたく、強く結びついていたことが一層明らかになると考えます。このようにイザドラを中心に据える一方、当時のヨーロッパ、アメリカの社会・文化・芸術に影響を与えた彼女の国際的な活動を通して、同時代に活躍した多くの人物との交流についても併せて紹介したいと思います。

読者の皆様には、何よりも美と魂、そして教育と自然に対する感性を大切にした芸術家イザドラ・ダンカンの全貌と困難に立ち向かう果敢な姿、同時に彼女が生きた時代の様相についても関心を持っていただけましたら、これ以上の喜びはありません。

第1部
イザドラ・ダンカンの舞踊芸術

第1章　イザドラの生い立ちとアメリカでの初期活動

イザドラの家系と生い立ち

イザドラ・ダンカン[1]は、一八七七年五月二六日、父ジョセフ・チャールズ・ダンカン（一八一九～一八九八）［図1］と母メアリー・イザドラ（ドラ）・グレイ[2]（以後ドラ・グレイと記す）（一八四九～一九二二）［図2］の四人の子どもの末娘として、カリフォルニア州サンフランシスコに誕生する。兄姉の一番上が姉のエリザベス[3]（一八七一～一九四八）、次が二人の兄オーガスティン[4]（一八七三～一九五四）とレイモンド[5]（一八七四～一九六六）、一番下がイザドラ（一八七七～一九二七）であった［図3－1、3－2］。

イザドラの父ジョセフは、祖父（イザドラの曽祖父）に米英戦争[6]で活躍したウィリアム・ダンカン将軍（一七七二～一八六四）がいるなど、フィラデルフィアで由緒ある家系の一族に生まれた。結婚前のジョセフは、勤めていたニューオリンズの新聞社[7]を辞めた後、手掛けた仕事に失敗し、三〇歳頃にはカリフォルニアで様々な仕事に就いたが、イザドラの母ドラと出会った頃には実業家として活躍していた。既に成人した子どもが四人いたジョセフは、五〇歳のとき二〇歳のドラに求婚し、二人は一八六九年六月二六日、サンフランシスコで結婚する。[8]結婚後は自作農場に関する事業の仕事で一儲けすると、その資金を基に銀行経営に乗り出し、地元の名士になった。また芸術愛好家として、自らヨーロッパで収集してきた絵画を揃えてサンフランシスコのパインストリートにギャラリーを開くなど、兄弟や他の有志と共に地元で美術協会を設立し、そこの会長を務めている。[9]

　イザドラの母ドラ・グレイは、サンフランシスコで名の知られた人物トーマス・グレイ（イザドラの祖父）と熱心なカトリック信者のメアリー・ゴーマン（イザドラの祖母）の子として生まれた。イザドラの祖父トーマスは、一八一九年、一六歳のときにアイルランドからアメリカに移住、一八三二年に始まったブラック・ホーク戦争では大尉として戦争に参加し、そこで志願兵のエイブラハム・リンカーン*と知り合っている。イザドラの祖母のメアリーとはその頃に出会い結婚した。南北戦争で大佐として従軍したトーマスは、戦争後まずはセントルイスで連邦徴税官の職に就き、その後政治の道に進み、カリフォルニア州の議会議員を三期務めた。裕福な家庭に誕生した母ドラは、両親同様カトリック教徒となり、ピアノを習うなど教養を身につけて育つことになる。

　このような出自と経歴を持つジョセフとドラを両親としたイザドラ・ダンカン。彼女が生まれた一九世紀後半のアメリカでは、考古学者ハインリッヒ・シュリーマン*によるトロイア遺跡の発見から古代ギリシアに関する関心が高まっていた。

　芸術に関心を寄せ、詩にも造詣が深かった父ジョセフは、様々な詩を集めた詩選集『不意の出来事』の中で、「陰刻：美しい古代に関する詩」を著している。古代ギリシアブームの影響が感じられるこの詩の

図1　父　ジョセフ・チャールズ・ダンカン

図2　母　メアリー・ドラ・グレイ

図3–1　ダンカン一家：前中央にイザドラ、後列左からオーガスティン、エリザベス、レイモンド、母ドラ

図3–2　3歳頃のイザドラ

一部から、ダンカン一家のギリシア憧憬の一端を窺《うかが》い知ることができる。

陰刻：美しい古代に関する詩　J・C・ダンカン

王冠を抱いた神殿の頂上で
〔中略〕
パンテオンに彫られた美の向こうで
光と影はまだ戯れていた
比類なき数々の像は　生命に満ち溢れており
ミネルヴァの丘の上に立っていた
〔中略〕
二〇〇〇年の間の変化は
彫刻の壁に痕跡を残した
〔中略〕
二〇〇〇年の月日が流れ
芸術家の仕事がなされてから
栄光のアテネが色あせてから
日の入りによって光がともされた〈10〉

イザドラは自伝で、「私はときどき父に会って、彼が詩人であったことを知り、感謝するようになった。彼の詩のなかに私の全人生を予言するようなものがあった。私が父の人生について語るのは、これら幼少期の印象がその後の私の人生に多大な影響を与えたからである」[11]と明言しており、一九〇四年に創設したドイツの舞踊学校のパンフレットにも「二〇〇〇年の間眠っていたものを呼び起こしたい」[12]と自らの抱負を記している。イザドラの全人生を予言しているという父の詩は、内容からしても、この「陰刻：美しい古代に関する詩」のことを指しているのであろう。彼女が語っている通り、人生の根幹には父親のギリシア賛美の思想が大いに関わっていたと思われる。[13]

父ジョセフ所有の銀行は当初成功したと思われていたが、その後経営が行き詰まり、不渡りから倒産に追い込まれた。最初から素人経営であったため、倒産は時間の問題でもあったようだ。逮捕状から逃れるため、余儀なく逃亡生活を送ることになったジョセフは、その後四回起訴され、一八八二年七月に行われた公判でようやく無罪放免となっている。[14]

だが、この事件は母ドラにとって一族の尊厳が汚されたのも同然で、このことが原因となりジョセフとドラは離婚、ジョセフは新たな道を築くためにロサンゼルスに移住した。[15]夫と別れた後、ドラは一人で四人の幼い子どもを懸命に育てるが、当然のごとく窮乏生活が待っていた。

裕福だった頃のダンカン一家は、当初サンフランシスコの大きな屋敷に住んでいたが、[16]銀行の資金繰りで家を手放したのか、イザドラが洗礼を受けた一八七七年一〇月一三日から翌年の春までには、オークランドの九番街にあるヘンリーハウスに移っている。[17]しかし、この家も火災により焼失し、財産のほとんどがなくなったようだ。当時幼子だったイザドラの最初の記憶は、焼けた家から運び出された時であり、この火災は彼女にとって衝撃的な出来事であった。その後は家賃が払えず近場を「二年間で一五回引っ越した」[18]という記述の通り、何度も引っ越しをしなければならない一家の生活は非常に苦しく、母ドラはピアノ教師を務め、帽子や手袋の編み物を売るなどして、何とか生計を立てようと朝から晩まで必死に働いた。

実はこれまでイザドラの生年月日について、長兄のオーガスティンと次兄のレイモンドの間で異論があった。オーガスティンは、一九四七年に高等裁判所の判事エドワード・マーフィーの前で一八七八年五月二七日生まれと証言し[19]、一方レイモンドは、終始一八七七年五月二六日生まれと主張していたのである。イザドラの友人で『真実のイザドラ』を著したヴィクター・セロフ他、何人かはオーガスティンに倣って一八七八年説をとっていたが、一九七六年に洗礼証明書が見つかって以来、現在では一八七七年五月二六日と唱えていたレイモンドの説が正説となっている[20]。

筆者はニューヨーク公共図書館で洗礼証明書（一八七七年に発行された洗礼証明書は火事で焼失したため、一九七六年に再発行されたもの）にイザドラの生年月日が一八七七年五月二六日と記載されていることを確認している。

＊エイブラハム・リンカーン（一八〇九〜一八六五）

アメリカ・ケンタッキー州生まれ。アメリカ合衆国の政治家、弁護士。イリノイ州議員から下院議員を経て、第一六代アメリカ合衆国大統領に就任。南北戦争で北部を勝利に導き、奴隷を解放した。奴隷解放が終結した年、一八六五年の四月一四日に暗殺される。

＊ハインリッヒ・シュリーマン（一八八二〜一八九〇）
ドイツ・ノイブコウ生まれ。考古学者、実業家。ギリシア神話に登場する伝説の都市トロイアを発掘。一時期カリフォルニア州サクラメントに商社を設立したこともあり、彼のトロイア遺跡発見のニュースは、アメリカでも大変話題になった。

学校生活と幼少期の教育

さて、経済的に不安定な状況下、度重なる引っ越しの中でイザドラはどのような子ども時代を過ごしていたのだろうか。

母ドラは、五歳のイザドラを家から近いコール小学校に入学させていた。一日中仕事に追われ、幼い子どもを家で世話をすることができなかったため、少しでも早く学校に通わせたかったと思われる。イザドラは当時の学校生活を振り返り、自伝で次のように回想している。

私が幼かったころとは、学校も変わっているのではないだろうか。私の記憶では公立学校の教育は、子どもを残酷なまでに理解していなかった。空腹で堅いベンチにじっと座っていたり、濡れた靴を履いて足が冷たかった惨めさも覚えている。教師はまるで私たちを拷問する非人間的な怪物のように見えた。このような苦しみについて、子どもたちは決して語ることはないだろう。私は家の貧しさは当然のことと思っていたので、つらいと思ったことはなかった。私がつらかったのは学校だけだった。誇り高く繊細な子どもにとって、公立学校の制度は、監獄と同じ様に屈辱的であったことを覚えている。私はそれに対していつも反抗していた。〔中略〕私は、学校に行くのは無意味で、時間の無駄であり、お金を稼ぐことのほうがもっと重要と考えていた。[21]

このように屈辱的体験やつらい思いから、*[22]学校へ行くのは時間の無駄と感じていたイザドラは、いつからか登校しなくなった（この学校でのつらい体験が、後に理想とする舞踊学校を創設したいという思いの原点になる。かつてオークランドのユニオン通りとポプラー通りに挟まれた場所に位置していたこの学校は廃校となった）。[23]その後は、家で母親の弾くピアノの音色や読み聞かされた詩*などが彼女にとっての真の教育となり、それが情操を養う源になっていた。イザドラの次の言葉からそのことが読み取れる。

私にとっての本当の教育は、母が夜にベートーヴェンやシューマン、シューベルト、モーツァルト、ショパンを弾き、シェイクスピア、シェリー、キーツ、バーンズなどの詩を朗読してくれる時間に行われた。このような時間はとても魅力的だった。[24]

＊屈辱的体験やつらい思い

・自由に動くのが好きだったイザドラは、学校の机の前で何時間もずっと硬い椅子に座っていることは、脚も痛く苦痛だった。またイザドラの父親所有の銀行が不渡りで倒産したため、逃亡していた父親の話をすることはできなかった。

・五歳のとき、二三番街に住んでいたイザドラ一家は家賃が払えず一七番街に、そこもお金がなくなって二二番街に、次には一〇番街にというように引っ越し続きであった。これを学校で作文として読んだところ、悪ふざけをしていると思った先生に怒られ、呼び出された母親が先生に本当のことですと言って泣き崩れたことがあった。イザドラは真実を書いたのに先生に怒られ、理不尽と感じた。

・学校で先生がサンタクロースの話をしたとき、母親からサンタクロースはいないと教えられていたイザドラは、強固に反発し、いないと言い張る。最後まで言い張っていたため、先生からもらったキャンディーを取り上げられ家に帰らされたイザドラは、つらく悲しい思いをした。母親にあらためて聞くと、「サンタクロースはいないのよ」と言われ、なぜ学校は真実を教えないで嘘をつくのだろうと子ども心に傷つき、不信感を抱いた。

＊母親から読み聞かされた詩

カトリック教会から離れ、無神論者となった母ドラは、無神論者で作家のロバート・インガーソル（一八三三〜一八九九）に傾倒し、夜、彼の著書を子どもたちに読み聞かせていた。インガーソルは『モーセのいくつかの過ち』、『神々と他の諸講義』、『文学における自由』を執筆しているが、特に『文学における自由』では、民主主義詩人あるいは自由詩の父といわれたウォルト・ホイットマンを取り上げている。〈25〉これはイザドラの『舞踊芸術』〈26〉の中のエッセイ「私はアメリカが踊るのを見る」でホイットマンに傾倒

――していることと無関係ではないと思われる。

夜、仕事から帰った母親から教育を受けていたイザドラは、家に母親がいない昼間は、オークランドの公立図書館に通って数多くの本を読むようになった。そこで図書館員のイナ・ゴルブリスからディケンズ、サッカレー、シェイクスピアなどイギリス人作家の作品を薦められ、全て読破したようである。〈27〉これら作家の影響から、イザドラは次第にイギリスに憧れを抱くようになった。またこの頃のイザドラは、本を読むだけでなく、自ら積極的に小説や新聞記事を執筆し、日記をつけるなど文章を書くことにも慣れ親しんでいた。〈28〉成人してから書き記した独創的な舞踊概念や公演後のスピーチ原稿、新聞、雑誌への投稿文、晩年に著した自伝等、その基盤は既にこの頃から培われていたと言える。

幼少期の舞踊形成（ダンスの着想と起源）

いつからか学校に通わなくなったイザドラは、誰にも束縛されない自由な生活から図書館に通う以外は、海や山などの自然に親しむことで想像力を育み、波のリズムからダンスの着想を得ていた。このことはイザドラの次の回想からも読み取ることができる。

私の動きとダンスの最初のひらめきは、波のリズムによるものであった。〔中略〕学校という牢獄から逃げ出した私は本当に自由だった。海辺を一人で歩きながら自分の想像力を掻き立てることができた。

〔中略〕私が幸運だったのは、この自由で制限されない幼少期の生活が、私のダンスにインスピレーションを与え、自由の表現ができたことである。〈29〉

イザドラは、自身の舞踊の起源について次のように語っている。

このアメリカの歌《ヤンキードードル》は祖父のトマス・グレイ大佐が南北戦争から帰って来た時に唄った歌であるが、祖母はみんなそれをアイルランド・ジーグの中に入れて踊った。私は祖母からこれを教わり、それに若きアメリカの、つまり私独特の抱負を加味し、そして最後に、ワルト・ホイットマンの詩から生まれた私の偉大な生命の精神的実現を加味したのだ。それが世界を風靡した、いわゆる私のギリシア舞踊の起源なのである。それが起源であったし根幹であった。〈30〉

イザドラは、自身の舞踊の起源は祖父のアメリカの歌、その歌を踊った祖母の踊り、そして自身の抱負とウォルト・ホイットマン*の詩から生まれた自身の偉大な生命の精神的実現を加味したものであった、〈31〉としている。彼女が幼少期の頃の家の中は、母の読む詩と奏でる音楽、時々家を訪問してきた母方の祖母のアイルランド民族舞踊等が享受できるという、常に芸術溢れる環境にあった。そのような環境の中でイザドラ独自の舞踊の基盤が育まれたと言いたかったのであろう。おそらくイザドラにとって最初に見て覚えたダンスは、祖母が踊ったアイルランド民族舞踊のジーグだったに違いない。〈32〉そしてそれが、後に生徒たちの踊りとなるグループダンスの創作*にもつながっていったと考えられる。

＊ウォルト・ホイットマン（一八一九～一八九二）
アメリカ・ニューヨーク州生まれ。詩人。「自由詩の父」と称され、代表作に『草の葉』がある。

＊グループダンスの創作
イザドラは、複数人で円を作って回る動きや二人が組になり手をつないで回転する動きを入れ、グループで行うダンスを創作している。そして、その作品を自身の生徒たちに踊らせ、称賛を得ている。

イザドラの幼少期の舞踊教育については、これまで事実が錯綜《さくそう》し、不明瞭な部分があった。しかし、イザドラの末裔が所蔵している兄レイモンドの覚書から、実はダンスの基礎や体操を専門の教師から学んでいたことが明らかとなった。

レイモンドの覚書によれば、祖母の影響から踊りに関心を持ったイザドラは、小柄で身なりのきちんとしたモスバウムというダンス教師から本格的にダンスを学んでいた。〈33〉おそらく、ダンカン一家が開講したクラスの派遣教師だったのであろう。モスバウムは週一回イザドラの家を訪問し、母ドラのピアノ伴奏〈34〉に合わせて燕尾服《えんびふく》の裾を持ち上げ、ステップやポルカ、スコティッシュ、マルゲラン〈35〉（ワルツのこと）を生徒に教えていたようだ。レイモンドはモスバウムから学んだ踊りについて次のように記している。

私たちにとって、とても面白く興味は持てても難しかったのは、ワルツを始める前に一列に立って前方にそして後方に飛ぶことだった。〈36〉この飛ぶ動きがそれぞれのアクセントとなり、身体を投げるのを表しているということが分かるまでに数年かかった。次に続く動きは平衡のとれた自然な振動だった。〔中略〕この踊り（ワルツ）が後にイザドラとエリザベスの舞踊システムの鍵になった。〔中略〕教師のモスバウムは非常に洗練されたテクニックでメヌエットとガヴォットも教えたが、ワルツ以外は簡単に習得できた。〈37〉

様々なダンスを学んだイザドラの舞踊システムの鍵になったのはワルツであったと明言していることを考えると、幼少期に学んだモスバウムの教えは、イザドラの舞踊形成にとって大変重要であったと思われる。しかし音楽のリズムについて、モスバウムと母ドラの間で意見の相違があり、モスバウムの訪問が途絶えるようになると、その後は主に姉エリザベスがダンス教師を務めることになる。〈38〉

踊るためには自身の身体を鍛える必要があると思ったイザドラとエリザベスは、ドイツ人教師ポール・ユーセル〈39〉からインディアン・クラブ（体操用具の一部を回す運動）［図4］、跳び箱、平行棒、行進の仕方を学んでいる。〈40〉ユーセルは主にドイツ語を使って教えていたため、後にイザドラがドイツで公演を行う際や現地で舞踊学校を開設するときなどに少なからず役立ったのではないだろうか。

イザドラが七歳頃になると、ダンカン一家は近くに住む裕福な子どもたちのために家で裁縫や演劇のクラスを設け、教えはじめた。〈41〉イザドラはその頃住んでいた家〈42〉について、「父は私たちに広いダンス室とテニスコート、それに納屋と風車のついた美しい家をプレゼントしてくれた」〈43〉と回想している。その家の前で撮影されたと思われる写真［図5］には、左端に母親のドラ、子どもたちの中にはイザドラ、レイモンド、エリザベスの姿が写っている。この頃イザドラの家を頻繁に訪れていたイザドラの親友フローレンス・トレッドウェル・ボイントンは、当時のクラスの様子について、シェイクスピアの寸劇を演じたり、ダンスを踊ったりしていた、と自身の娘サルグインに語っている。〈44〉〈45〉

離婚後、再び事業に成功した父親から大きな家を与えられたダンカン一家は、様々なクラスの充実を図ろうと舞踊学校の発表会をいくつか観《み》に行き、「ファンシー・ダンス」（ラインダンスのようなもの）と呼ばれている踊りの目立つ部分を取り入れた。〈46〉そして、これらをダンスとして教える一方、地元のオークランドのディエッツ・オペラハウスでファンシー・ダンス、蝶の踊り、パントマイムを披露している。レイモンドはその一例として、少女が網のようなヴェールを持ち、少年がラケットを持って動くテニス・ダンスを挙げ、この踊りをヒントに網を手に持ち蝶々を追いかける『蝶々《ちょうちょう》』と名付けた踊りがイザドラの最初の創作となった、としている。さらに、「イザドラが網を手に持って踊った『蝶々』は、インディアン・クラブで習得した腕を各方向に回す動きを取り入れた可能性が高く、そこで学んだ行進の動きはいつも彼女の舞踊の中に見られた」、「イザドラの創作した『軍隊行進曲』には行進の動きが多く取り入れられている」、「レッスンで習得したテクニックと教え方は、イザドラの舞踊から決して離れることはなく、常に彼女の創作のある部分において重要な特徴として残っていた」とイザドラの踊りの特徴には、レッスンで学んだ教えが多く見られるとしている。〈47〉このように、イザドラは幼少期にその道の専門教師から学んだ舞踊や体操を自身の舞踊創作、そして後に創設する学校でも活かす才能に長けていた。

一八八九年から翌年の一八九〇年にかけて、ダンカン一家は西海岸沿いのサンタクララ、サンタローザ、サンタバーバラなどを巡業した［図6］。当時一二歳だったイザドラが踊り、オーガスティンがシェイクス

図4　インディアン・クラブのエクササイズの一例

図5　オークランドの家の前で：丸枠内左から右へ時計回りに母ドラ、エリザベス、レイモンド、イザドラ

ピアとオーウェン・メレディス*の詩を朗読、エリザベスとレイモンドも加わって家族全員で喜劇を演じる公演であったが、珍しいと思われたのかどこも大成功に終わった[48]。一方、イザドラは一五歳のレイモンドが五〇ドルで借りたサンノゼの劇場で初リサイタルを行い、翌年オークランドのユニタリアン教会[49]〔図7〕でパントマイムのダンスを踊るなど、レイモンドと一緒に軽快なダンスを披露していた[50]。この頃はダンカン一家としてクラスを開講しながら、巡業やリサイタルの開催など、それぞれが協力し役割を担いながら生活のための資金を一家総出で稼いでいたが、踊りの主役はいつもイザドラであった。

クラスでは、主にエリザベスとイザドラがダンスやデルサルト・システム*を教え[51]、オーガスティンは詩人ヘンリー・オースティン・ドブソン*とシェイクスピアを読む詩の集まりを開催するなど、社交的で文学的な領域にまで活動の範囲を広げていった。

レイモンドは覚書に、「どの程度彼女たちがデルサルト・システムを学んだかよく覚えていないが、踊りの中には手首が動きを先導し、手先はそれに従うといった腕の動きが原則にあった」[52]と記している。筆者がインタヴューしたマドレーヌ・リットン（イザドラの愛弟子リザ・ダンカンの生徒）は、イザドラの舞踊作品『ハープ・エチュード』の踊り方について、「手首が動きを先導し、手先はそれに従う」とまさにデルサルトの原則と同じ教えを語り、自らその動きを見せてくれた。これらのことから、『ハープ・エチュード』の手の動きの原点は、イザドラがこの時期学んだデルサルト・システムに拠《よ》っているところが大きいと思われる。フランソワ・デルサルトの理論に関心を寄せ、イザドラは一時的であったが、「デルサルト・システムの教師」という名刺を持ち、教えていた。そしてデルサルトに対し、手足の束縛から解放してくれたことに全世界から感謝されるべき、と畏敬の念を抱いていた。このシステムはイザドラに留まらず、その後ダルクローズ学院を設立したウィーン出身の作曲家・音楽教育家エミール・ジャック＝ダルクローズ、後にアメリカのモダンダンス界を牽引していくことになるルース・セント・デニスやテッド・ショーンなど、多くのモダンダンサーに取り入れられるほど影響を与えた。

図6　左からエリザベス、レイモンド、イザドラ、オーガスティン

図7　ユニタリアン教会

＊オーウェン・メレディス（一八三一～一八九一）
イギリス・ロンドン生まれ。政治家、詩人。オーウェン・メレディスはペンネームで、初代リットン伯爵のロバート・ブルワー＝リットン伯爵のこと。彼は筆者がインタヴューを行ったダンカン・ダンサー、マドレーヌ・リットンの曽祖父にあたる。

＊デルサルト・システム
デルサルト・システムは、フランス人の音楽教師フランソワ・デルサルトが身体の表現力を開発するためにデルサルト・システムと名付けたもので、様々な状況における人間の自然な動きを勉強し、俳優たちがより自然に演技できるように助ける教えであった。彼は人間の運動を三つのカテゴリー（偏心的、同心的、正常）と三つのゾーン（頭、胴、手足）に分け、彼らの身体制御力を開発した。

＊ヘンリー・オースティン・ドブソン（一八四〇～一九二一）
イギリス・プリマス生まれ。詩人、文筆家。一六歳のときに土木技師になるが、同年一二月に商務庁に入り、一九〇一年まで勤めた。庁での仕事より、詩人、文筆家としてのキャリアのほうが知られている。

イザドラは、この頃教えていたダンスのクラスについて次のように語っている。

子ども向けのクラスのほかに、姉と私は年上の生徒たちも受け持っていた。彼らには姉が当時、社交ダンスと呼ばれていたダンス、つまり、ワルツ、マズルカ、ポルカなどを教えていたが、その生徒のなかに二人の若い青年*がいた。〈53〉

イザドラはその青年の一人に好感を持ち、初めて実らない恋をしていたようだ。その後有名になったイザドラは、ある公演会場で彼に再会し、そのことを打ち明けている。

＊二人の若い青年

一人は若い医師でもう一人は科学者であった。イザドラは科学者のバーノンという青年にプラトニックな気持ちを抱いていた。後に名が知られるようになったイザドラが、サンフランシスコの公演中、楽屋を訪れたバーノンに再会し、かつての思い出話をして旧交を温めた。

それまで定期的に生徒を指導していたイザドラは、一八九三年には、大勢の観客の前で年に二度ほどクラスの発表会を行った。そして自らも生徒たちと共に、あるいは一人でダンスやマイムを披露している。クラスを大きくしても、まだ経済的に安定しなかったダンカン一家が常に考えなければならなかったのは、生活費を稼ぐことであった。そこでイザドラは、サンフランシスコで興行を行っている劇団のマネージャーに会いに行き、母のピアノ伴奏に合わせて踊りを披露することにした。しかし踊りに対する評価は低く、舞台ではなくむしろ教会向き、とあっさり断られてしまった。〈54〉この時代、娯楽を中心とする舞台ではイザドラの踊りは理解されず、必要とされなかったのである。サンフランシスコに希望を見出すことができなくなったイザドラは、当時文化的に栄えていたシカゴに期待を寄せるようになった。

シカゴでの舞踊とオーガスティン・デイリー劇団

一八九五年、一八歳になったイザドラは、新天地を求めて母親と共にシカゴに向かった。母が仕立てた白いドレスを着て何人かのマネージャーの前で披露した踊りは、サンフランシスコ同様、どこも劇場向きでないことを理由に断られる日々であった。そのようなとき、知り合った記者クラブのアイク・フレミングから、「オールド・ボヘミア」という芸術家や文化人などが集まる場所を教えられ[55]、そこでマソニック・テンプル*・ルーフガーデン［図8］のマネージャー、チャールズ・フェアと出会い、彼の前で踊りを披露する機会を得る。しかしマネージャーから要求された踊りは、メンデルスゾーンの『春の歌』ではなく、脚を高く蹴り上げる流行のカンカン踊りであった[56]。生活費がほとんどなかったイザドラは、自分の意に反し、このときそれを受け入れるしかなかった。そして自身の理想とする舞踊とはかけ離れた条件であったが、マソニック・テンプル・ルーフガーデンに週二〇ドルで三週間[57]ほど出演することにした。

＊マソニック・テンプル
一八九二年に建設された二二階建ての建物で、一八九五年から一八九九年まではアメリカで最も高いビルだった。最上階の会議室はフリーメイソン会員のために使用されていた。この建物には、一三〇〇人ほど収容できる二つの大きなホールがあり、舞踏会、宴会、会議、展示場などに使用されていたことか

図8　シカゴのマソニック・テンプルの外観と内装

ら[58]、このホールのどこかを劇場として使っていたと考えられる。

名前を変えて、生活のために仕方なく披露したカンカン踊りは、皮肉にも観客には大好評であった。しかしイザドラは、このような踊りはもうたくさんとその心中を吐露している。

私はこのルーフガーデンで偽名を使って大成功を収めたが、すべてのことにうんざりしていた。そしてその週の終わりにマネージャーは契約の延長と旅巡業の話を申し出てきたが、私は断った。飢えをしのぐことはできても、私の理想に反することをして大衆を喜ばせるのはもうたくさんだったからだ。このようなことをしたのは、これが最初で最後だった。[59]

その頃ルーフガーデンの劇場で開催されたヴォードヴィルの公演プログラム［図9］に「センセーショナルなダンス・シリーズ」として『愚かな踊り』、『夜の踊り』、『幻灯の踊り』、『火の踊り』、『百合の踊り』とダンスの演目が掲載されていた。演目が「自然」をテーマにしていることから、イザドラが偽名を使ってこのシリーズを踊っていた可能性は高い。当時のアメリカにはイザドラの考案した舞踊を理解するような土壌はなく、このことは、ずっと惨めな想《おも》いをしてきたイザドラに、自身の踊りを「芸術」として認められたいという想いをよりいっそう募らせることになった。

理想に反する踊りに嫌気がさしていたイザドラは、当時アメリカ随一の芸術愛好家率いるデイリー劇団に関する新聞記事を目にし、劇団の主宰者で演出家のオーガスティン・デイリーに会う約束をなんとか取りつけた。[60]「私は舞踊を発見したのです。私は二〇〇〇年の間失われていた芸術を発見したのです。あなたは優れた劇場芸術家ですが、あなたの劇団には古代ギリシア演劇を素晴らしくしたものが一つ欠けています。それは、舞踊芸術です。〔中略〕演劇の始まりは舞踊であり〔中略〕自発的で偉大な芸術に踊り手が劇場に戻るまで、あなたの演劇はその真の表現のうちに生きることはできないでしょう」[61]と自身の考えをデイリーに熱弁したイザドラは、一〇月にニューヨークで公演する予定の『ミス・ピグマリオン』の端役[62]を得ることに成功した。劇団で踊りたいと考えたのは、家に来た叔母の芝居から演劇を身近に感じていたこともあるが、何よりも当時芸術愛好家として高名なデイリーに自身の踊りを認めてもらいたかったからであろう。しかし一方で、舞踊は娯楽の一部と見なされていた当時のアメリカにおいて、まだそれほど有名ではないイザドラが自身の踊りを受け入れてもらえそうな場所は劇団以外になかったとも言える。

一〇月一日、ニューヨークにあるデイリー劇場の楽屋口に出向いたイザドラは、当時パリで高い評価を得ていたパントマイムのスター、ジェーン・メイ*と昼食抜きのリハーサル[63]を三週間ほど行った。しかし、リハーサルの内容は踊りではなく、一八世紀風の衣装に金髪の鬘《かつら》と大きな麦わら帽子を被《かぶ》ってパントマイムをするというものであった。イザドラはその落胆の気持ちを「あぁ、私が世界にもたらすことになっている芸術の革命にとって、何ということだろうか！」[64]と表している。

憧れていた劇団内でさえ理想とする舞踊を踊ることができなかったイザドラは、大変つらい状況に身を置くことになった。彼女はパントマイムについて次のような見解を述べている。

> 私にとってパントマイムは芸術には思えなかった。ダンスの動きは抒情的かつ感情的な表現で、それ

MASONIC TEMPLE ROOF THEATRE.

Program continued from preceding page.

7 The Transformation Dancer.
AIMEE
In a series of sensational dances.
1—Dance de la Folli. 2—Dance Noir. 3—Dance de la Lantern Magique.
4—Fire Dance. 5—Lilly Dance.
NOTE—As it is impossible to darken the stage and auditorium during the matinee, the electrical effect cannot be used in Aimee's dance.

8 [illegible]E BARONESS BLANC
Fresh from her triumphant [illegible] Olympia, N. Y., presenting an unrivalled act, during which she will sing the following songs, written and composed by herself: "The Widow Who is Shy," "The Circus Girl," "They Said I Couldn't do it, but I Did."
NOTE—The indulgence of the audience is respectfully requested for a brief wait between the songs, during which the Baroness Blanc makes complete change of costumes.

9 There is only one
EZRA KENDALL
The King of all Monologue Artists.

Program Continued on Next Page.

Next Week—Temple Lady Orchestra.

If you want the Best Photographs made in Chicago, go to *Stevens & Son Co.*, McVicker's Theatre Bld. Fifteen Cabinet Photos, finished in Three Styles for $2. Guaranteed the finest made at any price

Isn't it a mistake to offer your friends ordinary tea, when they probably have Monsoon at home.

CHAS T. WILT Makes the Strongest, Lighest and Best finished TRUNKS on earth. We are manufacturers and can undersell any department store and we do it. 40 E. Madison Street.

SOLE AGENTS
KNOX
WORLD RENOWNED
HATS
CORRECT STYLES
BEST QUALITY

JOHN T. SHAYNE & Co
191 AND 193 STATE-ST.
IMPORTERS AND MANUFACTURERS
EVERYTHING IN
CLOAKS and FURS
CHICAGO.
HIGHEST AWARDS WORLD'S FAIR
POPULAR PRICES PREVAIL

SOLE AGENTS
P. CENTEMERI & CO.
PERFECT FITTING
KID GLOVES
BEST IN THE WORLD

NEW ENGLAND PIANOS
are noted for their Fine Quality of Tone and Superior Finish. Manufacturing the Entire Piano enables us to make terms and prices to suit the wants of all, and the purchaser pays ONLY ONE PRICE in dealing direct with The Largest Manufacturers in the World.
PIANOS TO RENT
AND FOR SALE ON EASY PAYMENTS.
Pianos exchanged, tuned, repaired and stored We cordially invite inspection of our stock. Over two hundred pianos to select from.
NEW ENGLAND PIANO CO.,
262-264 Wabash Ave., Chicago.
601 Washington St., Boston, 98 Fifth Ave., N.Y.
26 & 28 O'Farrell St., San Francisco, Cal.
FACTORIES—Boston, Mass.

REMEMBER
Huyler's
155 STATE ST. 187 LA SALLE ST.
FOR FRESH, PURE, DELICIOUS
Bon Bons and Chocolates
A box or Fancy Basket of our Sweets, make a beautiful and very acceptable gift to friends in town or country.

図9 マソニック・テンプル・ルーフガーデンで開催された公演プログラム

は言葉とは関係のないものだ。パントマイムでは、言葉の代わりにジェスチャーを使う。そのため、踊り手や俳優の芸術ではない、その中間のどうしようもない無味乾燥なものになってしまう。しかし、その役をもらう以外、何もできなかった。〈65〉

彼女が理想とする踊りは、叙情的で心から湧き出るような感情を込めた表現をしぐさで表すものであった。その観点から、パントマイムはダンスでも演劇でもないと言ったのであろう。このとき、内側から沸き起こる魂の踊り以外は芸術に値しないと考えていたイザドラにとって、それを認めさせることが「芸術革命」であるという強い意志からこの言葉を発したと思われる。

その後、自身の芸術に関心を持ってもらおうと努力した成果が多少は出てきたのか、一八九六年の五月頃、イザドラは『真夏の夜の夢』の妖精役で踊りを披露している〔図10－1、10－2〕。人間の想《おも》いや感情を表現するものが舞踊と考えていたイザドラにとって、妖精役には興味がなかったが、〈66〉舞台上で美しく踊る姿を見た観客は、デイリーの演劇ではなく、むしろイザドラの妖精の踊りのほうに魅せられて拍手を送った。この状況に苛立《いらだ》ったデイリーは、「ここは演芸場ではない」とイザドラに言い放った。舞踊の重要性を理解していると思っていたデイリーからの辛辣《しんらつ》な言葉は、イザドラにとってショックであったに違いない。この出来事が原因で、二人の間に亀裂が生じてしまった。幼い頃から知的な側面を有していたイザドラは、劇団でつらいときには、平静を保つためにマルクス・アウレリウス*の『自省録』を読んで自身を慰めていたようだ。

図10-1　デイリー劇団で『真夏の夜の夢』の妖精役

図10-2　デイリー劇団に所属していた頃

＊ジェーン・メイ（一八六一頃～一九？）

出生地不明。女優、歌手。フランス人の女優として活躍し、パントマイムを得意としていた。彼女の生没年や女優としての詳細なキャリアに関する情報はほとんど現存していないが、パリにあるテアトル・デ・ヌーボーテで一八八七年に上演された『女子高生』に出演したことがわかっている。

＊マルクス・アウレリウス（一二一～一八〇）

イタリア・ローマ生まれ。第一六代ローマ皇帝で五賢帝最後の皇帝。ストア哲学などの学識に長け、国を治めたことからネルウァ、トラヤヌス、ハドリアヌス、アントニヌスに並ぶ皇帝と評された。著作に皇帝の思索や内省の言葉を綴った『自省録』がある。「困難に直面したとき、人はどう生きるべきか」

――という普遍的な示唆がある。

デイリー劇団退団とアメリカでの舞踊公演

デイリーに自身の踊りを演芸と言われたイザドラは、よりいっそう舞踊を芸術として認めさせようと想いを強くする。しかし、ずっと抱いていた芸術としての舞踊を劇団内で実現することは難しく、言われる通り精霊の役やジプシー・ダンスを踊り、九月から一一月までは『芸者』〈67〉で気が向かない、茶屋の娘役を演じていた。その頃は週二五ドルという当時にしては、破格の高収入を得ていたため、デイリー劇団のイギリス公演にもついて行くしかなく、〈68〉退団もできないというジレンマに陥っていた。

自分の踊りが認められていないと確信したイザドラは、デイリーとの関係が悪化したことから、『芸者』の上演がきっかけで退団することになった、と自伝で語っている。〈69〉『芸者』の公演では、茶屋にいる待ち人の一人として出演したイザドラには踊るシーンはなく、四人で唄を歌う役が与えられる程度であった。観客から踊りを称賛されていたイザドラにとって、相当な屈辱であったに違いない。イザドラがイギリスで巡業している間、残された家族はカーネギー・ホールのスタジオでダンスのクラスを教えるエリザベスの収入と時間貸しの部屋代でなんとか暮らしていた。

レイモンドは、「イザドラは、劇団員としてロンドン滞在中に、エンパイア劇場で振付をしていたバレエ教師のカティ・ランナー*［図11］に、またニューヨークに戻ってからも一流のバレリーナにレッスンを受けていた」と覚書に記している。〈70〉この頃から退団を意識し、次への準備としてバレエを学んでいたのかもしれない。また、「最終的には私たちはイザドラにデイリーの劇団を辞めるように説得し、彼女に再びダンスをするように促した」[71]と記していることから、退団は彼女の意志だけでなく、ダンカン一家としての考えも大いに影響していたと思われる。

デイリー劇団を退団後、独自の道を歩むことになったイザドラは、再び白いドレスを身にまとい母のピアノに合わせて踊る日々に戻った。[72]しかし踊るためには優れた教師に学ぶ必要があると考え、引き続きバレエの基礎的訓練を習得するため、[73]ニューヨークで舞踊学校を開いていた当時有名なイタリア人バレリーナのマリー・ボンファンティ*（レイモンドが覚書に既述しているイザドラが学んでいた一流のバレリーナ）〔図12〕に学んでいる。ボンファンティは、ミュージカル『ブラック・クルック』で披露した踊りがアメリカ中で大ヒットとなり、アメリカにバレエブームを巻き起こしたほどの著名な人物であった。

その頃の新聞記事や写真を見ると、ニューヨークに渡った頃のイザドラは、白い薄めの衣装にピンクのストッキングとバレエシューズを履き、母のピアノ伴奏とエリザベスやレイモンドの朗読する詩を優雅な踊りで表現していたことがわかる。少しずつ才能を開花させ演技的要素を発揮しはじめたイザドラは、当時はまだダンカン一家に支えられて活躍していた一人のダンサーであった。レイモンドの覚書に、「踊りのテーマを探していると、誰かが作曲家エセルバート・ネヴィン*の『ナルシスの組曲』、『水の精』、『オフィーリア』を持ってきた。〔中略〕イザドラはそれまでの彼女の多くの作品で、優雅で可愛いらしく、魅力的だったが、とくに『オフィーリア』で彼女の演技は劇的な力を発し天賦の才が表れ始めた。ツアーから戻って来たオーガスティンはイザドラの踊る様子を見て、「イザドラ、私と一緒に舞台に立とう。君は偉大な女優だ」と言ったと記している。[74]二人の兄に称賛された『オフィーリア』の演技や踊りから、この時期イザドラが踊り手として大きく成長していることが感じ取れる。
レイモンドは誰がネヴィンの曲を勧めたかについて触れていないが、その頃ダンカン一家が住んでいたカーネギー・ホールの住人の音楽愛好家に勧められた可能性が高い。[75]一八九八年のこの時期、舞踊は偉大な芸術であることを声高に挙げる必要性を感じたレイモンドは、『舞踊の哲学』と題した原稿を執筆し、一八九八年二月一五日にエリザベスが招待されたアーサー・M・ドッジ夫人の家でこれを披露した。[76]翌日の『ニューヨーク・タイムズ』紙には、そのときの朗読の一部が次のように掲載されている。

舞踊は至高の動きの表現で、舞踊の訓練は身体から受け取る精神の支えを増加させる。踊ることは、

図11　カティ・ランナー

図12　マリー・ボンファンティ

音楽と詩を表現しその双方を享受し、魅了させる手段であるべきである。舞踊は新しい考えと感覚を伝えることができる。[77]

「講義は大成功を収め、これがイザドラの未来の偉大なダンスの源となった」[78]とレイモンドが覚書に記している通り、『舞踊の哲学』の理論は、後にイザドラ・ダンカンがベルリンで発表した『未来の舞踊』に繋がっていったことは間違いないであろう。エリザベスの朗読を身体で描写したイザドラの『春の精』（シュトラウスのワルツの踊り）[79]、イグナツィ・パデレフスキの曲で『さすらいの踊り』、エセルバート・ネヴィンの曲で『ナルシスの物語』、ウマル・ハイヤーム*の『ルバイヤート』*、『海の精』、アンジェロ・ポリツィアーノの詩を表現したエデュアード・ホルストの『メヌエット』、最後に『陽気な踊り』と次々踊った公演は称賛され、観ている人たちから感嘆の声が上がるほどであった。[80]当時の新聞にも、「イザドラの踊りは非常に優雅で、観客は脚よりも上半身と腕の動きのほうに目が惹《ひ》きつけられたようだ」と評されている。[81]上半身の動きに重点をおいたこの動きは、後にイザドラが確立するダンカン・ダンスの基本にもなった。

アーサー・M・ドッジ夫人の家で『春の精』を踊ったのは、帰国後間もなくであったことから、デイリーとの契約は一八九七年暮れか一八九八年初旬までに終わったと推測される。[82]このことから、一八九五年一〇月一日に入団したイザドラは、およそ二年数か月で退団したと考えるのが妥当であろう。短期間ではあったが、デイリー劇団での経験はイザドラの将来にとって無駄ではなかった。なぜなら、その道で一流のジェーン・メイのパントマイムや女優のエイダ・リー*[83]ハンの両者から舞台での存在感を示す秘訣《ひけつ》を会得していたからである。これら学びと経験は、後に自身のソロ公演で大いに活かされ、観客を魅了すると同時に、イザドラは舞台で存在感を発揮することになった。

二月二八日に行われたエリザベス主催のお茶会での演目は、評判を呼んだ前回とほぼ同じで『春の精』と『ルバイヤート』であった。三月一日の『ニューヨーク・タイムズ』紙は「エリザベスが中世ラテンの歌『春の精』を朗読し、イザドラはワルツの音楽と共に大地が暖まり、春の訪れにより花々が徐々に目覚めていく様子を身体で大変優雅に表現していた」、ウマル・ハイヤームの『ルバイヤート』については、「身体で描写し、観客席では有名な夫人がイザドラの踊る様子を観ていた」〈84〉と報じている。

また三月九日付の同紙は、「三月八日にエリザベス・ダンカンが土曜の朝のダンスクラスの女性たちの後援の下、B・S・スターンバーガー夫人の家で〈85〉『舞踊の哲学』について朗読し、イザドラ・ダンカンが姉の朗読を踊りで表現した〈86〉」とダンカン一家の公演の様子を伝えた。これら新聞記事から、エリザベスの朗読をイザドラが身体で表現するという公演は好評で、次々と富裕層の夫人邸に招かれ観客を魅了していたことがわかる。

ヨーロッパから帰国したばかりのエセルバート・ネヴィンは、当初、自分の曲をイザドラが踊りに使うことを快く思っていなかった。しかし、目の前で披露されたイザドラの踊りに感銘を受けたネヴィンは、最終的に曲の使用を認めるばかりか、一緒に公演することを申し出るまでになってしまった。

一八九八年三月二四日、当時カーネギー・ホール内にあった劇場でネヴィンと共に行った公演は*、観客から大喝采を浴びることになる。〈87〉この公演の後援者には、弁護士のルイス・リヴィングストン・デラフィールドの妻、アレクサンダー・D・ショー夫人、ヘンリー・C・バレンタイン夫人、実業家のチャールズ・C・ワーシングトンの妻、ヘンリー・ロス夫人、ルイス・コールマン・ホールなど上流階級の夫人たちの名が連なり、社交界の人々が大勢集まった。当時有名なネヴィンとの公演に出演したイザドラは、多くの富裕層の夫人たちにその名が知られ、これを機に次々と夫人の館に招かれることになっていく。

＊カティ・ランナー（一八二九〜一九〇八）
オーストリア・ウィーン生まれ。バレエダンサー、振付家、バレエ教師。一八四五年にウィーンのケルントナートーア劇場でデビュー後、一八五九年まで同劇場で踊る。後にベルリンなどで舞台に立った後、オーストリア国外でも踊り、一八七六年にイギリスに活動の場を移してからは、同国のバレエの復興と発展に貢献した。

＊マリー・ボンファンティ（一八四五〜一九二一）
イタリア・ミラノ生まれ。バレエダンサー、バレエ教師。イタリアやロンドンで舞台に立った後、アメリカ合衆国に渡り、バレエ発展と普及に大きな貢献を果たした。彼女はミラノ・イタリア大歌劇団のプリマ・バレリーナを務めた後に、ニューヨークのメトロポリタンオペラ歌劇場でもプリマ・バレリーナを一八八五年と一八八六年の両年に務める。

＊エセルバート・ネヴィン（一八六二〜一九〇一）
アメリカ・ペンシルベニア州生まれ。ピアニスト、作曲家。母親がピアニストであったこともあり、幼

少期から音楽に親しめる環境下で育ち、四歳の頃からピアノを弾き始める。二年間ボストンで学んだ後、ピッツバーグに引っ越し、音楽を教えて生計を立てていた。その後ドイツに行き、カール・クリントヴォルトのもとで学んだ。パリやフィレンツェに滞在したこともあったが、最終的に母国アメリカに戻ってきた。

＊ウマル・ハイヤーム（一〇四八〜一一三一）

イラン・ネイシャーブル生まれ。セルジューク朝期のペルシアの学者・詩人。イラン・イスラーム文化の代表者。ウマルの名は現代ペルシア語風においてはオマル・ハイヤームともいう。彼の執筆した詩集『ルバイヤート』（四行詩集）は、イラン文学史上、最も重要な作品となっている。

＊『ルバイヤート』

ペルシア語で「四行詩」を意味する「ルバーイー」の複数形。九世紀半ば以降の中世ペルシア文学の中でペルシア詩最古の詩の形をとっている。人の世の無常と愛の祝福を歌い、イラン文学の最も重要な作品となる。

＊エイダ・リーハン（一八五七〜一九一六）

アイルランド・リムリック生まれ。女優。幼少期に一家でアメリカに移住し、ブルックリンに住んだ。以後、アメリカ人の女優として活躍し、オーガスティン・デイリー劇団の中では主要メンバーとして活動していた。イザドラはデイリー劇団に所属している間、リーハンの演技に憧れていた。オスカー・ワイルドもリーハンの演技に感動し、『ウィンダミア卿夫人の扇』の初演で彼女にアイリーン役を演じてほしいと考えていたほどであった。

＊イザドラとネヴィンが共に行った公演：一八九八年三月二四日、カーネギー・ホールで開催

イザドラはネヴィンの曲『水のシーン』で『水の精』、その他には『オフィーリア』、レイモンド・ダンカンの『ナルシスの物語』という詩を背景に『ナルシス』を踊る。ネヴィンは『慈悲』、『羊飼い』、『ハーレクイン』などをピアノで弾き、歌や演劇を披露する人たちも出演した。ソプラノ歌手のジュリー・ワイマン夫人（パリで有名な歌手イヴェット・ギルベールから歌を学んだロレーヌ・ワイマンとしても知られていた歌手）が『夕暮れ時』、『人生』、『水鳥の歌』、『木陰で』、『愛のロザリオ』などを唄う。サヴェリンという女優がネヴィンのピアノ伴奏とオーケストラの下で、ヴァンス・トンプソンの悲劇的な恋愛物語『フローリアンの夢』を演じ、終演となる。ネヴィンはこの共演から三年後の一九〇一年、三九歳の若さで病死する。

二日後の三月二六日にニューヨークのウィリアム・K・オティス夫人の館[88]に招かれたイザドラは、ジョン・ミルトン＊の詩『陽気な人』と『思い耽る人』[89]を踊りで表現している。この公演もチャールズ・B・アレクサンダー夫人、ヘンリー・P・ルーミス夫人、ウィリアム・B・ディンスモア夫人ほか多くの富裕層が後援者として名を連ねており[90]、当時の新聞からも大盛況であったことが窺える[91]。

イザドラは富裕層の館での踊りに留まらず、スタジオや劇場でも公演を行っていた。四月一七日付の

『ニューヨーク・タイムズ』紙の社交欄には、「カーネギー・ホールの大きなスタジオでメンデルスゾーンの『真夏の夜の夢』をピアノの音と共に軽快に踊るイザドラは、舞踊を通して音楽を解釈し、退屈していた上流階級の人たちを喜ばせていた。エリザベスが朗読、母親がピアノ伴奏、レイモンドが舞踊を言葉にしていた。カリフォルニアから来たダンカン一家は、彼らが新しい芸術であると同時に新しい科学と言っているものを東海岸に持ち込んだ」[92]と、ダンカン一家の活躍ぶりが報じられ、「シーズン最後のダンスリサイタルがバークリー・ライシィアム劇場で金曜日に行われる」と次の公演の告示もされていた。[93]このリサイタルは、ダンスシーンと物語を含むプログラムとなり、上流階級の多くの人たちが観に来ていたことから、[94]数多くの裕福な夫人たちが[95]後援者として名を連ねていたものと思われる。

イザドラの初期プログラム［図13］から、一八九八年七月一八日に、ロンドンのローサー・ロッジで『ナルシスの物語』という演題で公演を行っていることがわかった。[96]ここでは、イザドラがマイヤー・ヘルムンドの歌を『朝日』という作品で表現し、その後エリザベスがオウィディウスより『牧歌舞踊組曲』の朗読、イザドラが『ナルシス』、六人の少女が『花のコーラス』を踊り、イザドラの母がこれらの曲をピアノで弾いている。[97]

ロンドンの公演から戻ってきたダンカン一家は、七月二七日、マサチューセッツ州のストックブリッジにあるオスカー・アイアザジ夫人の別荘のボニー・ブラエの庭で、[98]九月になるとロード・アイランド・アヴェニューにあるマゾン嬢のヴィラの庭で『テオクリトスの牧歌詩とその他のシーン』と題したリサイタル、[99]九月二八日には、イザドラとエリザベスがロード・アイランド州のニューポートの音楽学校でメンデルスゾーンの曲から『真夏の夜の夢』を披露した。アスター夫人、I・タウンゼンド・バーデン夫人、ポッ

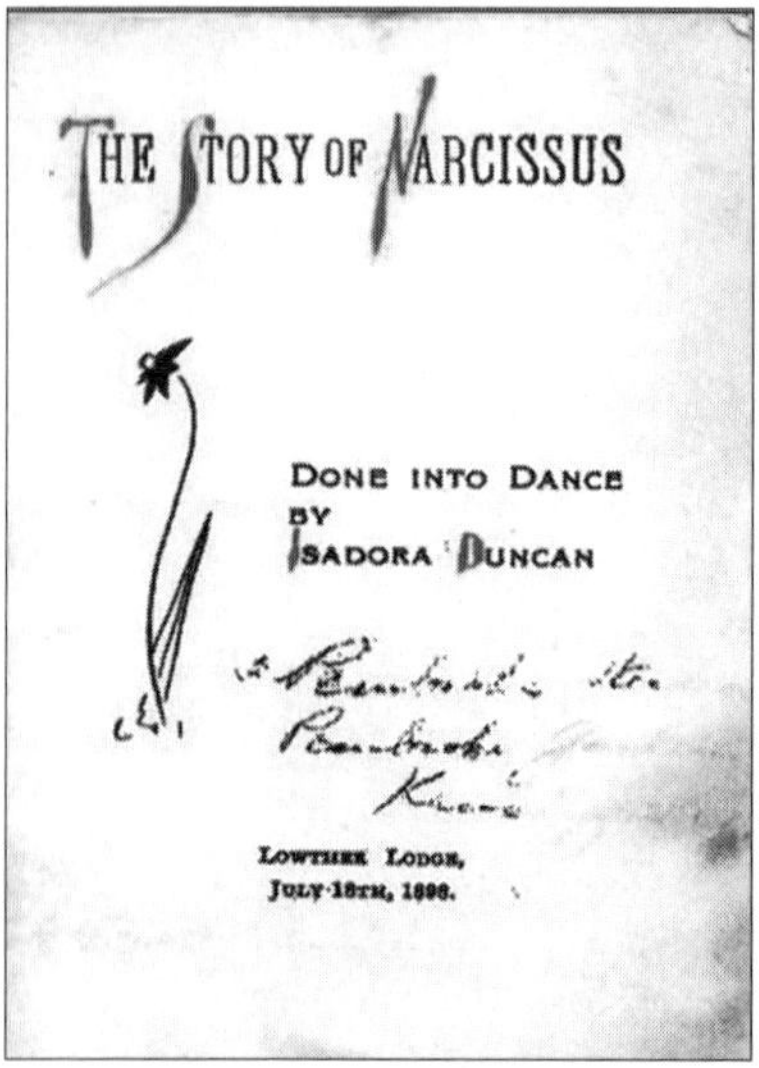

THE STORY OF NARCISSUS

DONE INTO DANCE BY ISADORA DUNCAN

LOWTHER LODGE,
JULY 18TH, 1898.

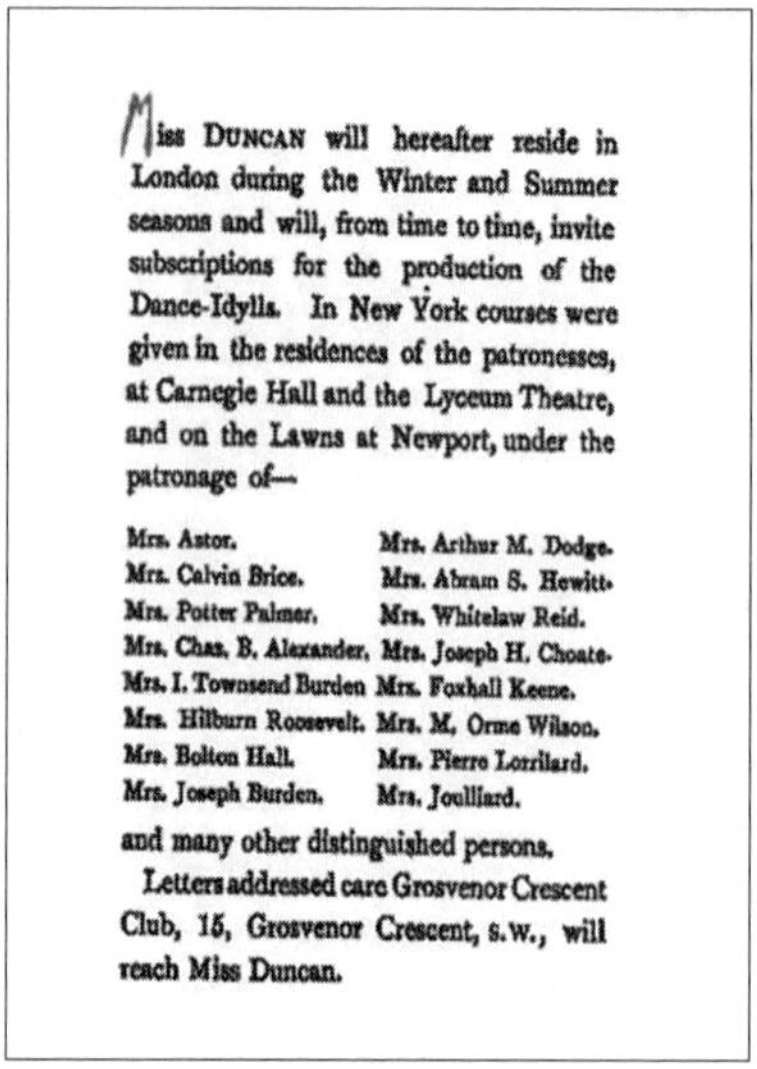

Miss DUNCAN will hereafter reside in London during the Winter and Summer seasons and will, from time to time, invite subscriptions for the production of the Dance-Idylls. In New York courses were given in the residences of the patronesses, at Carnegie Hall and the Lyceum Theatre, and on the Lawns at Newport, under the patronage of—

Mrs. Astor.	Mrs. Arthur M. Dodge.
Mrs. Calvin Brice.	Mrs. Abram S. Hewitt.
Mrs. Potter Palmer.	Mrs. Whitelaw Reid.
Mrs. Chas. B. Alexander.	Mrs. Joseph H. Choate.
Mrs. I. Townsend Burden	Mrs. Foxhall Keene.
Mrs. Hilburn Roosevelt.	Mrs. M. Orme Wilson.
Mrs. Bolton Hall.	Mrs. Pierre Lorrilard.
Mrs. Joseph Burden.	Mrs. Joulliard.

and many other distinguished persons.

Letters addressed care Grosvenor Crescent Club, 15, Grosvenor Crescent, s.w., will reach Miss Duncan.

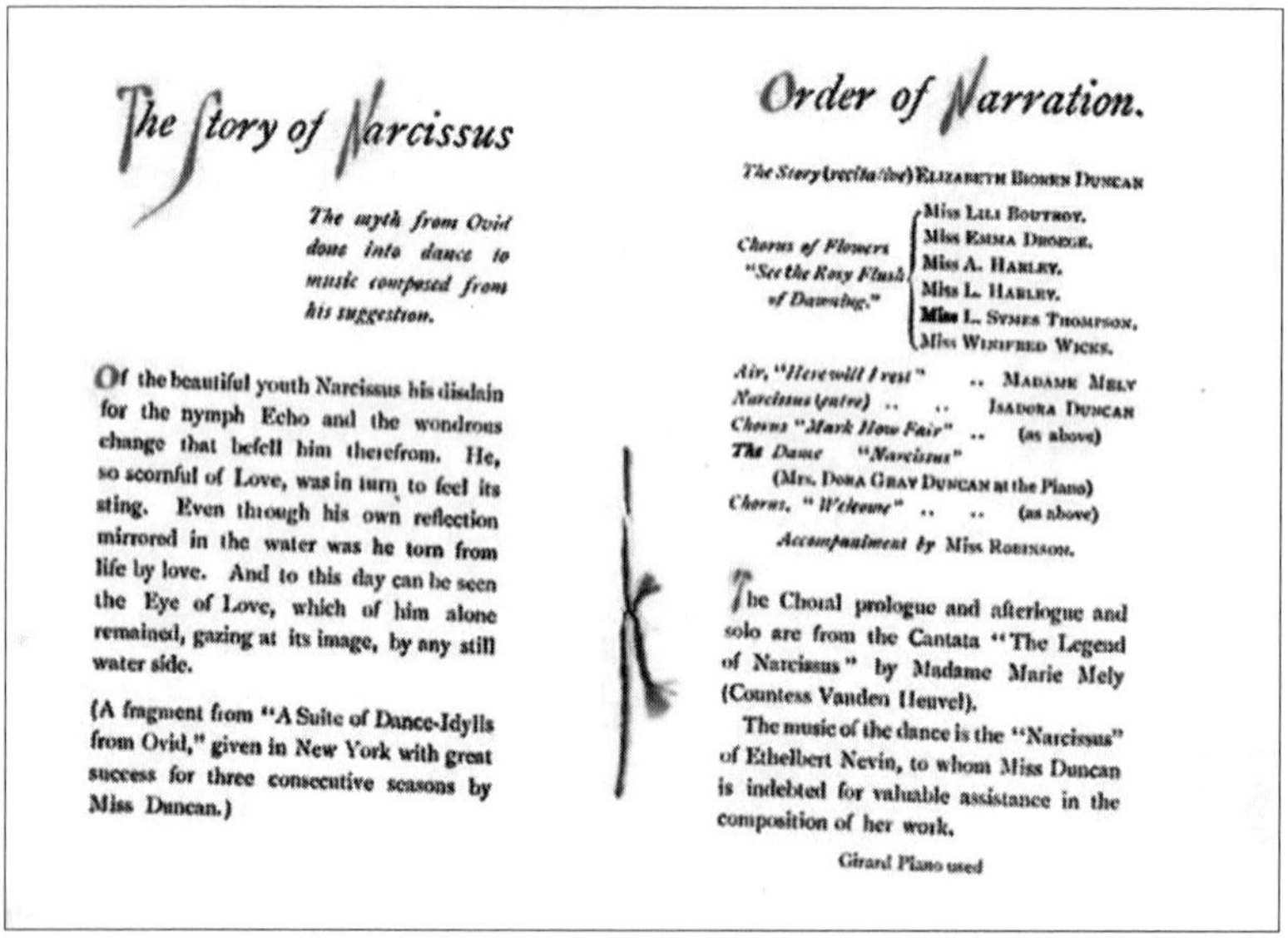

The Story of Narcissus

The myth from Ovid done into dance to music composed from his suggestion.

Of the beautiful youth Narcissus his disdain for the nymph Echo and the wondrous change that befell him therefrom. He, so scornful of Love, was in turn to feel its sting. Even through his own reflection mirrored in the water was he torn from life by love. And to this day can be seen the Eye of Love, which of him alone remained, gazing at its image, by any still water side.

(A fragment from "A Suite of Dance-Idylls from Ovid," given in New York with great success for three consecutive seasons by Miss Duncan.)

Order of Narration.

The Story (recitative) ELIZABETH BIGNER DUNCAN

Chorus of Flowers "See the Rosy Flush of Dawning."
Miss LILI BOUTROY.
Miss EMMA DROEGE.
Miss A. HARLEY.
Miss L. HARLEY.
Miss L. SYMES THOMPSON.
Miss WINIFRED WICKS.

Air, "Here will I rest" .. MADAME MELY
Narcissus (entre) .. .. ISADORA DUNCAN
Chorus "Mark How Fair" .. (as above)
The *Dance "Narcissus"*
(Mrs. DORA GRAY DUNCAN at the Piano)
Chorus, "Welcome" .. .. (as above)

Accompaniment by Miss ROBINSON.

The Choral prologue and afterlogue and solo are from the Cantata "The Legend of Narcissus" by Madame Marie Mely (Countess Vanden Heuvel).

The music of the dance is the "Narcissus" of Ethelbert Nevin, to whom Miss Duncan is indebted for valuable assistance in the composition of her work.

Girard Piano used

図13　ローサー・ロッジでの公演プログラムの一部

ター・パーマー夫人、メイソン嬢とカルヴィン・S・ブライス夫人を支援者[100]としたこの公演は大盛況で、翌月一〇月二九日に行った公演『ルバイヤート』も多くの観客から絶賛されるようになる[101]。

ニューヨークに在住していた一八九八年頃は、ロンドンのサロンで公演を行う一方、ニューヨークのカーネギー・ホールやその他の劇場での公演は、多くの後援者の庇護《ひご》の下に、母のピアノ伴奏でイザドラが踊り、エリザベスとレイモンドがイザドラの踊りの前あるいは後に朗読や講話をするという構成であった。家族皆でイザドラを応援し、公演を成功に導いた一家は、ある程度の収入を得ていたと思われる。

エリザベスのクラスが次第に大きくなると、一家はカーネギー・ホールの小さな住処からウィンザー・ホテルに住まいを移すことにした。しかし、ホテルの一階の二部屋の賃貸料は週九〇ドルと高かったため、生活費として使えるお金は十分とは言えない状況であった。

図14は一八九九年二月五日号の雑誌『ニューイングランド・ホーム・マガジン』に掲載されたイザドラ[102]が『ルバイヤート』の詩を踊っている姿である。これらの写真から、アメリカ初期時代のイザドラは、レースのカーテン生地で作ったドレスとバレエシューズを身につけ、バレエ風のスタイルで踊っていたことがわかる。雑誌には「皆さんが美しい音楽を聴いている間、身体は素晴らしい旋律のリズムで満たされ、精神は無意識に自らの考えと共に進歩します。この喜びが最も高度な進化になります」、「音楽家は音楽で皆さんの耳を養い、私は舞踊で皆さんの目を養うでしょう」というイザドラの哲学的な言葉も掲載されている[103]。

一八九九年三月二日付の『フンボルト・リパブリカン』紙に、「新しい芸術としてイザドラが、シカゴのステート・ストリートを開発した実業家ポッター・パーマーの妻パーマー夫人主催のもとにダンスリサ

"Ah, make the most of what we yet may spend,
Before we too into the Dust descend;
Dust into Dust, and under Dust, to lie,
Sans Wine, sans Song, sans Singer and—sans End!"

MISS ISADORA DUNCAN.

She illustrates the poetry of Omar Khayyam for Society.

248 NEW ENGLAND HOME MAGAZINE.

"After a momentary silence spake
Some Vessel of a more ungainly Make;
'They sneer at me for leaning all awry:
What! did the Hand then of the Potter shake?'"

"Whether at Naishápúr or Babylon,
Whether the Cup with sweet or bitter run,
The Wine of Life keeps oozing drop by drop,
The Leaves of Life keep falling one by one."

246 NEW ENGLAND HOME MAGAZINE.

"Iram indeed is gone with all his Rose,
And Jamshyd's Sev'n-ringed Cup where no one knows;
But still a Ruby gushes from the Vine,
And many a Garden by the Water blows."

Ideas Miss Duncan set forth, and then, with a pretty, deprecating blush and smile, said: "But I shall weary you with my long discourse, and, thanking you," &c., was about to retire from her improvised platform, when up spoke Mrs. Astor, who had been a most intent listener: "Do not stop, Miss Duncan," she said, earnestly. "I am most interested. I beg you to continue."

That settled it. And when at the close of the lecture in Mrs. Beach's drawing room Mrs. Astor invited Miss Duncan to sit by her upon a divan and talked with her for twenty minutes upon the music and poetry of movement the young lecturer's future was settled as far as the Four Hundred are concerned.

Although Miss Duncan illustrates many poems by her spirituelle danc-

NEW ENGLAND HOME MAGAZINE. 247

"Yet ah, that Spring should vanish with the Rose!
That Youth's sweet-scented manuscript should close!
The Nightingale that in the branches sang,
Ah whence, and whither flown again, who knows?"

"Wake! For the Sun, who scattered into flight
The Stars before him from the Field of Night,
Drives Night along with them from Heav'n, and strikes
The Sultan's turret with a Shaft of Light."

図14 『ルバイヤート』を踊るイザドラ

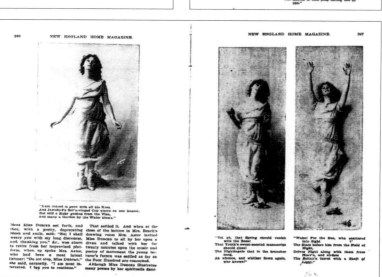

イタルを披露し、『ルバイヤート』やネヴィンの『ナルシス』、『陽気な踊り』、『春の精』、メンデルスゾーンの『真夏の夜の夢』、パデレフスキの『さすらいの踊り』などを踊った。イザドラの繊細な解釈と情熱的な踊りは素晴らしく、過去に試みたものとは全く異なっている」という記事が掲載された。[104]

三月一四日は、ブロードウェイのライシィアム劇場で、[105] ロバート・オスボーン夫人によるマネージメントのもと、ジャスティン・ハントリー・マッカーシー*によるハイヤームについての講義の後に、イザドラは『ルバイヤート』を踊った。[106] 翌日の『ニューヨーク・タイムズ』紙は、「イザドラがルバイヤートの四行詩からインスピレーションを得た踊りを披露した、彼女の優美な踊りと詩との繋がりを見つけるのは難しいようであったが、この公演はかなりの収益を上げ、その多くはイザドラの手元に届いた」と報じている。[107]

しかし一方で、四日後の新聞には、「マッカーシーのハイヤームに関する話には文学的関心を寄せたが、イザドラ・ダンカンの踊りとポーズは次第に退屈した」と詩のほうに関心を寄せ、踊りを重要視しない批評が載せられていた。また、「イザドラのポーズはハイヤームの詩よりも彼女自身の身体ラインの表現をしていた」とイザドラの踊りではなく、むしろ肢体に注目しているだけの言葉も掲載された。[108] この記事から、イザドラの目指していた芸術としての踊りは、アメリカではまだ完全には受け入れられていなかったと推測できる。当時、舞踊の批評は音楽批評家が執筆することが多く、音楽や詩を身体で表現するというイザドラの踊りを十分理解することはできなかったのか、批評は短絡的なものだった。

同年三月一七日、イザドラにとって大きな転換を迫られるような大災難が起きた。当時ダンカン一家が住んでいたウィンザー・ホテルで、母ドラとエリザベス、そしてイザドラが約三〇人の子どもたちにダンスを教えている最中、大火事が発生したのである。ホテルは全焼し、四〇人が死亡という見出しで当時新聞に大きく取り上げられるほどの悲惨な大火災だったが、[109]ダンカン一家とダンスのクラスを受けていた子どもたちは運よく難を逃れ、皆無事であった。この火災事件後、ダンカン一家は友人のアーサー・フォン・プリーゼン氏宅へ一時的に避難し、そこからホテル・バッキンガムに移った。手元にあった本、洋服、ピアノ、家具の他、ほとんど全ての衣装を失ったイザドラであったが、果敢にも公演活動だけは何とか続け、四月一〇日には、ジョン・ディ・ゼレガ夫人の企画により、レストラン「デルモニコス」で『春のダンス』というタイトルで踊っている。[110]公演では、イザドラが「春の目覚め」を身体で表現し、イザドラ以外にゼレガ夫人の姪と夫人の裁縫クラスの生徒三人が三月、四月、五月という役名で「春の花」を踊った。[111]終了後に夕食会が催されていることから、当時のアメリカでは、イザドラの踊りはまだディナー前の余興程度としか見なされなかったことがわかる。

四月一六日の新聞記事で、「イザドラの「春の目覚め」の踊りは一回のみであったが、少女たちはシンプルな白のガウンに花冠をつけて踊り、非常に素晴らしい公演であった。多くの観客に鑑賞されなかったことは残念であった」と報じられた。[112]火災で多くのものを失ったイザドラは、この公演で少なくとも二〇〇ドルを受け取る予定であったが、新しいガウン代として七五ドル、その他の経費として三五ドルが差し引かれてしまい、最終的に一三四ドルで合意することになった。

新聞は、イザドラがニューヨークの女性たちの庇護のもと、今後はロンドンを拠点に踊ることも伝えており、ダンカン一家のロンドン行きはこの時点でほぼ決まっていたと思われる。レストランでの公演から約一週間後の四月一八日には、ライシィアム劇場でレイモンドが『より幸せな黄金時代』と題した講話を行い、イザドラが牧歌舞踊を披露している。*[113] その後、一家はロンドンに向かうことになった。
幼少期から読んでいた本などを通して、イギリスへの憧れを抱いていたイザドラは、デイリーの劇団員時代に巡演したロンドンで、アメリカでは得られない手ごたえを感じていた。そして退団後もロンドンの富裕層に招かれ、現地で公演を行っていたことから、アメリカ在住時からイギリスに住みたいという気持ちは日増しに強くなっていったようだ。イザドラは自伝に次の言葉を残している。

私は、ロンドンとそこで会うかもしれない作家や芸術家を夢見た。ジョージ・メレディス、ヘンリー・ジェイムズ、ワッツ、スウィンバーン、バーン・ジョーンズ、ホイッスラーなど、これらは魔法のような名前だった。実のことを言うと、ニューヨークでは、知的な関心や私の考えへの支援は見つけられなかったのだ。[114]

ダンカン一家は、家族一丸となって公演活動に精を出していたが、一八九〇年代のアメリカでは踊りは娯楽的なものとして捉えられ、その上、期待したほどの収益は得られないのが現実であった。イザドラはイギリス行きの資金集めに、富裕層の夫人たちの家を次々訪問することになる。

＊ジョン・ミルトン（一六〇八～一六七四）
イギリス・ロンドン生まれ。イギリスのルネサンス後期の詩人。代表作『失楽園』は、『旧約聖書』に現れる楽園喪失の物語を詩化した叙事詩。イギリス文学の最高傑作の一つとされる。

＊ジャスティン・ハントリー・マッカーシー（一八五九〜一九三六）

イギリス・リヴァプール生まれ。作家、政治家。幼少期をリヴァプール、ロンドン、ニューヨークで過ごす。ロンドン大学で学んだ後、ヨーロッパと中東を旅し、異国の文学に関心を持つ。一八八四年から一八九二年まで国会議員を務めた。小説、戯曲、詩などを数多く執筆し、一八八九年にはウマル・ハイヤームの『ルバイヤート』の四行詩の翻訳を発表。

＊牧歌舞踊

〈115〉田園詩哲学の牧歌精神を主題にしており、最初にオーガスティンとエリザベスがギリシアの羊飼いの衣装を着て対話をはじめ、その後、語られた詩をイザドラが身体で表現するものであった。〈116〉

註

〈1〉イザドラ・ダンカンの正式名はアンジェラ・イザドラ・ダンカン。Duncan, Dorée, editor. *Life into Art : Isadora Duncan and Her World.*（以後LIAと記す）New York: Norton, 1993, pp.24-25にはアンジェラ・イザドラ・ダンカンと正式名を記載しているが、その後はイザドラ・ダンカンのみを使用しているため、本書ではイザドラ・ダンカンとする。

〈2〉LIA, p.24には、メアリー・イザドラ（ドラ）・グレイと記しているが、レイモンドの覚書では、ドラ・グレイと記述しており、パリのペール・ラシェーズ墓地にある墓石にもドラ・グレイ・ダンカンと刻印されているため、本書ではドラ・グレイとする。

〈3〉一八七一年一一月八日生まれ。
〈4〉一八七三年四月一七日生まれ。
〈5〉一八七四年一一月一日生まれ。
〈6〉一八一二～一八一五年に起こった戦争。第二次独立戦争とも呼ばれる。
〈7〉Crescentという会社。Rather, Lois. *Lovely Isadora*（以下LIと記す）. Oakland, CA: Rather Press, 1976, p.10.
〈8〉"Isadora Duncan's Baptismal Certificate Found." *Oakland Tribune*, 13 Jun. 1976.
〈9〉"Isadora Duncan Arrives." *New York Times*, 16 Aug. 1908に記述されている。
〈10〉Harte, Bret, ed. *Outcroppings: Being Selections of California Verse*. San Francisco: A. Roman, 1866, pp.138-142.
〈11〉Duncan, Isadora. *My Life*.（以後MLと記す）New York: Liveright, 1926, p.16. ダンカン、イザドラ著『魂の燃ゆるままに』（以後ML邦訳と記す）山川紘也・亜希子訳、冨山房インターナショナル、二〇〇四年、二六頁。
〈12〉Duncan, Isadora. *The Art of the Dance*.（以後ADと記す）Edited by .Sheldon Cheney, New York: Theatre Arts, 1928, p.132. ダンカン、イサドラ著『芸術と回想』シェルドン・チェニー編、小倉重夫訳編、冨山房、一九七七年、一二八頁。
〈13〉ギリシアへの憧憬があったダンカン一家は、後にギリシア訪問を実現することになるが、その時イザドラは父の描いた詩の中にあるような（舞踊の）神殿を建て、そこで少女に舞踊を教えたいと強い想いを描いたようである。
〈14〉"Duncan's Case Dismissed." *Los Angeles Times* 27 July. 1882. 銀行への訴訟は一九一二年九月二五日まで続いた。
〈15〉Blair, Fredrika. *Isadora: Portrait of the Artist as a Woman*. New York：William Morrow, 1986, p.8. ブレア、フレドリカ著『踊るヴィーナス：イサドラ・ダンカンの生涯』メアリー佐野監修、鈴木万理子訳、パルコ出版、一九九〇年、二二頁。
〈16〉テイラー通りとゲイリー通りの角にあった。Blair, p.8.
〈17〉ブロードウェイ通りとワシントン通りに挟まれた場所にあった。Blair, p.9.
〈18〉Blair, p.12.
〈19〉Seroff, Victor. *The Real Isadora*. New York: Avon Books, 1972, p.24.
〈20〉"Isadora Duncan's Baptismal Certificate Found." *Oakland Tribune*, 13 Jun. 1976.

〈21〉ML, pp.13-14.
〈22〉ML, pp.12-14.
〈23〉かつてこの学校はSchool, 1011 Union St. Oakland, CA 94607にあった。
〈24〉ML, p.13.
〈25〉Ingersoll, Robert G. *Liberty in Literature*. New York: The Truth Seeker, 1890.
〈26〉*The Art of the Dance*. 日本では『芸術と回想』という題名で刊行されていたが、ここでは筆者は原題をそのままの形で『舞踊芸術』と訳した。
〈27〉Seroff, p.27.
〈28〉ML, p.23.
〈29〉ML, p.10.
〈30〉『芸術と回想』、二一頁。
〈31〉祖母はスペイン系アイルランド人だった。
〈32〉AD, p.48.
〈33〉Duncan, Raymond. *Memoir (no title)*.（以後RDと記す）n.d., p.1; LIA, p.28. オークランドの音楽舞踊評論家のポール・ハーテンランディはモスバウムを一八八五年から一八九〇年まで市に登録されていたサンフランシスコのジェイ・モスバウムという舞踊教師と同一視している。*Dance Magazine*, July 1977, p.50.
〈34〉ドラは一八八六年にはピアニストと見なされており、一八九二年の人名簿に音楽教師と記載されている。LI, p.25.
〈35〉モスバウムはワルツを得意としていたようである。
〈36〉RD, pp.1-2.
〈37〉RD, p.2.
〈38〉RD, p.3によると、エリザベスはもともと学校の教師になるのが夢だったようだが、ダンスを教えることになったと記述してある。

〈39〉RD, p.3. ユーセルは、後にオークランドの公立学校のジムナスティックのクラスの監督になったが、レイモンドによれば、アメリカの学校でジムナスティックの教師になったのは、ユーセルが初めてだったようである。

〈40〉RD, pp.3-4. クラスでは、皆クラブのユニフォームとしてブルマの上に海軍の青いシャツ、赤で縁どられたジャケットを着ていた。

〈41〉LI, p.29.

〈42〉当時の家は、離婚した父ジョセフが再び事業に成功し、家族に購入したもので、オークランドの一三六五番地八番通りに位置していた。

〈43〉ML 邦訳、二六頁。

〈44〉後にイザドラの理論を思い出したボイントンは、野外に建築家バーナード・メイベックが設計したギリシア・ローマ風の列柱のある「両翼の寺院」と名付けたダンススタジオを創設し、指導にあたっている。

〈45〉LI, p.2 ; Blair, p.19. オーガスティンは納屋を劇場に仕立て、近所で評判を呼んでいた。

〈46〉RD, p.3.

〈47〉RD, p.4.

〈48〉ML, p.20.

〈49〉685 14th Street, Oakland, CA 94612 にオークランド最初のユニタリアン教会として現存している。

〈50〉RD, pp.7-8.

〈51〉Macdougall, Allan Ross. *Isadora : A Revolutionary in Art and Love.*（以後 IARIAAL と記す）New York: Thomas Nelson & Sons, 1960, p.31, p81 後にイザドラの恋人となったゴードン・クレイグも「イザドラは鞄の中にデルサルトの本を持っていた」と記述していることから、イザドラがデルサルト・システムを学んでいたことは確かと思われる。ブレアもイザドラが少なからずデルサルト・システムの影響を受けていたと記述している。Blair, p.17. RD, p.4 よりイザドラ自身がデルサルト・システムのクラスを受け持っていたことが判明した。

〈52〉RD p.4. デルサルト・システムは、デルサルトの孫弟子にあたるジュヌヴィエーヴ・ステビンスによって記述され、明らかにされた。その著書 *Delsarte System of Expression* の初版は一八八五年である。

〈53〉ML邦訳、三四頁。

〈54〉ML, p.25.

〈55〉IARIAAL, p.35.

〈56〉イザドラは、ジョン・フィリップ・スーザの行進曲『ワシントン・ポスト』でカンカン踊りを披露したようである。

〈57〉IARIAAL, p.35、Blair, p.23、ブレア34頁。しかしML, p.28、ML邦訳三九頁では週に五〇ドルを前払いしてくれたと記している。どちらが正しいかは確定できない。

〈58〉Moudry, Roberta. *The American Skyscraper: Cultural Histories.* New York: Cambridge UP, 2005, p.101.

〈59〉ML, p.28. しかし、最近見つかった新聞記事からイザドラは本名でもこのルーフガーデンで踊っていることが分かった。

〈60〉ML, p.30.

〈61〉ML, pp.30-31.

〈62〉Blair, p.24.

〈63〉リハーサル期間は無収入であった。

〈64〉ML, p.35.

〈65〉ML, p.33.

〈66〉ML, p.36.

〈67〉デイリー劇団の『芸者』は一八九六年九月九日に初演し、一八九七年四月二一日に最終公演を迎えた。公演数は全部で一六一回だったことがThe Official Source for Broadway Informationに記載されている。Blair, p.25には『芸者』は一八九六年一一月二一日に最終公演を迎えたとあるが、これは事実とは異なっている可能性が高い。

〈68〉Blair, p.25.

〈69〉ML, p.41. 自伝では触れていないが、その後踊りのシーンがある演目にも出演している。しかし、この頃は既にデイリー劇団に対し、疑問を持っていた。

〈70〉RD, p.13. IARIAAL, p.38ではカティ・ランナーに学んでいたとの記述がある。
〈71〉RD, p.10.
〈72〉Blair, p.26には、一八九八年にはニューヨークで五回シリーズの公演を開催していると記述してある。
〈73〉IARIAAL, pp.38-39; LIA, p.33; Daly, Ann. *Done into Dance Isadora Duncan in America*. Middletown, CT: Wesleyan UP,2002, p.71; Duncan, Irma. *Isadora Duncan: Pioneer in the Art of Dance*. New York: The New York Public Library, 1959, p.3でイルマもイザドラがニューヨークで一年間バレエのクラスを受けていたと記述しているが、これはボンファンティのクラスを受講していたことを指していると思われる。
〈74〉RD, p.10.
〈75〉当時カーネギー・ホールにはアーティストたちのための居住空間があった。
〈76〉RD, p.10.
〈77〉"The Dance and Philosophy." *New York Times* ,16 Feb. 1898.
〈78〉RD, p.11「これが私たちの最初の成功であり、さらに先に進む必要があった」とレイモンドは記している。
〈79〉『春の精』と題して踊る。
〈80〉"The Dance and Philosophy." *New York Times*, 16 Feb. 1898.
〈81〉"The Dance and Philosophy." *New York Times* ,16 Feb. 1898.
〈82〉Blair, pp.25-26.
〈83〉イザドラはエイダ・リーハンの演技に憧れていた。ML, pp.37-38.
〈84〉"Poetry in the Dance." *New York Times*, 1 Mar. 1898.
〈85〉マンハッタンの18 West 72nd St. にあった。
〈86〉"Society Notes." *New York Times*, 9 Mar. 1898.
〈87〉"Music at Carnegie Hall." *New York Times*, 23 Mar. 1898.
〈88〉オティス夫人の家は5 West 50th St. にあった。

〈89〉どの曲を使用したかは不明だが、ミルトンの詩から着想を得て、ヘンデルはL'Allegro, il Penseroso ed il Moderatoを、チャールズ・ヴィリアーズ・スタンフォードは交響曲第五番を作曲している。ミルトンの詩ではL'Allegro は陽気な人を、Il Penseroso は思い耽る人を指している。

〈90〉他にディンスモア嬢、アルフレッド・M・ホイト夫人、セオドア・ウェストン夫人、ヘンリー・C・スティンプトン、チャールズ・W・クーパー夫人がいた。

〈91〉"Society Notes." *New York Times*, 26 Mar. 1898.

〈92〉"Philosophy in the Dance." *New York Times*, 17 Apr. 1898.

〈93〉"Philosophy in the Dance." *New York Times* ,17 Apr. 1898.

〈94〉"Society Notes." *New York Times*, 23 Apr. 1898.

〈95〉チャールズ・B・アレクサンダー夫人(セントラル・パシフィック鉄道の創設者チャールズ・クロッカーの娘で財政家チャールズ・B・アレクサンダーの妻ハリエット・クロッカー・アレクサンダー)、ウィリアム・K・オティス夫人、ヘンリー・P・ルーミス夫人（内科医ヘンリー・P・ルーミスの妻)、ヴァレンティーヌ・ホール夫人（一九世紀末にアメリカで活躍したテニスプレーヤーヴァレンティーヌ・ホールの妻)、ジョージ・ブリス夫人（南北戦争で活躍し名誉勲章を受章した軍人ジョージ・N・ブリスの妻)、アーサー・M・ドッジ夫人（ニューヨークの事業家で慈善事業家のアーサー・M・ドッジの妻)、フレデリック・パーソン夫人、マーシャル・オルム・ウィルソン夫人（銀行家マーシャル・オルム・ウィルソンの妻)、ボルトン・ホール夫人（弁護士ボルトン・ホールの妻)、ホワイトロー・レイド夫人（政治家・新聞記事の編集者『戦時中のオハイオ』の著者ホワイトロー・レイドの妻）ジョージ・スタントン・フロイド・ジョーンズ夫人、ウィリアム・B・ディンスモア夫人（アダムズ・エクスプレス会社の社長の妻、夫は一八八八年になくなっているので、このとき未亡人であった)、チャールズ・W・クーパー夫人、H・O・バーンズ夫人、ジェームズ・バークレイ夫人、J・ヘンリー・ハーパー夫人、ヘンリー・M・デイ夫人（南北戦争の時の北軍の軍人ヘンリー・M・デイの妻)、ヘレン・M・ゴウルド嬢。

〈96〉この公演は、英国人外交官ウィリアム・ローサーの妻がイザドラの舞踊に関心を寄せていたため、公演開催に至ったようである。

〈97〉カリフォルニア大学ロサンゼルス校図書館所蔵のイザドラの初期プログラム "The Story of Narcissus."

〈98〉"Mr. Nevin's Music." *New York Time*, 28 Jul. 1898; "Golfers at Stockbridge." *New York Times*, 31 Jul. 1898.

〈99〉"Society News of New Port." *New York Times*, 16 Sep. 1898.

〈100〉"In the Social World." *Standard Union*, 27 Sep. 1898.

〈101〉"What is doing in Society." *New York Times*, 29 Oct. 1898.

〈102〉LIA, p.54に同様の写真があり、この衣装はイザドラの母がレースカーテンから作ったものであったとの記述がある。

〈103〉*New England Home Magazine*, 5 Feb. 1899, p.245.

〈104〉"A New Art." *The Humboldt Republican*, 2 Mar. 1899.

〈105〉一八八五年に竣工し、一九〇二年まで運営された。劇場が運営されていた期間のほとんどにわたって、ダニエル・フローマンがここを拠点としていた。当時の重要な演劇が上演され、俳優たちが数多く舞台に上がった。

〈106〉"What is doing in Society." *New York Times*, 5 Mar. 1899; *New York Times*, 14 Mar. 1899.

〈107〉"What is doing in Society." *New York Times*, 15 Mar. 1899. ブレア、四一頁にはこの新聞記事の説明の前に「むき出しの腕に裸足というコスチュームの露出度」と記しているが、Blair, p.30には「bare arms and legs（むき出しの両腕と両脚）」と記述されており、原文には裸足に相当する単語はないことが判明した。もしこの時期に裸足で踊っていたら、そのことが記事で話題になるはずである。

〈108〉"What is doing in Society." *New York Times*, 19 Mar. 1899.

〈109〉"Winsor Hotel Disaster Grows." *New York Times*, 19 Mar. 1899; Duncan, Raymond. *How the Duncan Dance Begun*.（以後HTDDBと記す）n.d., p.14はこの火事で四〇人が死亡したことが記述されている。

〈110〉"What is doing in Society." *New York Times*, 30 Mar. 1899 には収益金はイザドラとウィンザー・ホテルに住んでいた人たちに寄付されることが記述されている。HTDDB, p.15にはエリザベスが毎朝デルモニコスの舞踊室で少女たちにダンスのクラスを教えていたとの記述がある。

〈111〉"What is doing in Society." *New York Times*, 6 Apr. 1899; "What is doing in Society." *New York Times*, 9 Apr. 1899 にはゼレ

ガ夫人の姪と生徒がカドリーユ（四人で踊るもの）で花の役を演じたとの記述がある。

〈112〉"What is doing in Society." *New York Times*, 16 Apr. 1899.

〈113〉*New York Times*, 16, 17, 18 Apr. 1899; *The World*, 15, 17, 18 Apr. 1899.

〈114〉ML, p.44.

〈115〉オーガスティンはチュニックを着るのを嫌がり、エリザベスはおどおどしていたようだが、公演は成功に終わった。

〈116〉RD, p.12.

第2章　舞踊芸術の形成期

大英博物館とギリシア的舞踊の創案

イザドラは、ロンドン行きの旅費を調達するため、富裕層の家や教えていた子どもたちの家から寄付を募る一方、さよなら公演を行って何とか三〇〇ドルを集めた。しかし、これだけではダンカン一家が船に乗るには十分な資金にはならず、最終的には当時婚約者がいたオーガスティン[1]を除いた家族四人が偽名（母方の祖母の苗字）を使い、一八九九年の初夏、家畜船でハルまで行き、そこから汽車に乗りロンドンに向かった。[2]

憧れのロンドンに到着した四人は、早速ウエストミンスター寺院、大英博物館、サウス・ケンジントン博物館（現在のヴィクトリア・アンド・アルバート博物館）、ロンドン塔、キュー王立植物園、リッチモンド公園、ハンプトン・コートなどを次々と観光し、ナショナルギャラリーではヴィーナスとアドニスに関する講演を興味深く聞いた。[3]特に大英博物館のギリシア彫刻に関心を持ったイザドラとレイモンドは、連日そこに通い、かなりの時間を費やしている。イザドラの次の回想からこのときの様子を知ることができる。

レイモンドはギリシアの壺や浅浮き彫りの全てを模写し、私は足のリズムとデュオニソス的な頭と杖の動きに調和すると思えたあらゆる曲で、これらを表現しようとした。私たちは、また大英博物館の図書館で毎日数時間過ごし、休憩室で一番安いパンとカフェオレで昼食をとった。〈4〉

これまでパントマイムや妖精役を踊り『ナルシス』やウマル・ハイヤームの詩『ルバイヤート』を身体で表現していたイザドラは、大英博物館に展示されているギリシアの壺や浅浮き彫りから新たなインスピレーションを得た。そして、それを体現するためにギリシア的舞踊の創作に着手し始める。レイモンドは、ロンドンで本格的に舞踊の研究を始めた様子を次のように記している。

ロンドンでダンスの本当の研究が始まった。大英博物館が私たちの先生だった。私はイザドラが席で待っている間、ギリシアの壺の絵をスケッチしたが、誰もギリシアのバス・レリーフ（浅浮き彫り）のポーズを表現しようとはしていなかった。ここで、ヘレニズムの理想のスタイルに適合する最初の概念が生まれた。この彫刻の前での連続したポーズからイザドラは新しい動きを習得し、自らの動きをそのリズムに乗せて、公演するまでになった。〈5〉

このように、二人は大英博物館に足繁く通い、アメリカでは体験することのできなかったギリシアの彫刻や壺を何度も鑑賞して、互いに芸術の真髄を探りながら一日中芸術・文化に浸りきっていた。この探究により、イザドラの抒情的な詩の表現の踊りに、彫刻や浅浮き彫りの美を体現しようとする新たな表現が付け加えられることになる。

上流階級のサロンとベンソン劇団での踊り

ある日、住まいからほど近いケンジントン・スクエア・ガーデン〔図15〕の中を走っていたイザドラとレイモンドは、女優のパトリック・キャンベル夫人*に声をかけられ、その縁で上流階級のサロンで次々と踊りを披露する機会を得た。[6]

しかし、サロンに招かれてもドレス代や宿泊料等の支払いに追われ、相変わらず財政的に苦しかったイザドラは、この状況を何とかしようと、ロンドンのベンソン劇団で『真夏の夜の夢』の妖精役を演じて生活費を稼ぐことにした。[7] その後も劇団で『テンペスト』、『ヘンリー五世』にも出演することにしたが、いずれも満足できる役ではなかった。[8] 一九〇〇年二月に撮影された写真〔図16〕に、ベンソン劇団の一員として公演に出演したイザドラが中央後方に見え、『真夏の夜の夢』の公演プログラム〔図17〕にイザドラ・ダンカンの名が載っている。

踊りで収入を得たかったイザドラは、一九〇〇年三月の新聞に、「『イザドラ・ダンカンの牧歌舞踊』、街でも田舎でもサロンでもガーデン・パーティーでも対応します。出演料については四四番地　ピカデリ

図15　ケンジントン・スクエア・ガーデン

図16　ベンソン劇団の『真夏の夜の夢』でのイザドラ（丸枠内）

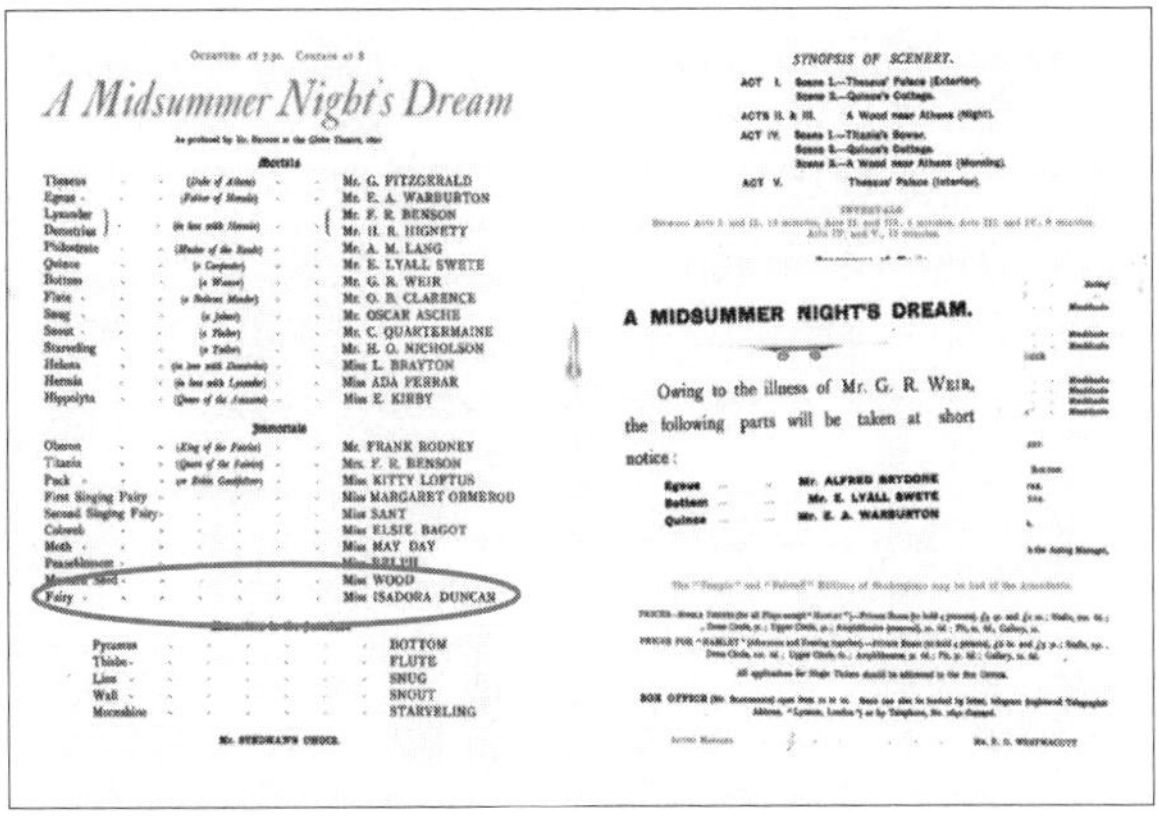

図17　枠内に妖精役イザドラ・ダンカンと記載されている

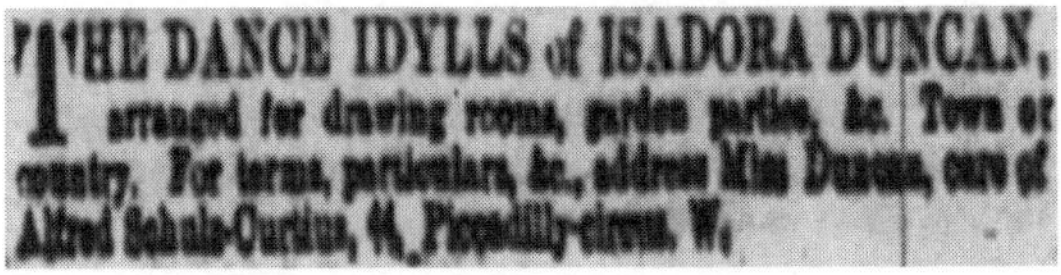
THE DANCE IDYLLS of ISADORA DUNCAN, arranged for drawing rooms, garden parties, &c. Town or country. For terms, particulars, &c., address Miss Duncan, care of Alfred Schulz-Curtius, 44, Piccadilly-circus, W.

図18　新聞に掲載された出張公演の広告

ー・サーカスまでご連絡ください」という短い広告［**図18**］を出している。[9] この新聞広告でどれほどの依頼が彼女にあったのかは不明だが、五月一九日の新聞に、ステファン・ラリー夫人の家でイザドラの踊りを観ていた女性の感想文らしきものが掲載されていた。それによれば、イザドラは、ボッティチェリの絵画からインスピレーションを得て、メンデルスゾーンの『春の歌』では日に照らされた自然、花や成長する草の香りを描写し、オウィディウスの『変身物語』からの『ナルシス』では衣装の襞《ひだ》を揺らしながら、無邪気で自然な喜びを表現していたようだ。[10] このことから、ロンドンに到着したばかりの頃は、アメリカで称賛された牧歌舞踊やネヴィンの曲を踊っていたと思われる。しかし、サロンに集まる上流階級の夫人たちの拍手は、余興か娯楽とみての称賛であることがわかると、イザドラは自身の舞踊を芸術として認めてもらうためには、芸術家や文化人たちの前で踊りを披露するしかないと考えるようになった。

*パトリック・キャンベル夫人（一八六五〜一九四〇）
イギリス・ロンドン生まれ。女優。シェイクスピアやジョージ・バーナード・ショー、ジェームス・マシュー・バリーの作品によく出演したことで知られる。アメリカでも公演を行い、映画『罪と罰』、『台風』にも出演している。

シャルル・アレとニューギャラリーでの公演

キャンベル夫人の友人の一人、ジョージ・ウィンダム夫人*の家に招かれたイザドラは、そこで本場のアフタヌーンティーを初めて経験する。イギリス人のゆったりした話し方や多くの本に囲まれた部屋など居心地の良さを体感したイザドラは、なおいっそう、現地の文化に惹《ひ》かれるようになっていく[11]。ウィンダム夫人との出会いは、イザドラに文化的知識と教養を身につけさせるだけでなく、後に出会うことになる王族や上流階級の人々との交流の場で活かされることになる。

イザドラをすっかり気に入った夫人は、彼女の夢を実現させるため、ロンドンのあらゆる芸術家や文学者を招いて『イザドラの踊りの会』と称した公演会を催すことにした。公演は大成功で、イザドラの名はロンドンの多くの芸術家や知識人に知られることになった。この会でニューギャラリー[12]［図19］の館長シャルル・アレ[13]［図20］と知り合ったイザドラは、アレから多くのことを学び、強力な支援を受けることになった。そしてこれを機に、彼女は自身の舞踊と活動の場を広く展開し、芸術家としての一歩を踏み出すことになる。

現代絵画に詳しかったアレは、早速、イザドラに親友のバーン＝ジョーンズ*やロセッティ*、ウィリアム・モリス*などのラファエル前派やアメリカ人画家ホイッスラー*、詩人テニスン*の芸術性について教えた。

図19　1895年当時のニューギャラリー

そして友人の画家ウィリアム・ブレイク・リッチモンド*［図21］、歴史家で詩人のアンドリュー・ラング*［図22］、作曲家のヒューバート・パリー*［図23］を紹介し、彼らの協力のもとで『イザドラ・ダンカンとの三度の夕べ』*［図24］と題したイザドラの公演会を開催することにした。三回にわたって催された公演は、先に講演、その後イザドラが踊るという構成で、第一回目はラングが『ギリシア神話とダンス』、第二回目はパリーが『音楽とダンス』、第三回目はリッチモンドが『ダンスと絵画の関係』について講演を行い、その後イザドラが踊りを披露した。公演会はヘレナ王女*が後援者という大変格式高いもので、アレの尽力によりイザドラを支援する委員会まで結成された。委員会は、ヴァルダ・グライヒェン伯爵夫人、フィエドラ・グライヒェン伯爵夫人、大英博物館館長セシル・スミス、芸術評論家フレデリック・ウェドモア*他、作曲家、政治家、画家ほか多くの錚々たるメンバーで組織され、全員が芸術愛好家であった。歴史、音楽、絵画に造詣が深いメンバ

図20　シャルル・アレ

図21　ウィリアム・ブレイク・リッチモンド

図22　アンドリュー・ラング

図23　ヒューバート・パリー

ーと協演した三回の会はどれも大盛況であった。〈14〉

芸術愛好家の父から影響を受けていたイザドラにとって、この公演会は大変意義深く、芸術に関してさらに知識を深める機会となったことは言うまでもない。

＊ジョージ・ウィンダム夫人（一八五五〜一九二九）

イギリス・ヨークシャー生まれ。第九代スカーボロウ伯であるリチャード・ラムリーの娘。初代ウエストミンスター公爵の息子の妻となり、グロヴナー伯爵夫人となるが、一八八四年以降未亡人となる。一八八七年に英国保守党の政治家ジョージ・ウィンダム（一八六三〜一九一三）と再婚する。

＊バーン＝ジョーンズ（エドワード・バーン＝ジョーンズ　一八三三〜一八九八）

イギリス・バーミンガム生まれ。作家、画家。生涯にわたり中世のアーサー王伝説や、古代の神話などの世界を表現した。友人ウィリアム・モリスとの共作で教会のステンドグラスも創作している。

＊ロセッティ（ダンテ・ガブリエル・ロセッティ　一八二八〜一八八二）

イギリス・ロンドン生まれ。ラファエル前派の画家、詩人。作品に『ダンテの夢』『見つかって』『クリスマス・キャロル』などがある。ロセッティの芸術は、その官能性と中世の復興主義が特徴で、詩と絵画が密接に結びついているものが多くある。

THE NEW GALLERY,
REGENT-STREET.

THREE EVENINGS WITH ISADORA DUNCAN.

Under the immediate Patronage of
H.R.H. the Princess CHRISTIAN of SCHLESWIG-HOLSTEIN.

COMMITTEE.

Countess Valda Gleichen.
Sir William Richmond, K.C.B., R.A.
Mr. Charles E. Hallé.
Mr. Henry James.
Mr. Andrew Lang, M.A.
Prof. George C. W. Warr.
Rev. Herbert B. Gray, D.D.
Mr. Cecil Smith.
Countess Féodore Gleichen.
Mr. Holman Hunt, R.W.S.
Mr. Walter Crane.
Sir Arthur Arnold.
Mr. Fuller Maitland.
Herr Rudolph Zwintscher.
Mr. J. W. Comyns Carr.
Mr. Frederick Wedmore.
Sir Hubert Parry, D.C.L., M.A.

THURSDAY, June 28, 1900, 10 p.m.
Mr. ANDREW LANG has kindly consented to give an Introductory Talk on the Greek.
ISADORA DUNCAN, Dance Idylls from the Greek.
Signor BONIFACIO, Musical Director.

TUESDAY, July 3, 1900, 10 p.m.
Sir HUBERT PARRY, D.C.L., M.A., Introductory Talk on Music.
Herr RUDOLPH ZWINTSCHER.
Countess VALDA GLEICHEN has kindly consented to Sing from Gluck's "Orpheo."
ISADORA DUNCAN, Illustration of Music by the Dance.

FRIDAY EVENING, July 6, 1900, 10 p.m.
Sir WILLIAM RICHMOND, K.C.B., R.A., has kindly consented to Lecture on "Botticelli and the Primervera."
ISADORA DUNCAN, Dance Idylls suggested by the Paintings.
ARNOLD DOLMETSCH, Music of the Fifteenth Century on Instruments of the Period.

By SUBSCRIPTION ONLY. Three evenings, £1 7s. 6d.; single evening, 10s. 6d.
Tickets to be had from Miss Duncan, 15, Kensington-court-place, before June 25th.

図24 『イザドラ・ダンカンとの三度の夕べ』の公演告知

＊ウィリアム・モリス（一八三四〜一八九六）
イギリス・ウォルサムスト生まれ。ラファエル前派で一九世紀イギリスのテキスタイル・デザイナー。「モダンデザインの父」と呼ばれる。産業革命後の一九世紀後半、中世の職人を手本にして室内の装飾をデザインから製造に至るまで一貫して手がけた。機械化、大量生産、大量消費の時代に、「生活に必要なものこそ美しくあるべき」と主張し、手仕事の重要性を訴えた。彼の思想は後にアーツ・アンド・クラフツ運動と呼ばれるようになり、各国の美術運動に影響を与える。

＊ジェームズ・マクニール・ホイッスラー（一八三四〜一九〇三）
アメリカ・マサチューセッツ州生まれ。画家、版画家。アメリカ人だが、パリで美術を学び、画家としての活動の拠点は主にロンドンであった。浮世絵などの日本美術の影響も受け、独自の作風を展開する。

＊アルフレッド・テニスン（一八五〇〜一八九二）
イギリス・サマズビー生まれ。詩人。若年期にはジョン・キーツの影響を受けた作品を創作し、ウィリアム・ワーズワースの後継者とされる。

＊ウィリアム・ブレイク・リッチモンド（一八四二〜一九二一）
イギリス・メリルボーン生まれ。画家、彫刻家、ステンドグラスとモザイクのデザイナー。アーツ・ア

ンド・クラフツ運動の初期段階で影響を与えた。ロンドンのセント・ポール大聖堂のモザイクは代表作。

＊アンドリュー・ラング（一八四四～一九一二）
イギリス・セルカーク生まれ。詩人、小説家、評論家。民俗学への貢献者でもあり、民話や妖精物語の収集家としても知られた。

＊ヒューバート・パリー（一八四七～一九一八）
イギリス・ボーンマス生まれ。作曲家、教育者。イートン・カレッジとエグゼスター・カレッジで学び、シュトゥトガルトとロンドンで作曲を学ぶ。作曲家として最もよく知られている作品に合唱曲『エルサレム』がある。

＊『イザドラ・ダンカンとの三度の夕べ』

《公演日について》
公演の開催期日についてこれまでの先行研究者は、おそらく他の類似した公演と勘違いしたのであろう。
第一回目の公演の開催日の六月二八日をブレアとマクドゥーガルは三月一六日としていた。〈15〉当時、六月二三日の『モーニング・ポスト』紙は、三つの公演を第一回目が六月二八日、第二回目が七月三日、第三回目が七月六日と告知しており、**図25**の六月二七日の『モーニング・ポスト』紙もヘレナ王女が後援者になった『イザドラ・ダンカンの夕べ』が翌日ニューギャラリーで開催され、アンドリュー・ラングがギリシア古典について講演、イザドラが踊ると伝えている。また当日の六月二八日の同紙は、ニューギャラリーでの最初の公演は六月二八日で、アンドリュー・ラングがギリシア神話について語りイザドラがそれを踊ると報じていた。[16]

それでは、三月一六日の公演は何の公演だったのであろうか。新聞等を詳細に調べたところ、金曜（三月一六日）の夕方にニューギャラリーでヘレナ王女後援の「ダンスと歌と古代ギリシアの詩の朗読からなる催し物」が行われると告知している新聞があった。公演はジェーン・エレン・ハリソンによる詩の朗読とイザドラによるダンス、少年コーラをステッドマンが演じるという内容であった。[17] この公演が第一回目と似通っていたため、おそらく二人の先行研究者は見間違えてしまったのであろう。これらの事実から、イザドラを全面的に打ち出した『イザドラ・ダンカンとの三度の夕べ』の第一回目の公演は六月二八日であることが明らかとなった。[18]

＊ヘレナ王女（一八六六～一九一七）
イギリス・バッキンガム宮殿に生まれる。ヴィクトリア女王とアルバート公の第五子で第三王女。英国王立刺繍学校の初代校長を務め、その他数々の慈善活動の後援者になった。

＊委員会の錚々たるメンバー
画家ウィリアム・リッチモンド、作家ヘンリー・ジェイムズ、歴史家アンドリュー・ラング、古代ギリシアが専門のジョージ・C・W・ウォー教授、牧師ハーバート・グレイ、考古学者・作曲家ヒューバート・パリー、画家ホルマン・ハント、挿絵画家ウォルター・クレイン、政治家・作家アーサー・アーノ

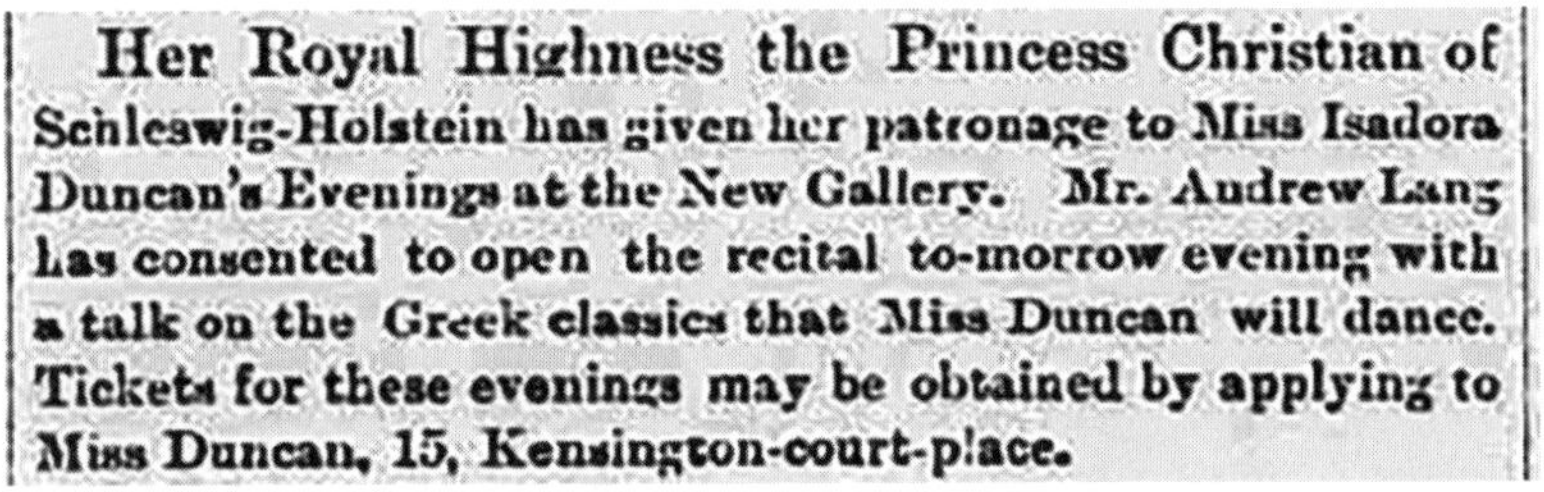
Her Royal Highness the Princess Christian of Schleswig-Holstein has given her patronage to Miss Isadora Duncan's Evenings at the New Gallery. Mr. Andrew Lang has consented to open the recital to-morrow evening with a talk on the Greek classics that Miss Duncan will dance. Tickets for these evenings may be obtained by applying to Miss Duncan, 15, Kensington-court-place.

図25　1900年6月27日の『モーニング・ポスト』紙
翌日（6月28日）のニューギャラリーの公演を伝える

ルド、音楽批評家フラー・メイトランド、ルドルフ・ツィンタッハ、芸術評論家コミンズ・カーなど。

イザドラ・ダンカンの名が芸術家に広く知られるきっかけとなったこの三回の公演の内容はどのようなものであったのだろうか。評価も含め、次にまとめてみたい。

・六月二八日の第一回目の公演［図25］
アンドリュー・ラングの『デメテルへのホメロス賛歌』の講演後、イザドラが『アドニスへの嘆き』やその他の絵画を踊りで表現し、ボニファーチェが古典音楽を演奏した。[19]

・七月三日の第二回目の公演[20]［図26］
ヒューバート・パリーが音楽について講演し、イザドラがグリーグ、チャイコフスキー、ショパンの曲を踊ることを『タイムズ』紙が告知している。[21]二回目の公演でイザドラがショパンの曲を選んだのは、委員会のメンバーで音楽批評家のジョン・アレグザンダー・フラー・メイトランド*［図27］の「詩を表現するのではなく、良い音楽、特にショパンのワルツを踊りで表現するように」[22]との助言によるものであった。この公演で

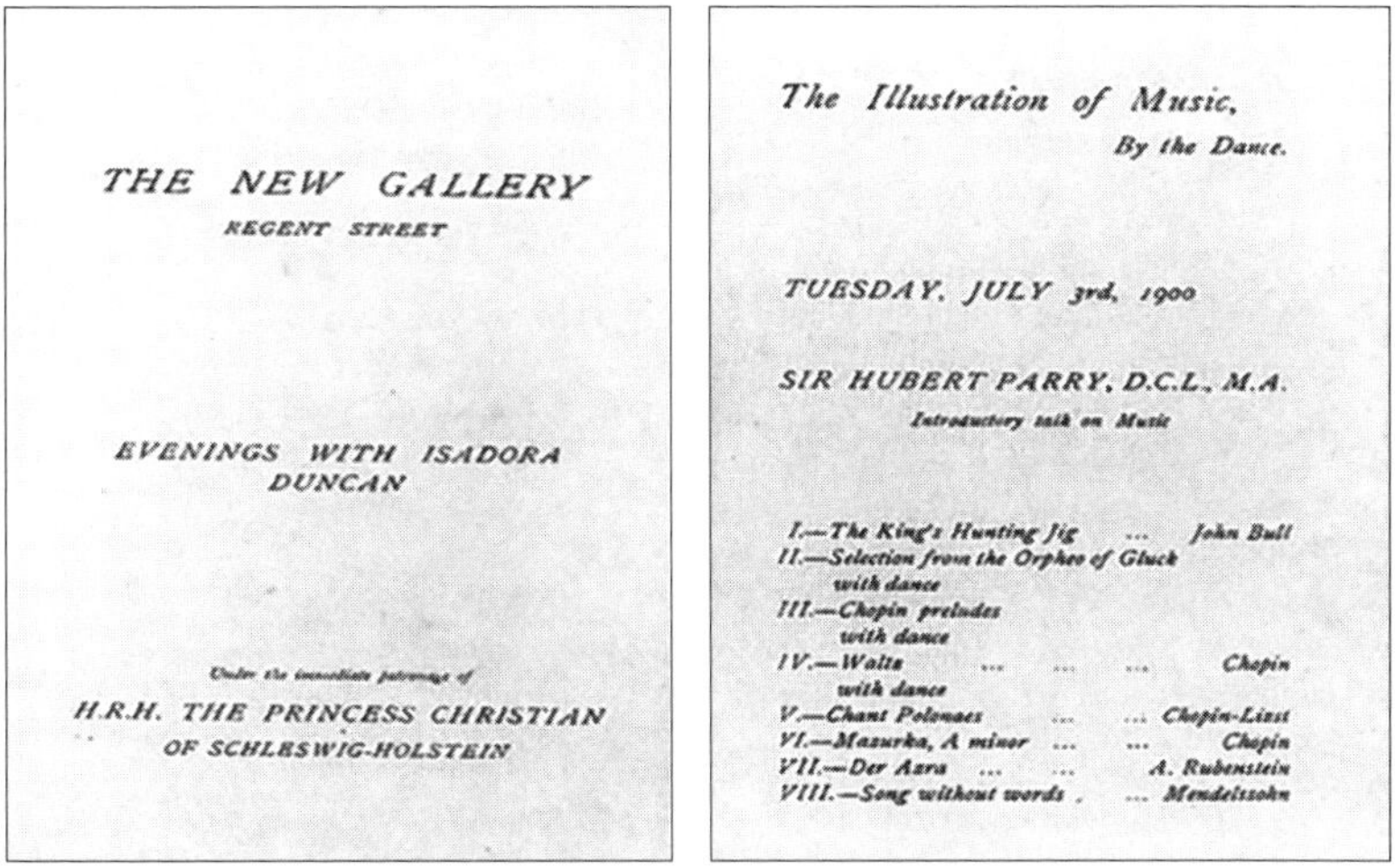

THE NEW GALLERY
REGENT STREET

EVENINGS WITH ISADORA DUNCAN

Under the immediate patronage of
H.R.H. THE PRINCESS CHRISTIAN
OF SCHLESWIG-HOLSTEIN

The Illustration of Music,
By the Dance.

TUESDAY, JULY 3rd, 1900

SIR HUBERT PARRY, D.C.L., M.A.
Introductory talk on Music

I.—The King's Hunting Jig ... John Bull
II.—Selection from the Orpheo of Gluck with dance
III.—Chopin preludes with dance
IV.—Waltz ... ... Chopin with dance
V.—Chant Polonaes ... ... Chopin-Liszt
VI.—Mazurka, A minor ... ... Chopin
VII.—Der Azra ... ... A. Rubenstein
VIII.—Song without words ... Mendelssohn

図26　ニューギャラリーの7月3日の公演プログラム（左はプログラムの表紙、右は演目）

図27　ジョン・アレグザンダー・フラー・メイトランド

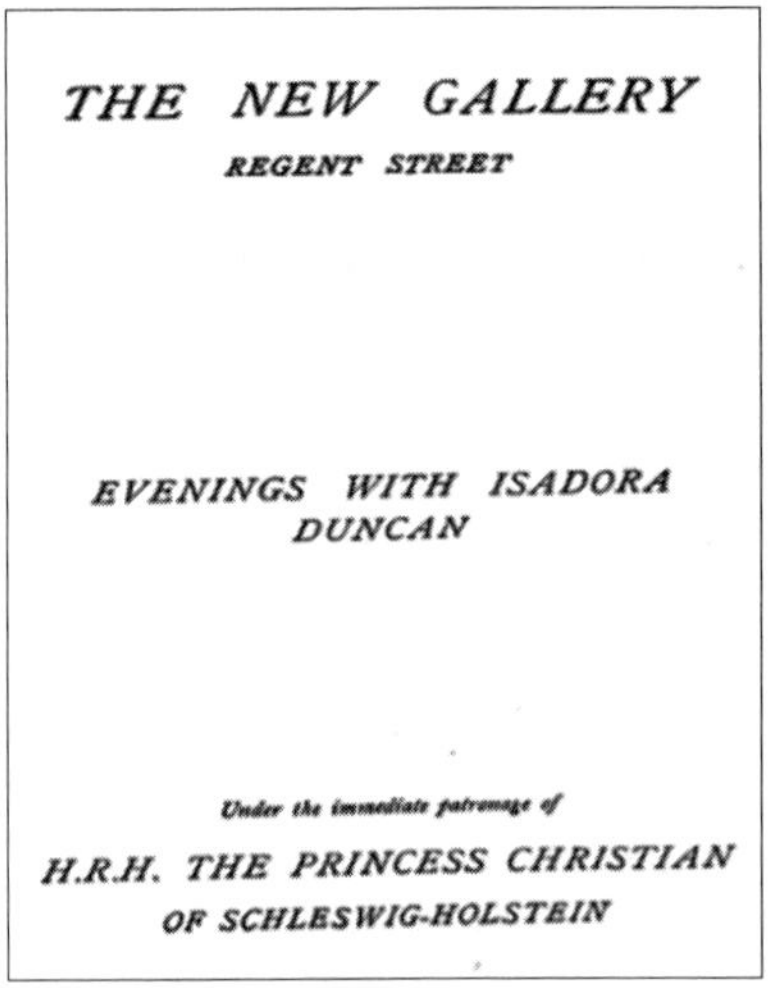

THE NEW GALLERY
REGENT STREET

EVENINGS WITH ISADORA DUNCAN

Under the immediate patronage of
H.R.H. THE PRINCESS CHRISTIAN
OF SCHLESWIG-HOLSTEIN

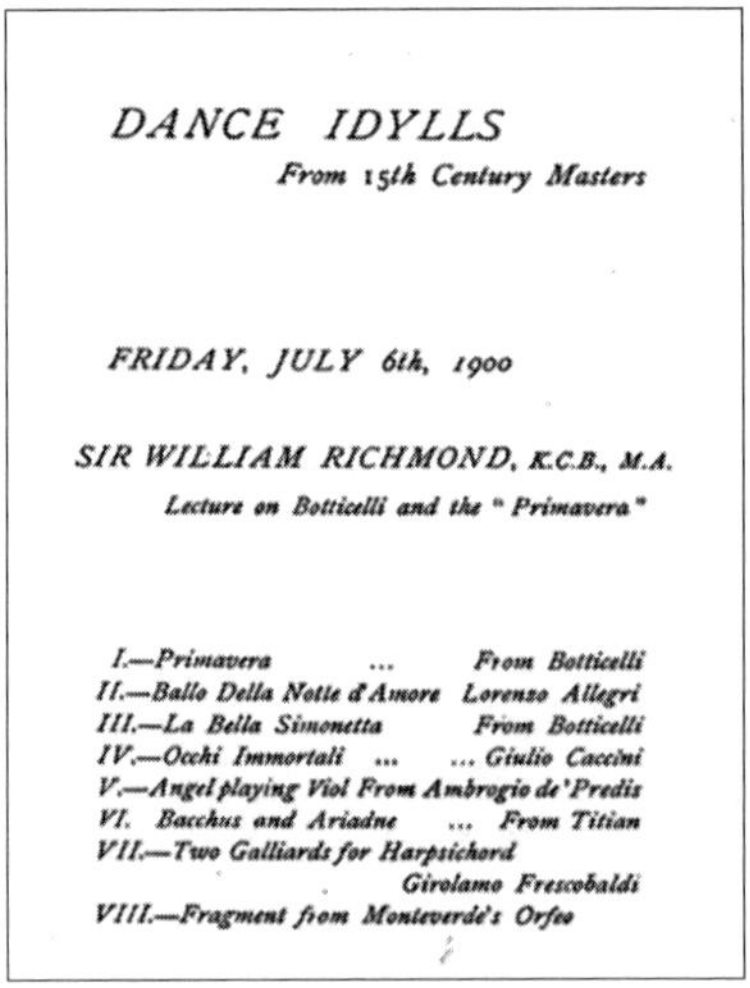

DANCE IDYLLS
From 15th Century Masters

FRIDAY, JULY 6th, 1900

SIR WILLIAM RICHMOND, K.C.B., M.A.
Lecture on Botticelli and the "Primavera"

I.—Primavera ... From Botticelli
II.—Ballo Della Notte d'Amore Lorenzo Allegri
III.—La Bella Simonetta From Botticelli
IV.—Occhi Immortali ... ... Giulio Caccini
V.—Angel playing Viol From Ambrogio de' Predis
VI. Bacchus and Ariadne ... From Titian
VII.—Two Galliards for Harpsichord Girolamo Frescobaldi
VIII.—Fragment from Monteverde's Orfeo

図28　7月6日の公演プログラム（左はプログラムの表紙、右は演目）

観客から絶賛されたイザドラは、その後もショパンの曲が持つ情感を表現し、世界各地でショパンの作品、『プレリュード』『マズルカ』を披露するようになった。イザドラはニューギャラリーの広場で踊った公演について、「中央広場の噴水の周りを、珍しい植物や花々や椰子《やし》に囲まれて踊った。そしてこの催しは大成功を収めた」[23]と自伝に記している。この成功から、彼女は自身の舞踊において、これまでの詩の表現から音楽そのものの表現を重視するようになっていく。

・七月六日の三度目の公演〔図28〕

ウィリアム・リッチモンドが『一五世紀の巨匠の牧歌舞踊』という題目で、「ボッティチェリ*とラ・プリマヴェーラ」について講演した後、イザドラがボッティチェリとティツィアーノ*の『バッカスとアリアドネ*』〔図29〕などからインスピレーションを得た踊りを披露した。このとき、八人いたダンサーの中で、イザドラは絵画『プリマヴェーラ*』〔図30〕の

図29　『バッカスとアリアドネ』（画：ティツィアーノ）

図30　『プリマヴェーラ』（画：ボッティチェリ）

「春の精」を踊っている。[24]『プリマヴェーラ』をよく見ると、絵の中央上部のキューピットを除き、描かれている登場人物は八人になっている。幼い頃からこの絵を自宅で観ていたイザドラは、かねてからこの絵を踊りにしたいと思っていた。この公演はアーノルド・ドルメッチ*指揮のもと、牧歌舞踊のみならず一五世紀の楽器を使用するなどルネサンス期の芸術を意識的に取り入れていたことから、主題にふさわしい公演となった。この公演について七月一六日の『ウエスタン・タイムズ』紙は、「それは非常に芸術的で想像力を掻き立て、古代芸術の再興の効果があったこの公演の観客は、最も崇高な礼拝に浸った[25]」と称賛した。『イブニング・テレグラフ』紙も、「イザドラはボッティチェリの『プリマヴェーラ』の様々な姿態を表現するのに成功した」と報じ、「『バッカスとアリアドネ』での彼女の舞踊は素晴らしく、舞踊芸術に完全に無知な人であってもイザドラの踊りの優美さと精神がよく理解できたに違いない」と褒め称えた。[26]『ウエスタン・タイムズ』紙は衣装についても触れ、「半透明の素材で彼女の優美なシンメトリーの動きを完全なものにしている、赤い衣装にブドウの葉でできた冠をつけてジョヴァンニ・ピッキ*の曲を踊っている[27]」と伝えている。また同紙は、その他にイザドラがかつて披露した『ヴァイオリンを弾く天使』についても言及し、「アンブロシオ・デ・プレディス*の絵画からインスピレーションを得たイザドラの踊りは非常に優美であり、両足に金色のサンダルを履いている」という好意的な記事を載せている。[28]

これら新聞記事を見る限り、絵画と同じような衣装を身につけ、絵画の中の人物になりきって踊っていたイザドラは、動く絵画として観客を魅了したに違いない。

とくに『ウエスタン・タイムズ』紙に「非常に芸術的で古代芸術の再興の効果がある」と評価されたことから、イザドラの目指している「舞踊を芸術の領域に」という想いの実現が近づいてきたとも言える。しかしこの時期、イザドラはまだ裸足にギリシア風チュニックという独自のスタイルは確立していなかった。

『プリマヴェーラ』を踊るイザドラ［図31］に注目すると、インスピレーションを得た絵画は裸足だが、イザドラは金のサンダルを履いて踊っている。彼女がインスピレーションを得たボッティチェリの描いた『プリマヴェーラ』［図30］を見ると、イザドラが絵画の右から三番目の花柄の衣服を身につけた女性（春の精）を意識し、似たような衣装を身に付けていることがわかる。また絵画の女性の腹部が膨らんでいることに倣い、イザドラも衣装を意識的に膨らませているようにみえる。このように、身につけている衣装や姿・形はかなり模倣しているが、絵画の中の女性が裸足であるにもかかわらず、イザドラは裸足にならずに金色のサンダルを履いていることに気づく。このことから、ヴィクトリア朝の風習が残っていた当時、イザドラはまだ裸足で踊る勇気がなかったと思われる。プログラムの最後を飾ったのはモンテヴェルディ*の『オルフェオ』だったが、これはウィリアム・リッチモンドが描いた『死者の国から戻ってきたオルフエウス』［図32－1、32－2］を示唆した作品であった。

八月六日の新聞記事には、イザドラの踊る様子が次のように掲載されていた。

ダンカン嬢はギリシアの壺に描かれている一連の優美なポーズを取っているが、非常に素早く次から次へと動くので、ポーズの連続それ自体が舞踊へと変化していた。ダンカン嬢は、踊り手としての跳

図31　金色のサンダルを履き、
『プリマヴェーラ』を踊るイザドラ

図32-1　『死者の国から戻ってきたオルフェウス』（画：ウィリアム・リッチモンド）

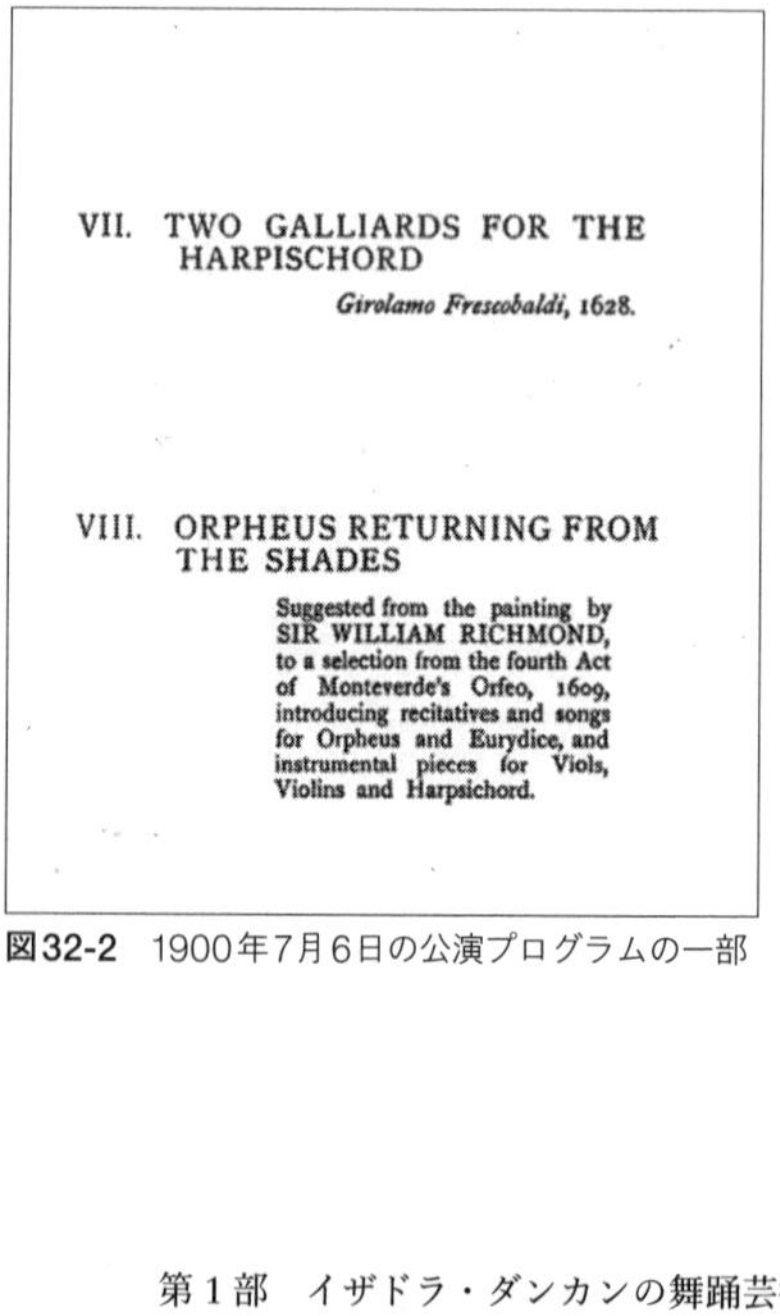

VII. TWO GALLIARDS FOR THE HARPISCHORD

Girolamo Frescobaldi, 1628.

VIII. ORPHEUS RETURNING FROM THE SHADES

Suggested from the painting by SIR WILLIAM RICHMOND, to a selection from the fourth Act of Monteverde's Orfeo, 1609, introducing recitatives and songs for Orpheus and Eurydice, and instrumental pieces for Viols, Violins and Harpsichord.

図32-2　1900年7月6日の公演プログラムの一部

躍力と強靱な筋肉を有しているが、彼女の主たる目的は、舞踊の絵画的な側面を発展させることにある。[29]

これは、イザドラが大英博物館で見たギリシアの壺やナショナルギャラリーで見たイタリア絵画からインスピレーションを得て創作した舞踊と考えられる。彼女の『プリマヴェーラ』の写真［図31］からも、腕と手先が表現の豊かさを、小さく曲げた脚がクラシック・バレエのアティチュードと呼ばれるポーズを形づくっており、非常に優美に踊っていたのではないかと推察できる。イザドラは自伝で、「ナショナルギャラリーで見たイタリア美術に影響を受けた新しい発想をダンスに表現しようと、私は毎日試みていた。この頃はまた、バーン・ジョーンズとロセッティの影響も強く受けていたと思う」[30]と語っている。

残されたイザドラの自筆メモには、ニューギャラリーでの公演は常に満席で活気に満ちており、画家のウィリアム・リッチモンドとホルマン・ハント*など数多くの芸術家たちの家でも踊りを披露していた、毎週日曜の夕方にはロンドンにいる数多くの一流の芸術家たちの前で踊りを披露した、また作家として著名なアデレード・カドガン*の応接間で踊ったとき、ヴィクトリア女王の三女ヘレナ王女やパーシー・ウィンダム夫人*の姿が見えた、と多くの芸術家や知識人を前に踊ったことが記されていた。このメモから、彼女の踊りが当時の王族をはじめ、一流の芸術家や文化人に認められ始めたことがわかる。

アレから、子どもの頃憧れていた大画家フレデリック・ワッツ*を紹介されたイザドラは、ワッツの庭園で踊る機会を与えられ、彼から人生と芸術の話を教示されるという幸運を得た。[31]ワッツの家で憧れの名女優エレン・テリー*の絵画を何枚も観ていたイザドラに、数年後、エレン・テリーの息子ゴードン・クレイグ*との運命的な出会いが訪れることになる。

ロンドンでの数多くの文化人や芸術家との出会いから、本物の絵画や詩、音楽を吸収する機会を得たイザドラは、自身の舞踊の創作の糧としてこれらを大いに役立てた。その後ロナルド夫人の家で催されたレセプションの席で知己を得た皇太子（後のエドワード国王）から、画家トマス・ゲインズバラ*の絵に出てくるような美人と讃えられ、社交界の熱狂と共にイザドラの知名度はよりいっそう広まっていく。彼女の舞踊公演はいずれも大成功を収め、当時ロンドンで芸術に理解がある優れた知識人たちや王族からの称賛は、イザドラに舞踊が芸術の領域に入ってきたという実感を持たせることになった。

このような状況のなか、既にパリに移り住んでいた兄レイモンドから、芸術の都パリに来るようにと再三促されていたイサドラは、ロンドンでの成功に後ろ髪を引かれながらも、芸術としての自身の踊りをさらに確かなものとするためにパリに向かうことにした。

＊ジョン・アレグザンダー・フラー・メイトランド（一八五六〜一九三六）
イギリス・ロンドン生まれ。音楽評論家。一六世紀〜一七世紀の英国音楽として、とくにヘンリー・パーセルの曲と英国式バージナルの曲の再発見を促した。

＊ボッティチェリ（アレッサンドロ・ディ・マリアーノ・フィリペーピ　一四四五〜一五一〇？）
イタリア・フィレンツェ生まれ。イタリア・ルネサンス、フィレンツェ派の画家で代表作に『プリマヴェーラ（春）』（一四八二年）、『ヴィーナスの誕生』（一四八五年）がある。優雅で美しい聖母や神話の女神を

描いた画家として知られる。フィリッポ・リッピの工房で修業を積み、メディチ家専属の画家として名を馳せ、大型の祭壇画から神話画まで、幅広い主題の絵画を手掛ける。中世美術を思わせるような装飾的、象徴的な様式を貫き、独自の絵画世界を創り上げた。

＊ティツィアーノ・ヴェチェッリオ（一四八八～一五七六）

イタリア・ピエーヴェ・ディ・カドーレ生まれ。画家。ヴェネツィア派の巨匠で代表作には『バッカスとアリアドネ』、『ウルビーノのヴィーナス』がある。

＊バッカスとアリアドネ

バッカスはローマ神話におけるワインの神で、ギリシア神話ではデュオニソスにあたる。アリアドネはクレタ島のミノス王の娘で、英雄テセウスに恋をし、テセウスが怪物ミノタウロス退治のため迷宮に入るとき、道案内の糸玉を渡し助けた。その後バッカスは彼女を妻とした。

＊『プリマヴェーラ』

一四八二年頃にボッティチェリが木板にテンペラで描いた板絵。

プリマヴェーラとは、イタリア語で「春」の意味。世界でもっとも有名な絵画作品の一つとされている。

＊アーノルド・ドルメッチ（一八五八〜一九四〇）
フランス・ル・マン生まれ。音楽家、楽器製作者。主にイギリスで活躍した。二〇世紀における古楽への関心の再興に大きな役割を果たした。

＊ジョヴァンニ・ピッキ（一五七一頃〜一六四三）
イタリア生まれ。作曲家兼オルガン、鍵盤楽器、リュート奏者。ヴェネツィア楽派の後継者でソナタやカンツォーナなどの器楽曲の様式の発達と多様化に影響を与える。

＊アンブロシオ・デ・プレディス（ジョバンニ・アンブロシオ・デ・プレディス　一四五五頃〜一五〇八頃）
イタリア・ミラノ生まれ。画家。レオナルド・ダ・ヴィンチのアシスタントも務め、『岩窟の聖母』（ロンドンのナショナルギャラリー所蔵のヴァージョン）にはプレディスの手も加えられていると考えられている。ナショナルギャラリー所蔵の『岩窟の聖母』の横には一四九〇年から一四九五年の間に完成していた二つの天使の絵（双方ともナショナルギャラリー所蔵）が置かれていたと推測されている。現在では赤い衣服に身を包んでいる天使がプレディスの作品で、緑色の衣服に身を包んでいる天使のほうはダ・ヴィンチの別のアシスタントであったフランチェスコ・ナポレターノの作品ではないかとされている。

＊モンテヴェルディ（クラウディオ・モンテヴェルディ　一五六七〜一六四三）
イタリア・クレモナ生まれ。作曲家、歌手。マントヴァ公国の宮廷楽長とヴィネツィアのサン・マルコ寺院の学長を務めた。マントヴァ公の命を受けて『オルフェオ』を作曲した。

＊ホルマン・ハント（ウィリアム・ホルマン・ハント　一八二七～一九一〇）
イギリス・チープサイド生まれ。画家。ラファエル前派の創設者の一人。彼の作風は細部まで繊細で鮮明な色彩を使うことで知られる。ダンテ・ガブリエル・ロセッティと出会ったのち、ラファエル前派を結成した。

＊アデレード・カドガン（レディ・アデレード・カドガン　一八二〇～一八九〇）
イギリス生まれ。作家。演劇やカードゲームに関する独創的な作品で知られた人物。

＊パーシー・ウィンダム夫人（一八三五～一九二〇）
アイルランド・ダブリン生まれ。風景画を描き、刺繍も得意で金属に焼き付ける方法も修得していた。夫のパーシー・ウィンダム（一八三五～一九一一）は保守党の政治家、蒐集家、知識人でエリート集団ザ・ソウルズの創設メンバーの一人。

＊フレデリック・ワッツ（ジョージ・フレデリック・ワッツ　一八一七～一九〇四）
イギリス・ロンドン生まれ。ヴィクトリア朝時代の画家、彫刻家で象徴主義運動に関わった。有名な作品に『希望』、『愛と人生』といった寓意的なものがある。一八六四～一八七七まで女優エレン・テリーが配偶者であった。

＊エレン・テリー（一八四七～一九二八）
イギリス・ロンドン生まれ。女優。俳優一家に生まれ、一九世紀末から二〇世紀初頭にかけて最も活躍した女優の一人。建築家エドワード・ゴドウィンとの間に息子ゴードン・クレイグが生まれる。

＊ゴードン・クレイグ（一八七二～一九六六）
イギリス・スティーブニッジ生まれ。舞台美術家、演出家、演劇理論家、俳優。イギリスの近代演劇の実践者でありながら、俳優、監督、舞台美術、演出も手掛けた。女優エレン・テリーの息子。

＊トマス・ゲインズバラ（一七二七～一七八八）
イギリス・サドベリ生まれ。画家。一八世紀イギリスにおいて最も重要な画家の一人で、数多くの肖像画を残したことで知られているが、風景画も多く描いた。

註

〈1〉 ML, p.46. オーガスティンは一六歳の女優と結婚したばかりだったため、同行しなかった。

〈2〉 *San Francisco Chronicle* ,14 May 1899 には、イザドラは来週ロンドンに行くという文章が記載されている。一方でイザドラの自筆メモには、一八九九年六月にニューヨークからロンドンに向かったと記されている。イザドラの記憶違いか、新聞記事が掲載された後に予定を変更して六月に出発したとも考えられる。五月か六月かは不確かなため、初夏とした。

〈3〉ML, p.49.

〈4〉ML, p.55.

〈5〉RD, p.13.

〈6〉HTDDB, p.17.

〈7〉ロイヤル・ライシィアム劇場で開催している。"MR.F.R. Benson's Lyceum Season." *The Era*, 24 Feb.1900からこの公演が二月二二日に開かれたことやキャスト表からイザドラ・ダンカンが妖精役を演じたことが確認できる。

〈8〉"Isadora Duncan." *Evening Telegraph*, 6 Aug. 1900.

〈9〉*The Times*, 26, 28, 30 Mar. 1900.

〈10〉"Our Ladies' Column." *Wrexham Advertiser, 19 May 1900*; "A Charming Dancer." *Western Times*, 21 May 1900.

〈11〉ML, p.60.

〈12〉かつてロンドンのリージェント・ストリートにあった。現在このギャラリーはバーバリーの店になっている。外観と建物の構造自体は、当時のままの部分が残されている。

〈13〉イギリス人画家で画廊のマネージャー。父親はドイツ生まれの著名なピアニスト兼指揮者のカール・アレ。Seroff, p.42.

〈14〉"Three Evenings with Isadora Duncan." *Morning Post*, 23 Jun. 1900 マクドゥーガルの本には画家のローレンス・アルマ・タデマの名も委員会のメンバーとして挙げられている。IARIAAL, p.53.

〈15〉Blair, p.34; IARIAAL, p.54.

〈16〉"Three Evenings with Isadora Dancan." *Morning Post*, 23 Jun. 1900; "Court Circular." *Morning Post*, 28 Jun. 1900.

〈17〉"Theatrical and Musical Notes." *Morning Post*, 12 Mar. 1900.

〈18〉ブレアの翻訳本では三月を五月と翻訳のミスが見受けられた。Blair, p.34. ブレア、四五頁。一九一六年から一九一七年の間、イザドラの個人秘書をつとめたマクドゥーガルが著書の中で取り上げている三月一七日付の『タイムズ』紙に掲載された内容によると、この時、イザドラはジェーン・ハリソンが読む「デメテルへのホメロス賛歌」と「テオクリトスの牧歌詩」の詩に合わせて踊り、『ダフニスの勝利』、メンデルスゾーンの『春の歌』、ネヴィンの『水の精』を踊っている、との記述がある。IARIAAL, pp.54-55.

〈19〉 "A Fashionable Craze." *Western Times*, 16 July, 1900.

〈20〉 IARIAAL, pp.55-56には二度目の七月四日に公演が開催されたとあるが、現存するプログラムからも三日であったことがわかった。マクドゥーガルによれば、イザドラは批評家の助言を取り入れて、フラー・メイトランドにハープシコードを演奏してもらい、アーノルド・ドルメッチに助けてもらったようである。またマクドゥーガルは、『タイムズ』紙に掲載された批評を次のように記述している。「パリーが音楽とダンスについての簡単な講演をし、〔中略〕ヘアー・ツィンタッチャーがショパンの三つのプレリュードを演奏した。それは"Waltz in C harp Minor（ナルシス）"と"Mazurka in A Minor（ジプシー・ダンス）""C Minor"で、イザドラはワルツとマズルカで素晴らしい優美さを披露した。イザドラはその他に「春の歌」とグルックの『オルフェウス』から美しいメヌエットを踊った」。しかしながら、この『タイムズ』紙の刊行日については記述されていないので、原典を確認することはできない。

〈21〉 掲載している七月三日のプログラムを見る限り、グリーグとチャイコフスキーの曲に合わせて踊ったかどうか、不明である。

〈22〉 IARIAAL, p.55

〈23〉 ML邦訳、七九頁。

〈24〉 マクドゥーガルによれば、ダンサーはイザドラを入れて全員で八人、そのうちの三人はほとんど踊らず、イザドラは『プリマヴェーラ』の中央にいる女性を演じたと記しているため、ヴィーナスのことを指しているようにも思われる。IARIAAL, p.56. しかし、ロンドンでイザドラが『プリマヴェーラ』を踊る様子を伝える写真から、『プリマヴェーラ』の春の精（フローラ）を踊っていると推察される。

〈25〉 "Dance Idylls." *Western Times*, 16 July. 1900.

〈26〉 "Isadora Duncan." *Evening Telegraph*, 6 Aug. 1900.

〈27〉 "Classical Coiffures." *Western Times*, 16 July 1900.

〈28〉 "Classical Coiffures." *Western Times*, 16 July 1900.

〈29〉 "Isadora Duncan." *Evening Telegraph*, 6 Aug. 1900.
〈30〉 ML邦訳、八〇頁。ロセッティはラファエル前派の画家ダンテ・ガブリエル・ロセッティのこと。
〈31〉 ML, p.63. ブレアによると、イザドラはロンドンでエレン・テリーの舞台を見ていたようである。Blair, p.38.

第3章　芸術家との交流と舞踊の源の発見

パリ万国博覧会と裸足《はだし》

レイモンドの誘いから、一九〇〇年の夏頃、〈1〉母とパリに到着したイザドラは、早速レイモンドとルーヴル美術館、パリ・オペラ座ほかパリのあらゆる美術館、博物館などを訪ね歩き、オペラ座の前にあるジャン＝バティスト・カルポー*の『ダンス』と題した彫像と、凱旋門のフランソワ・リュード*のレリーフ『ラ・マルセイエーズ』に強く心を揺り動かされた。イザドラは「ずっとあこがれ続けていたヨーロッパの文化を目の前にして、アメリカ生まれの若い私たちの魂は喜びに震えていた」〈2〉と、そのときの感動を表している。そして、トロカデロ劇場で観た『オイディプス王』のムネ＝シュリ*の演技に心を奪われ、「芸術についてすばらしい啓示を与えられたことに私は気がついた。そして、自分の行くべき道がわかったのだった」〈3〉と言葉を残している。大劇場で観客全員に感動を与えることのできるカリスマ的な存在のムネ＝シュリの存在を知ったことで、このときから彼のようになりたいという強い想いがイザドラの心の内に芽生えたのであろう。そして舞踊探究のため、イザドラはルーヴルの舞踊芸術に関する本を読むことに専念し、レイモンドは大英博物館のときと同様、ギリシアの壺のほとんど全てを模写することにした［図33］。さらにイザドラは、オペラ座の図書館にあるダンス芸術に関する全ての本に興味を持ち、エジプト時代から当時までの舞踊の変遷についてコメントを書くなど、専ら舞踊の研究に励んでいる。[4] 幸運にもちょうどこの時期パリで万国博覧会*が開催されており、ヨーロッパの文化だけでなく世界中の文化・芸術に触れる絶好の機会を得ることになった。そしてイザドラは、なかでも、万博で評判になっていた川上貞奴*の舞踊に魅了された。

パリ万博で、ロイ・フラー座［図34－1、34－2］の出し物の一つ『芸者と武士』の中で踊っている川上貞

図33　レイモンド・ダンカンのスケッチ画

図34-1　ロイ・フラー座の外観

図34-2　ロイ・フラー座の入り口：
看板に貞奴と川上の文字が確認できる

図35-1　『芸者と武士』：履物を脱いで踊る貞奴

図35-2　履物を脱いでいる貞奴

図36　舞台上で迫真の演技をする貞奴

奴［図35－1、35－2、36］に魅了されたイザドラは、ロンドンからパリ万博を観に来たシャルル・アレと毎晩彼女の舞台を観に行った。そしてそのときの感動を次の言葉で表している。

一九〇〇年の大博覧会で、一つとても印象に残っているのは、日本の偉大な悲劇の踊り手、川上貞奴の舞踊だった。毎夜シャルル・アレと私は、この素晴らしい悲劇女優の驚くべき芸術に感動させられた。〈5〉

イザドラは、貞奴のしなやかな動きとなめらかに弧を描く動作、流れに添って揺れる袂《たもと》など、身体に添う日本舞踊独特の着物の自然な動きやその悲劇的な演技に深く感銘を受けた。そしてこれまでサンダルを脱ぐことができなかったイザドラは、とくに草履を脱いで踊る貞奴の自由な足元に衝撃を受けたのではないか、と筆者は考えている。

博覧会が終わり、再び舞踊探究に没頭したイザドラは、動きの中心となる舞踊の源が太陽神経叢（第二の脳とも言われている胃の下の辺りにある自律神経の集結部）にあることを発見し、同時にサンダルを脱ぎ裸足で踊るという独自の舞踊を生み出した。このことについては、後項の「舞踊の源の発見」で詳しく述べたい。

舞踊批評家のルドルフ・レメルは、一九二八年に刊行された著書『モダンダンス』の中で、裸足の踊りについて次のように言及している。

注意深い同時代人として、ダンカンのとがめ立てるほどでもない舞踊を目にした人間ならば、この良家の出の婦人が、舞台で裸足で踊って見せたことが巻き起こした驚嘆を、はっきりと覚えているだろう。彼女は、両腕と膝から下だけが見える波打つようなドレスを着ていた。つまり旧来のモラルから言えば、それほど文句を言われるような服装ではなかった。しかし、にもかかわらずこれらの公演には、奇妙な刺激的魅力があった。タイツとボディス（バレエ衣装の上半身部分）でしか踊ってはならぬというのが、崇め奉られていたくだらない伝統であった。ダンカンの裸足、本当に裸の足は、したがってセンセーションであった。人々は、女性が裸足で踊るのを見るために、劇場へ出かけたのである。〈6〉

舞踊史家のリン・ガラフォラも著書『ディアギレフのバレエ・リュス』で、イザドラの踊りについて、「彼女の裸足で踊るというスタイルは当時ショックであった」〈7〉と記している。これらから、当時イザドラのもたらした「裸足」は現在の私たちが想像する以上にセンセーショナルであり、衝撃的なことであったことは言うまでもない。時代によって美の様式や価値基準は異なるが、裸足は人前で見せるものではないという西欧文化圏の固定観念に反し、ダンカンは裸足をさらすことにより、その美しさを世間に伝えたかったのである。

イザドラは裸足について、自身の舞踊概念をまとめた「未来の舞踊」の中で、次のように哲学的な言葉を用い自身の考えを表明している。

ある時、一人の女性が私に、何故、裸足で踊るのかと尋ねたので、私は「人類の足の美についての宗教を信じておりますので」と答えた。すると、その女性は「そうでしょうけど、私には信じられません」と言うので、また、「でも、お信じになるべきです。人間の進化の最も偉大な勝利のひとつが、人類の足の表現と知性ですから」と言った。[8]

レイモンドもイザドラと同様に裸足の持つ美しさに魅せられ、「裸足」の彫刻［図37］を創作している。実はオーギュスト・ロダンも「裸足」の彫刻[9]を創作しており、そこに美に対する共通の概念を見ることができる。

今日のモダンダンス、コンテンポラリーダンスではむしろ裸足で踊ることが普通で、何らそれに珍しさや驚きを感じることはないが、この時代、裸足で舞台に立って踊る欧米人ダンサーはほぼ皆無であった。当時の西欧文化圏では、室内でも靴を脱がない生活習慣が身についていたため、裸足で踊ること自体が驚きの行為であり、勇気がいることであったことは確かである。しかし、だからこそ、レメルが言うように裸足の踊りを見るために人々がこぞって劇場に出かけたということも頷ける。イザドラが裸足で踊り始めてから、欧米圏における次世代のダンサーたちもそのスタイルを踏襲する流れができた。つまり、イザドラ以後、裸足で踊るというダンススタイルが確立されることになったということである。これはまさにイザド

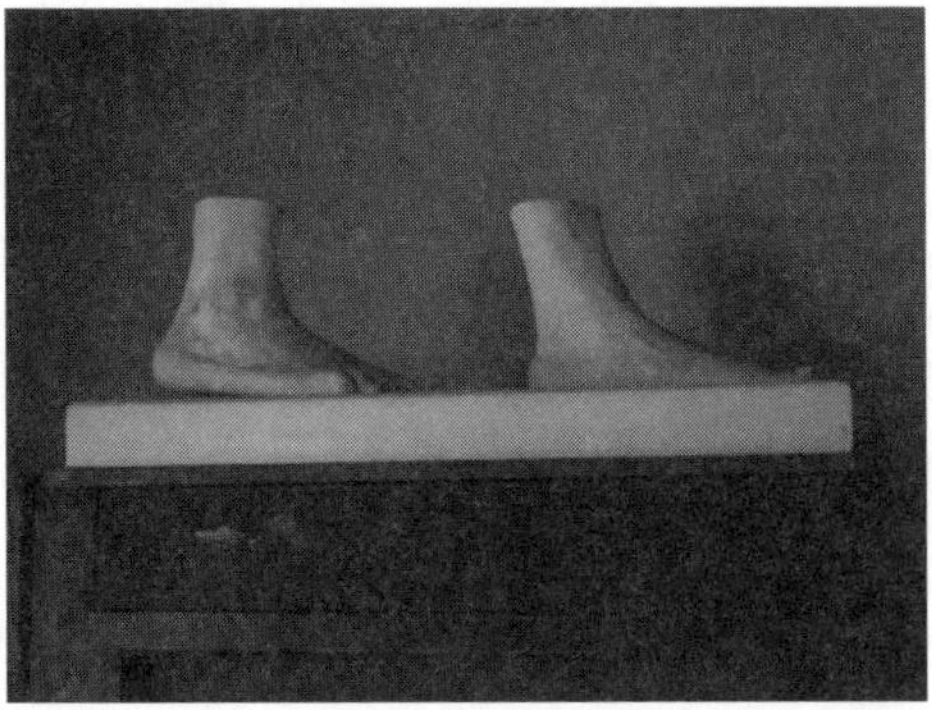

図37　レイモンド・ダンカンが作成した足の彫刻

ラが起こした芸術革命の一つであり、モダンダンスの創始者と言われる由縁である。

＊ジャン＝バティスト・カルポー（一八二七〜一八七五）

フランス・ヴァランシエンヌ生まれ。彫刻家、画家。代表作にパリ・オペラ座（ガルニエ宮）の正面入り口近くにある『ダンス』やオペラ座内にある『ウゴリーノ』がある。

＊フランソワ・リュード（一七八四〜一八五五）

フランス・ディジョン生まれ。新古典派からロマン主義に移る時代を代表する彫刻家。代表作に凱旋門レリーフ『ラ・マルセイエーズ（義勇兵の出発）』がある。

＊ムネ＝シュリ（本名：ジャン・シュリ・ムネ　一八四一〜一九一六）

フランス・ベルジュラック生まれ。バロック朗唱法を受け継いだ舞台俳優。身振りのみならず、声を高めたり潜めたりして、その振幅を大きくすることにより感情を表現した。

＊川上貞奴（一八七一〜一九四六）

東京・日本橋生まれ。女優、舞踊家。名芸者として活躍していたが、川上一座率いる川上音二郎と結婚する。東洋的な美しさと踊りで欧米の観客を魅了し、帰国後も女優として活躍する。帰国後は、帝国女優養成所、川上児童楽劇団を設立し、次世代の育成に貢献する。晩年は岐阜県に貞照寺を建立し入山。

＊パリ万国博覧会
開催期間：一九〇〇年四月一五日～一一月一二日
入場者数：五〇八六万一〇〇〇人
一九世紀最後の年を飾る国際博覧会で、開催期間中には当時過去最大となる人々が訪れた。一九〇〇年のパリ・オリンピックも万国博覧会の付属大会として行われた。

イザドラの支援者とサロンでの踊り

秋になり、万博が閉幕に近づくと、共に貞奴の踊りを観賞したシャルル・アレがロンドンに帰ることになった。帰国前のアレから甥シャルル・ヌフラール（フランスの植民地の行政官、実業家）を紹介されたイザドラは、ヌフラールの友人アンドレ・ボーニエとジャック・ボーニーとも親しくなり、彼らから支援を受けることになる。そしてフランス美術に造詣が深いヌフラールからゴシックについて学んだイザドラは、ルイ一四世からルイ一六世までの歴史と文化を理解し、小説家志望のボーニエからはフランス文学を通じてフランス語を習得した。さらに、ボーニーからは母親のマルグリット・ド・サン＝マルソー夫人＊〔図38〕を紹介され、一九〇一年一月、〔10〕パリ中の著名人が集まる彼女の夫シャルル・ルネ・ド・サン＝マルソー＊のサロンで踊るという機会を得た。

このサロンで、ロンドンのニューギャラリーで踊ったショパンの『プレリュード』、『ワルツ』、『マズルカ』の作品に改善を加え踊りを披露したイザドラは、観ていた作曲家アンドレ・メサジェ*や劇作家ヴィクトリアン・サルドゥ*など当時の著名人の心を奪い、公演は大成功となった。イザドラ自筆のメモには、サルドゥが大熱狂したこと、またこの公演以後、サロンでは一公演につき一〇〇〇フランから二倍の二〇〇〇フランを受け取れるようになったことが記されている（一九〇一年時の一〇〇〇フランを二〇二三年のユーロに換算すると、四四七〇五ユーロなので、イザドラは四四七〇五～八九四一〇ユーロを受け取っていた。二〇二四年時点の日本円にして、七二六万～一四五二万円程度を受け取っていたと推測できる）。

三人の友人の中でイザドラが一番惹かれたのは文学好きのアンドレ・ボーニエで、イザドラは彼との知的な会話からフランス語を流暢《りゅうちょう》に話せるようになり、さらにフランス文学を深く知ることができた。

サン＝マルソーの会で知り合ったパリの社交界の女王、グレフュール伯爵夫人*［図39］から彼女の館で踊

図38　サン＝マルソー夫人

図39　グレフュール伯爵夫人

って欲しいと頼まれたイザドラは、彼女のサロンで「ギリシア芸術の復活」として紹介された。このとき、大英博物館で鑑賞したドーリア式の柱やパルテノンの壁などを舞踊で表現しようとしていたイザドラと詩人ピエール・ルイスの『アフロディテ』や『ビリティスの歌』から古代ギリシアを想起していた伯爵夫人との間には、ギリシア芸術の解釈に相違があった[11]（これはイザドラが文学作品や詩から得たインスピレーションを身体で表現していた初期の頃の踊りから、美術館で実際鑑賞したものを体現するという表現方法に変わったことを意味している）。そのため、グレフュール伯爵夫人とは「古代ギリシア」について同様の概念を共有することは難しかったようだ。一方、当時活躍中の才能溢れる知識人・画家・作家・音楽家・俳優たちが集い、交流していた画家のマドレーヌ・ルメール夫人*のサロンでは楽しい時を過ごすことができた。事実、イザドラはルメール夫人のサロンではオルフェウスの音楽を踊ったことや、そのとき観客の中には小説家のノアイユ伯爵夫人*や詩人のジャン・ロラン*がいたことを自伝に記している[12]。

ルメール夫人のサロン（火曜の集まり）の様子を描いているアンリ・ジェルベクス*の絵［図40］には、白っぽいギリシア風チュニックに赤いショールを身に着けたイザドラが後方に描かれている。身につけている衣装からイザドラだけがまるで古代ギリシアからやってきた人物のように見えるが、上流階級の人たちに囲まれながらも物怖じすることなく、凛とした姿勢で朗読している姿を見ることができる。その後、グレフュール伯爵夫人の友人、ポリニャック公爵夫人*［図41］のサロンに招かれたイザドラは[13]、夫のエドモン・ド・ポリニャック公爵*からも支援を受けることになる。イザドラの自伝によれば、ポリニャック公爵夫人のサロンで公演できたのは、イザドラの踊りを観ていた夫人がイザドラの芸術をよく理解していたからであった[14]。

ポリニャック公爵邸は、当時としては珍しく貴族以外のいわゆる一般の人にも公開していたため、〈15〉邸宅での公演はイザドラの名を広く世に知らせることになった。イザドラの踊りを観た作曲家で芸術庇護者のポリニャック公爵は、自身が長い間待ち望んでいた夢であり未来像であるとイザドラを崇め大絶賛した。〈16〉それ以降、夫妻はイザドラのアパルトマンで開催される全ての公演を観にやってくるなど、〈17〉夫婦揃ってイザドラのよき理解者かつ強力な支援者となっていく。数年後、イザドラはポリニャック公爵夫人の弟で大富豪のパリス・シンガーと出会い、終生に渡って彼から強力な支援を受け、助けられることになる。彼は、

図40　マドレーヌ・ルメール夫人のサロンの様子
（画：アンリ・ジェルベクス）

図41　ポリニャック公爵夫人

イザドラ・ダンカンが芸術家として自由に精力的に活躍するための大きな支えとなった。同じ芸術観を持っていた女優エレン・テリーの息子ゴードン・クレイグとの出会いもそうであったが、ここにも目に見えない不思議な縁があったと思わずにはいられない。

＊マルグリット・ド・サン＝マルソー夫人（一八五〇〜一九三〇）
フランス・ルビエ生まれ。サロニエール、芸術庇護者、アマチュアのピアニスト、オペラ歌手。彼女のサロンには作家マルセル・プルースト、コレット、画家ジョバンニ・ボルディーニ、作曲家モーリス・ラヴェル、ガブリエル・フォーレ、クロード・ドビュッシーなどが集っていた。プルーストの『失われた時を求めて』のヴェルデュラン夫人のモデルとされている。

＊シャルル・ルネ・ド・サン＝マルソー（一八四五〜一九一五）
フランス・ランス生まれ。彫刻家。一八歳のときパリに行き、エコール・デ・ボザールで学ぶ。代表作に「万国郵便連合」のための記念碑がある。フランス芸術家協会の会員になり、芸術アカデミーに選出される。

＊アンドレ・メサジェ（一八五三〜一九二九）
フランス・モンリュソン生まれ。作曲家、指揮者、教会のオルガニスト。サン＝サーンスに師事。

＊ヴィクトリアン・サルドゥ（一八三一〜一九〇八）
フランス・パリ生まれ。劇作家。舞台女優から大女優デジャゼを紹介されると、その庇護の下で劇作家デビューし、第二帝政期の代表的な劇作家となる。

＊グレフュール伯爵夫人（一八六〇〜一九五二）
フランス・パリ生まれ。サロニエール、芸術庇護者。一九世紀末から二〇世紀初頭にかけて、パリ社交界に君臨し、当時最高の美女と言われた。芸術の支援にも熱心で、音楽協会を主宰していた。音楽の振興（とくにヴァーグナーのオペラやバレエ・リュス等の普及）にも貢献した。サンジェルマン・デ・プレにあった彼女のサロンは有名で、サロンの女王として君臨していた。プルーストは『失われた時を求めて』のゲルマント公爵夫人を執筆するうえで、彼女からインスピレーションを受けていた。

＊マドレーヌ・ルメール夫人（一八四五〜一九二八）
フランス・レ・ザルク生まれ。静物画を得意とした画家。ルメール夫人の邸は、上流階級の人々や、芸術家が集まるパリ屈指のサロンで、マルセル・プルーストも訪れている。プルーストの小説『失われた時を求めて』に登場するヴェルデュラン夫人のモデルにもなったと言われている。

＊ノアイユ伯爵夫人（一八七六〜一九三三）
フランス・パリ生まれ。ルーマニアの貴族の家系に生まれたフランスの詩人、小説家。一八九七年にノアイユ伯爵と結婚してからは、アンナ＝エリザベート・ド・ノアイユ夫人（通称：アンナ・ド・ノアイユ）と

名乗り、モンソー通りの館でサロンを開いていた。当時の画家たちは彼女の肖像像をこぞって描いた。藤田嗣治による肖像画（川村記念館）、オーギュスト・ロダン製作（ロダン美術館）の像もあり、作家の永井荷風と堀辰雄はノアイユ伯爵夫人の詩を紹介している。耽美主義で象徴主義の詩人のロベール・ド・モンテスキューは夫人のことを薔薇の女帝と言った。

＊ジャン・ロラン（一八五五〜一九〇六）

フランス・フェカン生まれ。詩人、象徴派の小説家。代表作に『フォカス氏』がある。

＊アンリ・ジェルベクス（一八五二〜一九二九）

フランス・パリ生まれ。画家。一八八〇年代までには画家として高い評価を得るようになった。

＊ポリニャック公爵夫人（ウィナレッタ・シンガー、一八六五〜一九四三）

アメリカ・ヨンカーズ生まれ。フランスの貴族エドモン・ド・ポリニャック公爵の妻となり、一九世紀末から二〇世紀前半のフランスで多くの芸術家を支援した。父親はシンガー・ミシンの創業者アイザック・メリット・シンガー。

＊エドモン・ド・ポリニャック公爵（一八三四〜一九〇一）

フランス・パリ生まれ。フランスの貴族で作曲家。マリー・アントワネットの側近だったポリニャック

―公爵夫人の孫にあたる。

舞踊の源の発見

パリの上流階級の人々と知り合いになったイザドラは、〈18〉ヴィリエ通りにあった広いスタジオのあるアパルトマンで舞踊研究に専念した。そして、そこで良家の子女にダンスを教えはじめ、一緒に住んでいた母ドラは再び何時間もショパンやシューマンなどのピアノ曲を弾くことになった。兄レイモンドはアパルトマンのスタジオで舞踊の探究に没頭しているイザドラについて覚書に次のように記している。

イザドラが深く彼女の舞踊を研究したのはパリのヴィリエ通りのスタジオにいた時だった。ここで彼女は数時間「投げ出す」と名付けた練習を行って過ごしていた。彼女は自分の身体をスタジオの片方からもう片方へと投げ飛ばし、両腕と両足の平均を保つのに必要な動きをして身体の原動力の中心が心棒となるように表現した。そしてあらゆる音楽性や文学的要素を取り除いた純粋な動きを表現した。〈中略〉その時、舞踊は、他の芸術に封じ込められているところから自由に離れることができた。〈19〉

イザドラ自身も長い舞踊探究の様子を次のように記している。

私はアパートで夜も昼も、体の動きによる魂の神聖なる表現としての踊りを追求し続けた。何時間も両手を太陽神経叢《しんけいそう》（胃の下のあたりにあるエネルギーの集結部）の上で組み、じっと立っていることもあった。長時間、まるでトランス状態になったかのように動かずにじっとしている私を見て、母はひどく心配した。しかし、私は求め続け、すべての動きがわき出す源、動力の中心、あらゆる種類の動きが生まれる統合体、新たなダンスを映し出す鏡をついに発見した。そしてこの発見から私の理論が生まれ、それに基づいて、私はのちに学校を設立したのだった。〈20〉

レイモンドとイザドラの記憶が確かであれば、イザドラが長い探究の結果、ヴィリエ通りのスタジオで、全ての動きを湧き出す源、すなわち舞踊の源が太陽神経叢にあることを発見したことになる。写真［図42－1、42－2、42－3、42－4］を見ると、彼女が裸足になっていることに気づく。ロンドン時代の踊りの写真［図31］と比較すると、金のサンダルを履いていたイザドラが、このスタジオではサンダルを脱いでいることが確認できる。ヴィリエ通りに移動したのがパリ万博が終わった後であるとすれば、貞奴の踊りをシャル・アレと連日観続けていたのはヴィリエ通りに移る前である。これらを考えると、元来、自然体で踊ることに関心を持っていたイザドラが、〈21〉草履を脱いで自由に踊る貞奴に共感し、自らもサンダルを脱いで裸足で踊る勇気を得た可能性は高い。

太陽神経叢を発見してからのイザドラは、バレエと自身の舞踊の源の違いについて次のような見解を述べている。

バレエでは、この動きの源は背中の中心、脊椎《せきつい》のいちばん下にあると教えている。この軸を中心にし

図42-1 舞踊の源を探求するイザドラ

図42-2 舞踊の源から動き出すイザドラ

図42-3、42-4 双方とも裸足で『プリマヴェーラ』を踊るイザドラ

て、腕、脚、胴体が自由に動き、操り人形のような動き方にならなければいけない、とバレエの先生方は主張している。この方法は、魂とは無関係の人工的で機械的な動きを生み出す。私は逆に、体の中にある経路に流れ込み、体全体を光の波動で満たしてゆく魂の表現の源を探し求めた。つまり、魂のビジョンや思いを映し出す遠心的な力を追い求めたのであった。何か月もかかって、この一つの中心にすべての力を集中することを学んでからは、音楽を聞くと、音楽の光や波動が私のなかにあるこの泉に流れ込むのがわかった。その光や波動は、そこから頭脳ではなく魂の霊的ビジョンのなかへと映し出され、このビジョンから光や波動をダンスのなかに表現するのだった。私の芸術のこの基本理論を、私はこれまで何度も、芸術家に説明しようとした。〈22〉

またイザドラは次のようにも述べている。

私は自分で意識的に行う動作ではなく、その前の動きに自然に連動してゆく一連の動きを生み出す最初の動きを見つけ出したいと、夢見ていた。そしていくつかのテーマに沿って、様々な動きのつながりを作り出した。たとえば、恐れの動作のあとに、その感情から生まれる自然の反応が続く。悲しみの感情から、嘆きのダンスが流れ出る、または愛の動きから、花びらが開いてゆくように愛が花開いてゆき、踊り手がにおい立つように流れてゆく、というようなダンスだった。〈23〉こうしたダンスは音楽を伴ってはいなかったが、なにか目に見えない音楽のリズムによって作り出されてゆくように思えた。こうした研究から、私はまずショパンのプレリュードを踊りに表現してみることにした。〈24〉

レイモンドは覚書に「イザドラは既に音楽なしの舞踊、『死と乙女』を創っており、それはいつも大成功だった」〈25〉と記していることから、イザドラが「こうしたダンスは音楽を伴ってはいなかった」と言っている踊りは、おそらく『死と乙女』のことを指しているのであろう。自伝でも、一六歳のときに音楽なしの『死と乙女』を踊ったと述べていることからも裏付けられる。〈26〉また「こうした研究から、私はまずショパンの『プレリュード』を踊りに表現してみることにした」という言葉から、サン＝マルソー夫妻のサロンで披露した作品『プレリュード』は、長い探究の末、舞踊の源を発見してから、既にロンドンのニューギャラリーで踊っていた『プレリュード』に新味を加え、新たな創作として試みた作品であったと言える。

イザドラは招かれたサロンの公演以外に、自宅に芸術家や知人を招き、踊りを披露していた。自筆のメモにも、毎週この自宅にあるスタジオで公演を行い、そこには芸術家たちが集っていた、と書き残している。**図43**、**44**はイザドラのスタジオでの公演を告知する案内で、**図45**には画家ウジェーヌ・カリエール*の名前が確認できる。〈27〉イザドラのスタジオに招かれたカリエールは、イザドラの踊りに対し、次のような称賛の言葉を残している。

イサドラは人間の感情を表現したいと願い、ギリシャ芸術のなかにそのもっともすばらしいモデルを発見した。美しい浮き彫りの像を鑑賞しているうちに、それらの像からインスピレーションを受けたのである。しかも、直観力にすぐれたイサドラは、浮き彫りに表されているしぐさの源である自然へと立ち戻った。そして、ギリシャの踊りを模倣し再生しようとするうちに、自分自身の表現を見つけ出した。彼女はギリシャを考えているが、自分自身に従っているだけなのだ。イサドラが我々にさし出すものは、彼女自身の喜びであり、彼女自身の悲しみである。一瞬の忘我と幸せの追求こそが、彼女の望みなのだ。それを我々に巧みに物語ることによって、イサドラは我々のなかにもそれを引き起こす。ほんの一瞬、復活したギリシャ芸術の前で、我々は彼女とともに若返り、新しい希望が我々のなかで勝利を収める。そして、彼女が運命への服従を表現するとき、我々もまたともに服従するのだ。イサドラ・ダンカンの踊りは、もはや気楽な娯楽ではなく、自己表現であり、我々を運命で定められた仕事へと駆り立てる生命にあふれたすぐれた芸術なのである。(28)

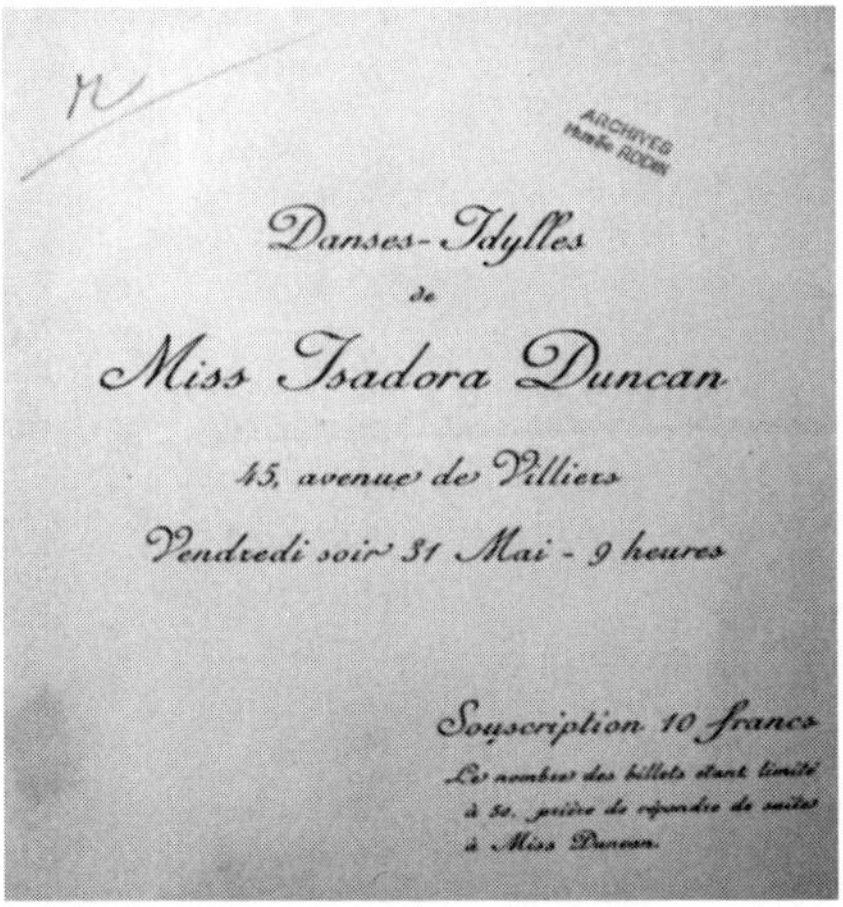

図43　1901年5月31日開催の公演案内

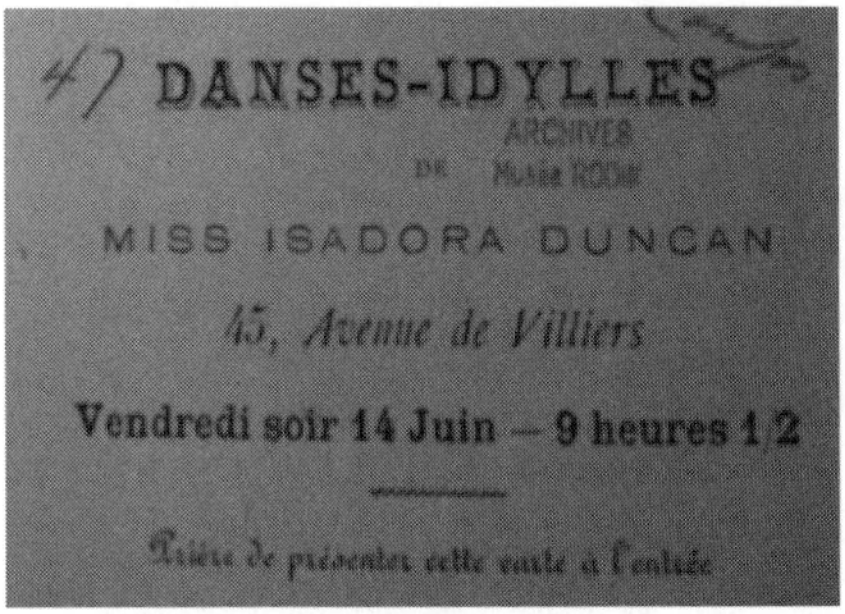

図44　1901年6月14日に開催の公演案内

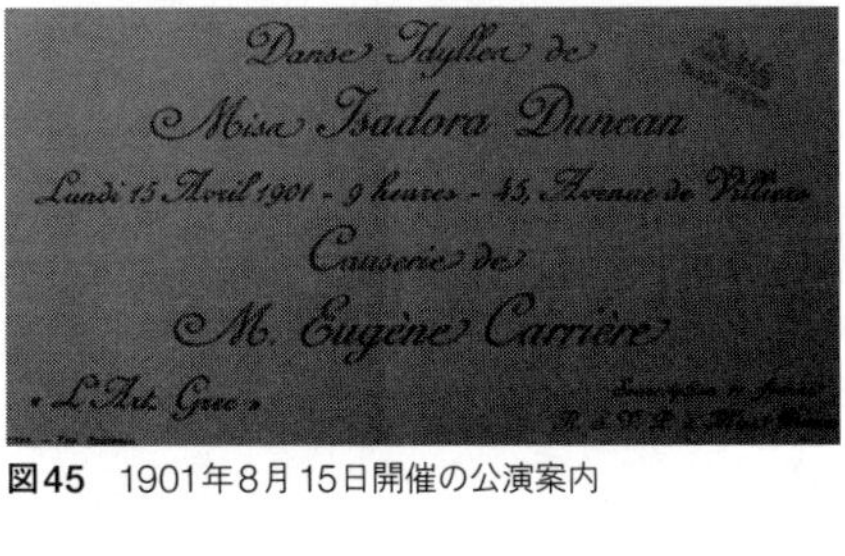

図45　1901年8月15日開催の公演案内

イザドラの舞踊が、カリエールのような一流の芸術家から最高の賛美をもって「芸術」であると認められたことは、その後のイザドラの舞踊を理解する、あるいは理解しようとする観客に影響力があったことは間違いない。とくに「イザドラ・ダンカンの踊りは、もはや気楽な娯楽ではなく、自己表現であり、我々を運命で定められた仕事へと駆り立てる生命にあふれたすぐれた芸術なのである」という言葉は、芸術の都パリで、彼女の舞踊が芸術として認められた証《あかし》となった。イザドラが一〇代からずっと抱いていた「舞踊を芸術という高みへ」という強い想いは、カリエールのこの称賛の言葉により、フランス・パリで果たされたと言ってもよい。イザドラ自筆のメモによると、この公演は最も著名な芸術家と芸術愛好家たちが集っており、その中にはフランスの首相を務めたジョルジュ・クレマンソー*の姿もあり、彼がここで講演を行うこともあったようである。この公演に関する史料がロダン美術館のアーカイヴに所蔵されていたことから、おそらくロダンもこのとき招待されていたと思われる。

当時、パリの有力者のサロンで踊りを披露する傍ら、自身のスタジオでも公演を開催していたことから、知識人の間ではイザドラの名は知られていったが、大劇場での公演ではなかったため、経済的にはまだ余裕のある状態とは言えなかった〈29〉。

このような状況下、「イザドラの裸足の踊り」のことを耳にした興行主がイザドラを訪れ、ドイツで一番大きな演芸場で踊って欲しい、と一カ月一〇〇〇マルクという好条件を提示し、契約を申し込んできた。しかし、音楽の殿堂で踊ることを夢に描いていたイザドラにとって、芸術として認められ始めた自身の舞踊を演芸場という娯楽の場で踊ることは考えられず〈30〉、いくら出されても演芸場で踊るつもりはないと、こ

の誘いをきっぱり断っている。〈31〉

それから数年後の一九〇三年、芸術の殿堂といわれるドイツのクロール・オペラハウスで、満席の観客を前に踊りを披露するイザドラ・ダンカンの姿があった。ベルリン交響楽団と行った公演の収益金は、二万五〇〇〇マルク以上であったと言われている。翌年の五月一四日には、トロカデロ劇場でベートーヴェン・プログラムを踊り大成功を収めたイザドラは、かつて描いていた夢を現実のものにした。そして少し先になるが、憧れのムネ＝シュリとも共演を果たす日が訪れる。

一九世紀末から二〇世紀初頭、優れた芸術家と比較的容易に交流でき、芸術を十分に享受できるパリはまさにベル・エポックの真っ只中《ただなか》であった。劇作家でイザドラの前で詩を朗読したこともある詩人のアンリ・バタイユ、*作家ジャン・ロラン、女優ベルテ・バディ*と知己を得たイザドラは、芸術的にも知的にも洗練された仲間との交流からさらに自身の知性を磨いていく。彼女は当時のパリについて「パリは世界の、そして私たちの時代の中心であり、古代ギリシャの栄光の時代のアテネのような存在だった」〈32〉と、素晴らしきパリ時代について回想している。

＊ウジェーヌ・カリエール（一八四九〜一九〇六）
フランス・グルネー＝シュル＝マルヌ生まれ。画家。一八六九年にパリにやってきて、国立美術学校で学ぶ。次世代の画家の育成にも熱心で、一八九八年には画塾アカデミー・カリエールを創設した。パリ万国博覧会のポスターやヴィクトル・ユゴーの挿絵も手掛けた。靄がかかったような独特の絵画手法で

知られる。

＊ジョルジュ・クレマンソー（一八四一〜一九二九）
フランス・ムイユロン生まれ。政治家、ジャーナリスト。フランスの首相を二期務めた（在任：一九〇六年—一九〇九年、一九一七年—一九二〇年）。第一次世界大戦のパリ講和会議でフランスを勝利に導いている。クレマンソーは画家のモネと友人で、印象派を支持していた。

＊アンリ・バタイユ（一八七二〜一九二二）
フランス・ニーム生まれ。詩人、劇作家。詩作から劇作に転向する。象徴的な夢幻劇を得意とし、『眠れる森の美女』や『ハンセン病を病む女』などがある。

＊ベルテ・バディ（一八七二〜一九二一）
ベルギー生まれ。女優。ベルギーの修道院で教育を受けた後、ブリュッセル王立音楽院に入学する。リュニエ・ポーが創設した制作座で活躍する。アンリ・バタイユのミューズであった。

美術館・図書館での舞踊研究

パリ滞在中、パリ・オペラ座の図書館で舞踊芸術に関する全ての書籍に目を通していたイザドラは、〈33〉自身の舞踊に感覚的な感情だけでなく、精緻な研究心で向き合った結果、ウォルト・ホイットマン、フリードリヒ・ニーチェ*、ジャン＝ジャック・ルソー*の三人が自身の舞踊の師であると確信する。[34]そして、「若きアメリカの、つまり私独自の抱負を加味し、そして最後に、ワルト・ホイットマンの詩から生まれた私の偉大な生命の精神的実現を加味したのだ。それが世界を風靡した、いわゆる私のギリシア舞踊の起源なのである」[35]とホイットマンに影響を受けたと明言している。またニーチェについて、「ニーチェは魂の中に舞踊を創造した。ことにニーチェは最初の舞踊哲学者である」[36]と称賛し、学校の入学対象者を子どものみにして年齢制限を設けたのは、ルソーの著書『エミール』の教育思想に倣っていたことが考えられる。

　後にニューヨーク・シティ・バレエ団の共同創設者となったリンカーン・カースタイン*は「イザドラはパリ・オペラ座の資料室で史料・文献を手あたり次第読みあさって、調べた結果をノートにびっしり書き込んだ。彼女の他にどんな偉大な女性舞踊家が（ここでタリオーニやパヴロワの名声をかすませたいわけではないが）これほどの知識を養っていただろうか。誰が一体、これほどまでに基本的な事柄について深く考えてみただろうか。そして果たして師の教えが正しいのかどうかに疑問を持ってみただろうか？」、「抒情的《じょじょうてき》な動きの源や、使い方をダンカンのように深く考えたり、感じ取ったりした人間は少ない……」とイザドラの深い研究心と洞察力を褒め讃えている。[37]

＊フリードリヒ・ニーチェ（一八四四～一九〇〇）
ドイツ・リュッケン生まれ。実存主義の代表的な思想家の一人。代表作に『ツァラトゥストラはかく語りき』、『悲劇の誕生』などがある。学生時代からヴァーグナーに心酔しており面会している。

＊ジャン＝ジャック・ルソー（一七一二～一七七八）
スイス・ジュネーヴ生まれ。哲学者、作曲家。社会契約説に基づき、絶対王政を批判し、フランス革命に影響を与えた。『社会契約論』『エミール』など多くの著作を執筆した。作曲家としては、『村の占い師』を作品として残している。

＊リンカーン・カースタイン（一九〇七～一九一六）
アメリカ・ロチェスター生まれ。芸術庇護者、ダンス興行師、作家。アメリカのバレエを発展させるため、振付家ジョージ・バランシンをアメリカに招き、バランシンと共にニューヨーク・シティ・バレエ団を設立した。

ロダンとの出会い

イザドラはパリ万博で、川上貞奴の踊りの他にもう一つ、理想の生命を表現し力強さ溢れるオーギュスト・ロダンの彫刻にも感動していた。ロダンはこの万博で一五〇点ほどの作品を一挙に披露するという大規模な展示を行っており、ロダン館の印象的なポスター［図46］は、後にイザドラが最も敬愛する画家のウジェーヌ・カリエールが描いていた。イザドラの自伝によれば、万博のロダン館［図47］でロダンの作品を鑑賞した後、自らユニベルシテ通りのロダンのアトリエを訪問し知り合ったようであるが、グレフュール伯爵夫人がロダンの後援者であったことから、彼女を通じてロダンと親交を深めることになったとも考えられる。

パリ万博から三年後の一九〇三年六月、ロダンのレジオン・ドヌール勲章（コマンドゥール）の受章パーティーがヴェルサイユ近郊のヴェリジーで開催された。ロダンの旧友や称賛者が一五〇人ほど集まった〈38〉このお祝いの席で、イザドラは広い庭の芝生の上で踊りを披露している［図48－1、48－2］。このことから、二人が一九〇〇年の万博以後も親交を続けていたことがわかる。

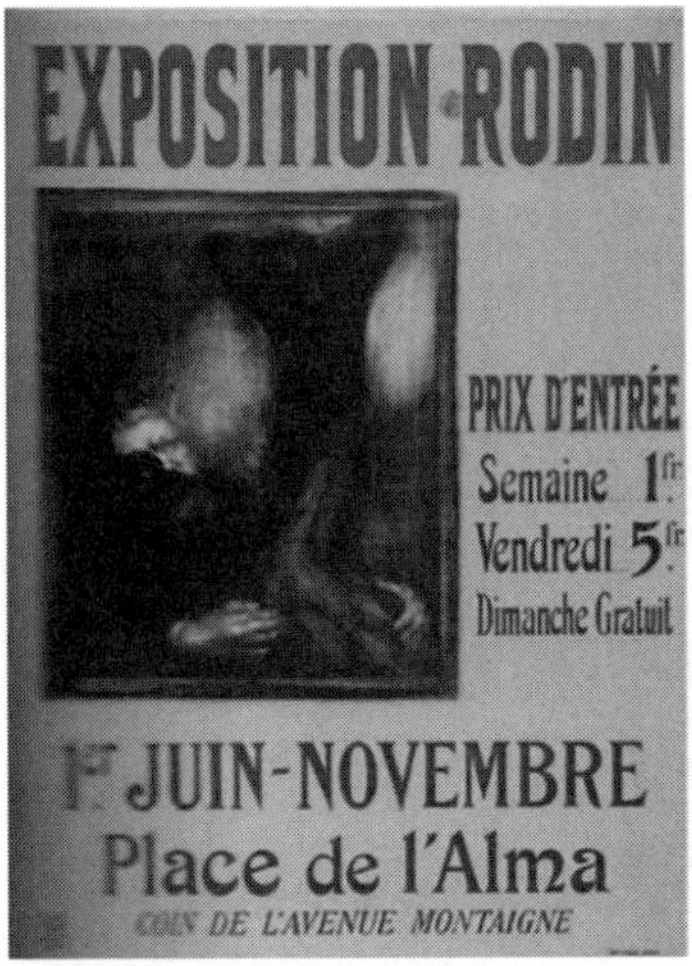

図46　ロダン館のポスター：カリエールが、ロダンが彫刻を作成している様子を描いている

図47　ロダン館の外観の模型

図48-1　ロダンのレジオン・ドヌール勲章受章パーティーの際、芝生の上で踊るイザドラ

図48-2　パーティーの参列者たち
丸枠内左手前はイザドラ、中央の柱の左側にロダン、左後方にレイモンド

ロダンは芸術について、「芸術は自然の研究に過ぎないのです。がこの絶対の、基本の原理の上に、国民により、気質によって何という無限の変化のある事でしょう！」[39]また、「芸術は熟考なのです。自然を研究し、自然それ自体に吹き込まれた精神を見出す心の喜びなのです。世界を明晰に見つめ、それを入念な洞察力で再創造することは知性の喜びなのです」[40]と語っている。イザドラも幼少期から海の波や風、木々などの自然に親しみ、そこからインスピレーションを得て自らの踊りを表出した。自然を基調とする芸術について、二人の考えと思想は一致していた。ロダンは、イザドラについて次のような称賛の言葉を送っている。

イザドラ・ダンカンは努力なしに彫刻、感情を成し遂げたとある人は言うかもしれない。彼女は自然から借りていたのであり、それは才能と呼ばれるものではなく、天才という力であった。ダンカン嬢は文字通り人生を舞踊に統合した。彼女は他の人が自然でいられない舞台上で自然である。彼女は肢体に舞踊感覚を示し、彼女は美と同義語の古代の単純さを持っていた。しなやかで、感情的、これらはまさに舞踊の魂の最も重要な素養である。これこそが真実の芸術であり、完全で、最高のものなのである。[41]

ロダンは、イザドラの舞踊は最も自然で調和がとれており、力と優美を兼ね備えた彫刻が身体性を持って現前したものであるとし、彼女を天才と崇め、これ以上ないというほど褒め讃えた。また「ギリシア人は世の中で一番偉大な彫刻家です。そしてかれらは実に自然を描写しました」[42]とギリシアの芸術を賛美している。ギリシア風チュニックに身を包み自らの人生を身体で表現するイザドラは、まさにロダンの理想とする芸術を舞踊という形で表現していると彼の目に映っていたのではないだろうか。

ウジェーヌ・カリエールとの出会い

イザドラは、自身を芸術家として認めてくれた画家のウジェーヌ・カリエールとの出会いについて、出版業を営んでいたアルベール・カイザーの妻フランシス・カイザー夫人〈43〉が彼女をエジェジップ・モロー街のアパートの最上階にあるカリエールのスタジオに連れて行ったことがはじまりであった、と語っている。〈44〉カイザー夫妻はカリエールの作品のよき理解者で、彼の作品をイギリスに紹介していた。イザドラが夫人と懇意になったのは、ロンドン滞在中に知り合った知人が紹介した可能性が考えられる。

カリエールがイザドラの肖像画*［図49―1、49―2］を描いた時期は一九〇一年となっていることから、二人が知り合いになった時期は一九〇〇年のパリ万博閉幕後まもなくであったと推測できる。カリエールは一九〇六年に他界したため、二人は長期間に渡る親交を持つことはできなかったが、カリエールを天才と崇め、尊敬のまなざしで見ていた。後年イザドラは、自身の二人の子どもを自動車事故で失ったときのことを思い出してであろうか、「悲しみでほとんど気が狂いそうになった時、生きる信念を与えてくれたのは、私の近くにあったカリエールの作品だった〈45〉」、「天才ウジェーヌ・カリエールは、私の最高の理想を守るように駆り立て、芸術の神聖な幻影の中で、より純粋な形で訪れる方向に常に私を導いてくれた〈46〉」と心からの畏敬の念を込めた言葉を送っている。

図49-1　1901年カリエールが描いたイザドラ

図49-2　1901年頃カリエールが描いたイザドラ

図50　カリエールの『祈りあるいは初聖体』の前に立つイザドラ

図51　踊るロイ・フラー

図50は、カリエールの作品の前に立つイザドラの写真である。イザドラは、パリに創設したベルヴュの学校閉鎖後に学校内の様々な調度品を売り払った。しかしカリエールの作品だけは最後まで自分の手元に置いていたことから、彼の作品に対する想いがどれほど強かったかが窺える。カリエールの作品について、「全ての人類が彼の偉大な魂と交われる霊的な寺院に置かれるべきであり、それによって清められ、祝福されるべきである」[47]と語っていることから、イザドラがいかに彼の作品を崇高なものとして大切にしていたかが伝わってくる。

＊カリエールが描いたイザドラの肖像画

筆者はこの肖像画〔図49－2〕を二〇一九年にフィレンツェで開催されたイザドラ・ダンカン展で鑑賞した。非常に綺麗な状態で保存されたこの作品は、とても一〇〇年以上前の作品とは思えないほどであった。想像していたほど大きくなかったが神秘的な雰囲気を漂わせていた。

ロイ・フラーとの出会い

イザドラより先にヨーロッパで公演を行い成功していたアメリカ人ダンサーは、川上貞奴の興行師を務めたロイ・フラー＊〔図51〕であった（万博で連日観に行った貞奴は、フラー座の出し物として出演していたが、イザドラはこの時フラーとは出会っていなかった）。イザドラとフラーの出会いは、一九〇一年の末、アメリカ人ソプラノ歌手のエマ・ネヴァダ＊[48]がフラーを「素晴らしい芸術家であるばかりでなく、純粋な人」と評して、イザドラのアパートに連れて行ったのが始まりであったと言われている。〈49〉出会ってすぐに、イザドラが力説した舞踊理論を理解したフラーは、イザドラに貞奴と共にドイツ国内で公演することを勧めた。万博以来、貞奴の踊りに魅了されていたイザドラは、その場でその提案を受け入れ、フラーの一座に加わることを決意した。

＊ロイ・フラー（一八六二〜一九二八）

アメリカ・イリノイ州生まれ。モダンダンスと舞台照明技術、両方の分野におけるパイオニア。大判の布を身体に纏う「サーペンタイン（蛇のような）・ダンス」で一世を風靡したフラーは、全身を覆った衣装だけでなく、照明にも気を遣い、光と闇の対比を舞台上で披露していた。光の部分は常に色が変化したため、当時の観客は人間業とは思えないような彼女の繰り広げる世界に圧倒され、アール・ヌーヴォーの具現者と讃えられた。彼女は踊り手としてだけではなく、興行師としても優れた手腕を持ち合わせていた。フラーはヨーロッパで活躍していた当時、ジャポニスムブームの影響からアメリカ、ロンドンで既に成功を収めていた川上貞奴と音二郎に目をつけ、彼らの興行を担当し、パリ万博では自分の名前を付けたロイ・フラー座で川上一座を売り出し、大成功を収めた。

＊エマ・ネヴァダ（旧姓エマ・ウィクソム　一八五九〜一九四〇）

アメリカ・カリフォルニア州生まれ。オペラ歌手。一九世紀末から二〇世紀初頭における最も優れたコロラトゥーラ・ソプラノの一人とされている。

註

〈1〉ML, p.66; ML邦訳、八七頁もBlair, p.39; ブレア、四九頁も、一九〇〇年の春パリに着いたと記述しているが、ロンドンのニューギャラリーで七月六日に「イザドラ・ダンカンとの三度の夕べ」の第三回目の公演を行っているため、春ではなく夏にパリに向かったと思われる。

〈2〉ML邦訳、八七頁。

〈3〉ML邦訳、一一三頁。

〈4〉ML, p. 80.

〈5〉ML, pp.68-69.

〈6〉山口庸子『踊る身体の詩学：モデルネの舞踊表象』名古屋大学出版、二〇〇六年、三六―三七頁。

〈7〉Garafola, Lynn. *Diaghilev's Ballets Russes.* New York: DaCapo,1998, p.40.

〈8〉『芸術と回想』、三〇頁。

〈9〉この作品は、パリ近郊のムードンにあるロダン美術館に所蔵されている。

〈10〉イザドラ自筆のメモによる。

〈11〉ML, p.78. イザドラは、当時ピエール・ルイスの『ビリティスの歌』やオウィディウスの『変身物語』、サッフォーの詩を読んではいたが、これらの文学作品が含む内容を理解するまでには至っていなかった、と自伝に記述している。

〈12〉ML, p.79-80.

〈13〉ポリニャック夫人の邸宅は43 avenue George-Mandel 75116 Parisにあった。現在はシンガー・ポリニャック財団になっている。

〈14〉ML, p.81.

〈15〉HTDDB, p.20にはポリニャック夫人の劇場と記述されており、この劇場は一般公開していた。

〈16〉ML, p.81.

〈17〉この時、イザドラも自身のアパートで会員制の公演を開催しており、常に二〇～三〇名の人が集まっていた。

〈18〉HTDDB, pp.19-20.
〈19〉RD, p.14
〈20〉ML邦訳、九五—九六頁。
〈21〉神話をテーマに描かれた絵画（イザドラがロンドンのニューギャラリーで踊ったプリマヴェーラ・ヴィーナス・アドニスとバッカナール他）の人物も裸足が多い。
〈22〉ML邦訳、九六頁。
〈23〉ブラームスの「薔薇の花びらの踊り」のことを指している可能性が高い。
〈24〉ML邦訳、九八頁。
〈25〉RD, p.14.
〈26〉ML, p.4.
〈27〉イザドラ自筆のメモにも一九〇一年四月一五日にスタジオで公演を行ったことが書かれている。
〈28〉ML邦訳、一〇四—一〇五頁。
〈29〉ML, p.84.
〈30〉再びヴォードヴィルで披露するような踊りは、嫌であった可能性が高い。
〈31〉ML, p.85.
〈32〉ML邦訳、一一〇頁。
〈33〉ML, p.80.
〈34〉ML, p.80.
〈35〉『芸術と回想』、二一頁。
〈36〉『芸術と回想』、二一頁。
〈37〉Kerstein, Lincoln. *The Book of the Dance : A Short History of Classic Theatrical Dancing*. New York: Garden City,1942, p.267.

〈38〉 Grunfeld, Frederick V. *Rodin: A Biography*. New York: Henry Holt, 1987, p.460.
〈39〉 ロダン、オーギュスト著『ロダンの言葉抄』高村光太郎訳、岩波文庫、一九六〇年、一七頁。
〈40〉 Rodin, Auguste. *Art by Auguste Rodin*. Translated by Paul Gsell and Mrs. Romilly Fedden, London: Hodder and Stoughton, 1912, p.6.
〈41〉 ロダン・アーカイヴ所蔵。
〈42〉 ロダン、一九頁。
〈43〉 フランスのウジェーヌ・カリエール美術館所蔵の史料からカイザーが出版業を営んでいたこと、カイザーの妻の名前がフランシスであることが分かった。
〈44〉 ML邦訳、一一五―一一六頁。
〈45〉 ML, p.93.
〈46〉 ML, p.93.
〈47〉 ML, p.93.
〈48〉 Fuller ,Loie. *Fifteen Years of a Dancer's Life*. London: Herbert Jenkins Limited, 1913, p.223. ロイ・フラーはマダム・ネヴァダというアメリカ人の有名な歌手としている。
〈49〉 ML, p.94.

第4章　舞踊芸術の確立とヨーロッパでの活躍

ロイ・フラー一座とアレクサンダー・グロスの興行

一九〇二年、フラーに誘われ一人ベルリンに向かったイザドラは、ブリストルホテルの豪華な部屋で〈1〉一二、三人の女性たちに囲まれ、贅を尽くしていたフラーの生活に驚く。〈2〉しかしフラーの芸術に一目置いていたイザドラは、ウィンターガーデンで踊る彼女の姿を観て、「なんというすばらしい天才なのだろう！」〈3〉と声を上げ、「ロイ・フラーは変化する色彩と、空中を自由に浮遊するスカーフを創造したのだった。彼女こそ、光と自在に変化する色彩を最初に思いついた一人だった。私はこの驚くべき芸術家に圧倒され、心を奪われてホテルに戻った」〈4〉と褒め讃えている。詩人ステファヌ・マラルメ＊も当時のフラーの踊りを次の言葉で表現している。

幾枚もの布《きぬ》の凄まじい沐浴に、輝かしくも冷く、形を生み出す女は気を失う、彼女は、幾つもの旋回的主題《テーマ》を表現するが、それを目指す横糸は、遠くへ延びて花開く、巨大な花弁にして蝶、砕け散る波涛、すべて鮮明かつ宇宙の基本元素の次元のものだ。彼女が、目覚ましい捷さで変わる様々なニュアンスに入り混りつつ、酸化水素の照明による黄昏や洞窟の幻覚を変容させるのは、現われては消える情念の動き、愉悦とか喪の悲しみ、怒りである。それらを、プリズムに通した光のように、荒々しくあるいは徐々にぼかして動かすには、一つの人工的な仕組みによって大気に晒されたような、魂の眩暈が必要である。〈5〉

フラーが踊っているとされる映像を見ると、〈6〉マラルメの批評の通り、スカーフと光の魔法が巨大な花びらの芸術を創出しており、まさにイザドラの感動と驚きがそのまま伝わってくるかのような感覚に陥る。フラー一座はベルリンでの公演を終えると、ライプツィヒに移動するが、フラーの踊りを毎晩見ていたイザドラは、彼女の即興芸術に感動し傾倒していく。しかしこのとき、一座は貞奴との契約問題の拗《こじ》れ〈7〉から経営は赤字状態で、ミュンヘンからウィーンへの一座の移動は団員の資金調達に頼る有様であった。〈8〉イザドラは、この時アメリカ領事を説得して切符を購入し、ウィーンに行くことができたと後に語っている。〈9〉ウィーンでは、興行主としてのフラーがイザドラのお披露目的パフォーマンスを成功させようと、上流社会の後援者を集めるため招待状を配るなど必死であった。〈10〉一回目は上流階級、二回目以降は主に報道関係者と芸術関係者を対象に行ったイザドラのショパンの曲の踊りは、多くの観客を魅了し、〈11〉大成功のうちに終わっている。

しかし借金を抱えているフラー一座への不安に加え、魅了されていた貞奴がフラーのもとを去ってしまったことを知ったイザドラは、ウィーンに到着した頃から不満を感じ始め、[12]次の公演先には同行しないことにした。このようなとき、ウィーンの「芸術家の家」[13]（建築家アウグスト・ウェバーにより建てられた）の前でイザドラの踊る姿を感心して観ていたハンガリー人の興行師アレクサンダー・グロスからブダペストでのソロ公演の話を持ちかけられた。これまで主に芸術家や知識人の前で踊っていたイザドラは、自身の踊りが一般の観客に受け入れられるか一抹の不安を感じていたが、グロスの最も批判的な芸術家が認めるなら一般の客も認めるはずだという強い助言とこれまで夢に描いていた大劇場で公演ができるという喜びから、この誘いに応じることにした。またこれをフラー一座と決別する契機になると捉えたイザドラは、すぐに母親を呼び寄せ、グロスの待つブダペストへ旅立った。[14]

図52　ウラニア劇場の外観

グロスは、ヴェネチアン・ゴシックと東ムーア式が融合した美しい造りのウラニア劇場[15]［**図52**］でイザドラに踊るよう三〇日間の契約を申し出た。[16]グロスの思惑通り、イザドラの公演は大盛況で連日満員となった。ヴァイオリンを奏で、神を讃える絵画から出てきたような天使や、ボッティチェリの理想の美を表す『プリマヴェーラ』を踊るイザドラの表情や慎み深い振る舞いは、観衆を完全に惹きつけ魅了した。イザドラがアンコールに応えて、最後に『美しく青きドナウ』[17]を踊ると、熱狂はさらに増し、大劇場を埋め尽くした会場は大歓声に包まれた。[18]グロスの予想は的中し、彼は公の劇場で初めてイザドラにソロを踊らせ、成功に導いた人物となった。[19] 公演についての批評も「彼女はボールを投げる陽気なナウシカ、恍惚のバッカンテ、小鹿を追いかけるニンフとなり、抗えないほど魅力的である。これらは真に彼女自身なのだ」[20]など、イザドラの表現力を高く評価するものばかりであった。この成功に気をよくしたグロスは、次にブダペストのオペラ劇場でイザドラのガラ公演を企画した。グルックの音楽とジプシーの愛の詩を踊ったイザドラは、公演最後の踊りに赤い衣装を身につけ、ハンガリーの英雄たちのための革命賛歌として『ラコッツィ行進曲』[21]を選んでいる。この曲は、別名『ハンガリー行進曲』とも呼ばれ、ハンガリー人の心に根づいている革命的な血を呼び起こさせるにはぴったりの曲で、当然のごとく観客から歓喜の声が上がり割れんばかりの拍手を浴びることになった。イザドラはカリフォルニア生まれのアメリカ人であるという自身のアイデンティティを自覚しながらも、コスモポリタンとしての表現者の姿勢を堂々と見せた。敏腕興行師のグロスは、ブダペストでの成功を機に、ハンガリー国内の巡演をはじめ、国外での公演を次々と企画していく。

＊ステファヌ・マラルメ（一八四二〜一八九八）

フランス・パリ生まれ。詩人。アルチュール・ランボーと並ぶ一九世紀フランス主義の代表的存在として、ポール・ヴェルレーヌ、ポール・ヴァレリーなどに影響を与える。代表作に『半獣神の午後』『パージュ』『詩集』『骰子一擲』、評論集として『ディヴァガシオン』などがある。

ドイツ公演とミュンヘンの「芸術家の家」

ブダペストで大成功を収めたイザドラはウィーンに向かい、そこで一時的に体調を崩すが、回復後はフラウゼンバットを皮切りに、マリエンバット、カールスバットと巡演し、どの地でも万雷の拍手で迎えられた［図53－1、53－2］。これら公演の成功から、手応えを感じた興行師グロスは、さらに次の公演先として、学問と芸術の都であるミュンヘンの「芸術家の家」［図54］を設定した。

《ミュンヘンの公演前に考察した繊細な動き》

ミュンヘンの公演前に休養を必要としていたイザドラは、エリザベスとアバジアにあったフェルディナント大公[22]の別荘に泊まり、そこで新しい舞踊の動きを創出した。それは朝のそよ風に揺れているヤシの木の葉のゆれる動きからイメージを得て、腕と手と指を細かく震わせる繊細な動作だった。以来、この動きは彼女の舞踊の特徴の一つとなり、ショパンの「エオリアン・ハープOp.25 No.1」を踊る『ハープ・エチュード』はその代表作品となる。

イザドラによれば、その頃のミュンヘンでの生活はすべて「芸術家の家」*を中心に回っていたようである。そこには有名なフリードリヒ・アウグスト・フォン・カウルバッハ*、フランツ・フォン・レンバッハ*［図55］、フランツ・フォン・シュトゥック*［図56］など一流の芸術家たちが集まり［図57］、常に哲学や芸術について議論し、イザドラの踊りを披露させるかについても話し合っていた[23]。しかし彼らの中で、シュトゥッ

図53-1　1903年頃ミュンヘンでのイザドラ

図53-2　1903年頃ミュンヘンでのイザドラ

図54　「芸術家の家」の外観

図55　フランツ・フォン・レンバッハ

図56　フランツ・フォン・シュトゥック

クだけが未だ舞踊は芸術の殿堂にふさわしくない、芸術の域に達していない、とイザドラの踊りに対し疑問を呈していた。そこでイザドラは彼の前で踊りを披露し、芸術としての舞踊の可能性を力説した［図58］。最終的にシュトゥックの説得に成功し「芸術家の家」で特別公演を行うことになったイザドラは、これまで芸術家の前で幾度となく踊り、称賛された『プリマヴェーラ』を披露することにした。この作品は、優美な踊りとして大絶賛され、芸術の都ミュンヘンでも名声を確立するまでになる。イザドラは、自身の舞踊をドイツ国内においても芸術の領域まで高めることに成功したのである。(24)(25)

当時のドイツは、産業化・都市化により自然が破壊されていく危機感から、それに対抗する形でワンダーフォーゲル運動や菜食主義、服装改革、体操運動など様々な改革が進められていた。(26)この改革運動は一九二〇年代に入ってから広く普及することになるが、一九〇二〜三年当時は、イザドラの提唱した

Die Schöpfer des Künstlerhauses und seines Schmuckes.

(Hiezu die Porträts auf Seite 14, 15, 20, 30, 32, 36 und 41.)

Prof. GABRIEL SEIDL
ARCHITEKT
geb. 9. Dez. 1948 in München

Prof. Dr. FRANZ von LENBACH
MALER
geb. 13. Dez. 1936 in Schrobenhausen

HEINRICH DÜLL
BILDHAUER
geb. 19. Sept. 1967 in München

LUDWIG GAMP
BILDHAUER
geb. 1956 in Thiengen (Baden)

OTTO HUPP
MALER
geb. 19. Mai 1959 in Düsseldorf

HEINRICH KRONENBERGER
ARCHITEKT
geb. 23. April 1960 in München

MAX von MANN
MALER
geb. 1956 in München

FRANZ NAAGER
MALER
geb. 25. Mai 1970 in München

JULIUS MÖSSEL
MALER
geb. 10. Okt. 1971 in Fürth

GEORG PEZOLD
BILDHAUER
geb. 5. Mai 1965 in Mittweida

Prof. ERNST PFEIFER
BILDHAUER
geb. 1962 in Bihra

Prof. ANTON PRUSKA
BILDHAUER
geb. 1946 in Goldbrunn (Böhmen)

JOSEPH RAUCH
BILDHAUER
geb. 1963 in Baden-Baden

KARL SELZER
MALER
geb. 8. Juni 1972 zu Passau

FRANZ RUEDORFFER
in Fa. BARTH & Co.
geb. 11. Nov. 1946 in München

Prof. JAKOB UNGERER
BILDHAUER
geb. 13. Juni 1940 in München

Prof. HEINRICH WADERÉ
BILDHAUER
geb. Juli 1965 zu Colmar i. E.

EDWIN WEISSENFELS
BILDHAUER
geb. 2. Jan. 1947 in Delitzsch

Gallerichrüstung im Festsaale.

図57　「芸術家の家」の創設メンバー
丸枠内にはレンバッハの名前が確認できる

図58　シュトゥックの前で踊るイザドラ

身体と舞踊はまだ極めて新しく先駆けとなるものであった。この流れの中で、イザドラの舞踊は自然と調和した理想的な形態として、改革運動の後押しに一役買ったのではないだろうか。舞踊評論家のルドルフ・レメルも、「彼女は当時の時代精神の内部にあった、強度な、そしてその時点まで認識も理解もされていなかった傾向の引き金となった人物」[27]と先駆者としてのイザドラを認めている。

イザドラは自身の抱いている舞踊思想を観客に伝えるため、踊った後に必ずスピーチを行っていた。例えば、一九〇三年にパリのサラ・ベルナール劇場（現在のパリ市立劇場）で行った公演の最後に、ミロのヴィーナスと狩猟の女神ダイアナの二つの例を挙げ、イザドラの語りから観客が各々の頭の中でイメージできるように、次のように誘導している。

> 一つ例を挙げます。ミロのヴィーナスが動いているのを想像してください。最も高貴に愛を表現しているこの形態、この女神の前で目を閉じてください。なぜこの形態が女性の最も高貴な美を表現しているのでしょう？　なぜならば、自然において無駄な美が全くなく、余計なものも全くなく、すべてが必要だからです。もしこの形態が最も高い次元の愛を表現しているとしたら、それは愛の最も高次元な役割を満たすことのできるより強い形態を持っているのが女性であり、健康で美しく、強い子どもたちを産むからです。〔中略〕もう一度目を閉じて、貴方たちの前でミロのヴィーナスが動くのを想像してください。なんという崇高な動き、なんという気高い動きがこの完全な形態から生まれることでしょう。これが舞踊なのです。目を閉じて、この大きくて単純な形から不可欠なものとしてやってくるような偉大で単純な運動を追ってください。人間の目にはほとんど美しすぎる想像力です。こ

> れが舞踊なのです。この世で最も偉大なもの、すなわち過ぎ去った人への愛、現在の人への愛、未来の人への愛を動きで伝える舞踊です。これが舞踊なのです。動きと形が一つになるのです。
>
> 二つ目の例を挙げます。狩猟の女神のダイアナの長身で痩せていて、跳躍や走行によって作られた筋肉隆々とした姿を思い浮かべてください。（中略）そして突然、彼女が私たちの前で動き出します。何という動きでしょう。それは山から落下する水の動き、朝の冷たい風の動きです。そして彼女の横では「荒々しい」野性としての自然の象徴が、彼女と調和を保ちながら走っています。彼女自身が飼い馴らすことのできないもの、やむにやまれぬもの、自由なものの象徴だからです。彼女は最後に海へ走っていきます。ダイアナのその動きは野性的で自由ですが、それでもそれらの運動は自然の神的な調和の規則に従っています。これが舞踊なのです。[28]

このようにイザドラはミロのヴィーナス、狩猟の女神ダイアナを想起させることにより、彫刻的、古典的な美こそが舞踊の原型であるということを自身の言葉で観客に伝えていた。彼女は踊った後に自身の舞踊思想を語ることで、目指している舞踊がより直接的に観客に伝わる効果をもたらしていることを実感していたはずである。しかし一方で、話の内容によっては、イザドラの踊りは「ギリシア的」であるという一種の固定概念を助長したことも否めない。

とくにミュンヘンを拠点としていた頃のイザドラは公演活動に邁進するだけでなく、哲学者ショーペンハウアー*[29]とカント*の哲学書を読むためにドイツ語の勉強にも勤しんでいた。[30]自伝でも「芸術家の家」に集う芸術家、哲学者、音楽家の議論についていけるようになったと語っているように、イザドラにとってこ

のドイツ滞在期間は、知的かつ精神面の探求に専念し、同時に自身の教養を高めた時期でもあった。〈31〉

＊フリードリヒ・アウグスト・フォン・カウルバッハ（一八五〇～一九二〇）
ドイツ・ミュンヘン生まれ。画家。ドイツやアメリカの上流階級の人々から依頼をうけて肖像画を描いた。パリに滞在した後、一八八六年にミュンヘン美術学校の校長になる。

＊フランツ・フォン・レンバッハ（一八三六～一九〇四）
ドイツ・シュロベンハウゼン生まれ。画家。貴族、芸術家、企業家などの肖像画家として知られる。五歳で爵位を得てビスマルク、皇帝、法王など錚々《そうそう》たる顧客を持つ。

＊フランツ・シュトゥック（一八六三～一九二八）
ドイツ・テッテンヴァイス生まれ。画家、版画家、彫刻家、建築家。社交界の中心人物でもあり、多分野での活躍によって芸術家の王様と言われる。レンバッハの影響を受け、ミュンヘン美術院教授を務めた。教え子にはパウル・クレー、ワシリー・カンディンスキーなどがいる。

＊ショーペンハウアー（**アルトゥール・ショーペンハウアー**　一七八八～一八六〇）
ポーランド・グダニスク生まれ。ドイツの哲学者、思想家。主な著書に『意志と表象としての世界』。名言に「運命がカードを混ぜ、われわれが勝負する」、「幸せを数えたら、あなたはすぐ幸せになれる」

がある。

＊カント（イマヌエル・カント　一七二四〜一八〇四）
ドイツ・ケーニヒスベルク生まれ。プロイセンの哲学者、ケーニヒスベルク大学の哲学教授。代表作は『純粋理性批判』、『実践理性批判』、『判断力批判』の三批判書。批判哲学を提唱して、認識論における、いわゆる「コペルニクス的転回」をもたらす。

《服装改革と新しい水着の考案》
当時の女性たちがコルセットと何枚もの長いスカートをはいていた時代、イザドラは身体を締め付けるコルセットを外し、ギリシア風チュニックを身に纏うという新しいスタイルを創出したが、新しい水着の考案もしている。彼女の自伝によると、それは薄い布で襟ぐりは深く、細い長い肩紐がつき、スカートの丈はひざの少し上で足は裸足というスタイルであった。当時の水着は長いスカートに黒いストッキングと黒い水泳靴を履いて全身を覆っていたので、それに比べるとイザドラの水着はセンセーショナルであった。この考案は、今日の水着の原型になったとも言える。

フィレンツェの古城での公演

ミュンヘン滞在中、イタリア美術に深く感動したイザドラは、ダ・ヴィンチ、ミケランジェロ、ボッティチェリ等巨匠たちの作品を鑑賞するため、母とエリザベスを誘ってフィレンツェに向かった。数週間滞在したフィレンツェでは、美術館のほかに庭園やオリーブ畑を巡り、とりわけボッティチェリの名作『プリマヴェーラ』の前で数日間過ごすことにした。[32]自伝に「その後この絵からインスピレーションを得た作品を創作した」と記しているが、子どもの頃、自宅の本棚の上に飾られていた『プリマヴェーラ』の絵画を観ていたイザドラは、[33]既にロンドンのローサー・ロッジやニューギャラリーでボッティチェリの『プリマヴェーラ』と思われる作品を披露している。[34]しかし、本物の絵画を鑑賞してからの『プリマヴェーラ』が以前披露した踊りと同じ振付であったという証はなく、イザドラの記憶違いと単純に考えることもできない。実際、一八九八年あるいは一八九九年に執筆した「断章および随想」には「メンデルスゾーンの春の歌を奏でると……[35]」とのくだりがあるが、その後のドイツでの公演プログラムを見ると、『プリマヴェーラ』で使った曲は一六世紀の音楽、とのみ書かれている。またイタリアでの公演のプログラムでは、『プリマヴェーラ』の音楽はイタリア人作曲家のヴィンチェンツォ・フェローニの曲を使い、古代ローマの詩人ホラティウスの韻文の一部も朗読されたであろうことが窺える。[36]このことから、同じ演目名であっても創作の基になっているボッティチェリの絵画を何度も鑑賞するうちに、新たな解釈や発想が付け加えられ、それまでとは異なる作品を創作していたと思われる。

《舞踊の源を発見してからの『プリマヴェーラ』》

フランス在住時、イザドラは舞踊探究の末、舞踊の源が太陽神経叢にあることを発見した。また川上貞奴の自由に流れるような踊りからインスピレーションを得たイザドラは、サンダルを脱ぎ裸足で踊ると

図59　『ヴァイオリンを弾く天使』

いう独自の舞踊を確立した。イザドラは自身の舞踊に裸足という美を取り入れながら、新たな『プリマヴェーラ』を創作していたと考えられる。

フィレンツェの古城では、芸術家たちを前に、『ヴァイオリンを弾く天使』＊［図59］からインスピレーションを得た踊りを披露した[37]（既に同じタイトルの踊りをロンドンのニューギャラリー、ブダペストのウラニア劇場で披露し観客を魅了している）。批評家カール・フェーダン＊は、「イザドラがこの『ヴァイオリンを弾く天使』を踊ったとき[38]、アンブロジオ・デ・プレディスの絵画『ヴァイオリンを弾く天使』そのものに見えた[39]」と賛美し、イザドラの踊る様子についても「灰色がかったヴェールの上に紫色の長い衣装を身につけ、足は裸足だった。彼女の髪は肩にかかっており、赤と白の薔薇で作られた花冠を頭に着けていた。そして、その純真さと宗教的な雰囲気と共にクワトロチェント（一四〇〇年代）が再び目の前に現前した[40]」と彼女の踊りを神聖なるものとして称賛している。このフェーダンの言葉は一九〇三年に刊行された『未来の舞踊』の序文となったものだが、おそらくどこかの公演で『ヴァイオリンを弾く天使』を踊っていたイザドラを観て感動し執筆したのであろう。絵画［図59］と比較すると、身につけていた衣装と色彩の違いが多少あるものの、それ以上にイザドラの姿と踊

りにフェーダンは崇高なるものを感じていたに違いない。

＊ヴァイオリンを弾く天使

この作品はもともとレオナルド・ダ・ヴィンチの『岩窟の聖母』（ロンドン・ヴァージョン）のサイドパネルの片方に置かれていたと考えられている。フェーダンは『ヴァイオリンを弾く天使』をアンブロジオ・デ・プレディスの作品としているが、現在この絵はプレディスではなく、フランチェスコ・ナポレターノの作品ではないかと言われている。サイドパネルのもう片方に『リュートを弾く天使』（赤い服に身を包んでリュートを弾いている天使）があるが、こちらはプレディスの作品とされている。

＊カール・フェーダン（一八六八〜一九四三）

オーストリア・ウィーン生まれ。作家、翻訳家、弁護士。母と共に女性と少女のための芸術学校を創設。フェーダンはフリーランスの作家として活躍し、一九〇三年にイザドラ・ダンカンに出会い、芸術の基軸としてニーチェの哲学を彼女に教える。ダンカンの『未来の舞踊』をドイツ語に翻訳し、序文も執筆した。

ベルリン公演と『未来の舞踊』

ミュンヘンで大成功を収めたイザドラは、次にベルリンのクロール・オペラハウスで〈41〉ベルリン・フィルハーモニー管弦楽団と共に初のコンサートを行う。会場はミュンヘンを上回る観客の熱狂と歓声の嵐となった。イザドラの母国アメリカの新聞『サンフランシスコ・コール』紙は「イザドラがベルリンの観客を魅了した。彼女の名前をつけたギリシア風の劇場を創設するために二五万ドルが与えられた。彼女の踊りが素晴らしいので当時活躍していた俳優ブノワ＝コンスタン・コクラン*や女優サラ・ベルナール*と同じくらいチケット代が高騰している」などと報じ、彼女の後援者には首相夫人やドイツの主要な財政家の妻もいることも伝えている。[42] 同日刊行された『イグザミナー』紙もイザドラのベルリンでの成功を伝えながら、当時アメリカで活躍していたダンサー、イエベリのインタヴューを掲載した。イエベリはイザドラの踊りについて、一度も観たことがないと断ったうえで、「ドイツやヨーロッパの人々はアメリカ人よりも全ての諸芸術において高度な形式を好むので、彼女の成功は続くでしょう。アメリカでは踊りよりも脚を高く上げるダンス（カンカン踊りのこと）のほうが好まれますが……」と答えている。[43] これは、イザドラの踊りを高尚な芸術と認めると同時に、当時のアメリカにはイザドラの考える崇高な「芸術」をまだ理解できる土壌がないことを裏づけることにもなったのではないだろうか。

　イザドラの踊りは現地のほとんど全ての新聞で称賛されていたが、その中でただ一社、ベルリンの『モルゲン・ポスト』紙だけは、審美的見地から芸術ではない、と反対意見を唱えていた。そして、イザドラをテクニックのないアメリカ人ダンサー、と酷評し、舞踊マスターを招いて審判させよう、と批判的な声を上げた。[44] この屈辱的な批評と意見に対し、イザドラは彼女と同じ自然なスタイルで踊っている「踊るマイナス」の彫像［**図60**］を引き合いに出し、これを侮辱することになるのではないかと一種の皮肉を込めて、彼女の舞踊哲学を書き記した次の抗議文を『モルゲン・ポスト』紙に送った。

拝啓
貴紙を拝見致しました。私のような至らぬ者のために、舞踊界の多くの立派な専門家たちの意見を賜るご配慮を頂けると知り、大変当惑しております。あの立派な文章は私の如く取るに足らない踊りには勿体ない限りです。そこでこう考えるのでございます。「ダンカン嬢は踊れるのか？」とのご質問を専門家たちになさるよりも、ダンカン嬢が登場するずっと以前にベルリンで踊り続けてきた遙かに有名なダンサーに注意が向けられるべきです。そのダンサーとは、今日のバレエ学校の様式とは正反対のスタイルで踊っている自然舞踊のダンサーのことです。（ダンカン嬢はこのスタイルに倣おうとしているのですが）私がそれとなく申し上げているダンサーとは、ベルリン美術館にある踊るマイナスの彫刻のことです。バレエ・マスターやミストレスの方々に「踊るマイナス像は踊ることができるのでしょうか？」とのご質問も改めてお書き頂ければ幸いです。

図60　踊るマイナスの彫像

なぜならば、私の話しているこのダンサーはつま先で歩こうとしたことも、空中で何回、踵と踵を打ちつけられるかといった稽古に時間を費やすことはなかったからです。彼女はコルセットもタイツもつけませんでしたし、サンダルを履いた素足はとても自由でした。この彫像の欠けた腕を復元できる彫刻家は賞されると信じています。そしてこの踊り手の、天上界のものの如き美しいポーズと美しい動きの秘訣を再現できる誰にでも賞を贈ることこそ今日の芸術にとって有益であるといえましょう。優れた貴紙がそうした賞を出され、優秀なバレエ・マスターやミストレスがそれを競われては如何でしょう。

おそらく数年試みた後、彼らも人体学や、美について、純粋さについて、また身体の動きの知性についていくらか学ばれることがあるかもしれません。固唾を呑んでお返事をお待ちしつつ。

敬具
イザドラ・ダンカン〈45〉

この抗議文がきっかけとなり、ベルリン・プレス協会から舞踊についての講演依頼がイザドラに届いた。これを承諾し、イザドラは「未来の舞踊」について講演をすることにした。ここでイザドラの考える「未来の舞踊」とは、どのような舞踊を意味していたのか、イザドラの哲学的思考を基に考察してみたい。

講演を引き受けたイザドラは、ギリシア彫刻の自然の動きには身体と身振りの調和があると称賛し、今こそ女性の美と健康の育成にも自然の動きを取り戻すことが重要であると訴えた。〈46〉また自然を源とする舞踊は自然界の法則に従い、人体の構造に逆らってはいけないことを強調し、「未来の舞踊家」については、魂の自然な言葉が身体の動きとなるまでにその身体と魂とがともに調和して発達した人、と定義づけている。さらに舞踊の真の根源について、「もし、私たちが舞踊の真の根源を求めて、自然へと及ぶならば、未来の舞踊とは、過去の舞踊、永遠の舞踊であり、それが現在まで同じものであったように、常にこれからも同じものであることに気付くのである」[47]と述べている。つまり、彼女にとって未来の舞踊とは、究極的には一方の時間軸に向かって進化している舞踊というよりも、むしろ永遠の舞踊であり、それはニーチェの提唱していた永劫回帰に近い時間軸に存在する舞踊となることであった。ニーチェの考えた時間軸は円形を成し、円の出発点と最終到達点は同じ位置にあることから、最も古い古代の舞踊こそが実は最も新しく、永遠に続くものであると考えていたのであろう。

また、波や風、大地の運動は常に続く調和の中にあることを例にあげ、肉体が精神的存在の調和ある表現であることの重要性と（ショーペンハウアー『意志と表象としての世界』の影響からと思われるが）個体に凝縮される宇宙の動きは、意志と名付けられるものとして、舞踊は単に個体のこの意志の自然な力であるべきであり、この力が究極的には宇宙の力の人間的な変形であると位置づけ、宇宙と人間が呼応していることの必要性を説いている。

そして当時のバレエについて、バレエは身体を無理やり変形させることを要求しているが、芸術の使命は、至高の最も美しい人間の理想を表現することであり、かつて芸術の中で最も高貴なものであった舞踊は、再びそのようである必要があること、未来の踊り手は最も道徳的で、健康的で、美しいものを表現することが重要であるとした。新しい舞踊家は常に変化し、自然で終わることのない連続をなす未来の舞踊の動きを展開させるための初歩的な動きを見出すことが義務であるとし、ギリシアの壺絵や浅浮き彫り、彫像、ギリシアの神々のポーズを例に出し、これらは自然の動きが表現されていると唱えた。そして、この自然な動きを教えるための学校を自身が創設したいと、その意欲をこのとき表明している。

望ましい例として挙げたのは、ギリシアの芸術作品であったが、彼女が目指していたのは、ギリシア舞踊に戻ることではなく、あくまでも「未来の舞踊」であり、新しい動きであることを強調し、未来志向の姿勢を貫き通していた。

さらに、未来の舞踊家は原始的な裸体ではなく、新しい裸体から浮かび出た身体であり、精神性や知性と輝かしい調和で結合して踊ることが使命であるとした。そのうえで、自然と宇宙との関係をも反映し、肉体に宿る自由な魂と、イザドラが残した言葉の中で最も重要なものの一つとなる「最も自由な身体に宿る最高の知性」が必要であると位置づけた。

このように、イザドラは自然から学んだ美や感性、美術館で鑑賞した彫像、ギリシア神話、ニーチェやショーペンハウアーなどの哲学から得た知識を交えて持論を展開したが、[48]ここから彼女がこれまでに培ってきた知的な側面を窺い知ることができる。

イザドラによるこの大胆で壮大な舞踊芸術論は、当時のドイツ人記者に衝撃を与えたが、同時に彼女の考える新しい未来の舞踊への立ち位置、さらにその舞踊が持つ可能性を提示することにもなった。もともと哲学に関心を寄せていたイザドラであったが、話の随所に哲学的見解が見られるのは、ドイツで知り合った知識人との交流と既に『舞踊の哲学』を書き著していた兄レイモンドの教えと影響が多分にあると筆者はみている。[49]

イザドラが講演したこの原稿は、『未来の舞踊』という題目で一九〇三年にドイツで刊行され、その後何か国語にも訳されて芸術に関心を持つ人に読まれることになる。[50]イザドラはドイツ国内で大成功を収め、その名を轟《とどろ》かせたが、この成功の背景には、興行師アレクサンダー・グロスの卓越した手腕があったことも見過ごすことはできない。ベルリンでイザドラの公演を町中に広めたのも、新聞記者の前で語らせる機会を設けて話題を牽引《けんいん》したのも、またミュンヘンの「芸術家の家」で踊らせることを考案したのもグロスであった。入念な公演の下準備とイザドラの舞踊の斬新性が功を奏して、ベルリンのクロール・オペラハウスで行ったベルリン・フィルハーモニー管弦楽団との共演も大成功に終わり、初日から「神聖なイザドラ」[51]と呼ばれ一世を風靡《ふうび》する勢いとなったのである。

ところで、ドイツの観客はイザドラのどこに「神聖さ」を見たのであろうか。それは欧米人が自らの文化の根源と考える「ギリシア」的なるものを、踊るイザドラに投影していたからではないだろうか。例えば、演劇学者のインゲ・バックスマンはモデルネ（現代）における「聖なるもの」の回帰について次のように記述している。

> 聖なるものがモデルネへ回帰したということは、宗教の回帰を意味するのではない。そうではなく、世俗化したと称されている領域、とりわけ政治と身体文化の領域において、聖性を帯びたふるまいへと傾きやすい構えが回帰したということ、新たな聖なる空間・シンボル・ふるまいの形式が発明されたということを意味するのだ。これらは、社会を超越しつつ、その超域によって統一を形づくることができるような結びつきに対する、集団的な憧憬の表現である。[52]

イザドラ・ダンカンはまさに聖なるものの回帰の象徴であり、新たな聖なる空間・シンボル・ふるまいの形式を創出したと言える。そしてバックスマンが言うように、「集団的な憧憬」の具現化として、一九〇四年、ドイツに舞踊学校を創設したと捉えることができるのではないだろうか。

＊ブノワ＝コンスタン・コクラン（一八四一～一九〇九）
フランス・ブローニュ＝シュル＝メール生まれ。俳優。コメディ・フランセーズで二六年間活躍した後、ポルト・サン・マルタン座の支配人になった。彼のために書き下ろされた「シラノ・ド・ベルジュラック」は四〇〇回上演の大成功を収める。著書に『芸術と俳優』等がある。

＊サラ・ベルナール（一八四四～一九二三）
フランス・パリ生まれ。舞台女優。フランスの「ベル・エポック」時代を象徴する大女優として知られる。普仏戦争前後に女優としてキャリアを開始し、すぐに名声を確立した。

ギリシアでの「古代ギリシア」再興の試み

ハンガリーとドイツを席巻し、莫大な富を得たダンカン一家は、「神聖なる芸術の殿堂」を建てるために（二五万ドル献金をされている）、かねてからの憧憬の地ギリシアに向かうことにした。アテネを初めて訪れたイザドラは、「ああ、私が美しいアテネにいてどれだけ幸せか、あなたがたには想像できないでしょう。私は私の人生の夢を果たすためにここに来たのです」と『ワールド』紙のインタヴューに答えている[53]。彼女は幼い頃から夢見ていたパルテノン神殿に毎日足を運び、神殿の前に佇んで自分にしかできない表現を模索していた。この様子は「パルテノン」と題した未完の原稿に次のように記されている。

何日も何日も、私には動きが生まれなかった。やがてある日、ある思考が浮かんだ。あくまでも真っ直ぐで、静かに思えるこれらの支柱は、実は真っ直ぐではなく、それぞれ根元からその天辺まではわずかに曲線を描き、それぞれが揺れ動いて、休むことがなく、しかもその柱の動きは互いに調和し合っているのだという考えである。こう考えると、私の両腕は神殿に向かってゆっくりと上がり、私は前方へ身を傾けた――やがて私は自分が舞踊を見出したのに気付いた。そしてそれはひとつの祈りであった。〈54〉

図61-1　パルテノン神殿で新たな動きを探求しているイザドラ

図61-2　デュオニソス劇場で踊るイザドラ

図62-1　設計を説明しているレイモンド（丸枠内）

図62-2　コパノスの地に立つイザドラ（右丸枠内）と
レイモンド（左丸枠内）

　しばらくの間、動きが生まれずに苦悩していたイザドラは、最終的にはこの神秘の地で彼女にしかできない祈りのような動きを見出した［図61－1、61－2］。イザドラにはこのアテネにパルテノン神殿とは別の神聖なる神殿を造り、[55]そこで少女たちに舞踊を教えたいという夢があった。その最適な地コパノスに神殿を建てることを企画し、建設工事を始めたが、［図62－1、62－2］生活に不可欠な水を引くことができないことを知り、結果的に井戸を掘ることで多大な資金と労力を浪費することになってしまった。

　神殿造りが滞るなか、イザドラとレイモンドはビザンティン音楽（ビザンティン帝国における音楽のことだが、主に僧院に伝わるビザンツ聖歌のことを指す）に関心を持ち始め、ギリシア正教の神学校を訪れている。二人はギリシアの神々の歌がギリシア正教会に繋《つな》がっていると考え、アテネにいる貧しい少年たちの中から一〇人を厳選してギリシア合唱団を結成し、[56] ホテルの広いサロンで毎日、古代ギリシアでは踊りを伴っていたコロス（古代ギリシア劇の合唱隊）を再現する作業に専念した。レイモンドの覚書には、この当時のイザドラの様子を伝える次のような興味深い記述がある。

> イザドラは音楽に対してより敏感になるようになった。ギリシアの音楽に触れた時、それは古典音楽とは異なった素晴らしいリズムの構成で、この音楽からイザドラが何を発展できるかを試みることにした。私はアテネの若いギリシア少年のコーラス団を形成して悲劇のコーラスを謳わせ、イザドラはこれに合わせてエウリピデス*のバッカンテを創った。[57]

「古代ギリシア芸術」の本格的な再興を試みるためアテネの市立劇場で行った公演は、学生たちの間で歓喜の声が上がるほど大盛況であったが、一方、ギリシア王ゲオルギオス一世[58]の依頼で開催した王立劇場での公演は、貴族階級からの形ばかりの称賛を受けるに留まった。当時のギリシア王はデンマーク出身であり、王と共に移住してきた貴族階級も既にデンマークでバレエに親しんでいた。[59]そのため、彼らにはバレエと異なるスタイルで、しかも裸足で踊るイザドラの舞踊を心から受け入れることは難しかったとも考えられる。

イザドラが「私はしょせん、スコットランドとアイルランドの血をひくアメリカ人だった[60]」と語っている通り、彼女はギリシア滞在中に「古代ギリシア人の感覚」を完全に自分のものにすることができなかった。この時二六歳のイザドラは、二〇世紀初頭のギリシアにおいて、「古代ギリシアの芸術」を再興する試みは極めて困難であるという現実に直面したと言える。[61]むしろ、ギリシアという言葉の通じない土地に出向いて、より自身のルーツに向き合うことになったことから、努力によって古代ギリシア人の感覚を多少摑《つか》めたとしても、彼女が生きた二〇世紀初頭の世情は古代ギリシアの文化からはかけ離れていることを自覚したほうが大きかったのである。

＊エウリピデス（紀元前四八〇〜紀元前四〇六）
ギリシア・サラミス島生まれ。古代アテネのギリシア悲劇における三大悲劇詩人の一人。代表作に『メデイア』『アンドロマケ』がある。

少年合唱団とのウィーンおよびドイツでの公演

イザドラはレイモンドが結成した一〇人のギリシア少年合唱団と修道士を伴い、ウィーンで公演を行うことにした［図63］。これはイザドラがギリシアの貴族には共感を得られないと感じた「古代ギリシアの芸術」が、音楽の都ウィーンでどのような評価を受けるかを確認するための一つの試みでもあった。公演では、少年合唱団にアイスキュロス＊の『嘆願する女たち』を合唱させ、イザドラは五〇人の『ダナオスの娘たち』〈62〉を自身の身体で表現した。イザドラの自伝によれば、かつて、ウィーンの「芸術家の家」でイザドラの踊りを見ていた作家ヘルマン・バール＊はこの試みに関心を示し、彼は『ノイエ・プレス』に素晴らしい批評を載せたようだ〈63〉。

一九〇四年一月、合唱団を伴いウィーン（カール劇場）、ミュンヘン〈64〉、ベルリン〈65〉の地で行った公演は、ミュンヘンでは成功したかのように見えたが（ミュンヘンではアドルフ・フルトヴェングラー教授がギリシアの賛美歌について講演した効果もあったのか、大学生たちは大いに感激したようである）、ウィーンとベルリンの観客は古代ギリシア音楽の再現に関心を示すことはなかった。むしろイザドラの踊る『美しく青きドナウ』のほうに彼らの注目が集まってしまった。[66]それ以降、イザドラは古代ギリシア音楽の再現は断念し、主にクラシック音楽を踊る公演活動に切り替えることにした。

図63　ベルリンにて1904年頃。ギリシア人の少年合唱団とイザドラ（写真に写っている少年は9名）

ベルリンの公演の様子を伝える当時のアメリカの新聞は、「ベルリンのクロール・オペラハウスでのイザドラの公演は、古典の伝統とルネサンスの絵画をダンスで表現し、合唱団と一四世紀のイタリア音楽が伴っていた」、「公演の芸術的価値については、多様な意見があったが、ほとんどが限りない称賛をしていた」と報じている。同時に、イザドラがベルリンで著名な七五人の彫刻家、画家、音楽家、批評家に向けて私的な公演も行っていたことも伝えている。[67]

このドイツでの公演の様子を伝える別のアメリカの新聞記事は、イザドラがウィーンではフランツ・ヨーゼフ一世*の前で踊って成功を収めたことやミュンヘンとベルリンでも旋風を巻き起こしたことを報じ、ミュンヘンでは劇場は画家、彫刻家、音楽家、芸術愛好家で満席となり、観客はイザドラの踊りを観るために当時にしては高額なチケット代金を払うことも厭わなかったとも伝えている。〈68〉

ウィーンとドイツの公演で「古代ギリシア」再現の試みに駆り出された少年合唱団員たちは、滞在先のベルリンのホテルでの素行の悪さに加えて、変声期で美声が失われた者も出てきたことから、最終的にはアテネに帰還させられた。

イザドラの自伝には記されてはいないが、実は同年六月にハイデルベルク大学の教授ハインリッヒ・トーデ*が学生たちにイザドラ・ダンカンのみが長い間忘れ去られてきたものを再発見したと彼女の踊りを高く評価し、イザドラのハイデルベルク劇場での公演を鑑賞するように勧めていた。ヴァーグナーの妻コジマ・ヴァーグナー*が義母であったトーデは、ヴァーグナーの芸術についても造詣が深く、イザドラの芸術がヴァーグナーの芸術と一致すると理解していた一人であった。〈69〉

翌年以降、イサドラは一八世紀に「古代ギリシア」をテーマに作曲家として活躍したクリストフ・グルック*の作品『アウリスのイフィゲニア』と『オルフェオとエウリディーチェ』からインスピレーションを得て創作した『オルフェオ』を披露している。現存するプログラムにはこれら作品の上演が数多く見られ、観客に感動を与えたこの二作品はギリシア芸術を崇拝していたイザドラが晩年まで好んだレパートリーの一部となっている。

＊アイスキュロス（紀元前五二五〜紀元前四五六）

ギリシア・アテネ生まれ。古代アテネの三大悲劇詩人の一人でギリシア悲劇を確立した人物。代表作に『オレステイア三部作』がある。

＊ヘルマン・バール（一八六三～一九三四）

オーストリア・リンツ生まれ。作家、ジャーナリスト。ウィーン世紀末文化を代表する文学サークル「若いウィーン」のメンバーであった。哲学、政治経済、文献学に関心を持ち、パリ滞在中に文学と芸術に関心を寄せるようになり、芸術批評に携わるようになる。

＊フランツ・ヨーゼフ一世（一八三〇～一九一六）

オーストリア・ウィーン生まれ。オーストリア皇帝とハンガリー国王を兼ねた。国民から敬愛され、六八年間在位し、オーストリア帝国（オーストリア＝ハンガリー帝国）の「国父」と呼ばれた。皇后はシシィの愛称で知られているエリザベートである。

＊ハインリッヒ・トーデ（一八五七～一九二〇）

ドイツ・ドレスデン生まれ。芸術史家。ライプツィヒ大学で法律を学んだが、ウィーンに行き、芸術史を学ぶようになる。コジマ・ヴァーグナーの娘ダニエラ・フォン・ビューローと結婚する。芸術史家としては、イタリア・ルネサンスとミケランジェロからシラーやヴァーグナーなど一九世紀のドイツの芸術について研究する。

＊**コジマ・ヴァーグナー**（一八三七～一九三〇）
ロンバルド＝ヴェネト王国・コモ湖近くのベッラージョ生まれ。作曲家フランツ・リストとマリー・ダグー伯爵夫人の間に生まれる。ハンス・フォン・ビューローの妻となるが、後にリヒャルト・ヴァーグナーと交際するようになり、最終的にヴァーグナーの妻となった。ヴァーグナー亡き後もバイロイト音楽祭を取り仕切っている。

＊**クリストフ・グルック**（一七一四～一七八七）
ドイツ生まれ。現在のオーストリアとフランスで活躍したオペラの作曲家。代表作『オルフェオとエウリディーチェ』、西洋音楽史上では「オペラの改革者」ほかにバレエ音楽や器楽曲も手がけた。

ベルリンの自宅でのサロン

コパノスの地に水が引けないことがわかったイザドラは、ギリシアに定住する夢を諦めることにした。そして、ベルリンのヴィクトリア通りの自宅に芸術家や知識人を招き、ここで芸術や文学、またイザドラの考えていた「芸術としての舞踊」について毎週議論を交わすようになる。この集会の参加者の一人でニーチェに心酔していたカール・フェーダンは、イザドラに「ニーチェを通してのみ、君が求めている踊りの表現の完全な啓示にたどりつくことができる」〈71〉と伝え、ドイツ語の勉強も兼ね『ツァラトゥストラはかく語りき』を原語で読み聞かせている。後に、イザドラは自身の舞踊芸術に関するエッセイ「私はアメリカが踊るのを見る」の中で、ニーチェは魂の中に舞踊を創造した最初の踊る哲学者であったと位置づけ、ベートーヴェン、ヴァーグナーと並ぶ三人の偉大な師の一人として挙げている。ニーチェを崇《あが》めるようになった背景には、フェーダンの教えが強く影響していると考えられる。

興行師グロスは、イザドラを模している舞踊家*の新聞記事を見せ、イザドラに公演を行うように促していた。しかし、イザドラはこのときの心境を「私は勉強し、研究を続け、そしてまだ存在しない動きと舞踊を創造したかった」〈72〉と語っており、この頃は公演活動よりも自宅に招いた知識人との交流から得られる数多くの知的発見のほうにより強い関心を抱いていたと思われる。

＊イザドラを模している舞踊家
イザドラの踊りを真似する舞踊家は多くいたが、一九〇三年にウィーンでデビューしているモード・アランのことと思われる。当時の資料等から、時期、踊り、衣装等に類似点があることから彼女の可能性が高い。

バイロイト音楽祭での公演と『タンホイザー』

ミュンヘンの「芸術家の家」の特別公演でリヒャルト・ヴァーグナーの息子ジークフリートがイザドラの踊る姿を観ていた。彼女の踊りに魅了され感動したジークフリートは、イザドラの家の集まりにも顔を出すようになり、二人の間に友情が芽生えはじめる。ほどなくして、ジークフリートの母コジマ・ヴァーグナーからバイロイト音楽祭で『タンホイザー』の三美神の第一の女神を踊ってほしいと正式な依頼を受けたイザドラは、〈73〉このような光栄な誘いはないとばかりに喜び、一九〇四年五月にバイロイトに向かった。

このとき同行したイザドラの親友メアリー・デスティは、バイロイトでのイザドラの様子を著書『語られなかった話』に、「イザドラは各国の大公をはじめ王室の人々が列席するコジマ夫人主催のランチやディナーなどに招待され、豪華なもてなしと手厚い歓迎を受けていた」〈74〉と記している。イザドラは、ここで指揮者のハンス・リヒター*とカール・ムック*、指揮者で作曲家のフェリックス・モットル*、作曲家エンゲルベルト・フンパーディンク*、芸術史家ハインリッヒ・トーデなど一流の音楽家・知識人と知り合いになった。〈75〉滞在先の黒鷲ホテルでヴァーグナーの『タンホイザー』の研究に専念していたイザドラは、『タンホイザー』を踊りで表現する不安を次のように記している。

> この音楽には、満たされない感覚と狂おしい欲望、情熱的なけだるさが凝縮されているように私には思える。つまり世界中の欲望の叫びなのだ。この全てを表現できるだろうか。これらのヴィジョンは作曲家の興奮した想像のなかにのみ存在しているのだろうか。それに、これは目に見える形として表現できるのだろうか。なぜこの不可能な努力を試みるのだろうか。もう一度言うが、私はそれを全うすることはできない。ただできるのは暗示することだけである〈中略〉これらは静けさと、充足した恋のけだるさを表現する三人の女神である。タンホイザーの夢の中で彼女たちは組み合わされ、別々になり、そして全員が一緒になり、互いに統一し、分離する。〈76〉

夏になり、バイロイト音楽祭が開催されると、七月二二日、八月一日、四日、一二日、一九日にイザドラは『タンホイザー』の「三美神」の第一の女神を踊った。〈77〉しかし身体が透けて見える薄いチュニックを身につけて踊っていることが物議を醸した。脚をタイツで覆うべきか、肌をさらすことは道徳にかなっているかが問題となり議論の対象となったのである。コジマ夫人はイザドラに白色の長いシュミーズをチュニックの下に着てほしいと懇願するが、イザドラはその意向に耳を傾けることなく、自分のやり方を貫き通し、次のように言い放った。

今にわかるでしょう。何年もたたないうちに、すべてのバッカンテや花の乙女たちがみな、私と同じ衣装になるわよ。〈78〉

この予言は的中し、四年後の一九〇八年、『ワシントン・ポスト』紙は、ドイツのバレエ団がイザドラと同じような薄い衣装を身につけて踊っていることを報じている。〈79〉しかし一九〇四年の時点では、サーモンピンク色のバレエタイツは悪趣味で見苦しいと感じていたイザドラは、人間の素肌のほうがいかに美しく無垢《むく》なものであるかと必死に反論している状況であった。ニューヨーク公共図書館には一九〇四年のバイロイト音楽祭の様子を伝える筆者不詳の次の史料が残されていた。

コジマ夫人は、非難されていたが非常に教養高く機知に富んだ優美なアメリカ人ダンサーのイザドラ・ダンカンに声をかけ、少なくともデュオニソス的な精神を持った三美神の踊りを喚起することを

図64　バイロイトでのエルンスト・ヘッケルとイザドラ

望んだ。イザドラは、この踊りをバレリーナたちの中で踊った。したがって、彼女の踊りは、正しい枠組みの中で行われておらず、音楽にふさわしい熱狂と同様にきちんと配列されたバレエ芸術、いや単なるバレエに囲まれていた。美的で、自由な動きはバレエの踊りの根本的な配置という束縛に対抗していた。これは好ましいものでなかった。しかし、これは暗示だった。彼女の姉妹の美神が衣装で似ていなくても一人の優美神が、少なくともバイロイトでは未来のバッカナールが参加する全てを踊っていたのだろうと。[80]

バッカナールの解釈についてイザドラと見解の相違があったコジマ夫人は、ヴァーグナーの遺品の中にあったノートに、彼がバッカナールの踊りで意図していた記述を見つけた。[81]それがイザドラの抱いていた考えと同じであったことに気づいたコジマは、最終的にはイザドラの解釈のほうが正しかったことを認めている。[82]イザドラ自身、バッカナールについて「暗示することだけである」と語っているが、イザドラ以降のダンサーたちのスタイルを考えると、彼女の「暗示」は見事に成功したと言わざるをえない。晩年、イザドラは、リヒャルト・ヴァーグナーの作品は一国家の表現に留まらず、一時代における全反抗・全感情と見なしていた。そして、ヴァーグナーを先見の明を持つ栄光ある予言者、未来の芸術の解放者と称賛し、長い間死んだようになっていた舞踊に再び生命を与えたのはヴァーグナーの音楽である、と明言している。〈83〉

イザドラはバイロイト音楽祭に、以前から交流のあったドイツの生物学者エルンスト・ヘッケル*を個人的に招待した〈84〉［図64］。そして、ヘッケル祭と称して私的にヘッケルの講演会を開催し、自身の踊りを披露している。ヘッケルはイザドラの踊りを「二元論の表現であり、一つの源から発して一つの方向へ進化している〈85〉」と進化論者ならではの言葉で褒め讃えた。ヘッケルのこの言葉は、イザドラの踊りから次世代の新しい舞踊、後の「モダンダンス」が生まれることを既に予知していたとも言える。実際、イザドラ・ダンカンはモダンダンスの創始者として、舞踊を娯楽の領域に留まらせることなく芸術の域に高め進化させたのである。

＊ハンス・リヒター（一八五九〜一九四〇）

オーストリア帝国・ジェール生まれ。ウィーン音楽院で学び、ホルン奏者として活躍していたが、指揮者に方向転換し、ハンス・フォン・ビューローの代わりにヴァーグナーの助手を務めた。第一回バイロイト音楽祭で『ニーベルングの指輪』全曲を初演した。ヴァーグナーの指揮者と見なされる傾向にあったが、ブラームスの作品も指揮している。

＊カール・ムック（一八五九〜一九四〇）
ドイツ・ダルムシュタット生まれ。指揮者。ヴァーグナー作品の権威者として知られ、一九〇一年から約三〇年間バイロイト音楽祭に客演した。一九〇六年〜一九〇八年と一九一二年〜一九一八年はボストン交響楽団の音楽監督を務める。

＊フェリックス・モットル（一八五六〜一九一一）
オーストリア帝国・ウンター・ザンクト・ファイト（現在はウィーン市内）生まれ。指揮者、作曲家。ヴァーグナー作品の指揮者として知られている。バイロイトでは『ニーベルングの指輪』の全曲上演の初演の際、ハンス・リヒターの助手を務めた。ヴァーグナーの専門家として、ロンドンやニューヨークに出向き、一九〇三年には、メトロポリタン歌劇場の客演指揮者も務めている。翌年にはベルリン芸術アカデミーの院長に就任する。

＊エンゲルベルト・フンパーディンク（一八五四〜一九二一）
プロイセン王国・ジークブルク生まれ。作曲家。ナポリでヴァーグナーと知り合い、彼に招かれて、バイロイトに出向く。一九〇〇年にはベルリンのマイスターシューレの作曲教授に任命された。イザドラがグリューネヴァルトに創設したドイツの学校の支援者の会の一員になる。

＊エルンスト・ヘッケル（一八三四〜一九一九）
ドイツ・ポツダム生まれ。動物学者、博物学者、生物学者、哲学者。チャールズ・ダーウィンの進化論

をドイツで広めることに貢献した。ダーウィンの進化という考えを支持していたが、「個別の発生は系統的な発生を繰り返す」という反復説という独自の理論を展開する。

舞踊学校の創設とクレイグとの出会い

バイロイトの公演が閉幕し一九〇四年の秋頃になると、コジマ・ヴァーグナーの後押しもあり、ダンカン一家はベルリン郊外に位置するグリューネヴァルトにヴィラを購入する。そして、そこにかねてからの念願であった自身の舞踊学校を創設することにした（この学校の詳細については第2部第1章で述べる）。

カリフォルニア大学ロサンゼルス校図書館所蔵の史料の中に、ベルリンにいたイザドラの「私は姉エリザベス・ダンカンが全ての契約、またその他仕事関連の書類や手紙について私の名前で署名することを認めます。つまり、全ての書類に姉の合意が署名されていたら、私はそれを有効で拘束力のあるものであると認めます」という一九〇四年九月一日付の署名文書があった。姉エリザベスを絶対的に信頼していたからか、それとも金銭や契約についてあまり気に留めないイザドラの性格からか、このような姿勢がこれから先の公演についての不利な契約、公演収入等の不正行為を容認するなど経済的に困難な状況を引き起こすことになったことは否めない。

イザドラは学校創設後、その生涯において良き理解者であり支援者となる舞台演出家のゴードン・クレイグと出会った［図65］。しかし、この出会いについては両者の間にくい違いがある。イザドラは、一九〇五年のベルリン公演後にクレイグがイザドラの舞踊を褒めながらも、自分のアイディアを盗んだと怒り楽屋にやってきたと言い〈86〉、クレイグは知人ブレアに宛てた手紙に、一九〇四年一二月にハルデンベルク通り一一番地の辺りにあったイザドラの家を訪れたのが最初の出会いであった、と書いている〈87〉。クレイグの息子も同様のことを記していることから、イザドラとクレイグが出会ったのは一九〇四年で、彼女の自宅であったと考えるほうが妥当かもしれない。いずれにしても、碧《あお》いカーテンに碧《あお》い絨毯《じゅうたん》という非常に簡素な空間で踊っていたイザドラにとって、同じ芸術概念を抱き舞台空間を創っていたクレイグとの出会いは、極めて衝撃的なものであった。運命的とも言える巡り会いから、心惹かれる仲となった二人は、以降、芸術においても同じ考えを抱く同志となり、互いに支え合っていくことになる。

図65　イザドラ・ダンカン（右）とゴードン・クレイグ（左）

ロシアでの公演とロシア・バレエへの影響

イザドラのロシアへの初訪問の年は、これまで一九〇四年あるいは一九〇五年と言われ不明確であった。二〇一三年にロシアを訪れ、サンクトペテルブルクのアーカイヴ所蔵の史料（公演パンフレット）を調べた筆者は、イザドラが初訪露した年は一九〇四年で、一二月二六日と二九日にサンクトペテルブルグのノーブルズ・ホールで踊っていることがわかった。[88] 帝室バレエ学校の生徒であったワツラフ・ニジンスキー*とアナトール・ボールマン*ほかバレエ界を代表するアンナ・パヴロワ、*マチルダ・クシェシンスカヤ、*ミハイル・フォーキン、[89]*アレクサンドル・ブノワ、*セルゲイ・ディアギレフ[90]*等が観賞していたこの公演は、皇帝ニコライ二世の妹オリガ・アレクサンドロヴナ大公女*が後援している児童虐待防止協会からの要請によるものであり、バレエ界をはじめ多くの観客に多大な衝撃を与えることになった。[91]

『ニジンスキーの悲劇』の著者アナトール・ボールマンは、当時サンクトペテルブルクの帝室バレエ学校でニジンスキーと同じクラスの生徒だった頃、教師が生徒たちに次のような言葉を告げたと記している。

> 歴史上偉大な舞踊家の一人があなたたちのクラスを見学したいと尋ねてきました。彼女は出現する至る所でセンセーションを巻き起こし、ロシアで男子のクラスを見学することを望んでいます。慣例に反しますが、彼女は今日あなたたちのクラスに参加するために来ています。[92]

クラスを見学しに来たイザドラは、最初のエクササイズのときから並外れたジャンプ力を持つニジンスキーに注目していた。翌日は生徒たちにイザドラの踊りを見る機会が与えられ、ニジンスキーとボールマンは、特にイザドラの足が裸足であることに異常なまでに衝撃を受け当惑した。[93] バレエだけを学んでいた彼らには、イザドラの新しい舞踊はまるでテクニックがないかのように見え、相当なショックを受けたはずである。後にボールマンは、学校の生徒たちは伝統に忠実だったため、当時はまだ他の芸術に対する鑑賞眼がなく未熟であった、と述懐している。[94]

当時ロシアでは、マリウス・プティパ*が君臨し、バレエが舞踊芸術として認められていた。従って、純粋なクラシック音楽を背景に裸足で踊るイザドラの公演は、極めて斬新で驚きをもたらすものであったのである。

ブノワはイザドラが正当に評価されていないことを感じ、当時のペテルブルクの論壇誌でイザドラの芸術を普遍的な要素が詰まった謙虚な芸術であると高く評価した。彼女は教えることの真の主唱者（提唱者）であることや強靭《きょうじん》な精神性が備わっていることを「音楽と柔軟な芸術（イザドラ・ダンカンの提案）」という題目で雑誌『スロヴォ』に掲載している。

バレエ・リュスが結成される一九〇九年までの間に、イザドラは一九〇四年、一九〇五年、一九〇七年、一九〇八年、一九〇九年とロシアに出向いて公演を行っている。[95]後にバレエ・リュスの主要ダンサーとなるニジンスキー、フォーキン、パヴロワ、クシェシンスカヤなどは、この間イザドラの踊りを数回は観ていた可能性が高い。イザドラもトップバレリーナのクシェシンスカヤやパヴロワとは互いに公演の招待をし合うなど友好関係を築くまでになり、パヴロワとはその後も手紙のやり取りを行うなど親友と言われるまでの仲となった。またニジンスキーもイザドラがフランスやアメリカで開催したパーティーに招待されるなど交流を続けていく。

一九〇八年には、演出家コンスタンチン・スタニスラフスキー*と意見交換するなど、[96]イザドラは訪問するたびに、ロシアの芸術界を索引している人たちと親交を結んでいった。スタニスラフスキーとの楽屋での会話の中で、イザドラは自身の踊りと身体について次のような興味深い発言をしている。

舞台に出ていく前、私は魂の中にモーターを入れなくてはならないのです。そのモーターが私の脚や腕を動かし始めると、全身が私の意志とは無関係に動くのです。でも、そのモーターを自分の魂のなかに置くための時間が得られないと、私は踊れません。〈97〉

スタニスラフスキーはイザドラのこの言葉に対し、自分が探していたのはこれであったとばかりに、彼の自伝に次のように記している。

当時私は、まさしくこの創造的モーターを、役者が舞台に登場するまえになんとかして自分の精神に置き入れねばならないこのモーターを探究していたのだった。この問題を理解しようとして、私が、公演、稽古、そして探究のおりのダンカンを観察したのは当然である。生れてくる感情によってまず彼女の顔に変化があらわれ、それから彼女は、眼をかがやかせながら、彼女の精神のうちに見出されたことの表出に移っていくのだった。私たちがたまたまかわした芸術についての話をすべて要約し、彼女が語ったことを私自身がやっていることとくらべてみて、私は、芸術の分野こそ異なれ、私たちが同じ一つのものを探究していることを理解した。〈98〉

イザドラが踊る前に「魂の中にモーターを入れる」という作業は、日常の身体秩序を脱し別の原理で身体が動き出すための取り組みを行い、そこから「舞踊の身体」を創出していたと言える。〈99〉つまり、踊る前に精神を集中する必要性を重視していたということである。ロシアの舞踊関係者の評価は、イザドラの舞踊に関して、「彼女は技がない」と言うグループと「彼女は実現するための強力な夢を我々に与えた」と評するグループに分かれた。[100] イザドラ擁護派のボールマンは、真に芸術を愛するロシア人はイザドラ・ダンカンの解釈とその成功に感謝を込めた不滅の賛辞を払わなくてはならない、とイザドラに畏敬の念を表した。[101] イザドラも自身の舞踊について、賛否両論の議論が交わされ、熱狂的なバレエファンとダンカン支持者の間で論争が行われたことに言及し、[102]「その頃からロシア・バレエは、ショパンやシューマンの音楽を使い始め、ギリシア風の衣装を着て、何人かのバレリーナはトゥ・シューズとタイツを脱ぎさえした」[103]と自身の舞踊の影響があったことを述べている。筆者はギリシア風衣装を身につけたダンサーが裸足になってバレエのポーズにこだわらずに踊っている次の写真を閲覧していることから、イザドラのこの証言は正しいと確信している。

図66、**67**、**68**、**69**をよく見ると、当時有名なバレリーナ、アンナ・パヴロワ、タマラ・カルサーヴィナ、*フォーキンの妻ヴェラ・フォーキナ、*そしてニジンスキーの妹ブロニスラヴァ・ニジンスカもダンカン的な要素を取り入れていることがわかる。イザドラの舞踊は物議を醸しはしたが、これらの写真からロシア・バレエに少なからぬ影響を与えていたことは間違いない。

フォーキンはイザドラの舞踊の要素を自身のバレエに取り入れ、彼独自の「新しいバレエ」を創案したと言われている。一九〇七年に創作した『ユーニス』という作品がその一例である〔**図70**〕。彼はニジンスキーを裸足で踊らせようと考えていたが、帝室劇場が男性ダンサーに対しては裸足で踊ることを許さなかったのか、やむを得ずタイツに足指の形を描いて、ニジンスキーに踊らせている。

ここで、当時のロシア・バレエにイザドラは具体的にどのような影響を与えたのか、フォーキンの振付

図66　アンナ・パヴロワ

図67　タマラ・カルサーヴィナ

図68　ヴェラ・フォーキナ

図69　『ナルシス』のバッカナールを踊る
ブロニスラヴァ・ニジンスカ

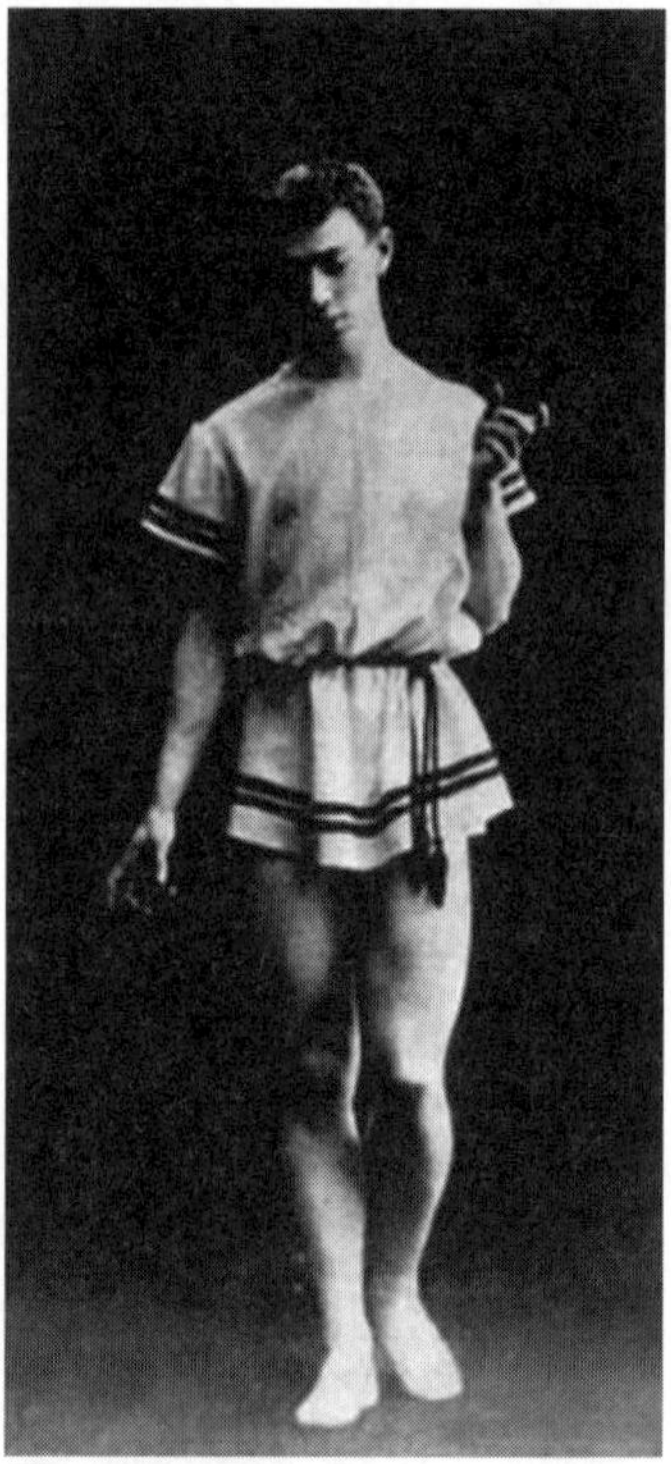

図70　『ユーニス』を踊る
ワツラフ・ニジンスキー

から考察してみたい。

　バレエ・リュスに詳しく、『タマラ・カルサーヴィナ：ディアギレフのバレリーナ』の著者であるアンドリュー・フォスター氏にインタヴューしたところ、[104]フォーキンがショパンの曲を使用した三つのヴァージョンのバレエを創作していることがわかった。彼の話によると、一九〇七年の慈善公演で[105]ショパンの「ポロネーズ」、「ノクターン」、「マズルカ」、「ワルツ（パ・ド・ドゥ）」[106]、「タランテラ」からなる『ショピニアーナ』を創作し、翌年の一九〇八年の慈善公演[107]では「ノクターン」、「ワルツ」、「マズルカ」、「プレリュード」からなる『ショパンの音楽へのバレエ』を、そして一九〇九年バレエ・リュスのパリ公演ではシャトレ座で[108]、一九〇八年版に初版の「ワルツ（パ・ド・ドゥ）」を含めた現在の形に近い『レ・シルフィード』を創作し発表していたようだ。

『レ・シルフィード』は詩人と空気の精の戯れを描いた作品で、そこには華美な舞台装置や込み入った物語のストーリーはなく、音楽性を重視しているところに特徴がある。イザドラが簡素な舞台で絶えず音楽を踊っている姿勢が、フォーキンの同作品にも創作上の共通点として見られる。振付では、右手を前方に左手を後方に、首を前方の右手のほうに傾けて踊るポーズが何箇所か見られ、これはイザドラの踊りの基本に近く、むしろ背中を真っ直ぐに伸ばして踊る当時のクラシック・バレエとはほど遠い。タマラ・カルサーヴィナも『レ・シルフィード』の作品の説明の際、腕の動きを一部披露し、このバレエは身体全体で表現し、特に腕を非常に柔らかく動かす、と話している[109]。

フォーキンが一九〇七年に創作した『瀕死の白鳥』は本来のクラシック・バレエの型に嵌《はま》らない、自由で表現豊かな腕の動きが顕著に表現されたバレエとして挙げることができる。この作品は、脚の動きは移動する（パ・ド・ブーレ）のみに抑え、手先から腕の細かい動きを存分に使って白鳥を表現するものであるが、女性ダンサーのソロ作品として、フォーキンが友人のアンナ・パヴロワのために創作したものであった。パヴロワ本人が踊っている様子を映した映像を見ても、手の動きは、イザドラがかつてヤシの木の葉の揺れからインスピレーションを得て創案した『ハープ・エチュード』の微細な手の動き、すなわちイザドラの踊りの特徴として伝えられている手の繊細な動きと極めて似通っている。パヴロワとイザドラは親しい間柄であり、パヴロワ自身がイザドラから『瀕死の白鳥』の腕の動きの流動性を学んでいたことを話していることからもイザドラの舞踊の影響はあったと言える[110]。批評家ミハイル・スヴェトロフもイザドラの踊りがバレエに与えた影響について、次のような洞察力ある言葉を残している。

今日のバレエはその（ダンカニズム）浸透によって改革されねばならない。〔中略〕二〇世紀の振付にダンカニズムの及ぼした影響は、我々皆が一見して抱いている印象より、実はもっと幅広く、奥深いものである。[11]

＊オリガ・アレクサンドロヴナ大公女（一八八二～一九六〇）

ロシア・サンクトペテルブルク生まれ。ロシア皇帝アレクサンドル三世と皇后マリア・フョードロヴナの第二皇女で皇帝ニコライ二世の妹。

＊ワツラフ・ニジンスキー（一八九〇～一九五〇）

ウクライナ・キーウ生まれ。バレエダンサー、振付家。帝室バレエ学校でバレエを学び、マリインスキー劇場で主役を務める。ディアギレフとの出会いからバレエ・リュスの一員になり、彼の高い跳躍は世界各地で観客を驚愕させた。振付家としては『牧神の午後』『遊戯』『春の祭典』『ティル・オイレンシュピーゲル』を創作する。一九一三年、バレエ・リュスを解雇され、独自のバレエ団を結成するが、成功することなく、統合失調症のため、晩年は病院で過ごす。

＊アンナ・パヴロワ（一八八一～一九三一）

ロシア・サンクトペテルブルク生まれ。二〇世紀を代表するバレリーナ。帝室バレエ学校で学んだ後、マリインスキー劇場のプリマ・バレリーナとして活躍し、とくにプティパの改訂版『ジゼル』の主役を務め、彼女の名は知られるようになった。フォーキンがパヴロワのために創作した『白鳥』(のちに『瀕死の白鳥』として知られるようになる)は彼女の十八番となった。バレエ・リュスでも踊るが、その期間は短く、一九一一年には独自のパブロワ・カンパニーを結成し、世界各地で踊る。一九二二年のパヴロワの来日公演では、多くの日本人が彼女の踊りに感銘を受けている。

＊マチルダ・クシェシンスカヤ(一八三四〜一九一九)
ロシア・リゴヴォ生まれ。バレリーナ。帝室バレエ学校で学んだ後、マリインスキー劇場のプリマ・バレリーナになる。ニコライ二世が皇太子だった時の愛妾であったが、ロシア革命後、フランスに逃げ、ニコライ二世の従弟のアンドレイ大公と結婚する。

＊ミハイル・フォーキン(一八八〇〜一九四二)
ロシア・サンクトペテルブルク生まれ。振付家、バレエ教師。帝室バレエ学校で学んだ後、マリインスキー劇場のダンサーになるが、一九〇五年から主に振付家として活躍するようになる。とくに友人のアンナ・パヴロワのために創作した『瀕死の白鳥』は有名。一九〇九年、バレエ・リュスのメンバーとなり、バレエ・リュスの主要作品のほとんどを創作する。一九一二年、『ダフニスとクロエ』の上演時間に関する意見の相違からディアギレフと仲違いし、バレエ・リュスを去る。一九一三年〜一九一四年には一時的に復帰するが、ヒット作は生まれず、再びバレエ・リュスを去ることになる。一九二〇年、アメリカに渡り、フォーキン・バレエを結成し、バレエの指導にあたる。

＊アレクサンドル・ブノワ（一八三四〜一九一九）
ロシア・サンクトペテルブルク生まれ。舞台美術家。二〇世紀初頭のロシアでディアギレフが刊行した『芸術世界』の編集に携わる。一九〇一年にはマリインスキー劇場の舞台監督に任命された。ディアギレフがバレエ・リュスを結成すると、彼に同行し、バレエ団の舞台美術を担当した。

＊セルゲイ・ディアギレフ（一八七二〜一九二九）
ロシア・ノヴゴロド生まれ。総合芸術プロデューサー。大学時代に芸術愛好家の仲間たちと知り合いになり、その中にアレクサンドル・ブノワやレオン・バクストがいた。これらのメンバーで雑誌『芸術世界』を刊行するようになる。一九〇九年にはロシアの優れたバレエダンサーたちを集めてバレエ・リュスを結成した。バレエ・リュスはロシア国内では一度も公演しなかったが、豪華絢爛な舞台装置、衣装を観客に披露し、ヨーロッパ、アメリカ、南米と世界各地で大絶賛された。

＊アナトール・ボールマン（一八八八〜一九六二）
ロシア・サンクトペテルブルク生まれ。バレエダンサー。帝室バレエ学校でバレエを学ぶ。クラスメイトにはニジンスキーがいる。一九一一年から一九二二年までにディアギレフのバレエ・リュスのメンバーであった。一九二七年にアメリカに移住し、晩年はマサチューセッツ州のスプリングフィールドにバレエ学校を開き後進の指導にあたった。一九三七年には『ニジンスキーの悲劇』を刊行した。

＊マリウス・プティパ（一八一八〜一九一〇）

フランス・マルセイユ生まれ。バレエダンサー、振付家。一八四七年にロシアに渡り、一八六九年から一九〇三年にかけて帝室劇場の首席バレエマスターを務める。チャイコフスキーと共同で後に三大バレエと呼ばれる『白鳥の湖』『眠れる森の美女』『くるみ割り人形』を創作し、バレエ界に多大な影響をもたらす。

＊コンスタンチン・スタニスラフスキー（一八六三～一九三八）
ロシア・モスクワ生まれ。俳優、演出家。三三歳までアマチュア俳優として活躍していたが、モスクワ芸術劇場をウラジミール・ネミロヴィッチ・ダンチェンコと共に創設してから、演出家として活躍するようになる。スタニスラフスキーが実践に基づいて考案したメソッドは、スタニスラフスキー・システムとして確立された。主な著書に『芸術におけるわが生涯』『俳優修業』がある。

＊タマラ・カルサーヴィナ（一八八五～一九七八）
ロシア・サンクトペテルブルク生まれ。バレリーナ。帝室バレエ学校で学び、マリインスキー劇場のプリマ・バレリーナになる。後にディアギレフのバレエ・リュスのメンバーとして活躍する。ロイヤル・バレエ団の創設を支援し、ロイヤル・アカデミー・オブ・ダンス（RAD）の創設メンバーでもあった。

＊ヴェラ・フォーキナ（一八八六～一九五八）
ロシア・サンクトペテルブルク生まれ。バレリーナ。帝室バレエ学校に入学し、一九〇四年にマリインスキー劇場に入団する。一九〇五年にミハイル・フォーキンと結婚し、フォーキンと共にディアギレフ

のバレエ・リュスのメンバーとなり、『シェヘラザード』などを踊った。フォーキンと共にアメリカに移住し、フォーキン・バレエの一員として活躍した。

＊ブロニスラヴァ・ニジンスカ（一八九一〜一九七二）
ベラルーシ・ミンスク生まれ。バレリーナ。ニジンスキーの妹。帝室バレエ学校で学んだ後、マリインスキー劇場に入団するが、一九一一年に兄を追ってバレエ・リュスに入団する。バレエ・リュスでは振付も行い、代表作品には『結婚』『牝鹿』がある。一九三八年にアメリカに移住し、ロサンゼルスでバレエの指導にあたった。

オランダでの公演とデアドリーの出産

舞踊学校開設後、まもなくすると、イザドラは新しく始まる学校の宣伝と生徒募集も兼ねて、一九〇五年の二月頃からロシア、ドイツ、ベルギー、オランダを次々と訪れ公演を行っている。その頃、イザドラのベルリンでの成功について新聞などがあらかじめ報じたり、彼女の執筆した『未来の舞踊』のオランダ語版が刊行されたため、(112) イザドラの公演を心待ちにしている観客も多くいた。

イザドラは四月一二日のアムステルダムを皮切りに、ロッテルダム、ハーグ、ライデン、ユトレヒト、ハールレムと小さな町でも公演を行った。アムステルダムの市立劇場での初日と翌日はいずれも好評記事が掲載され、翌日の公演には観客席に著名な画家たちや偉大な作家たちが我先にと席を取り、彼女の踊りに感銘を受けていた。そして同年の一〇月一〇日にもアムステルダムで公演を行い、ユトレヒト、ロッテルダム、ライデン、ハールレム、フローニンゲンと巡演した。しかし、イザドラの踊りに対して、作家ヘルマン・ヘイヤーマンス*は、社会的機能として舞踊が必要であることは認めながらも、オランダの気候は素足に合わない、元来舞踊指向の国ではないとし、ダンスは若者向けで支配階級には向いていないと否定的な見解を述べた。一方、イザドラこそが舞踊の女神であると彼女を支持する記事も掲載されるなど、現地では彼女に対する意見は割れていた。

しかし、観客から歓迎されていたイザドラは、クレイグとの子を妊娠していたが、拠点にしていたドイツ国内での公演に留まらず、再びオランダ各地を訪れた。アムステルダムとロッテルダムで、卓越したピアニストのユリウス・ルントゥルンを起用し、ブラームス、ショパン、シューベルトを踊ったイザドラの公演は、いずれも成功裏に終わった。九月に出産を控えていたイザドラは、五月末で公演の契約を終え、その後は出産のため、オランダのライデンやハーグからそれほど遠くない海岸近くのノールトウェイクにあるマリア荘で過ごすことにした。

そして、ここで自身の考案したプログラムを基に、指導法を記したメモを姉エリザベスに送り、学校の様子については手紙などで把握するように努めた。自伝にも、マリア荘に滞在していた期間にグリューネヴァルトの学校の教育方針や訓練プログラムを作成していたことが次のように記されている。

> 七月の間に私は、学校の教育方針を日記に記し、一連の五〇〇のエクササイズを考え出した。これは生徒たちが最も簡単な動きから最も複雑な動きまでを修得するための系統立てた習慣的なダンスの概

要であった。[113]

＊ヘルマン・ヘイヤーマンス（一八六四～一九二四）
オランダ・ロッテルダム生まれ。作家、劇作家。事業に失敗した後、アムステルダムのジャーナリストになった。一八九八年にはクース・ハベマという名前で『ささいな罪』という小説を刊行している。

《イザドラの舞踊技法》
イザドラの舞踊は多くの人に言われるような即興的な踊りというよりも、彼女自身の舞踊思想が反映されたものであった。学校では子どもが自然を感じて感情のままにそれを踊りで体現させることを舞踊の基本としていたが、一方で、系統立てた訓練法を考案し教えていた。イザドラ自身が執筆した五〇〇の訓練プログラムを記した史料の全容は不明であるが、イザドラの愛弟子イルマが著した『イザドラ・ダンカンの技法書（*The Technique of Isadora Duncan*）』が現在ではイザドラの具体的な舞踊技法を知る最も有力な史料となっている。

マリア荘を訪れることができたのは数人に限られていた。入院することを拒否したイザドラは、ここで難産であったが、一九〇六年九月二四日に無事女の子のデアドリーを出産する。もともとクレイグをイザドラの相手として認めたがらなかった母ドラは、ドイツでの生活に耐えかねて、イザドラが一〇月にグリューネヴァルトに戻る前にアメリカに帰ってしまった。

グリューネヴァルトに創設した学校は、当初順調に運営されていたが、未婚のまま恋人クレイグの子を産むイザドラはふしだらな道徳観を持っている、と後援会の女性たちから非難され、支援金が激減した。学校の運営状況が大変厳しくなった危機感から、イザドラは「解放の芸術としてのダンス」と題して講演を行うことにする。そして、「女性も自由に恋愛して子どもを産む権利があるのではないか」と力説し、皆から賛同を得ようとしたが、聴衆の反応は半数以上が反対であった。支援者の多くから見放されたイザドラは、最終的に経営不振に陥った学校を維持するため、ポーランド、オランダ、デンマーク、スウェーデン、ドイツなどを巡演して学校の運営資金を稼がざるをえない状況となった。

《巡演中に見たスウェーデン体操》

イザドラは巡演中、スウェーデンのストックホルム[114]で、偶然スウェーデン体操を見学する機会があったが、体操は筋肉増強を目的としたもので想像力を考慮しておらず、生命力を持つ動的エネルギーを感じられなかったと厳しい意見を述べ[115]、自身の踊りは体操とは違うことを明確にしている。

多くの学校支援者はイザドラから離れてしまったが、隣人で学校の資金援助者の銀行家の妻メンデルスゾーン夫人だけはその後もイザドラの支援者であり続けた。そして、彼女の尽力により、イザドラとクレイグはイタリア人の女優エレオノーラ・ドゥーゼ*と知り合うことになる。クレイグの演劇論に興味を持ったドゥーゼは、早速イプセンの『ロスメルスホルム』の舞台美術を彼に依頼した[116]。この舞台美術の成功から、自信を持ったクレイグは自身の芸術をさらに追求していくことになる。

＊エレオノーラ・ドゥーゼ（一八五八〜一九二四）

オーストリア帝国・ヴィジェヴァーノ生まれ。女優。一九世紀から二〇世紀にかけて最も有名な女優の一人で、様々な国で公演を行った。とくにガブリエル・ダヌンツィオとヘンリック・イプセンの作品を演じたことでよく知られている。

出産後の公演とグリューネヴァルトの学校維持

イザドラが出産後初めて行った公演は、一九〇六年の一二月一七日からワルシャワで始まった。このときイザドラは、ポーランド出身のショパンとオーストリア出身のシューベルトの曲を踊ることにした。彼女の踊る姿に魅了され歓声を上げげた観客に向け、最後のカーテンコールで人気があるシュトラウスの『美しく青きドナウ』を踊ると、会場内はさらに大歓声が上がり拍手喝采となった。公演の翌日、イザドラは当時彼女の秘書兼マネージャーだったクレイグに異国の地から宛てた手紙で「久しぶりに踊ったが、踊りは成功した」、とその喜びを伝えている。[117] 一方、収益金を出さなくてはいけないが、芸術家の尊厳として、お金のために納得のできない舞踊は披露することはできないという矛盾や音楽の重要性なども訴えた。さらにショパンの生誕地ポーランドの公演について、観客がとくにショパンの作品を好み、どの曲もアンコールがあった、とその盛況ぶりを知らせている。[118]

マネージャーを務めていたはずのクレイグが自身の仕事に専念し、傍らにいなかったことも不安だったのか、次の公演先のオランダでは、芸術家同士の二人はどちらか一方の芸術を選択しなければならないという恐怖に駆られ、イザドラはクレイグとの関係に悩みを抱えるようになった[119]。悩んだ末、自身の芸術を断念することはできないという結論に至ったイザドラは、クレイグよりも自身の芸術家としての道を優先させることを決意する。

一九〇七年は、一時体調を崩すが、アムステルダム、ストックホルム、ベルリン、ハンブルク、チューリッヒ、ミュンヘンほか、多くの都市を巡演した。ストックホルムは久しぶりにクレイグが同行しマネージメントを担当したため、イザドラは比較的落ち着いて踊ることができたようだ。時には学校の生徒たちも出演させて一緒に踊ったが、思ったほど収益は伸びず、イザドラは学校をロシアやロンドンに移転させることを真剣に考えるようになる。そして十二月には予定していた公演を行うためロシアを訪問、翌年の一九〇八年はエリザベスとグリューネヴァルトの学校の生徒たちもロシアを訪れている。

サンクトペテルブルクでは、再び皇帝ニコライ二世の妹アレクサンドロヴナ大公女の後援のもと、イザドラは、マリインスキー劇場で生徒たちと共に公演を行うという栄誉を受けた。この時、楽屋を訪れたパヴロワは生徒たちを抱擁しキャンディーを配るなどの心配りをしている。公演が終わってからは、クシェシンスカヤと後に彼女の夫となるロシア大公のアンドレイ・ウラジーミロヴィッチ（ニコライ二世の従兄弟）の新しい邸宅を生徒たちと共に訪問し、クシェシンスカヤと旧交を温めた。また生徒たちを帝室バレエ学校に連れて行き、女子生徒のクラスを三時間ほど見学している（愛弟子のイルマは、この時の様子をダンカン・ダンスのバーレッスンのほうが、よりリラックスしたスタイルであると記している[120]）。

このロシア滞在中、イザドラは芸術劇場のコンスタンチン・スタニスラフスキーと芸術に関して議論をする機会もあり、思考や感情の動きなど多くの事柄について、彼も同様の考えを持っていることに気づかされた。そこで彼女は自身の学校とクレイグの持つ芸術的才能についてスタニスラフスキーに力説し、以後互いに手紙を交わすまでの友人関係を築く。イザドラの学校をスタニスラフスキーの芸術劇場の中に置くという希望は、劇場側から反対があり叶わなかったが、[121] 舞台芸術に関心を示したスタニスラフスキーから、クレイグはモスクワ芸術劇場の『ハムレット』の舞台美術と演出依頼を受けることになった。

ロシアでの開校を断念したイザドラは、ロンドンに学校を移転あるいは開校することを期待してロンドンに向かい、ヨーク公劇場で公演を行った。ロンドンでは友人や知人（シャルル・アレ、エレン・テリーなど）と旧交を温めることはできたものの、生徒たちを伴ったロシア、ロンドンの滞在で貯金が底をつき、収益どころか実際は出費が増しただけに終わってしまう。これ以上の支出は許されない状況になり、子どもたちを姉エリザベスに任せて、イザドラは単身でアメリカツアーを行うことにする。[122]

《学校移転の構想》

一九〇八年一月、スタニスラフスキーの勧めもあり、イザドラは、帝室劇場と学校の監督ウラジミール・テリアコフスキーにドイツの学校をロシアに移転する考えを申し出たが、この時点では実現不可能であった。女優ヴェラ・コミサルジェフスカヤは、新しい芸術学校を創って、そこにイザドラを定期的に招いてダンスを教えさせようとしていたが、彼女の急死により実現することはなかった。一九一三年一月、イザドラはペテルブルクの新聞『デイ』紙に、ギリシア舞踊の劇場を首都に創ることの必要性を説いた公開文を提出した。イザドラの考えに賛同する者もいたが、これも実現には至らなかった。学校は二人の子どもの死後、一九一四年にパリス・シンガーの支援によりフランスに創設することになる。

《ヨーク公劇場の公演》

興行主チャールズ・フローマンのもと、ロンドンのヨーク公劇場で生徒たちを伴って行った公演を、アレクサンドラ妃が貴賓席で二回鑑賞している。イギリス貴族の女性たち（以前の後援者たち）も楽屋に訪れ、劇場に何回もやって来たエレン・テリーは、子どもたちを動物園に連れて行った。ニューギャラリーで踊って以来七年の歳月が流れていたが、シャルル・アレとも旧交を温めることができた。テムズ川ほとりにあるマンチェスター公爵夫人の別荘で、アレクサンドラ妃とエドワード七世を前に子どもたちと踊り、魅力的な踊りと見なされたが、学校創設までには至らなかった。生徒たちを連れての旅は莫大な費用がかかってしまった。

註

〈1〉このホテルは一八九一年にオープンした当時最高ランクのホテルで、川上貞奴・音二郎もここに宿泊していた。

〈2〉ML, pp.94-95.

〈3〉ML邦訳、一二〇頁。

〈4〉ML邦訳、一二一頁。

〈5〉ゴーチエ、テオフィル、マラルメ、ステファヌ、ヴァレリー、ポール著『舞踊評論』渡辺守章編、新書館、一九九四年、一一六頁。

〈6〉フラーが踊っているとされている映像（一九〇五年頃）は、現在YouTubeで見ることができる。

〈7〉ダウナー、レズリー著『マダム貞奴　世界に舞った芸者』木村英明訳、集英社、二〇〇七年、二五二―二五三頁。井上理恵『川上音次郎と貞奴Ⅱ　世界を巡演する』社会評論社、二〇一五年、一七六頁には、パリ万博での契約について記述されている。それによると、一週間三〇〇〇フラン、万一興行ができない場合は違約したほうに一〇〇〇〇フランの罰金を課すという契約になっていた。しかし、ドイツ公演での契約金額等はこの通りとは限らない。

〈8〉ミュンヘン行きの資金調達には、イザドラが一役買っていたようである。

〈9〉ML, p.97.

〈10〉Blair, pp.51-52. メッテルニヒ公爵夫人をはじめ英国、アメリカ大使館に招待状を配っている。

〈11〉上流階級の観客の前で踊るイザドラの美しい姿にフラーも感激を隠せなかった。しかし、公爵夫人がイザドラの薄い衣装に対する懸念を口にすると、フラーは、イザドラの荷物がまだ到着しておらず、彼女はリハーサル用の衣装で踊ったのだと弁明し、なんとかその場の難を逃れた。

〈12〉貞奴がフラー一座を去ってしまったこと、借金があるにもかかわらず、フラーがウィーンでも最高級のブリストルホテルに滞在していたこと、また周囲の環境の悪さと自分の置かれている立場に対して、イザドラは不満を持つと同時に不安を感じた。

〈13〉一八六五年から三年がかりで建てられた。この建物のキーストーンをフランツ・ヨーゼフ一世が飾っている。

〈14〉この点については、イザドラとフラーの見解は異なり真相は不明である。Fuller, p.230.

〈15〉劇場だった建物は、現在映画館として使用されており、一世紀以上経過した後も未だアール・ヌーヴォー的な要素を残している美しい建築物である。

〈16〉ML, p98. イザドラのメモには、ブタペストの劇場で二二回の公演を行ったとの記述があるが、週に二回の休演日を除いての公演回数と思われる。

〈17〉この時イザドラが即興で踊った『美しく青きドナウ』は、それ以降、イザドラの作品の中で観客に最も人気のある作品のひとつとなる。

〈18〉現在に至るまで『美しく青きドナウ』は伝承されている。ブレアは、三〇日間という公演日数については触れず、ハンガリーのウラニア劇場での二回のパフォーマンス公演を企てたグロスが、国立劇場の専属男優オスカー・ベレギ（一八七六～一九六五）を雇い、イザドラのプログラムと組み合わせて古代ギリシア劇を上演したと記している。Blair, p.58-59.

〈19〉ML, p.99.

〈20〉Blair, p.57. バッカンテとはバッカスの巫女のこと。

〈21〉ML邦訳、一三二頁では『ラデツキー行進曲』となっているが、これは誤りである。ML, p.104にはRakowsky Marchと記されているので、正しくは『ラコッツィ行進曲』。一九五五年に刊行されたMLでもRakowsky Marchと記述されており、二〇一三年に再刊行されたMLでは、Rákóczi Marchと記述されている。

〈22〉フランツ・フェルディナント（一八六三～一九一四）。第一次世界大戦勃発の契機となったサラエヴォ事件で暗殺されたオーストリアの大公。

〈23〉ML, p.110.

〈24〉Duncan, Isadora. *The Dance*. New York: The Forest Press, 1909, p.7.

〈25〉ML, p.110; Rambeck Brigitta, and Peter Grassinger. *100 Jahre Künsterhaus1900-2000*. Müunchen:Künslterhaus-Verein, 2000.

〈26〉田丸理沙・香川檀編『ベルリンのモダンガール―１９２０年代を駆け抜けた女たち』三修社、二〇〇四年、八七頁、長谷川章『芸術と民主主義　ドイツモダニズムの源流』ブリュッケ、二〇〇八年、二三三頁、長谷川章『世紀末の都市と身体芸術と空間あるいはユートピアの彼方へ』ブリュッケ、二〇〇〇年、一六四―一六六頁。様々な改革の中には裸体文化もあり、それを定着させたのはハインリヒ・プドールである。（第2部第1章参照）

〈27〉田丸・香川編、一九二頁。この文章は、レメルがイザドラ没後の一九二八年に当時のことを回顧して記したものと思われる。

〈28〉カリフォルニア大学ロサンゼルス校図書館所蔵。Copie d'un manuscript d' Isadora écrit en 1903. (Probablement son Speech au théâtre Sarah Bernhardt)

〈29〉ショーペンハウアーはドイツ人に「思考の聖性」と呼ばれていた。

〈30〉ML, p.141. カントの『純粋理性批判』に没頭したとの記述がある。

〈31〉ML, pp.111. このように「芸術家の家」の哲学的概念に関心を持ち、芸術家や知識人たちと交流したことにより、イザドラは芸術思想や哲学についてさらに教養を深めた。

〈32〉現在『プリマヴェーラ』はウフィツィ美術館に所蔵されているが、元はメディチ家の別荘ヴィッラ・メディチェア・ディ・カステッロにあり、その後一九一九年まではアカデミア美術館に所蔵されていた。時期からして、イザドラはアカデミア美術館でこの絵画を鑑賞していたと思われる。

〈33〉AD, p.128.

〈34〉一八九八年、ローサー・ロッジの公演プログラムには、ボッティチェリの『プリマヴェーラ』の絵画であることを示唆した後、ボッティチェリのインスピレーションを得て『朝日』という作品を踊ったという記述がある。

〈35〉AD, p.128.

〈36〉Programma dello spettacolo tenuto da Isadora Duncan Isadora Duncan al Teatro Armonia di Trieste, 1902. Giubilei, Maria Flora, editor. *A passi di danza: Isadora Duncan e le arti figurative in Italia tra Ottocento e avanguardia*. Firenze: Edizioni Polistampa, 2019, p.180 にこのプログラムが掲載されている。イザドラ自筆のメモには、一九〇二年一〇月一五日にフィレンツェの民衆の前で踊ったことが記されている。

〈37〉一九〇〇年のニューギャラリーでの公演で、イザドラはすでに『ヴァイオリンを弾く天使』を踊っている。ニューギャラリーで公演した際に、既にこの絵を観ていた可能性が高い。

〈38〉フェーダンがどこでイザドラの踊る『ヴァイオリンを弾く天使』を観たかは不明である。

〈39〉Duncan, Isadora. *Der Tanz Der Zukunft* (The Dance of The Future). Leipzig:Verlegt Bel Eugen Diederichs, 1903, p.8.

〈40〉Duncan, Isadora. *Der Tanz Der Zukunft* (*The Dance of The Future*). Leipzig:Verlegt Bel Eugen Diederichs, 1903, p.8.

〈41〉一八四四年にレストランの経営者ジョセフ・クロールにより、娯楽の場所として建てられたが、一八五一年にオペラハウスとして改装されている。

〈42〉"Wins Plaudits Far From Home." *San Francisco Call*, 25 Feb. 1903.

〈43〉"San Francisco Girl Dances A Way to Fame and Fortune." *San Francisco Examiner*, 25 Feb. 1903.

〈44〉Blair, pp.65-66; IDPITAOD, pp.12-13.

〈45〉Blair, pp.65-66.

〈46〉「未来の踊り手とは、魂の自然な言葉が身体の動きとなるまでに、〔中略〕彼女の身体のすべての部分からは、輝かしい知性が放たれ、何千もの女性の思想と希望の言葉を世に伝えるだろう。彼女には女性の自由を踊ってもらわねばならない。」(『芸術と回想』四〇頁)と述べており、この時未来の踊り手の対象を女性に特化している。

〈47〉『芸術と回想』、三一頁。

〈48〉ニーチェ、ショーペンハウアー、カント、ルソー、ヘッケルの思想に関心を持ち、彼らの本を読んでいた。

〈49〉レイモンドは、後にパリ、ロンドン、ニューヨークで舞踊理論等について数多くの講演を開催していた。このことが末裔所蔵の史料より判明した。

〈50〉Duncan, Isadora. *Der Tanz Der Zukunft* (*The Dance of The Future*). Leipzig:Verlegt Bel Eugen Diederichs, 1903; Blair, p.66. イザドラはヴァーグナーに心酔していたため、一八九五年に刊行されたヴァーグナーの『未来の芸術作品』という本のタイトルを意識し、『未来の舞踊』というタイトルにしたとも考えられる。

〈51〉ML, p.115には"die göttliche, heilige Isadora."と原語のドイツ語が記述されているが、「神聖な」の意味に相当するgöttlicheとheiligeが重複されている。

〈52〉山口(二〇〇六)、八頁。

〈53〉"Isadora Duncan, the Famous Classic Dancer, Revives in the Modern Grecian Capi [sic] the Dancers of 2,000 Years Ago." *World*, 15 Nov. 1903.

〈54〉『芸術と回想』、四三頁。邦訳では「見出だした」となっているため、「見出した」と修正した。

〈55〉神殿ではプラトンが『国家』に書いたものと同じようなことを実現しようとしていたようである(ML, p.127)。現在も同じ土地にIsadora and Raymond Duncan Dance Research Centerが建っている。筆者はこの場所に二〇〇九年五月以降数回出向き、このことを確認している。ダンカン一家が建てたこの建物は一度取り壊されたが、「コパノスの会」の協力により再建したようである。

〈56〉ギリシア正教の教会を訪れ、修道士やビザンティン音楽を研究している学者などの助けも得たようである。

〈57〉RD, p.14.

〈58〉ゲオルギオス一世（一八四五〜一九一三）のことを、自伝の邦訳では「ジョージ国王」と記しているが、ゲオルギオス一世としたほうが適切と思われる（ML, p.133、ML邦訳、一六九頁）。ギリシアに北欧の貴族文化を持ち込んだのはデンマーク国王の次男で、ギリシアの国王となったゲオルギオス一世本人であった。

〈59〉デンマークでは、既にオーギュスト・ブルノンヴィル（一八〇五〜一八七九）がデンマーク・ロイヤル・バレエで「ブルノンヴィル・スタイル」を確立していた。

〈60〉ML邦訳、一七〇頁。

〈61〉一方、レイモンドは自給自足の生活を実践するとともに、二〇世紀において、日常生活でもギリシア風のチュニックを常に身にまとって、古代ギリシア人のように生きようとしていた。

〈62〉ギリシア神話の中の一つで、エジプトからギリシアに移り住んだアルゴン王ダナオスの娘たち（五〇人）のこと。

〈63〉ML, pp.136-137. 残念ながらこの批評文の原典は見当たらない。

〈64〉ミュンヘンでは、少年合唱団が大反響を呼んだ。

〈65〉ベルリンでは、ミュンヘンの哲学者ヨハネス・ウィルヘルム・コルネリウス教授（一八六三〜一九四七）が講演した。コルネリウスの教え子には、哲学者、社会学者であり音楽評論家のテオドール・アドルノがいる。

〈66〉ML, p.138.

〈67〉"American Girl Wins Praise." *The Inter Ocean*, 11 Jan.1903

〈68〉"American Girl's Idyllic Dances Please Berlin." *Chicago Daily Tribune*, 22 Feb. 1903.

〈69〉"Danses antiques." *Le Gil-Blas*, 26 Juin 1904.

〈70〉メアリー・デスティによれば、バイロイトに行く前、イザドラはHardenburg Strasse, Charlottenburgに住んでいたとの記述がある。時期からして、ヴィクトリア通りからハルデンブルク通りに転居した、あるいは別に家を借りた可能性が考えられる。Desti, Mary. *Isadora Duncan's End*. London: Victor Gollancz, 1929, p.36.

〈71〉ML, p.141.

〈72〉ML, p.141.

〈73〉コジマからの正式な依頼の手紙：カリフォルニア大学ロサンゼルス校図書館所蔵。自伝には、リヒャルト・ヴァーグナーはバレエとその衣装が嫌いだったため、イザドラに出演依頼が届いたとの記述がある。イザドラ自身も「バレエの動きの全てが私の美意識と衝突し、その表現は機械的で俗悪に思えた」と語っており、バレエ嫌悪の立場をとっているようにみえる。しかし、それは当時のバレエのテクニックが現在ほど高くないダンサーたちがポワントで踊るため、どこか不自然な動きをしていたことを考慮する必要があるだろう。"American Dancer Praised." *New York Times*, 30 Nov. 1902には、イザドラがヴァーグナーの息子ジークフリートと面識があったこと、また既に一九〇二年にイザドラが一九〇三年のバイロイト音楽祭で踊るであろうと報じられている。しかし、一九〇三年にバイロイト音楽祭は開催されなかったため、イザドラは一九〇四年に踊ることになった。

〈74〉Desti, Mary. *The Untold Story: The Life of Isadora Duncan 1921-1927*. New York: Horace Liveright, 1929, pp.33-41. デスティが執筆したこの本は*Isadora Duncan's End*という別の題名でも刊行されている。イザドラは一九〇一年頃、パリでデスティに出会っている。

〈75〉ML, p.143.

〈76〉ML, pp.144-145.

〈77〉タンツアルヒーフ所蔵の史料から、イザドラがバイロイト音楽祭で踊っていた日が確定できた。

〈78〉ML, p.157.

〈79〉"Isadora Duncan Tells How She Hopes to Bring the Modern Stage Back to Greek Simplicity." *Washington Post*, Sep.6, 1908.

〈80〉ニューヨーク公共図書館所蔵。

〈81〉Wagner, Richard. *Art Life and Theories of Richard Wagner*. Translated by Edward L. Burlingame, New York: Henry Holt and Company, 1875, p.193. ヴァーグナーは、パリで公演された『タンホイザー』について、ヴァーグナーは第二幕のバレエは無意味であると感じ、第一幕の女神の出現する場面が真の意味において振付するのに最適な場面であると記している。

〈82〉ML, pp.150-151.

〈83〉AD, pp.105-106.

〈84〉イザドラはヘッケルの英訳本『宇宙の謎』を大英博物館で読んで感動し、ヘッケルの誕生祝いも兼ねて手紙を書いていた。一九〇四年三月四日に返信をもらうなど、それ以後二人の間で書簡が交わされていた。

〈85〉ML邦訳、一九六頁。

〈86〉ML, Ch.19; ML邦訳第19章。Duncan, Isadora. *Your Isadora.*（以後YIと記す）Edited by Francis Steegmuller, New York: Random House & The New York Public Library, 1974のCh.2 Appointments in Berlin: *Book Topsy*（トプシーとはイザドラの愛称）にも、イザドラと初めて会ったのはベルリンであったとしている。

〈87〉クレイグからイザドラとの出会いについて書かれた手紙をもらっていたフレドリカ・ブレアは、クレイグの日記に基づいた記憶に信憑性があるという立場をとっている。クレイグ、エドワード著『ゴードン・クレイグ 二〇世紀演劇の冒険者』佐藤正紀訳、平凡社、二三六頁には一二月一四日にイザドラと出会ったと記されている。

〈88〉このことはブレアもBlair, pp.105-106で指摘している。Bardsley, Kay. "Isadora Duncan and the Russian Ballet" *Proceedings Society of Dance History Scholars*, 1988, p.122では旧ロシア暦の一九〇四年一二月一三日と一六日はグレゴリオ暦の一二月二六日と二九日に相当することが記されている。この公演日については、カリフォルニア大学図書館所蔵のイザドラの一九〇四年のロシアでの公演の契約書に一二月二六日と二九日に公演することが記載されていたことからも裏付けられる。Beaumont, Cyril W. *Michel Fokine & His Ballets.* New York: Dance Horizons, 1981, p.29 (note.1)では、イザドラは一九〇七年までサンクトペテルブルクを訪問していなかったと記述しているが、これは誤りである。イザドラの名声はヨーロッパ、とくにドイツで舞台を観たロシア人たちによってロシアに招きを受けたとされているが、クシェシンスカヤは既にウィーンでイザドラの踊りを観ていた。イザドラがオリガ・アレクサンドロヴナ大公女の後援する公演で踊るように要請を受けたのは、帝室に近い存在であったクシェシンスカヤの勧めもあったのではないかと推察される。

〈89〉フォーキンは、当時にしては斬新な演出をしており、バレエの古典作品を改定よりもバレエという枠組の中で、新たに何かを創造する才能に長けていたと考えられる。

〈90〉ディアギレフは、バレエ・リュス結成後もイザドラとパリで再会しており、友人となってからはイザドラとシンガーの息子パトリックの出産祝いのパーティーにも招かれている。

〈91〉Blair,p.106. その他、バレリーナのタマラ・カルサーヴィナ、ミハイル・フォーキンの友人であった画家レオン・バクストも鑑賞していた。

〈92〉Bourman, Anatole. *The Tragedy of Nijinsky*. New York: Whittlesey House, 1936, p.69.

〈93〉Bourman, pp.70-71.

〈94〉Bourman, p.71. ボールマンの記述が確かであれば、ニジンスキーは当時バレエ学校の生徒だったことから、イザドラが男子クラスを見学したのは、一九〇四年か五年であることが裏付けられる。二六日、二九日は公演日であったが、二七、二八日は休演である。公演がない日に自身の舞踊学校を開校したばかりのイザドラがバレエ学校を見学しに行ったのではないかと考えられる。なお、当時バレエ学校の生徒は一〇歳で入学し、一七歳で卒業するのが常であった。

〈95〉その後も数回ロシア公演を行っている。

〈96〉スタニスラフスキーは、一九〇五年にイザドラの公演を観ている。

〈97〉ML, p.168.

〈98〉スタニスラフスキー著『芸術におけるわが生涯（下）』蔵原惟人・江川卓訳、岩波文庫、二〇〇八年、九九頁。

〈99〉尼ヶ崎彬『ダンス・クリティーク 舞踊の現在／舞踊の身体』勁草書房、二〇〇四年、一四八頁で尼ヶ崎は、舞踊の身体について次のように論述している。「詩的言語が文法や論理という秩序を脱して、音韻の枠組みなどの別の秩序原理に従うように、舞踊の身体もまた日常の身体秩序を脱して別の原理で秩序化される。つまり身体は脱秩序化と再秩序化という二つの過程によって舞踊の身体となる」。舞踊の身体は日常の身体秩序を脱して別の原理で秩序化されるという論考は、前記のスタニスラフスキーに対するイザドラの答えと重なる。イザドラ本人が「秩序化」という概念を意識していたかどうかは不明だが、自然の法則に従うということは強く意識していたと考えられる。

〈100〉Bourman, p.71.

〈101〉Bourman, p.71.

〈102〉ML, p.172. これはブルジョワとプロレタリアあるいは保守派と革新派の闘いでもあった。
〈103〉ML, p.172.
〈104〉Foster, Andrew. Personal interview. 29 Jun. 2014.
〈105〉一九〇七年二月一二日のマリインスキー劇場での慈善公演。この初演版はアンナ・パヴロワとミハイル・オブコフのパ・ド・ドゥのシーンを除き、再演されることはなかった。
〈106〉アンナ・パヴロワとミハイル・オブコフが踊った。
〈107〉三月八日、マリインスキー劇場での慈善公演。この版にはパ・ド・ドゥが含まれていない。
〈108〉この公演は六月二日に行われた。
〈109〉*Les Sylphides and Giselle*. ICA Classics, 2011.
〈110〉Blair, p.117; Garafola, pp.40-41. パヴロワは、イザドラは「踊ることにおける自由」をロシアにもたらした、とメアリー・ファントン・ロバーツに語っている。AD, p.27. パヴロワのパートナーであったヴィクトール・ダンドレもイザドラが舞踊界に与えた影響について高く評価している。Dandré, Victor. *Anna Pavlova in Art and Life*. London: Cassell, 1932, pp.261-264.
〈111〉Svetlov, Valerian. *Le Ballet Contemporain*. Translated by Michel Dimitri Calvocoressi, Paris: Brunoff, 1912, pp.62-63, p.66. p.84. カースタインもアーノルド・ハスケルがダンカニズムはあったが、フォーキニズムはなかったと記述している。Kirstein, Lincoln. *Fokine*. London: British Continental Press, 1934, p.14.
〈112〉『未来の舞踊』のオランダ語版では、*Das Neue Blatt*（新しい葉）という雑誌の編集者フェリック・ポール・オーガスティンが「舞踊芸術について」という前書きを執筆している。
〈113〉ML, p.191.
〈114〉ストックホルムには、イザドラの踊りを見ていた舞踊家アンナ・ビエトゥレがいた。彼女は後にダルクローズ音楽院で学んだが、ダンカン舞踊にも強く関心を寄せていた。
〈115〉ML, pp.189-190.

〈116〉このとき、英語が話せないドゥーゼとフランス語もイタリア語も話せなかったクレイグの通訳をイザドラが担当した。ドゥーゼにはフランス語、クレイグには英語で通訳したと考えられるが、この二人の芸術家は互いに激しい気性を持っていたため、イザドラは仲を取り持つのに大変苦労したのではないかと思われる。ブレアは、メンデルスゾーン夫人がドゥーゼをイザドラとクレイグの双方に紹介したとしている。Blair, p.135.

〈117〉YI, p.165.

〈118〉YI, p.179.

〈119〉ML, p.209.「クレイグの芸術か、それとも私の芸術か」

〈120〉Duncan, Irma. *Duncan Dancer.*（以後DDと記す）Middletown, CT: Wesleyan UP, 1996, p.71.

〈121〉イザドラは、一九二一年にモスクワで学校を開校することになる。この学校の詳細については、第2部第3章に記す。

〈122〉生徒たちは、グリューネヴァルトの学校でイザドラから教育を受けることができず、エリザベスに教育を受ける毎日に戻った。

第5章　アメリカ、ヨーロッパにおけるイザドラの国際的公演活動

九年ぶりのアメリカ公演と交響曲

ロシア、ロンドンと生徒たちを伴ったイザドラの公演の旅は、移動費や宿泊代等で莫大な出資が嵩《かさ》み、銀行預金は底をついてしまった。期待していた支援が得られなかったイザドラは、〈1〉一九〇八年の夏、資金稼ぎのために単身でアメリカ（ニューヨーク）に向かうことを決意する。二二歳で母国を去って以来、約九年ぶりの公演が〈2〉一般の観客に受け入れられるか一抹の不安はあったが、ブロードウェイの呼び物として売り出そうとしていた興行師チャールズ・フローマン*と六か月の契約を結んだ。

一九〇八年八月一八日にニューヨークのクライテリオン劇場〈3〉で開幕したアメリカ公演のプログラムは、〈4〉八月二六日までグルックの『アウリスのイフィゲニア』〈5〉、モーリッツ・モシュコフスキ*の『アリア』、シュトラウスの『美しく青きドナウ』、シューベルトの『楽興の時』を、八月二八日からはベートーヴェンの『第七交響曲』とショパンの『マズルカ』、『プレリュード』、『ワルツ』とこれまで観客から称賛され手応

えのあった演目で構成した。この公演の評価について、ブレアは『ヴァラエティー』誌に悪評が掲載されたと指摘しているが、この記事の掲載日は一九〇八年八月二日となっていた。〈6〉八月号を全て調べたところ、八月二日号は存在せず、八月一日号の『ヴァラエティー』紙でイザドラが九月一日にニューヨークに到着することを伝えていたことがわかった。〈7〉

この時期の新聞を調べたところ、八月一六日付の『ニューヨーク・タイムズ』紙は「イザドラが昨日アメリカ（セントポール）に到着した」と八月一五日にアメリカのミネソタ州に着いたことを知らせている。〈8〉クライテリオン劇場での公演は八月一八日に開催されているので、新聞の情報のほうが正確であることがわかる。新聞ではイザドラの公演について、次のように記載されていた。

イサドラ・ダンカンは昨夜、ロンドンや大陸で彼女を有名にした古典的な踊りのいくつかを、クライテリオン劇場で披露した。〔中略〕彼女が踊っている間も息継ぎしている間も公演は、大規模なオーケストラと共に、一時間三〇分を少し超えるほど続いた。公演が終わると、彼女の称賛者は力強く拍手を送った。〔中略〕彼女の成功は優雅さと動きの自然さによるものであり、蹴ったり、身体をくねらせたり、アクロバティックな技を披露することによるものではない。彼女のステップは、基本的に簡素である。まるでダンスがその場の思いつきで、若さと自由の喜びから生まれたかのように、走ったり、スキップしたり、飛び跳ねたりする。音楽と共に身振り手振りを変えながらポーズをとり、また踊り始める。その激しい動きに、観客は驚嘆する。〔中略〕ダンサーの優雅な身のこなしは、常に観客の目を惹きつけ魅了していた。〈9〉

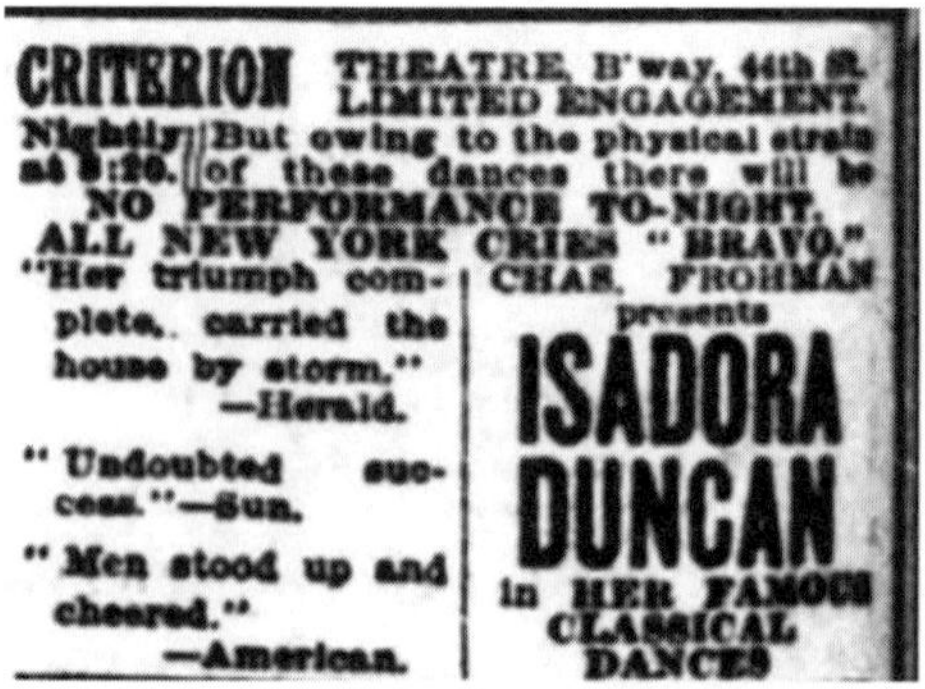

図71　クライテリオン劇場で開催される公演の広告

ブレアは、「ニューヨークデビューに課せられた目標を果たすのには、あいにくの時期であった。観客は熱狂に沸いたが、批評は熱意のない冷めたものであった」[10]と記しているが、当時の新聞を調べる限り、冷めた批評記事はさほど見当たらず、**図71**の公演批評を見ても「彼女の完全なる勝利は熱狂の嵐に包まれた」など、むしろ称賛の言葉が掲載されていた。

さらにブレアは、イザドラがアメリカにおいてベートーヴェンの『第七交響曲』*を初めて踊ったのは一一月六日のウォルター・ダムロッシュが指揮を務めた公演としているが、既に八月二八日に『第七交響曲』を踊っていることを当時の新聞は伝えていた[11]。例えば、翌八月二九日の『ブルックリン・デイリー・イーグル』紙は「ベートーヴェンの『第七交響曲』とバッハ、ショパンの曲をイザドラがグスタフ・サエンガーの指揮に合わせて踊り、劇場に集まった観客も公演の最後まで席を離れることなくアンコールを要求した」[12]と報じており、同日の『ニューヨーク・タイムズ』紙に至っては、「イザドラの舞踊は非常に新しく、彼女の成功は観客の数と熱狂で明白だった」、「ショパンの小作品集を踊った後にアンコールが要求された」など、公演が成功裏に終わったことを伝えている[13]。

新聞を読む限り、両紙の新聞批評は一致しており、公演は多くの観客から絶賛されアンコールが寄せられるなど、大盛況であったと思われる。[14] しかしイザドラは、フローマンから「アメリカはあなたの芸術を理解していません。あなたの踊りは、アメリカ人の理解を超えています。彼らにはわかりませんよ。ヨーロッパに帰ったほうがよいと思います」[15] と言われたとし、「結果は予想どおり、完全な失敗だった」[16] と自己評価を低くしている。なぜだろうか。クライテリオン劇場のチケット代は不明であり、収益の詳細も明確ではないが、学校運営の資金集めを目的に行った収益が赤字の解消まで達しなかったという意味でイザドラは失敗と感じたのかもしれない。

当時のアメリカはガートルード・ホフマン、*ローラ・グゥリート、*ラ・シルフ、*アイーダ・オーバートーン・ウォーカー等*[17]［図72―1、72―2、72―3、72―4］多くのダンサーたちが「サロメの踊り」を披露しサロメブームに沸いていた。そのため観客は、イザドラの「ギリシア舞踊」と「サロメ・ダンサー」という二極対立でダンサーの特徴を捉えていた可能性が高い。このような状況が相まって、ブロードウェイの観客の人気は二分され、これまでのように自身の公演を満席にできなかった、それで予定通りに収益が入らなかったと考えたのであろうか。あるいは自身の踊りの表現には指揮者やピアニストとの共感が大切と考えていたイザドラは、その双方に共感を得られず自身も生き生きと踊ることができなかったという意味で、それが収益に影響を与えたと思ったのか、彼女はサロメについて次のような言葉を残している。

少なくとも、私はサロメではなかった。だれの首も欲しくなかった。私が吸血鬼だったことは一度もなく、つねにインスピレーションを与える存在だった。[18]

図72-1　ガートルード・ホフマン

図72-2　ローラ・グゥリート

図72-3　ラ・シルフ

図72-4　アイーダ・オーバートーン・ウォーカー

この言葉通りイザドラは常に彼女自身であり、そこには独自の舞踊精神があった。そのため、当時のブームに乗せられてサロメを踊ることはしなかった。この年、イザドラは自身の舞踊について、新聞に次のように答えている。

私の舞踊はギリシアにそのインスピレーションがありますが、それは本当のギリシアではなく、非常にモダンなもので、私自身の考えなのです。〔中略〕どうか私がギリシア・スタイルを装っているとは言わないでください。〈19〉

契約時に一般の観客に受け入れられるかという不安があったイザドラは、このことに神経質になっていたのかもしれない。古代ギリシア風のチュニックを身に纏《まと》っていたことから、「ギリシア的」という表層的な部分にのみ目が向けられ、彼女の踊りの真髄までは理解されなかったと彼女が思った可能性は高い。

＊チャールズ・フローマン（一八五六〜一九一五）
アメリカ・オハイオ生まれ。劇場プロデューサー。アメリカ演劇界で多くのスターを発掘および売り出した。イザドラのロシア、ロンドン公演の興行師を務めた。アメリカのブロードウェイでイザドラを売り出そうとしたが、アメリカ公演は予想が外れ、イザドラとの契約は公演途中で解除となる。

＊モーリッツ・モシュコフスキ（一八五四〜一九二五）
ポーランド・ヴロツワフ生まれ。ポーランド出身のユダヤ系ピアニスト、作曲家、指揮者。

＊ウォルター・ダムロッシュ（一八六二〜一九五〇）
プロイセン王国・ブレスラウ生まれ。指揮者、作曲家、教育者。リヒャルト・ヴァーグナー作品の指揮をしたことでよく知られている。ラジオで活躍した指揮者の草分け的な存在であり、アメリカにおいてクラシック音楽の普及に大きく貢献した。イザドラの八月公演を観ていたダムロッシュは、自身の指揮する交響楽団で踊ってほしいとイザドラに依頼している。

＊ガートルード・ホフマン（一八八五〜一九六六）
アメリカ・サンフランシスコ生まれ。ヴォードヴィルダンサー兼振付師。

＊ローラ・グゥリート（一八七九〜一九四七）
アメリカ・シカゴ生まれ。ダンサー。サロメ・ダンスを披露したことでよく知られる。

＊ラ・シルフ（一八八三〜一九六八）
アメリカ・ニューヨーク生まれ。ダンサー、コントーショニスト（柔軟な身体を使ってのパフォーマンスをする人）。身体が柔らかすぎるので「骨なしラ・シルフ」と呼ばれた。アメリカのヴォードヴィルでサロメ

役を演じる。

＊アイーダ・オーバートーン・ウォーカー（一八八〇～一九一四）
アメリカ・ニューヨーク生まれ。ヴォードヴィルダンサー、女優、歌手。「ケークウォークの女王」としても知られている。一九一二年に披露したサロメの踊りで名が知られるようになる。

ウォルター・ダムロッシュとの共演

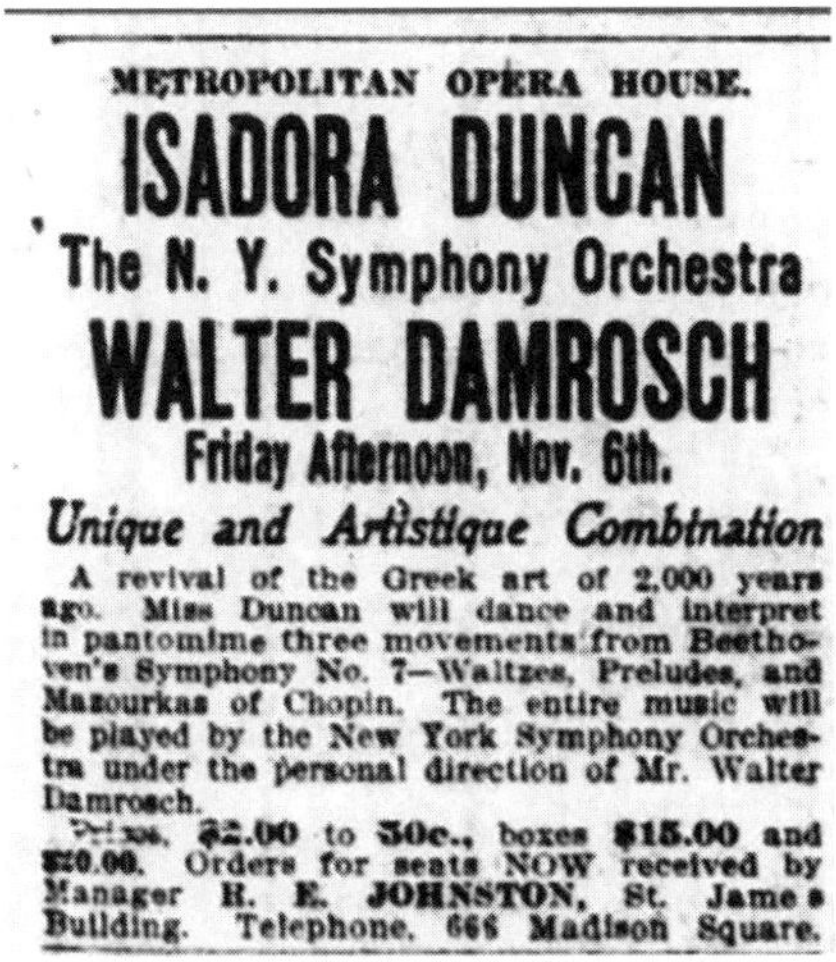
METROPOLITAN OPERA HOUSE.
ISADORA DUNCAN
The N. Y. Symphony Orchestra
WALTER DAMROSCH
Friday Afternoon, Nov. 6th.
Unique and Artistique Combination
A revival of the Greek art of 2,000 years ago. Miss Duncan will dance and interpret in pantomime three movements from Beethoven's Symphony No. 7—Waltzes, Preludes, and Mazourkas of Chopin. The entire music will be played by the New York Symphony Orchestra under the personal direction of Mr. Walter Damrosch.
Prices, $2.00 to 50c., boxes $15.00 and $20.00. Orders for seats NOW received by Manager H. E. JOHNSTON, St. James Building. Telephone, 666 Madison Square.

図73　メトロポリタン・オペラハウスでダムロッシュとの共演を告知する広告

フローマンとの契約を途中で解除したイザドラは、彼女の踊りに感銘していた知人の彫刻家ジョージ・グレイ・バーナード*からアメリカに留まることを勧められ、そのままアメリカに滞在することにした。バーナードの助言に従い、早速スタジオを借りたイザドラは、部屋に碧《あお》いカーテンを吊るし、碧色《あおいろ》の絨毯を床に敷いた。そしてトレーナーつきの身体的訓練を毎日二時間ほど行い、ときにはスタジオにバーナードの友人たち[20]を招いて踊りを披露した[21]。その様子を見ていた友人の新聞記者メアリー・ファントン・ロバーツ*は、「彼女の訓練は単なる身体訓練以上のものであり、それは踊りであった」[22]と語っている。
しばらくして、指揮者ウォルター・ダムロッシュから申し出を受けたイザドラは、彼が率いるニューヨーク交響楽団と一一月六日、一四日とメトロポリタン・オペラハウスで公演を行うことになる。『ニューヨーク・タイムズ』紙［図73］に掲載された一一月一六日公演の演目は[23]、八月の後半と同じベートーヴェンの『第七交響曲』*とショパンの『ワルツ』、『プレリュード』、『マズルカ』であった。イザドラがダムロッシュの指揮のもと、『第七交響曲』の第二、第三、第四楽章を踊ると、メトロポリタン・オペラハウスは観客の熱狂で湧きあがり、大歓声が響き渡った。

＊ジョージ・グレイ・バーナード（一八六三～一九三八）
アメリカ・ペンシルベニア州生まれ。彫刻家。代表作にエイブラハム・リンカーンの像がある。バーナードにより作られたリンカーンの像の多くは、アメリカに設置される。イザドラは、連日バーナードのスタジオを訪問し、そこでアメリカに芸術の霊感をもたらすための新計画について何時間も話し合ったようである。バーナードは「アメリカは踊る」と題したイザドラの像を創作しようとしていたが、途中で中止となってしまった。

＊メアリー・ファントン・ロバーツ（一八六四～一九五六）
アメリカ・ニューヨーク生まれ。ジャーナリスト。数々の女性雑誌の編集を担当した。

《一九〇八年一一月アメリカ在住時のイザドラの容姿について（サン紙の記事より）**》**

ニューヨークのイザドラのスタジオには青と白のカバーで覆われているソファーがあった。彼女の短くて黒い髪は首のうなじのあたりで巻かれ、分けられていた。顔はマドンナのようであり、上向きの鼻に灰色がかった青い目をしていた。イザドラはまるで彫刻のようで、至高の芸術であり、身長は五フィート六インチ（約一六八センチ）、体重は一二九ポンド（約五八・五キロ）である。〈24〉

《ベートーヴェン『第七交響曲』の踊りに対する批評》

実はベートーヴェンの『第七交響曲』は、当時舞踊を批評していた音楽評論家の中で評価の違いがあった。まずこれまで誰も試みたことのない、偉大な作曲家の曲を踊りで表現することは、作曲家の意図を無視することで冒瀆に値し、音楽を軽視しており許されないという評価であった。一方、斬新で美しいダンカン嬢の踊りは素晴らしい、ベートーヴェンの作品を侵害するものではない、と彼女の芸術に称賛を送りたいという賛美の声を挙げる批評もあった。イザドラにとって、名曲を踊りに用いることは自然なことであった。なぜならば、幼いころから母がピアノで弾くショパンやベートーヴェンの曲を心の赴くままに踊っていたからである。

この公演で自信をつけたイザドラは、〈25〉一一月から一二月にかけてワシントン、〈26〉フィラデルフィア、ボストン、インディアナポリス、シカゴなどの各地を巡演することにした。ワシントンの保守派たちからの批判*を除けば、どの公演も拍手喝采で常に満席状態であった。なかでも一一月二〇日のワシントンのニューナショナル・シアターの公演には、当時のアメリカ大統領セオドア・ルーズベルト*が娘のエーセル、レオナード・ウッド少将、ウッド夫人を伴い（このとき、二人はホワイト・ハウスに招かれていた）、一緒に観に来ていた。〈27〉この公演の様子を伝える新聞も、とくに舞台の右側のボックス席に座っていた大統領がイザドラの踊りに感銘を受けた、と記事にしている。〈28〉イザドラは自伝で、大統領が友人に宛てた手紙の文章の一部を紹介している。

イザドラの踊りに、牧師たちはどんな不都合を見つけたのだろうか。私には、彼女が朝の光を受けて庭で踊ったり、美しい花を夢中になって摘んだりしている無邪気な子どものように見えた。〈29〉

＊ワシントンの保守派たちからの批判

当時は薄い衣装を身にまとって裸足で踊ることは許されない風潮があった。そのため保守派の牧師からイザドラに対し批判があった。

＊セオドア・ルーズベルト（一八五八～一九一九）

アメリカ・ニューヨーク生まれ。政治家、軍人で第二六代大統領。大統領在任期間は一九〇一年九月一四日～一九〇九年三月四日。

大統領からの称賛の言葉は、保守派の批判を一蹴したばかりでなく、アメリカにおけるイザドラの芸術家としての地位をさらに押し上げることになった。イザドラが指揮者ダムロッシュと共感できたことや、ニューヨーク交響楽団のダイナミックな演奏が功を奏し、音楽を表現するイザドラの踊りが生き生きと光り輝き、それが観客の心にも伝わって感動を呼んだのであろう。彼女は自伝に次のように記している。

ダムロッシュと私の間には驚くべき共感があった。そして彼の動きのひとつひとつの振動に瞬時に呼応する自分を感じた。彼がクレッシェンドで増音すると、私のなかの生命は盛り上がり、しぐさにあふれ出た。音楽のあらゆる旋律は音楽的な動きへと変換され、私の全存在が彼と調和し振動した。〈30〉

イザドラは一二月三〇日にダムロッシュ率いるニューヨーク交響楽団とコネティカットのハートフォードにあるフット・ガード・ホールで最後の公演を行った。そしてダムロッシュと翌年も共演することを約束し、次の日にはデアドリーと生徒たちが待っているパリに戻った。〈31〉

九年ぶりのアメリカ巡業は当初の予定より一か月半ほど短く、四か月半という期間となってしまったが、一一月からのダムロッシュとの共演は、イザドラにとっても素晴らしい舞台となり、観客に大きな感動を与えると共に時の大統領にまで称賛されるという栄誉を受けることになった。当時、公演のチケット代は一ドルからボックス席の二〇ドルまでとなっており、特に約三六〇〇人収容可能なメトロポリタン・オペラハウスでの公演は、かなりの収益があったと思われる。〈32〉そのため、公演収益は借金返済にまわすことができた。舞踊を芸術の高みにもっていくという一〇代からずっと抱いていた夢が母国アメリカでやっと果たされたという思いは、イザドラにとって感慨深かったのであろうか、後に「アメリカのこの巡業は、おそらく私の人生でもっとも幸せなときだったと思う〈33〉」と語っている。

人生を変えたシンガーとの出会い

高揚した気持ちでパリに戻ったイザドラは、エレオノーラ・ドゥーゼの元マネージャー、リュニエ・ポー*が企画したコロンヌ管弦楽団とのシリーズ公演でも大成功を収め、パリを席巻するまでになった。特に生徒を伴い踊ったグルックの『アウリスのイフィゲニア』は、連日リュニエ・ポーやエレオノーラ・ドゥーゼの知人や友人たちの間で歓声が上がり、ゲテ・リリック劇場での公演の批評も次のように好意的であった。

彼女は自然そのものだ。精緻な研究を重ねたその芸術は〈巧みな技巧〉が自然発露的なものの中に吸収されてしまって跡形も見えない……〈彼女の動きには〉連続性と魅力的な調和があり、際立った柔軟性と優雅さが備わっている……生徒たちもみなこの上なく可憐で、しなやかな動きを見せてくれた。[34]

このように観客を魅了した公演は、芸術家や文化人等で毎回埋め尽くされ収益もそれなりにあったが、エリザベスの学校とパリにいる生徒たちの教育費やダントン通りに借りた二つの大きなアパートの賃貸料は高額であり、このときそれ以上を上回る出費が嵩《かさ》んでいた。[35] そのため、多額の収益金を返済にまわしても、イザドラの銀行口座は相変わらずの赤字続きで、学校維持が困難な状況に変わりはなかった。[36] そのようなとき、公演を観に来ていた大富豪のパリス・シンガー*［図74］が、[37] 破産寸前のイザドラを助けるかのように、楽屋を訪れてきた。イザドラの踊りを何回か観ていたシンガーが、彼女の芸術と理想の学校にかける勇気に感動し、支援を申し出たのである。学校をシンガー所有のリヴィエラの別荘に移し、そこで自身の芸術とダンスの創作に専念できる、というありがたい具体案を示されたイザドラは、まさに救世主が現れたと思ったのではないだろうか。もちろんイザドラはその場でその提案を受け入れた。その後二人は親交を深め、イザドラはシンガー所有のヨットでイタリアに向けて地中海の航海（五〇人もの船員が食事やサービスのため乗船していた。またポンペイで一日を過ごし、その後パエストゥム神殿で踊るためオーケストラを雇うなど贅を尽くした旅であった）を楽しむなど上流階級の仲間入りをすることになった。イザドラの生活様式もこれまでと一変し、芸術界のみならず社会的にも不動の地位を確立していくことになる。

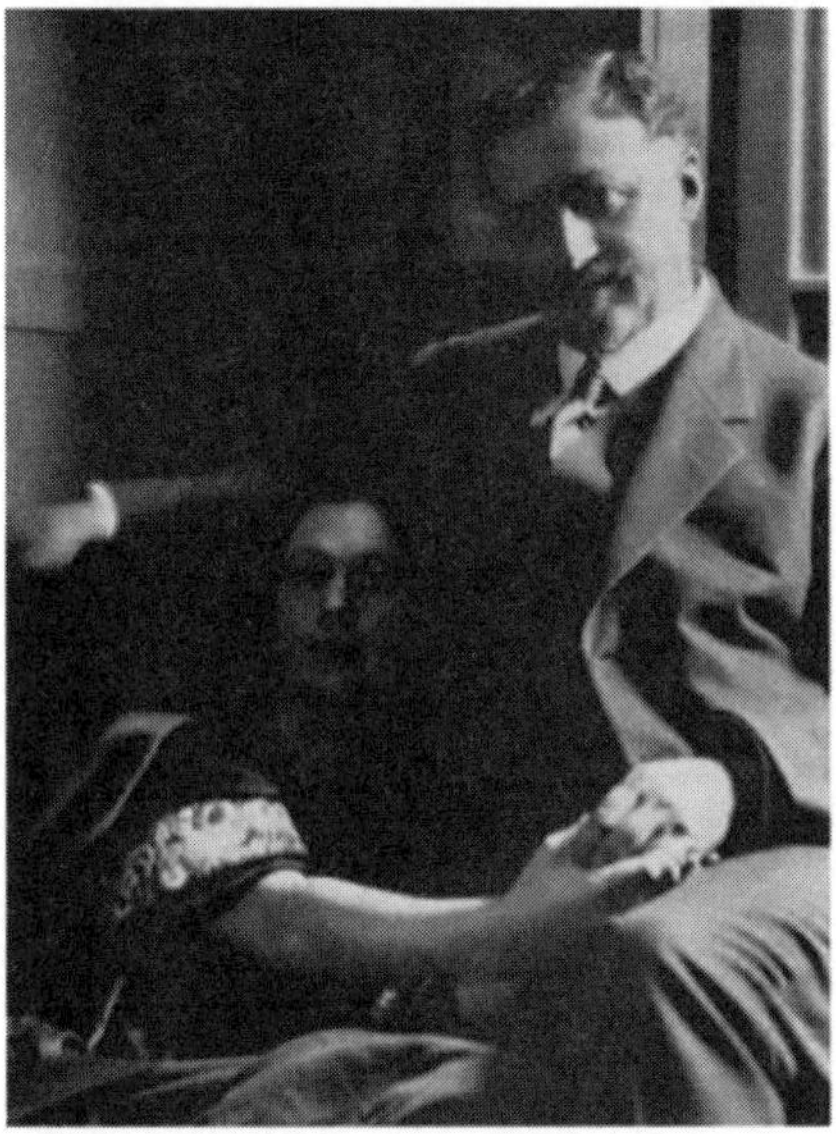

図74　イザドラ・ダンカンとパリス・シンガー

同時期、イザドラはパリ郊外のヌイイにあったスタジオ（六八番地ショヴォー通り）を画家のアンリ・ジェルベクスから購入し、[38]当時一流のファッションデザイナー、ポール・ポワレ*に部屋の内装を頼んでいる。パリにおける新しい舞踊の神殿とも言えるスタジオは一九一三年頃までガブリエル・ダヌンツィオ*やロダンをはじめとする芸術家や文化人を招いてパーティーを催す交流場所になった。[39]

シンガーと出会ってからのイザドラは、ポール・ポワレとマリアノ・フォルトゥーニ*がデザインした高級チュニックを身にまとうようになり、上流生活に馴染んでいった。しかし、自身の公演活動は止めることなく、三月にはパリのゲテ・リリック劇場[40]で再びコロンヌ管弦楽団と共演、その後ニース、ブダペスト、ロシアを巡演するなど公演活動に力を注ぎ、すべての公演を成功に導いている。三〇代前半のこの頃は、資金繰りに追われることもなく、自身の公演を楽しんで行えるという、イザドラにとって公私ともに最も充実した落ち着いた時期であったと言える。

ロダン美術館の史料とサミュエル・ドーフの論文、[41]さらにボードレール・ソサエティの会長イゼ・ノールズ氏へのインタヴューなどから、[42]イザドラが公演以外にも仲間のサロンで私的に踊っていることがわかった。ノールズ氏によると、イザドラは一九〇九年、ヤコブ通り二〇番地にあったナタリー・バーネイ*の館〔図75―1、75―2、75―3〕で、詩人シャルル・ボードレール*の『悪の華』の中から「寶玉《ほうぎょく》」と「レスボスの島」を踊り、集まった観客を魅了していたようである。彼女はその他にもボードレールの詩「信天翁」、「踊る蛇」、「まぼろし」、「旅のいざない」、「旅」、「声」の振付を考えており、ホイットマンの詩だけではなく、[43]この頃ボードレールの詩からも多くのインスピレーションを得ていたと思われる。

＊リュニエ・ポー（一八六九〜一九四〇）
フランス・パリ生まれ。俳優、劇場監督、舞台デザイナー。フランスの象徴主義の作家、画家による実験的な作品を上演したテアトル・ドゥ・ルーブの創設者。

図75-1　ナタリー・バーネイのサロンの中庭

図75-2　L' Amitié と名付けられた神殿

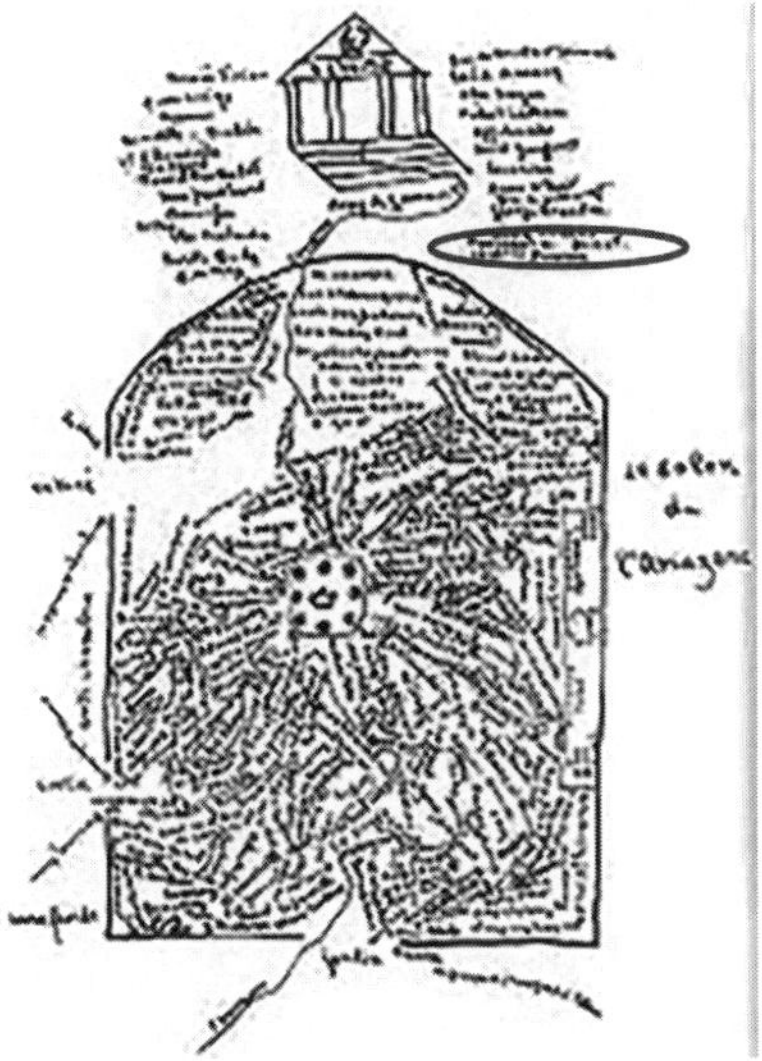

図75-3　バーネイのサロンの縮図を示すスケッチ
丸枠内にイザドラ・ダンカンの名前がある

＊パリス・シンガー（一八六七～一九三二）

フランス・パリ生まれ。実業家、芸術庇護者。シンガー・ミシンの創業者アイザック・シンガーの息子で、二四人の子どものうちの一人。父親から莫大な遺産を引き継ぐ。イザドラがパリで親交のあったポリニャック公爵夫人の弟にあたる。イザドラ・ダンカンの生涯にわたる強力な支援者であり、二人の間に男児パトリックが生まれるなど、一時期は夫婦同然ともいえる仲でもあった。

＊ポール・ポワレ（一八七九～一九四四）

フランス・パリ生まれ。ファッションデザイナー。主に二〇世紀前半に活躍し、オートクチュールの設立者で、香水も手掛ける。世界各国から高級生地を惜しみなく取り寄せデザインに活かす。

＊ガブリエル・ダヌンツィオ（一八六三～一九三八）

イタリア・ペスカーラ生まれ。詩人、作家、劇作家。ファシスト運動の先駆者とも言える政治的活動を行う。エレオノーラ・ドゥーゼのためにいくつかの演劇を書いているが、一九一〇年に二人の関係は破綻する。

＊マリアノ・フォルトゥーニ（一八七一～一九四九）

スペイン・グラナダ生まれ。ファッションデザイナー、発明家。マリアノはヨーロッパ各地を旅し、ヴァーグナーの作品にも触れ感銘を受ける。マリアノはファッションデザインだけでなく、発明、絵画、写真、彫刻、建築、銅版画、舞台照明など様々な分野で才能をあらわすようになる。マリアノと彼の妻へンリエットは、デルフォイの馭者からインスピレーションを得て、シルク素材を使い、丁寧にプリーツしたデルフォス・ガウンを考案し、多くの人に絶賛される。

＊ナタリー・バーネイ（一八七六～一九七二）

アメリカ・オハイオ州生まれ。アメリカ人でありながら、早くからベル・エポックを謳歌するため《花の都》パリに移住する。彼女のサロンは金曜日に開かれ、集まる人々は、作家、詩人、文学者、画家ほかその道の著名人であった。訪問者はイザドラ・ダンカンをはじめ、ジャン・ロラン、オーギュスト・ロダン、ジャン・コクトー、ポリニャック公爵夫人、エズラ・パウンド、アンドレ・ジッド、サマセット・モーム、マリー・ローランサン、ペギー・グッゲンハイム、ライナー・マリア・リルケ他。

＊シャルル・ボードレール（一八二一～一八六七）

フランス・パリ生まれ。詩人、評論家。フランス近代詩、象徴主義の創始者。代表作品に詩集『悪の華』、『パリの憂鬱』ほか。ランボー、ヴェルレーヌ、マラルメに決定的な影響を与えたと言われ、「近代詩の父」と称される。

二度目のアメリカ公演

シンガーが所有していたパリのプラス・デ・ヴォージュのアパート（プラス・デ・ヴォージュ一番地で

王の館と言われている場所に位置する。シンガーはイザドラのために、この一階の天井を取って、ダンスのレセプションホールにした）で暮らしはじめたイザドラは、春はニースとブダペストで、六月にはパリで生徒と共に公演を行った。九月にシンガーとの子どもを妊娠していることがわかるが、ダムロッシュとの一〇月の公演契約を果たすため再びアメリカに向かうことにした。イザドラは、シンガーのアメリカ同行について、「もちろん、彼はその船で一番大きな客室を予約し、私たちは毎晩、特別に印刷されたメニューを受け取り、まるで王侯貴族のような旅をした。〔中略〕プラザホテルの一番豪華な部屋に泊まり、だれもかれもが右に左に私たちにかしずいていた」[44]と回想している。しかし、シンガーの同行については、[45]渡航に関する詳細な史料が見当たらないため真相は定かでないとされている。イザドラがこのときの様子を詳細に記していること、シンガーが当時妊娠しているイザドラ一人を長旅に出かけさせるか、などを考えると、少なくとも往路は同行し、アメリカでの最初の公演日までは一緒にいたのではないかとも推測できる。

一〇月一〇日の二度目のダムロッシュとのアメリカ公演について「ダンカン嬢は日本人が舞うように、か細い腕で繊細な動きを踊るが、腕よりも何よりも精神で踊っている」[46]と翌日の『フィラデルフィア・ノース・アメリカン』紙はイザドラの魂の表現を称賛していた。この評の「日本人が舞うように」という表現は、イザドラが魅了された川上貞奴*と当時アメリカを巡演していた花子*（太田ひさ）を想起させる。また英国人の父親と日本人の母親を持つマダム・フジコもこの時期活躍しており、その影響も感じられて興味深い。この頃アメリカの新聞紙上で話題になっていたのは花子とマダム・フジコであったため、彼女らを意識した記事であったのではないだろうか。

その後、薄いチュニックで踊るイザドラを「不謹慎で貞節がない」としたセントルイスの保守派の非難を除けば、[47]トロント、フィラデルフィア、ピッツバーグ、セントルイス、シンシナティ、クリーヴランド、ミネアポリス、ミルウォーキー、ニューヨークなどの各地で精力的に行った公演は、前年同様、観客に大絶賛され大成功であった。とくにニューヨークではグルックの『アウリスのイフィゲニア』の踊りに対して、「彼女は最良の状態で人生の素晴らしさを踊りで表現していた」、「この踊りの最中、彼女は常に彼女の意味することを観客に伝達することを意識していた」と新聞での批評は好意的であった。[48]また、イザドラが踊ったベートーヴェンの『第七交響曲』について、かつて交響曲を踊りに使うのは不当であるとして、反対の立場をとっていた音楽評論家カール・ヴァン・ヴェクテン*さえも、「詩的で、生き生きとした喜びの感情、柔軟なポーズ、リズミカルな踊りであった」、「頭部のないサモトラケのニケ像そっくりに、顔をほとんど見えないくらい後ろへのけぞらせていた」、とイザドラの独特なポーズを褒め

図76　1909年ニューヨークで（第2子を妊娠している頃）

称えた。〈49〉このことはイザドラの踊りが音楽評論家からも徐々に認められ理解されてきた兆しを意味し、このニューヨーク公演は彼女にとって大きな意義があったと言える。

日が経つにつれ、観客にも妊娠していることが気づかれるようになると［図76］、イザドラは予定を早めて公演を切り上げ、一二月二日のカーネギー・ホールの公演を最後にヨーロッパに戻った。そしてシンガーの助言に従い、生徒たちは姉エリザベスに任せて、シンガーと兄オーガスティン、姪のテンプルと共に、子どもが生まれるまでの間、ナイルの旅に出ることにした。エジプトでは、王たちを物語る神殿やファラオの墓、王家の谷の幼い王子の墓に心を奪われたイザドラは、彼らの生活に思いを馳せ三か月間ほど旅を楽しんだ。公演に招待されていたのであろうか、航海中の三月に、友人アンナ・パヴロワのパリ公演を気にかける手紙をメアリー・ファントン・ロバーツに宛てていることから、イザドラとパヴロワの親交は、離れた場所にいても揺るぎないものであったと思われる。

＊花子（本名：太田ひさ　一八六八〜一九四五）
愛知・一宮市生まれ。女優、舞踊家。明治から昭和初期にかけて、ヨーロッパで舞台女優として活躍した日本人女性。一九〇五年、ロイ・フラーに見出され、花子一座を旗揚げ後、看板女優としてヨーロッパ、アメリカ、ロシアなど一八か国を巡業し活躍。ロダンの作品のモデルを務める。

＊マダム・フジコ（生没年不明）
出生地不明。アメリカ人と日本人のハーフ。女優、劇作家。ロンドンで活躍した後、アメリカで日本の

芸能を紹介した。女優業だけではなく、劇作も取り組む。

＊カール・ヴァン・ヴェクテン（一八八〇～一九六四）
アメリカ・アイオワ州生まれ。作家、写真家。音楽・舞踊評論を手がける一方、ジャズ・エイジの世相を描いた小説を発表。二〇年代以降は黒人音楽・文化への愛着を深め、ハーレム・ルネサンスのプロモーター、パトロン的存在となる。

第二子誕生とパリ、アメリカでの公演

三月末にエジプトからフランスに戻ると、一九一〇年五月一日、ボーリュー（ボーリュー＝シュル＝メール）のヴィラ・オーギュスタで息子パトリックを出産した。デアドリーのときと違い、無痛分娩で安産だったようだ。そして夏（七月頃）にはヴェルサイユのトリアノン・パレス・ホテルに五〇人ほどの知人を招いて、パトリックのお披露目パーティー*を開いている。このときロンドンにいたシンガーは、現地を発つ前に軽い脳溢血になってしまい参加できなかったが、パーティーの招待客はコメディ・フランセーズの女優マリー・ルコント*をはじめ、ニューヨークのメトロポリタン歌劇場の副監督ヘンリー・ラッセル*、バレエ・リュスの芸術監督セルゲイ・ディアギレフ、看板ダンサーのワツラフ・ニジンスキー、作家ポール・マルグリット*、バレエ振付家ルネ・ブリュム*ほか、パリ在住の芸術関係者たちで会場は埋め尽くされた。[50]

図77　ブールデルによるイザドラとニジンスキーの彫刻『舞踊』

イザドラが考案し趣向を凝らしたこのパーティーは、顔ぶれからして、当時著名な芸術家たちの交流の場になったに違いない。特にこの時期、バレエ・リュスのディアギレフとニジンスキーが招かれていたことは興味深い。イザドラが初めてロシアを訪問した一九〇四年当時、まだ帝室バレエ学校の生徒だったニジンスキーがバレエ・リュスの看板スターとなり、一九〇九年からパリに来てからもイザドラと交流を続けていた。一般的にはイザドラとニジンスキーは一緒に踊ったことはないと言われているが、彫刻家アントワーヌ・ブールデル*とイザドラの親友メアリー・ファントン・ロバーツは二人が一緒に踊ったところを見ていた。〈51〉

とくにブールデルは、イザドラとニジンスキーを二〇世紀を代表する舞踊家として讃え、『舞踊』と名付けた彫刻まで創作している［**図77**］。ロバーツはニューヨークのスタジオで二人が踊るのを見たと記しているが、ブールデルはこのパーティーの晩餐会《ばんさんかい》でイザドラとニジンスキーが非公式に踊った様子を見たのではないかと考えられる。現在もパリ八区にあるシャンゼリゼ劇場には数多くの女神の彫刻が残されているが、ブールデルは一九〇九年、シャトレ座でイザドラの踊りを観て以来、「（シャンゼリゼ）劇場の全ての女神は、イザドラ・ダンカンが飛躍している間に私が捉えた仕草を基にしている」〈52〉とイザドラを崇《あが》め礼賛する言葉を残している。パリに出かける機会がある際には、シャンゼリゼ劇場入り口の右上外壁を飾る『舞踊』を一見することをお勧めしたい。

＊イザドラが趣向を凝らしたパトリックのお披露目パーティー

経費五万フラン。大きなテント（キャビア、シャンパン、お茶、ケーキなどの軽食を用意）と、いくつかのテント（コロンヌ管弦楽団がヴァーグナーの作品を演奏）を設置する。コンサートが終わると豪華な宴会（様々な料理を用意）となり、明かりが灯され、夜はオーケストラの演奏に合わせて全員が夜中過ぎまで踊った。

＊マリー・ルコント（一八六九～一九四七）

フランス・パリ生まれ。女優。一八九七年にコメディ・フランセーズに入団する。一九〇七年に上演されたコメディ・フランセーズの『愛は眠らず』に出演し、批評家から称賛を得る。

＊ヘンリー・ラッセル（一八七一～一九三七）

イギリス・ロンドン生まれ。興行師、指揮者、監督、声学の教師。王立音楽大学で歌を学び、イタリアで指揮を学んだ。ニューヨークのメトロポリタン歌劇場の副監督を務めた後、ロンドンのウォルドルフ劇場の監督業に関わった。またパリのシャンゼリゼ劇場のオペラシーズンの監督も務める。

＊ポール・マルグリット（一八六〇～一九一八）

フランス領アルジェリア生まれ。作家。エミール・ゾラに師事した。一八八四年に刊行した自叙伝『わが父』で作家デビューする。パントマイムの作品を創作し、自ら演じることもあった。

＊ルネ・ブリュム（一八七八～一九四二）

フランス・パリ生まれ。興行主。モンテカルロ・バレエ団の創設者でフランス首相レオン・ブリュムの弟。セルゲイ・ディアギレフ率いるバレエ団バレエ・リュスが解散したあとバレエ・リュスの再建を宣言し、バレエ・リュス・ド・モンテカルロを立ち上げ、新しい才能の発掘を始めた。

＊アントワーヌ・ブールデル（一八六一～一九二九）

フランス・モンタルバン生まれ。彫刻家。オーギュスト・ロダンに学び、ジャコメッティ、アンリ・マティスの教師。アール・デコ運動とボザール様式から近代彫刻の移り変わりの時期において重要な役割を果たした。

パトリックを出産後、シンガーの田舎の領地デヴォンシャー（現在のペイントン）にある別荘で贅沢な暮らしをしていたイザドラは、〈53〉生活に飽きると再びパリに戻り、翌年の一九一一年一月一八日にはシャトレ座でグルックとヴァーグナーの作品を踊った。二月になると三回目のアメリカ巡演として、ダムロッシュの指揮のもとにニューヨークのカーネギー・ホールで二月一五日、〈54〉二〇日、二一日と、〈55〉ヴァーグナー

プログラムを踊っている。三月は一日のニュージャージーのタイラー・オペラハウスの公演を皮切りに、〈56〉二日、〈57〉四日〈58〉とカーネギー・ホール、七日〈59〉はワシントン、二三日にはボストンのオペラハウスで、〈60〉二六日にはシカゴのオーディトリウム劇場で〈61〉二九日にはシンシナティの音楽堂〈62〉と精力的に公演を行い、主にヴァーグナー、シューベルトの作品を踊った舞台は観客を魅了しすべて成功した。〈63〉イザドラは踊りの後、自身の舞踊はアメリカで生まれたことを強調しながら、次のように愛国心を表明している。〈64〉

もちろん、私はアメリカを愛しています。この学校も、この子どもたちも、私たちも、みなウォルト・ホイットマンの霊的な子孫なのではないでしょうか。そして私のギリシャ風と呼ばれているダンスも、アメリカで生まれた未来のアメリカのダンスです。こうした動きや所作はどこから来たのでしょうか。それはアメリカの大自然から、シエラネバタから、カリフォルニアの沿岸を洗う太平洋から、そしてロッキー山脈の広大な空間から、ヨセミテ渓谷から、ナイアガラの滝から生まれ出たのです。〈65〉

次いで、劇場設立と子どもたちへの教育支援についても次のように訴えた。

簡素で美しい劇場を作りましょう。飾り立てる必要はありません。〔中略〕すぐれた芸術は人間の魂から生まれ、外側のものは必要ないのです。〔中略〕美は子どものなかに見つけることができるものです。子どもたちの目の光に、愛らしいしぐさに、そして、子どもたちの小さな手の美しさに美はあるのです。〔中略〕美と自由と力強さを子どもたちに与えてください。〈66〉

図78 劇場建設について話し合っていたイザドラの支援者たち（左からヘナ・スキーン（ピアニスト）、デュピン（音楽家）、ルイ・スー（建築家）、オーガスティン、シンガー）

しかし、イザドラのこの訴えに対し、アメリカではイザドラの理想とする劇場創設の動きはみられなかった。三月三一日のカーネギー・ホールの最終公演の後[67]、再びパリに戻ったイザドラは、シャトレ座で一一月から一二月にかけて、コロンヌ管弦楽団のもとでグルックの『オルフェオ』と『アウリスのイフィゲニア』を踊る。シンガーの支援により学校運営の資金繰りから解放され、自由に公演活動に専念することができたイザドラは、まさにこの時舞踊家としての円熟期の真っ只《ただ》中にいたと言える。

その後、ピアニストのヘナ・スキーン*と知り合い、ヌイイのスタジオで一緒に仕事に没頭する日々を送るようになる。スタジオではシンガーが時々パーティーを開催することもあり、女優のセシル・ソレル*、詩人のガブリエル・ダヌンツィオなどが顔を見せた。しかし、ある日のパーティーで、アンリ・バタイユとイザドラが別部屋で話をしていたとき、二人が親密な関係であると疑ったシンガーは、憤怒しエジプトに発ってしまった[68]。その後、イザドラとバタイユの数回に渡る謝罪に応じることもなく、シンガーとイザドラは疎遠になってしまう。
一方、残されたイザドラは、翌年の一九一二年、ピアニストのヘナ・スキーンとロンドン、ベルリンで公演を行う傍ら、自身の劇場をパリに建設することに専念した。[69] 劇場建設には当初クレイグも協力することになっていたが、[70] 関係者同士の意見の対立から、残念ながらこの劇場の建設計画は実現には至らなかった[71]［図78］。もう一つの理由としては、パリ市民が住宅地区に商業用建物ができることを反対していたことも考えられる。

＊ヘナ・スキーン（一八七八〜一九一六）
イギリス・ロンドン生まれ。ピアニスト。イザドラのリハーサルと公演の双方のピアノ担当を務め、ロシア、パリ、フィレンツェ、ローマに行く際も同行した。

＊セシル・ソレル（一八七三〜一九六六）
フランス・パリ生まれ。女優。コメディ・フランセーズのコミック女優として非常に人気があった。豪華なドレスを身につけていることで知られ、伯爵夫人として宮殿のような邸宅に住み上流階級の人々と交流する。イザドラとは晩年まで親交を結んでいた。

花子、スクリャービンとの出会いと子どもとの死別

一九一三年一月、ピアニストのヘナ・スキーンとロシアで公演を行っていたイザドラは、このとき、スタニスラフスキーのモスクワ芸術座で花子の芝居のデモンストレーションを観る機会に恵まれた（以前よりモスクワ芸術座の創設者であるスタニスラフスキーと親交があったことから、この機会が与えられたものと思われる）。一九〇〇年のパリ万博の舞台上で披露した川上貞奴の踊りにイザドラが感銘を受け、日本人の踊りに関心を抱いていたことを知っていたであろう友人のスタニスラフスキーが、このとき花子を紹介した可能性は高い。劇場で死のシーン、笑いの表情、憤怒、悲しみを披露した花子のリアリステックな演技は、イザドラに衝撃を与えたと思われる。とくに花子の「死」や「悲しみ」の演技に触発されたかのように、その後のイザドラは『葬送行進曲』、『贖罪《しょくざい》』、『母』を創作し踊るようになる。ロシアではロシア旧暦も使用する慣例があり、彼女がロシアに到着した日は確かでないが、イザドラはこの頃モスクワに天才的作曲家アレクサンドル・スクリャービン*を訪ね、二人は意気投合している。おそらくイザドラはこの時からスクリャービンの曲で作品を創作しようと考えていたのであろう。

＊アレクサンドル・スクリャービン（一八七二〜一九一五）

ロシア・モスクワ生まれ。作曲家、ピアニスト。一九〇三年までスクリャービンはショパンの影響を多大に受けて一九〇三年から一九〇九年まではロシアを去り、ジュネーヴ、パリ、イタリア、ブリュッセル、アメリカで作曲していた。一九〇九年にロシアに戻り、ニーチェに影響を受け、神秘主義に傾倒し

た。

《イザドラとスクリャービン》

ギリシア文化に共通点を見出した二人の会話は弾み、将来的にはインドに理想の学校を共同で創設する構想を夢見ていた。しかし、スクリャービンが一九一五年四月に急逝したことからこの構想が実行されることはなかった。晩年イザドラはスクリャービンのことを「彼は単に偉大な作曲家であっただけでなく、形、色、動きにおける完璧な音楽表現の洞察力を持っていた」と讃えている。イザドラはロシア滞在中の一九二一年にスクリャービンの曲でいくつか作品を創作している。

その後イザドラはベルリンに向かい、三月にはパリのシャトレ劇場とトロカデロ劇場で公演を行った。〈72〉しかし、パリの屋敷に戻ってからのイザドラは、シンガーとの別離から精神的に落ち込むことが多くなり、医師の勧めからヴェルサイユで静養しながら公演を行うようになる。

そのような四月のある日、シンガーが久しぶりに子どもたちに会いたいとパリに戻り、デアドリー、パトリックを誘って昼食をとることになった。〈73〉皆で過ごす楽しいひとときは、イザドラにとって今までの憂鬱さを一気に解消してくれるような至福の時間となった。しかし昼食後、事態は一変してしまう。六歳のデアドリーともうすぐ三歳を迎えるパトリックが、イザドラと別れてヴェルサイユに帰る途中、乗っていた車ごとセーヌ川に転落し、〈74〉乳母のアニー・シムと共に溺死《できし》してしまったのである。スタジオでこの悲惨な知らせを聞いたイザドラは、放心状態となり絶望の縁に陥った。

二人の子どもの葬儀には、多くの弔問客が訪れ、数え切れないほどの弔辞が届いた。[75] しかしどのような慰めの言葉もイザドラを癒すことはできなかった。悲劇に見舞われてからのイザドラは、精神の不安定から公演活動は完全に止まってしまい、もともと心臓に持病を抱えていたシンガーもショックで入院してしまった。電報と手紙を出したものの自分の子ども（デアドリー）の葬儀に参列できなかったクレイグは、知人のケスラー伯爵*が母エレン・テリーに宛てた手紙から葬儀当日の様子を知った。その手紙には、「スタジオで最も美しく感動的な葬儀だった。グリーグの『オーセの死』、モーツァルトやバッハの曲が流れてこれまでの葬儀の中で最も感動するものであった。またイザドラは会場で会葬人たちに『死は存在しないのよ』といい、このときは気丈で逆に彼らを励ましていた」[76] と記されていた。葬儀までは気丈に振る舞っていたイザドラであったが、儀式が全て終わると子どもを失った悲しみと絶望から、自殺まで考えるようになってしまう。このような状況を心配した兄レイモンドの誘いから、イザドラは姉エリザベス、長兄オーガスティンと共にギリシアのコルフ島に向かうことにした。

＊ケスラー伯爵（一八六八〜一九三七）
フランス、パリ生まれ。伯爵、外交官、作家、芸術庇護者。ドイツ芸術家協会を創設し、副会長を務めた。クレイグの作品の愛好家で、一九〇三年頃からクレイグと親交を結ぶ。

モンテ・ヴェリタとベルヴュの学校

オリーブの木々と海辺に囲まれたコルフ島のヴィラで、友人ジョルジュ・モルヴェール*やルイ・スー*につらい気持ちを綴った手紙を出すことでイザドラは、自身を保っていた。彼女は「真の悲しみに出会うとき、悲しみに打ちひしがれた者にとって、動きも表現すらもなかった」[77]と、この暗澹《あんたん》たる心境を自伝に記している。[78]そのようなとき、デアドリーの父親であるクレイグから「イザドラ、君にはすべきことがたくさんある」とのメッセージが手紙と一緒に届いた。[79]自分を取り戻そうとしたイザドラは、当時アルバニアで難民を援助していたレイモンド*がいるサンタカランタ（現在のサランダ）に向かい、そこで難民を救済*することで一時子どものことを忘れようと努めた。[80]その後一人で、スイスのアスコナにある芸術家のコロニー「モンテ・ヴェリタ（真理の山）」にたどりつき、そこで少しの間静養している。[81]

　菜食主義のコロニーとしてイーダ・ホフマン*により、一九〇〇年に創設されたモンテ・ヴェリタは、当時ドイツで始まった生活改革運動の理想を現実化するために、多数の芸術家・文化人が訪れていることで知られていた。例えば、一九〇七年に作家ヘルマン・ヘッセが禁酒のために訪れたり、[82]心理学者のカール・ユングが東西の研究者が参集した学際的な会議、エラノス会議を開催している。ダンス関連では、エミール・ジャック＝ダルクローズが一九〇九年に静養のために三か月間ほど滞在し、ルドルフ・フォン・ラバン[83]*はこの地に一九一三年から一九一八年まで「芸術のための学校」を開設し、弟子のマリー・ヴィグマン*もここに一時滞在していた。

　ラバンがモンテ・ヴェリタで目指した「芸術のための学校」のスローガン「個々人の特性に適切な動きの場を見つけること」[84]は、イザドラが舞踊において実現しようとしていたことと方向性は似ていた。イザドラのモンテ・ヴェリタ訪問は一九一三年の夏以降と思われるので、ラバンが学校を開設している時期と重なっていたことも考えられる。踊りのスタイルは異なるにせよ、両者の概念には一部重なるところがあるため、もし二人がここで出会っていたら、どうだったであろうか。イザドラの精神状況からして、このときは芸術論どころではなかったとも考えられるが、イザドラとラバンはこのことに触れていない。
長谷川章は「自由な身体を思う存分表現して、この裸体文化を後押ししたのはダンスという身体文化であった。そのきっかけは、かのイサドラ・ダンカンなのである」〈85〉と述べ、その根拠として次のように記している。

そもそも「自然人」を信条としてこのモンテ・ヴェリタを作ったイーダ・ホフマンは、菜食主義や裸体運動や自然治癒に通底する「身体性」を最も効果的に文化として表現しているものの一つがダンスであることに気づいたのだ。彼女は一九〇二年〈86〉にバイロイトの『タンホイザー』に出演しているダンカンが薄い布をまとって踊る姿を見て、自分が求めてきたものがここにあると確信した。身体をとおして表現するダンスは、自然がもつ根源的な宇宙の世界における表現言語として、新たな身体文化を彼女に予感させたのである。〈87〉

（＊一九〇二年の箇所は実際は一九〇四年である）

モンテ・ヴェリタでダンスの学校を開校し本格的に指導にあたったのはラバンであったが、モンテ・ヴェリタに限定されることなく、ラバン以前にイザドラの存在が当時の新しいドイツ文化の嚆矢《こうし》としていかに影響力を与えていたかということを長谷川は指摘している。
モンテ・ヴェリタ滞在後、一度パリに戻ったイザドラはイタリアに向かい〈88〉、旅先から女優エレオノーラ・ドゥーゼがいるヴィアレッジョに立ち寄った。そのときのつらい心情を表現したかったのであろうか、かつて共に巡演したピアニストのヘナ・スキーンを呼び寄せ、彼の弾くベートーヴェンの『悲愴』を、二人の子どもを亡くして以後初めて踊っている。またこの時期、イザドラは失った子どもを再び自分の腕に抱き締めたいという気持ちに駆られ、彫刻家ロマーノ・ロマネッリ*との間に子を宿す。

シンガーから長い電報が届きパリに戻ったイザドラは、彼女に望み通りの学校を創らせようと、シンガーがパリ郊外にある大きなパイヤール・ホテルを購入したことを知る。常に自分の学校（神殿）を創る夢を持ち続けていたイザドラは、再び新たな希望を抱き、徐々に前向きな姿勢を見せるようになった。しばらくしてイザドラの考えのもと、パイヤール・ホテルはダンスの殿堂へと変容し、一九一四年二月にベルヴュの学校となった（学校の詳細については第2部第2章で述べる）。開校前の一月には、彫刻家オーギュスト・ロダン、詩人ガブリエル・ダヌンツィオ、俳優ムネ=シュリ、女優のセシル・ソレル、エレオノーラ・ドゥーゼ、エレン・テリーなどイザドラと親交のある著名な芸術家、文化人が学校を訪れた。当時学校の近隣に住み、イザドラの学校を頻繁に訪れていたロダンは次のようにイザドラを褒め讃えている。

> イサドラ・ダンカンは私が知る最も偉大な女性だ。彼女の芸術が私の仕事に与えた影響は他のどんなインスピレーションよりも大きい。彼女は世界中で最も偉大な女性なのではないかと思う。〈89〉

イザドラとロダンは一九〇〇年のパリ万博で出会い、芸術には自然の関わりが重要であるという観点で一致していた。それ以降、イサドラからインスピレーションを得たロダンは彼女をモデルにスケッチを描くなど、二人は互いの芸術を認め合い交流してきた。イザドラは、ロダンをはじめとする他の芸術家・文化人たちにも学校を開放し、そこを芸術の神殿とも言える彼女の夢の実現の場とした。さらに敷地内に以前廃案となった劇場を建設するという再計画も建築家のルイ・スーを中心に立てはじめた。教育の補助者としてエリザベスの下から六人の愛弟子、イザドラブルズ（アナ、イルマ、エリカ、テレサ、マーゴ、リザ）〈90〉を呼び寄せたイザドラは、子どもたちへの舞踊教育と芸術家との交流を活発に行うことで再び人生に生きがいを見出すことになる。

しかしこの幸せな時は長くは続かず、第一次世界大戦にフランスが参戦すると、開校からわずか半年後の一九一四年の夏にはベルヴュの学校は閉鎖せざるを得なくなる。この時期、生徒たちはイギリスにあるシンガーのデヴォンシャーの屋敷におり、イザドラは子どもを出産するため〈91〉ベルヴュの学校に留まっていた。戦時中で衛生状況がよくないことも影響したのか、生まれたばかりの子どもはイザドラの腕に一度は抱かれたものの、その数時間後には命が絶えてしまいうという悲劇に見舞われ、彼女は再び奈落の底に突き落とされてしまった。そのうえ、戦時中の苛酷な状況を目の当たりにしたイザドラが、学校を政府に提供したことにより、イザドラの芸術の神殿も軍事病院と化してしまう。一年前の二人の子どもの突然の死に続いて、生まれたばかりの子どもの死という度重なる悲運に襲われ、大切な学校までも手放してしまったイザドラは、それ以降、絶頂期のような状態に戻ることは難しくなった。

学校の生徒たちの中にドイツ人がいたため、生徒が戦時下のイギリスで過ごすのは危険であると判断したシンガーは、アメリカにいるイザドラの兄オーガスティンのもとに生徒たちを送り出した。〈92〉ドイツにいた姉エリザベスもアメリカ移住を決断し、イザドラもずっと付き添ってくれたメアリー・デスティとフランスからニューヨークに向かうことにした。

＊ジョルジュ・モルヴェール（本名：ジョルジュ・ルメナジェ　一八六九～一九六四）

フランス・パリ生まれ。ジャーナリスト、作家。モルヴェールはペンネーム。一八九五年に日刊紙『エコー・ド・パリ』の記者になり、第一次大戦後は、『メルキュール・ド・フランス』にコラムを書くようになる。

＊ルイ・スー（一八七五～一九六八）

フランス・ボルドー生まれ。画家、建築家、デザイナー、装飾家。画家でデザイナーのアンドレ・マレと共にフランス芸術協会を創設。富裕層の顧客のためにアール・デコの家具やインテリアデザインを請け負った。イザドラの劇場建設の計画に携わっていた。

《クレイグからの手紙》

筆者はこのメッセージが記された史料をニューヨーク公共図書館で閲覧したが、メッセージカードと一緒に封筒に入っていた押し花も未だに綺麗に保存され、一〇〇年以上を経た時を忘れさせるほどの感覚を覚えた。

＊難民救済
レイモンドは、難民に必要な品々を自分たちの手で作れるように道具や用具を与えた。難民たちに羊毛を紡がせ、その対価を払い、紡いだ毛糸をロンドンで売り、純益で新たな羊毛を購入した。そして一日に一度、夕食時に盛大な食事を女性や子どもに与えていた。ベンチや机を作り、テント村を作った。イザドラはフランスに帰ると、寄付金援助や難民が作成した毛織物や絨毯を売るためのチラシを刷らせた。

＊イーダ・ホフマン（一八六四〜一九二六）
ドイツ・ザクセン生まれ。ピアノ教師、社交界の名士。ウィーン、ロシア、モンテネグロで有閑階級の子どもたちにピアノと音楽を教えていた。自然療法、菜食主義の健康療養施設としてモンテ・ヴェリタを創設する。

＊ルドルフ・フォン・ラバン（一八七九〜一九五八）
オーストリア＝ハンガリー帝国生まれ。舞踊理論家。舞踊譜（ラバノーテーション）を考案したことでも有名。ラバノーテーションは、その正確さにおいて現在も利用されている。

＊マリー・ヴィグマン（一八八六〜一九七三）
ドイツ・ハノーファー生まれ。ダンサー、振付師。ワイマール期のドイツ表現主義舞踊、ノイエタンツ「タンツテアター」創始者として知られる。スイスのモンテ・ヴェリタで、モダンダンスの革新者ルドルフ・ラバンとリトミックの開発者エミール・ジャック＝ダルクローズから先鋭的理論による指導を受

ける。

＊ロマーノ・ロマネッリ（一八八二〜一九六八）

イタリア・フィレンツェ生まれ。彫刻家、作家、海軍士官。彼の作品はアヴァンギャルド運動の中で重要な位置を占めている。

ニューヨークでのブルジョワ批判とスイスでの活動

イザドラに先立ってニューヨークに到着したイザドラブルズの六人は、オーガスティンのマネージメントにより、一二月三日にカーネギー・ホールでダンスリサイタルを行った。彼女たちが披露したシューベルトの『アヴェ・マリア』、バッハやベートーヴェンの踊りは、観客から称賛の声があがった。ニューヨーク交響楽団の協力を得た愛弟子たちの公演について、『ニューヨーク・タイムズ』紙は、師のイザドラにはやや劣るとしながらも、柔軟さや表現力において見事な成果を見せていた、と好意的な記事を載せている。度重なる子どもの死によるショックが大きく、このときはまだ舞台に立つ気持ちにはなれなかったのであろう。当初、イザドラも生徒たちと共に踊る予定であったが、この公演の舞台に姿を現すことはなかった。〈93〉『ヘラルド』紙は、公演収益の一部二六八ドルはイザドラにより、戦地に召集された芸術家を父に持つ子どもたちに当社を通して寄付されたと報じている。〈94〉

年が明けた一月一二日、メトロポリタン・オペラハウスで生徒たちとシューベルトの『アヴェ・マリ

図79　1915年頃ニューヨークで『アヴェ・マリア』を踊るイザドラ

ア』を踊るイザドラの弱々しい姿があった[95]［図79］。そして二月二日、メトロポリタン・オペラハウスでまだ完全には立ち直っていないイザドラを支えようと、オーガスティンによる朗読を組み入れた公演があった（彼女の生徒と六五人のオーケストラと共に公演）。子どもを失ってからのイザドラは、『アヴェ・マリア』など子どもの死や祈りを彷彿させる曲を使用するなど、そのとき自身の内から湧き上がる感情と悲しい思いを身体で表現した。

　なかなか学校創設の支援が進まないため、イザドラは、同劇場で二月二五日と三月二日に公演を行った後、ギリシアに向かうことにした。公演後のスピーチで、彼女は芸術の支援者たち（ブルジョワたち）が身につけている宝石やレース、絹のストッキング、サテンのスリッパについて非難めいた言葉を口にしている。

私と私の生徒たちは靴もストッキングも身につけず、上品さのみを身にけ、私たちの美しい両目、具体的な優美さ、真に高揚させる知識人だけに頼っています。このようなことを言ったために、私は明日拘留されている自分に気づくでしょう！〈96〉

このようにブルジョワを批判するような言葉を舞台上で発したにもかかわらず、イザドラに対する観客の盛大な拍手は鳴り止まず、カーテンコールは二七回も続いた。イザドラがブルジョワ批判を行った背景には、ヨーロッパが大戦中であったこと、さらにこの頃、イザドラの前から姿を消した富豪のシンガーへの当てつけがあったことも否めない。「さよなら公演」が終わると、センチュリー劇場のパトロンで出資者のオットー・カーン*がイザドラに理解を示し、劇場を一か月間無料でイザドラに提供してくれることになった。喜んだイザドラは当初予定していたギリシア行きを延期し、〈97〉三月一五日から三一日までシューベルト、ショパン、ブラームス、ベートーヴェンのプログラムのほか『オイディプス』、『アウリスのイフィゲニア』などをセンチュリー劇場で踊ることにした。〈98〉『オイディプス』ではオーガスティンが主役となり、イザドラと生徒たちが踊りを披露するという演出を試みたが、ニューヨークの観客には舞台上で語られる劇中の台詞はあまり興味を持たれなかったようである。

この時期はヨーロッパの戦争の影響で経済状況が悪化していたこともあり、観客数も思ったより少なく、収益金も予定していた額には届かなかった。ブルジョワを非難していたにもかかわらず、イザドラは五月初旬、上流階級の人たちを対象に公演を行い、支援を呼びかけた。〈99〉しかし彼らの中から支援を申し出る者は見当たらず、現実は厳しいものであった。

一九一五年当時のニューヨークは、多くの人がジャズダンスに夢中になっており、イザドラの芸術を理解し鑑識眼を持つ観客は少ないのが実状であった。イザドラ本人も「じつのところ、一九一五年のアメリカの雰囲気全体に、私は嫌気がさしていた」(100)とその状況に落胆している。(101)

予定していた公演も終わり、生徒たちとニューヨークを離れたイザドラは、ギリシアに向う前にスイスに立ち寄り、レマン湖に面したボー・リヴァージュ・パレス・ホテルに落ち着いた。イザドラはレストランとして使用されていた場所に碧《あお》いカーテンを吊るし、そこで子どもたちにダンスを教えることにした。このホテルで知り合った指揮者のフェリックス・ワインガルトナー*夫妻の前で踊りを披露したり、(102)チューリッヒのグランド・オペラ・ハウスやホテルの芝生の庭でコンサートを開催し、学校支援を呼びかけていた。(103)

＊オットー・カーン（一八六七〜一九三四）
ドイツ・マンハイム生まれ。投資銀行家、メトロポリタンオペラ監督、慈善家。芸術のパトロンとして、ジョージ・ガーシュインなどを支援。イザドラも支援を受けた一人だった。

＊フェリックス・ワインガルトナー（一八六三〜一九四二）
クロアチア・ザダル生まれ。指揮者、作曲家。フランツ・リストの弟子になるが、指揮者に転じる。ウイーン・フィルハーモニーの音楽監督を務める。一九三七年に来日し、現ＮＨＫ交響楽団を日比谷公会堂で指揮している。

ギリシア訪問とパリ公演

生徒たちをスイスの寄宿舎に残したままギリシアに向かったイザドラは、そこで旧友と再会し、学校創設について話し合った。しかし当時のギリシアは、戦争により国民の意見が首相のヴェニゼロス政権派とコンスタンティノス国王派の二つに分かれており、政府に応援してもらうはずの学校創設は困難という結論となり、再びパリに戻るとホテル・ムーリスに居を定めた。その後、客をもてなすためにパリのメシーヌ二三番地に移り住んだイザドラは、自ら開催したパーティーでモーリス・デュメニル*という若いピアニストと知り合い、一九一六年四月九日にトロカデロ劇場で戦争チャリティコンサートを開催することにした。公演でイザドラが踊った『贖罪』、『悲愴』、『ラ・マルセイエーズ』の中で、観客が総立ちになり圧倒的に歓声が上がったのは、フランス国民の士気を高める『ラ・マルセイエーズ』であった。カール・ヴァン・ヴェクテンは、イザドラの踊りについて「最終的に私たちは気高い穏やかでサモトラケのニケが勇敢に流れるような強さをみるのである。〔中略〕ミケランジェロの未完成の彫刻作品を示唆し、そしてもちろん、ロダンのインスピレーションになったのだ」と絶賛し、フェルナン・ディヴォワール*は、「ダンカンは再びパリの心を見い出した。踊りが終わってからもアンコールを叫んで一時間も鳴り止まなかった満場の拍手喝采と、トロカデロ広場で彼女の車が通るのをじっと辛抱強く待ち受けて花々を手に入れようとする観衆の熱意には公演の成功を示す以上の何かがあった」と記した。しかし、慈善事業だったこの公演には収益はなく、次に公演したジュネーヴのグランド劇場の収益金で、当時スイスにいた生徒たちの寄宿費をなんとか支払っている。シンガーと離れて以後、体調不良の状態を抱えながらも生活費や愛弟子を養う金銭を得るために、イザドラは公演活動を続けなければならなかった。パリに戻ったイザドラは、四月二九日、トロカデロ劇場で二度目のコンサートを終え、兄オーガスティンが企画した次の公演先南米にピアニストのデュメニルを伴い向かうことにした〈110〉。

＊モーリス・デュメニル（一八八四～一九七四）
フランス・アングレーム生まれ。ピアニスト。ドビュッシーの弟子として師の手稿を保存。

＊フェルナン・ディヴォワール（一八八三～一九五一）
ベルギー・ブリュッセル生まれ。作家。イザドラ・ダンカンと彼女の愛弟子たちの公演をよく観ていた。愛弟子たち六人を「イザドラブルズ」と一九〇九年に命名したのは、彼だと言われている。

南米ツアーの災難とニューヨークでのガラ公演

南アメリカでは、七月一二日にブエノスアイレスのコリセオ劇場で初めての公演を行った〈111〉。しかし、三回目の公演がヴァーグナーの曲一色であったことが災難を招いてしまう。戦時中のこの時期、ドイツの曲の踊りは観客にとって、とても耐えられるものではなく、公演中にざわつき始めた。しかし、ヴァーグナーに心酔していたイザドラは、彼の曲を芸術として理解できない観客に我慢ならなくなり、公演中に客席に向かって暴言を吐いてしまう。〈112〉この状況に怒った劇場の支配人から契約の破棄を言い渡され、最悪の事態に陥った。このようななかでも、スイスにいる生徒たちの状況と寄宿費を気にしていたイザドラは、オーガスティンをスイスに出向かせた。

一方、イザドラはその後もなんとか南米ツアーを続けようと、新しい興行師にチェザーレ・ジュリエッティを迎えた。そして八月にアルゼンチンから、ウルグアイのモンテビデオに移動し、ウルキーサ劇場でチャイコフスキーの『悲愴』と『ラ・マルセイエーズ』を踊ることにした。満席だったにも関わらず、このときイザドラに支払われた金額は僅《わず》か三〇〇ドルで二度目の公演でも手元には二〇〇ドルしか残らなかった。ピアニストのデュメニルも後で突き詰めているが、興行師にその収益金のほとんどが取られてしまったからであった。その後、八月のリオ・デ・ジャネイロでの公演は成功したが、九月のサンパウロの公演は、思ったほどの利益がないままツアーは終了してしまった。九月二七日、手元には現金がほとんどない状況で一人ニューヨークに戻ったイザドラは、友人で写真家のアーノルド・ゲントに電話し、たまたまその場に居合わせたシンガーに助けを求めた。

それからおよそ二か月後の一一月二一日に、イザドラは「シンガーと友人たちのため」と称して、メトロポリタン・オペラハウスでガラ公演を開催することを決める。〈113〉親友でバレリーナのアンナ・パヴロワほかオットー・カーン、ポリニャック公爵夫人、ミッチェル市長、連合軍の外交団員というこれまでイザドラと交流のあった芸術家、知人たちを招いての公演で、当日は錚々《そうそう》たる面々が顔を連ねていた。そして、そこに日本人舞踊家、伊藤道郎の姿もあった。イザドラはその日の公演で『贖罪』、『悲愴』、『ラ・マルセイエーズ』などを披露した。イザドラが公演の準備について次のように記述していることから、シンガーの後ろ盾があって開催したことは間違いない。

ローエングリン[114]はとりわけ親切で寛大な気分になっていた。昼食の後、彼は急いでメトロポリタン・オペラハウスを予約した。その日の午後と夜は、無料の特別公演への招待状をあらゆる芸術家に送ることに費やした。この公演は私の人生で最もすばらしい体験の一つとなった。そこにはニューヨークのすべての芸術家、俳優、音楽家がいて、私はチケットの売れ行きを心配せずに、喜んで踊ることができた。もちろん、公演の最後は、戦争中は常にそうしていたように、『ラ・マルセイエーズ』で締めくくった。[115]

伊藤道郎との交流と故郷カリフォルニアでの公演

イザドラのこのガラ公演に日本人舞踊家の伊藤道郎が招待されていたことが伊藤の著書からわかった。ここで伊藤道郎とイザドラとの関わりについて、伊藤の著書を基に少し触れてみたい。

『蝶々夫人』で世界を席巻した三浦環（本名：柴田環）を師とし、当初音楽家を目指していた伊藤道郎は声楽を学ぶため、一九一二年、一九歳で姉の嘉子の夫であった古荘幹郎*のつてを頼りにドイツに渡った。ベルリンでイザドラの公演を観た伊藤は、彼女の踊りに感動し現地で知り合った作曲家の山田耕筰の勧めもあり、オペラ歌手になる夢を諦めて舞踊の道に進むことを決意する。イザドラが各地を巡演中であったことや子ども以外は教えないというポリシーがあったことから、彼女から直接指導を受けることができないことを知った伊藤は、ドイツのヘレラウにあったダルクローズ音楽院に入学し、そこで踊りを学ぶことにした。しかし一九一四年、第一次世界大戦が勃発すると、日本の敵国となったドイツからイギリスに逃れ、そこで披露したウィリアム・バトラー・イェイツとの共作*『鷹の井戸』が大絶賛されることになった。この公演を観ていた興行師の勧めから、ニューヨークに向かった伊藤にイザドラとの再会が待っていた。どのようなかたちで再会したのかは不明だが、おそらくどこかで開かれたパーティーかイザドラの公演会、あるいはこの時期両者とも写真家アーノルド・ゲントのスタジオで撮影しているため、ゲントを通してであったとも考えられる。日本の舞踊に惹かれていたイザドラと伊藤は、それ以降互いのスタジオを行き来するまで親交を深めることになった。〈116〉伊藤は著書『アメリカ』に、招待されたガラ公演について次のように記している。

或る日、イザドラがニューヨークに集まっている芸術家を百人ばかり招待して、仮装舞踊会をやったことがある。その時、どういうわけか、ダンカンが十八世紀ごろのスカートの大きな衣装を着て、菫の花を持って、ボンネットを被って、十八世紀ごろの靴を履いて、みんなに挨拶をしていた。これは非常に珍しいことだった。〔中略〕それから食事になって、シャンペンが出て、大変な御馳走だった。そのあとで、踊ろうというので、私と二人で踊りだした。ところがスカートが大きいから、遠くに離れて踊らなければならない。そのうちに、こんなのを着ていちゃ踊れない！と、ドンぐ脱ぎはじめた。暫くすると、今度は靴も脱いでしまって、裸足になった。それから持っている菫の花を振り撒いて二人で勝手な踊りを踊って騒ぎまわったのである。やがて十二時になると、音楽家達は弾くのをやめて帰りはじめた。ニューヨークのユニオンの規則で、そういう席では十二時以後は弾かないことになっているのだ。[117]

共にシンパシーを感じていたイザドラとずっと二人で踊っていたと伊藤は回想している。少し大袈裟《おおげさ》に表現していたとしても、お互い楽しく踊ったことは想像できる。また伊藤の証言から、一八世紀風の洋服を身につけたイザドラが登場し、踊る上でいかに重い衣装が身体を不自由にしているかを視覚的に見せてから、衣装を次々と脱いで、最後は靴を脱ぎ裸足になって彼女自身の踊りを始めたことがわかった。これは、自身のチュニックの衣装がいかに身体を自由に踊らせることができるかということを言葉ではなく、実際に踊りで披露して、参加者に納得させたかったのかもしれない。あるいは、イザドラはかつてデイリー劇団で一八世紀風の衣装を身につけパントマイムをした経験から、一種のパロディーのようなものを示唆しながら踊ったとも考えられる。通常の公演とは異なる面白い演出を加えたこの公演は、まさにイザドラの芸術革命の一つである音楽と舞踊の視覚化と解釈できるのではないだろうか。

秋が過ぎニューヨークに冬が近づくと、健康状態が再び悪化し始めたイザドラは健康を取り戻すために、一二月一六日に秘書のアラン・ロス・マクドゥーガルと共にキューバで休暇を取ってから[118]フロリダに向かっている。[119]後から合流したシンガーは、アメリカでの学校設立に意欲を示し、既にマディソン・スクエア・ガーデンを購入していたことをイザドラに話した。これは、イザドラを喜ばせ再び元気にさせるための心遣いであったが、ベルヴュの学校のときとは違い、このとき、シンガーの気持ちはイザドラには届かなかった。何しろ時期が悪かった。イザドラは戦時中にこのような大きな計画を遂行することに賛成しなかったのである。最終的には売買権を売ることになってしまったシンガーは、逆に一〇万ドルという大きな損失を被ってしまうことになり、この一件から、イザドラとシンガーの間に埋めることができないほどの大きな溝ができてしまった。[120]

イザドラは、翌年の一九一七年の三月から五月にかけて、メトロポリタン・オペラハウスで愛弟子たちを伴い、『第七交響曲』、『スラヴ行進曲』、『贖罪』、『アヴェ・マリア』、『ラ・マルセイエーズ』を踊った。三月六日にイザドラの『ラ・マルセイエーズ』の踊りを観ていたカール・ヴァン・ヴェクテン*は、「星条旗に包まれたイサドラの体が現れてくると観衆はさらに熱狂した[121]」とガートルード・スタインに宛てた手紙で伝えている。アメリカの国旗を身につけ踊るイザドラの奇抜な演出は、ニューヨークのアメリカ人の愛国主義を鼓舞し、観客には大好評で歓声が上がったようだ。[122]

シンガーの支援を得られなくなったイザドラは、彼からもらったエメラルドのペンダントとコートを売った資金で、夏の間、友人たちとロングビーチで過ごすことにした。そこでヴァイオリニストのウジェーヌ・イザイ*、生涯の友となる作家のメルセデス・デ・アコスタ*と知り合いになった。[123]

そして秋になり資金も底をつくと、生まれ故郷カリフォルニアで約二二年ぶりの公演を企てた。シューベルト、チャイコフスキー、ベートーヴェンの曲を踊るイザドラを観るため、観客はこぞって公演に足を運んだ。知人となったイザイからピアニストのハロルド・バウアー*を紹介され、彼の芸術に関する理解と幅広い知識に惹かれたイザドラは、翌年の一月にバウアーと共演することにした。バウアーを音楽上のツインソウルと感じたイザドラとバウアーの息が合った公演は観客を魅了し、大絶賛のうちに幕を閉じた。

一月四日の新聞記事は「もしイザドラとバウアーがアメリカ全土にわたってこの公演を行うことができたら、新しい美の福音の伝道師になったであろう」と、精神性の感じられる芸術であることを最高の賛美を持って伝えている。[124]

故郷カリフォルニアで母親のやつれた顔を見たイザドラは、長い時の流れを感じたが、共に幸せなひとときを過ごすことができた。公演後、イザドラは再びニューヨークに戻った。[125]

＊古荘幹郎（一八八二～一九四〇）

日本・熊本県生まれ。陸軍軍人。陸軍学校で学ぶ。卒業後は参謀本部員になり、ドイツの大使館付武官補佐官も務めた。伊藤道郎の姉、嘉子の夫で、娘の妙子は道郎にダンスを学んでいる。

＊ウィリアム・バトラー・イェイツ（一八六五～一九三九）

アイルランド・サンディマウント生まれ。詩人、劇作家、作家。二〇世紀文学における重要人物の一人。グレゴリー夫人と共に文芸復興をおこし、アベイ座を創設した。代表作に詩集『塔』、『螺旋階段』がある。能楽に関心を持ち、伊藤道郎と共に『鷹の井戸』を創作する。イェイツはクレイグと友人であった。

＊ガートルード・スタイン（一八七四～一九四六）

アメリカ・アルゲニー生まれ。作家、詩人、美術収集家。美術収集家として知られるスタイン兄妹の一人で、パリに画家や詩人たちが集うサロンを開く。そこに集まる芸術家たちと交流する中で、現代芸術と現代文学の発展のきっかけを作ったともいわれている。

＊ウジェーヌ・イザイ（一八五八〜一九三一）

ベルギー・リエージュ生まれ。ヴァイオリニスト、作曲家、指揮者。一九世紀後半から欧米の音楽界をリードした天才的ヴァイオリニスト。

＊メルセデス・デ・アコスタ（一八九二〜一九六八）

アメリカ・ニューヨーク生まれ。作家、映画脚本家。イザドラのほか、グレタ・ガルボ、マレーネ・ディートリッヒなど多くの有名人との付き合いがあった。

＊ハロルド・バウアー（一八七三〜一九五一）

イギリス・キングストン・アポン・テムズ生まれ。ピアニスト。ピアニストとして高い評価を受け、ヨーロッパ各国やアメリカでも演奏ツアーを行うようになった。アメリカに定住し、ベートーヴェン協会の創設者の一員として活躍。

ベルヴュの売却とルンメルとの共演

ニューヨーク滞在中、相変わらず資金難が続いていたイザドラは、一〇万ドルという大きな損益を負わせてしまったシンガーに頼ることもできず、ロンドンの高級百貨店セルフリッジズの創業者でメアリー・デスティの友人でもあったハリー・ゴードン・セルフリッジ*の助けにより、汽船で渡英することができた。そして、そこからフランス大使館の知人の計らいで何とかパリに帰った。[126]

ある日、秘書のクリスティーヌ・ダリエスが引き合わせたピアニストのヴァルター・ルンメル*と意気投合したイザドラは、早速、リストの『葬送行進曲』と『孤独の中の神の祝福』に取り組み、再び公演活動に力を注ぐ準備を整えた[127]。そしてリハーサルを重ね、負傷兵のために慰安コンサートを開催する。休戦調停が締結されると、ルンメルと共にベルヴュの学校内の広間でショパン・フェスティバルを開催し、学校の再建に尽力した［図80、81］。しかし収益は学校再建に必要な資金には程遠く、最終的にベルヴュの学校を

図80　ベルヴュの学校再建のためのイザドラとルンメルの公演広告

図81　1919～20年頃、イザドラと愛弟子たち

フランス政府に売却することにした[128]。そして、その資金で生徒たちが舞踊作品を発表するのに最適な広さの部屋が備わったポンプ通りにある家を購入した。購入前のこの家は、元々「ベートーヴェンの部屋」と名付けられていたが、名前の由来は不明である。

＊ハリー・ゴードン・セルフリッジ（一八五八〜一九四七）
アメリカ・リポン生まれ。実業家。イギリスの高級百貨店セルフリッジの創業者。ボスになることではなく、リーダーになることで成功した人物と言われる。イザドラのシカゴ時代、マソニック・テンプル・ルーフガーデンで踊るために必要な衣装の生地代を工面してくれた。イザドラの恩人でもある。

＊ヴァルター・ルンメル（一八八七〜一九五三）
ドイツ・ベルリン生まれ。ピアニスト。パリでドビュッシーに会っており、彼の作品を得意とする。主にフランスで活躍する。

戦争が終結した一九一九年の三月から四月は、パリの主要な劇場で交響楽団と共に音楽とダンスのフェスティバルを、トロカデロ劇場ではベートーヴェンほかショパン、チャイコフスキーなどの作品を披露するなど、イザドラは公演活動に精力的に取り組んだ。ニースで二月から四月にかけてリサイタルを行っていたピアニストのルンメルについて、三月八日の新聞記事は、彼のリサイタルには画家ヘンリー・ギガ、作家マダム・スターン、ニュイ伯爵夫人、マルセル・プルースト*と交流のあった作家ゴーティエ・ヴィニ

ヤル伯爵と伯爵夫人、ポリニャック公爵夫人、ワッツ夫人、エネリケ嬢、ボスクワテル氏とその夫人、ラフォージュ夫人、ポール・カスティオ氏、アルフレッド・ステッド夫人、コビナ・ジョンソン夫人などがいたとし、これら観客にルンメルが称賛されたことを伝えている。観客の面々からして、おそらくイザドラがこの公演の準備に一役買っていたのではないだろうか。場所はヴィクトール・ユゴー通り二五番地でランペルマイヤー邸であったが、[129]イザドラはこの場所を自らのスタジオとして使うことも考え、三か月間だけ借りていたようだ。[130]彼女は公演のない日にはニースに行き、ルンメルの伴奏でレッスンをしていた可能性が高いが、おそらくポンプ通りに家を購入するまでの期間のことだったと考えられる。

五月から六月にかけては、シャンゼリゼ劇場でショパン・フェスティバルを開催し、公演がない日にはリストの作品を踊っていた。この頃、イザドラはルンメルの音楽からリストの作品の持つ精神的な意味を理解し、[131]リストの音楽に傾倒するようになっていた。夏もイギリスでルンメルとショパン・プログラムを踊り、九月に三週間のスイスツアーを組んだイザドラは、一六日にはドルナッハに神秘思想家ルドルフ・シュタイナー*が設計したゲーテヌアムを訪ね、そこで公演を行っている。[132]

一〇月になると、アフリカ人の生徒たちを教える夢を実現するためにイザドラとルンメル、秘書のダリエスは、北アフリカに出向き、そこに一か月ほど滞在した。[133]しかし、ここでも学校創設の実現には至らず、[134]暮れにはイタリア経由でフランスに戻っている。

一九二〇年になると、三月から四月にかけてトロカデロ劇場でジョルジュ・ラバニの指揮するオーケストラと共にリサイタル・シリーズを、その後はルンメルとショパン・フェスティバルを開催した。

イザドラがブールデルに宛てた手紙によると、この年の五月一五日には、イザドラの踊りを広報するポスター作成のためのコンクールが開催されている。このコンクールは、パリの若い芸術家にインスピレーションを与えるためのもので、イザドラの友人アントワーヌ・ブールデルほか画家モーリス・ドニ、*写真家エドワード・スタイケン、*画家パヴロ・ピカソ、*画家アンドレ・デュノワイエ・デ・セゴンザック*など著名な芸術家が審査員として加わっていた。六月一七日付のブールデル宛の手紙から、イザドラがこのポスターの審査員たちを昼食に誘っていることもわかった。[135] レイモンドの娘リゴア（イザドラの姪）は、彼女がまだ幼かった頃、審査員を担当したパヴロ・ピカソがイザドラとレイモンドと交流があったこと、またレイモンドのパリのアートスタジオにはピカソがよく訪れていたことなどを覚えていると筆者に話してくれた。[136]

＊マルセル・プルースト（一八七一～一九二二）

フランス・パリ生まれ。二〇世紀を代表する作家。父親は医学者で母は裕福なユダヤ系という家庭に生まれた。幼い頃から病弱で大学で学んだ後はほとんど職に就かず、サロンに出入りし華やかな社交生活を送る。自身の体験を基に長編小説『失われた時を求めて』を執筆。この作品は次世代の作家に強い影響を与えた。

＊ルドルフ・シュタイナー（一八六一～一九二五）

オーストリア＝ハンガリー帝国（現クロアチア）・クラリェヴィク生まれ。社会改革者、神秘思想家、哲学者、建築家、教育者。一九世紀末に文芸批評家として知られ、『自由の哲学』などの作品を刊行する。

教育にも力を入れており、シュタイナーの考えた教育方法は現在でもシュタイナー教育として現存している。

＊モーリス・ドニ（一八七〇〜一九四三）
フランス・グランヴィル生まれ。画家、装飾芸術家、著述家。印象派と近代美術の転換期における重要な存在。

＊エドワード・スタイケン（一八七九〜一九七三）
ルクセンブルク・ビヴァンゲン生まれ。写真家、画家、キュレーター。写真の歴史において、もっとも影響力のある人物の一人。ファッション写真のパイオニアでもあった。

＊パヴロ・ピカソ（一八八一〜一九七三）
スペイン・マラガ生まれ。画家、彫刻家、陶芸家、舞台美術家。二〇世紀において最も影響力のある芸術家の一人。キュビズム運動を作り上げ、代表作として反戦の意味を込めて描いた「ゲルニカ」がある。バレエ・リュスの舞台美術や衣装、プログラムの表紙に携わり、バレエ・リュスに属していたバレリーナのオリガ・コクローヴァと一時期結婚していた。

＊アンドレ・デュノワイエ・デ・セゴンザック（一八八四〜一九七四）

フランス・ブッシー＝サン＝タントワーヌ生まれ。画家、グラフィックアーティスト。幼少期から描くことに関心を持ち、パリにあったパレット・アカデミーで学ぶ。

愛弟子とのギリシア滞在とロシアからの招待

北アフリカでの学校創設を断念したイザドラは、ギリシアに学校を創設する夢を諦めきれず、一九二〇年の九月、ルンメル、六人の愛弟子、写真家のエドワード・スタイケンと共にギリシアに向かうことにした。現地では毎朝稽古を行い、九月末から一〇月にかけてザッペイオン・ミュージアムホールでベートーヴェンの『第七交響曲』、ヴァーグナー、チャイコフスキーを愛弟子たちと踊った。しかし、ピアニストのルンメルと愛弟子のアナがギリシア滞在中に恋仲になったことを知ってしまったイザドラは、そのときのつらい心情を次のように吐露している。

その夜、バルコニーに二人の頭が月を背にシルエットになって寄り添っているのを見たとき、私は再びつまらない人間的な感情の餌食《えじき》となってしまった。その感情に翻弄《ほんろう》されて、私は一人であてどもなくさまよい、パルテノンの岩からサッフォーのように身を投げてしまおうとさえ思ったのだった。[137]

当時中年期に入ったばかりのイザドラは、若い愛弟子たちを見て少し衰えを感じたのか、その頃のことを「周囲の美しさは私の不幸をもっと強めるだけだった[138]」と記している。ギリシア滞在中、頼りにしていたヴェニゼロスが失脚したことも相まって、またしても学校設立の夢は実現不可能となってしまった。[139] その後、イザドラは愛弟子たちと一一月の末にはパリに戻るが、当然のごとく愛弟子のアナとは疎遠になってしまう。

再び公演活動に専念しようと、一九二一年一月の第二週目、ルンメルとオランダで共演したイザドラは、翌週には四人の生徒たちとパリのシャンゼリゼ劇場で『イゾルデ』を踊った。[140] イザドラの踊った『イゾルデ』は悲しみに打ちのめされ屈服してしまった踊り手、音楽の奏でる感性的な高揚感を表現し得ず、と評されたが、そのときのイザドラのつらい精神状況から来るものであった。四月一七日、農奴解放を描写した『スラヴ行進曲』をロンドンで踊ったイザドラは、翌月の五月二日にはブリュッセルのパルク劇場でショパン・フェスティバルを開催した後、再びロンドンに戻った。

一九二一年五月三〇日付の『ノッティングハム・イヴニング・ポスト』紙は、ロシアから学校創設への協力を依頼する旨の連絡を受けたイザドラが七月一日にロシアに向かうことを計画している、と早々に報じた。[141] その頃、クレイグ、そしてシンガーとも修復できないほどの溝ができてしまったうえ、好意を持っていたピアニストのルンメルをはじめ、愛弟子のアナ、画家の道を選んだエリカもイザドラのもとを去っていた。ヨーロッパに留まらなければならない理由が見つからなかったのか、イザドラは次のように自伝に記している。

私の大天使[142]も希望も愛もない空っぽの家を見回して、私は返事した。『はい。私はロシアに行きます。そして、私はあなたの国の子どもたちを教えます。ただ、一つ条件があります。仕事をするために必

要な資金とスタジオを私に下さい』〈143〉

六月一八日と二五日、イザドラはロンドンのクイーンズ・ホールで愛弟子のイルマ、テレサ、リザと共に「さよなら公演」を行った。この公演ではいくつもの花束が渡され、度重なるアンコールがあった。イザドラは客席にいたエレン・テリーを称賛し、彼女に鼓舞されたところがたくさんあると熱のこもったスピーチをして、見事なバラの花束を彼女に渡した。ロンドンで公演を行う際、かつて画家ワッツのところでエレン・テリーの肖像画を見たときのこと、その後エレン・テリー本人と彼女の息子ゴードン・クレイグと出会ったことなどが思い出され、ロシアに出向く前の彼女にとっては大変感慨深い舞台になったに違いない。

公演ではロンドン交響楽団の演奏でヴァーグナーの『タンホイザー』、ブラームス、シューベルトのワルツ曲、チャイコフスキーの『悲愴』などの踊りが披露された。この舞台を最後に、イザドラは新天地で教育を施すため、愛弟子の一人、イルマを伴い一九二一年七月一二日、ロシアに向かうことになる〈144〉。

註

〈1〉イザドラと生徒たちは、一九〇八年の夏にジョセフ・シューマンとチャールズ・フローマンを興行主として、ロンドンのヨーク公劇場で公演を行い、観客から称賛されていた。ML, p.215. 学校創設のための援助が得られなかったのは、同時期にロイ・フラーが彼女の学校をロンドンのサヴォイ・ホテル内で開校していたことも一因と思われる。

〈2〉“In Manhattan.” *Brooklyn Daily Eagle*, 16 Aug. 1908にはイザドラが一〇年ぶりにアメリカで毎週五回公演を行い、各公演で約二時間踊ることが伝えられている。

〈3〉以前はリリック劇場と呼ばれていた。

〈4〉*New York Times*, 17 Aug. 1908に、明日からシーズンが始まるという広告が記載されている。

〈5〉古代ギリシアのエウリピーデスによる悲劇の一つ。

〈6〉Blair, p.182, p.424 (Endnote1). ブレアは脚注で、出典を『ヴァラエティ』の八月二日としているが、最近では八月に刊行された全ての原本が閲覧できるようになったため、新たな情報を得ることができた。この記事は八月二二日付の『ヴァラエティ』誌のもので、八月一日でも二日でもなかった。しかし、同時期の新聞紙面上でのイザドラへの評価は高かった。

〈7〉*Variety*, 1 Aug. 1908, p.7.

〈8〉“Isadora Duncan Arrives.” *New York Times*, 16 Aug. 1908.

〈9〉“Isadora Duncan Dances.” *Sun*, 19 Aug. 1908.

〈10〉ブレア、一八七頁。同頁には、八月二一日付の『ニューヨーク・イヴニング・サン』紙が「ダンカン嬢は異常なまでの耐久力を示したが、残念ながら観客は彼女が疲れを見せる前に飽きてしまった」との批評を掲載していたことも記されている。

〈11〉“Miss Duncan’s Programme Changes.” *New York Times*, 28 Aug. 1908; “Criterion New Dances Tonight.” *New York Times*, 28 Aug. 1908; “Isadora Duncan at Criterion.” *Brooklyn Daily Eagle*, 29 Aug. 1908.

〈12〉ブレア、一八八頁は、「市民の半分が留守で空っぽな、真夏のブロードウェイ」としているが、当時の新聞には、観客席は埋まっていたと記されている。

〈13〉“Miss Duncan Scores in New Dances.” *New York Times*, 29 Aug. 1908.

〈14〉称賛者の中には、彫刻家のジョージ・グレイ・バーナードほか演劇プロデューサーのデイヴィッド・ベラスコ、画家ロバート・ヘンリー、ジョージ・ベローズ、詩人・劇作家パーシー・マッケイ、マックス・イーストマンなどの芸術家と詩人エドウィン・アーリントン・ロビンソン、リッジリー・トレンス、ウィリアム・ヴォーン・ムーディ等がいたようである。

〈15〉ML邦訳、二七六頁。

〈16〉ML邦訳、二七二頁。

〈17〉"New York Police see Salome Dances." *Scranton Republican*, 30 Aug.1908の記事には、ニューヨーク警察が、肌を出し素足をさらして観客の前で踊るサロメ・ダンサーを監察していること、イザドラの裸足の公演も監視の対象となったことが掲載されている。このことから、当時のアメリカが肌の露出に対して敏感で受け入れられる状況ではなかったと思われる。

〈18〉ML, p.218.

〈19〉"Isadora Duncan raps Maud Allan." *New York Times*, 9 Aug. 1908.

〈20〉舞台演出家デイヴィッド・ベラスコ、画家ジョージ・ベローズ、ロバート・ヘンリー、作家マックス・イーストン、詩人エドウィン・アーリントン・ロビンソン、リッジリー・トランス、ウィリアム・ヴォーン・ムーディ、詩人・劇作家パーシー・マッケイ。

〈21〉ML, p.219; "Isadora Duncan Receives." *Sun*, 15 Nov. 1908.

〈22〉"Isadora Duncan tells How she hopes to bring the Modern Stage back to Greek Simplicity." *Washington Post*, 6 Sep. 1908.

〈23〉"Isadora Duncan tells How she hopes to bring the Modern Stage back to Greek Simplicity." *Washington Post*, 6 Sep. 1908.

〈24〉"Isadora Duncan Receives." *Sun*, 15 Nov. 1908.

〈25〉*New York Times*, 18 Nov. 1908.

〈26〉二〇日にワシントンのニューナショナル・シアターで公演を行っている。*Washington Post*, 17 Nov. 1908.

〈27〉"President Sees Isadora Duncan Dance." *Sun*, 21 Nov. 1908.

〈28〉"Society." *Washington Post*, 22 Nov. 1908.

〈29〉ML邦訳、二八四頁。自伝によれば、大統領の言葉が新聞に掲載されたため、皆が関心を持つようになったようである。

〈30〉ML, p.224.

〈31〉学校維持には年間一万ドルが必要だったため、引き続きパリ公演も行う。

〈32〉Blair, p.193は、一九〇九年一月一日付の『ニューヨーク・イヴニング・サン』に、四回目のマチネの収益は四八〇〇ドルを上回り、ボストンでも同額の大きな収益を上げ、公演は大成功であったことが窺えると記している。

〈33〉ML邦訳、二八三頁。

〈34〉ブレア、一九七頁。*Guide Musicale*, 21 Fev. 1909.

〈35〉Kurth, Peter. *Isadora: A Sensational Life*. New York: BackBayBooks,2002, pp.244-245. 当時、イザドラは左岸のダントン通りに二つのアパートを借りていた。一つは彼女とデアドリーのため、もう一つは生徒たちのためであった。

〈36〉ML, p.229.

〈37〉イザドラと出会ったときのシンガーは既婚者だったが、一九〇九年には妻と別居、一九一八年に離婚している。シンガーの娘によれば、先にシンガーのほうがイザドラに関心を寄せたようである。Kurth, p.251.

〈38〉Blair, p.215 ; IARIAAL, pp.134-135によると、イザドラは画家のアンリ・ジェルベクスの大きなスタジオ付きの家を一九〇九年に購入したことになっているが、"La Maison d'Isadora Duncan sera vendu demain aux enchéres." *Paris-Midi*, 24 Nov. 1926には、一九〇八年にイザドラが購入したと書かれ、ML, p.255では、一九〇八年の時点で既に購入していたことが伝えられている。

〈39〉"La Maison d'Isadora Duncan sera vendu demain aux enchéres." *Paris-Midi*, 24 Nov. 1926

〈40〉Blair, p.199.

〈41〉Dorf, Samuel. "Dancing Greek Antiquity in Private and Public: Isadora Duncan's Early Patronage in Paris." *Dance Research Journal*, Summer, 2012.

〈42〉Knowles, Isée. Personal interview. 25 Feb. 2013.

〈43〉AD, pp.47-48.

〈44〉ML邦訳、三〇三頁。

〈45〉マクドゥーガルは、シンガーは同行していなかったと自身の著書に記しているが、その根拠となるものはない。IARIAAL, p.130. ブレアも真偽のほどは定かではないとしている。Blair, p.201. この時シンガーがアメリカ行きに同行したという証拠はないが、イザドラは自伝にシンガー同行の様子を詳細に語っている。

〈46〉ブレア、二〇三頁。

〈47〉Blair, p.202; "St. Louis Clergy Stirred by « High-Art » Dance." *Chillicothe Constitution Tribune*, 3 Nov. 1909.

〈48〉"Isadora Duncan Reappears." *New York Times*, 10 Nov. 1909.

〈49〉Magriel, Paul. *Isadora Duncan*. New York: Henry Holt and Company, 1947, p.20.

〈50〉Blair, pp.207-208. その他、詩人ロバート・ドュミエール、作家アルベール・フレマン、俳優リュニエ・ポー、作家ピエール・ミル、歴史家ピエール・ド・ノラック、政治家ジョセフ・ポール＝ボンクール、政治家エストゥールネール・ド・コンスタンが招かれていた。Maurevert, Georges. *L'Art, le Boulevard et la Vie*. Nice: N. Chini, 1911, pp.278-280.

〈51〉『芸術と回想』、二六一頁には、ブールデルがイザドラとニジンスキーが共に踊るのを観ていたことが記されている。AD, p.27と『芸術と回想』、二〇二―二〇三頁には、ニジンスキーとイザドラがニューヨークのスタジオで共に踊ったこと、ニジンスキーにとって、イザドラは「偉大なる霊感」であったことが記されている。

〈52〉Aveline, Claude et Michel Dufet. *Bourdelle et la danse isadora et nijinsky*. Paris: Éditions d'Art, 1969, p.7.

〈53〉現在のOldway Mansion, Torquay Road Paignton TQ3 2TE. シンガーが所有していたこの屋敷は、ヴェルサイユ宮殿を真似て造ったもの。イザドラの自伝にも記されているが、大変豪華でゴブラン織りのタペストリーが飾られており、それは今も現存している。屋敷の中の舞踊室にはジャック＝ルイ・ダヴィット画『皇帝ナポレオン一世と皇后ジョゼフィーヌの戴冠式』が掛けられていた。シンガーはイザドラとの結婚を望んだが、イザドラは結婚する気はなかった。

〈54〉*New York Times*, 2 Feb. 1911; *New York Times*, 8 Feb.1911.

〈55〉*New York Times*, 18 Feb. 1911.

〈56〉*Trenton Evening Times*, 22 Feb. 1911.

〈57〉*New York Times*, 23 Feb. 1911; *New York Times*, 26 Feb. 1911の広告。三月二日には『アウリスのイフィゲニア』、シューベルトの『ドイツ舞曲』、『美しく青きドナウ』を踊っている。

〈58〉*New York Times*, 3 Mar. 1911.

〈59〉"National: Isadora Duncan." *Washington Post*, 23 Feb. 1911.

〈60〉*Inter Ocean*, 17 Mar. 1911.

〈61〉 *Inter Ocean*, 25 Mar. 1911.

〈62〉 *Cincinnati Enquirer*, 28 Mar. 1911; *Cincinnati Enquirer*, 29 Mar.1911.

〈63〉 Blair, pp.211-213; Blair, p.426 (Endnote 21). ブレアはこのアメリカでの公演の日程を不完全としている。"Fair (But not fat) Isadora quit us." *Chicago Daily Tribune*, 27 Mar.1911 からイザドラがセントルイスに行ったことは事実だが、実際に公演を行ったかどうかは不明である。

〈64〉 ML, p.253 によれば、イーストサイドで無料の公演も行っている。

〈65〉 ML 邦訳、三一八—三一九頁。

〈66〉 ML 邦訳、三一九—三二〇頁。

〈67〉 "« Otello, » with Slezak, at Academy of Music." *Brooklyn Daily Eagle*, 11 Mar. 1911; *Sun*, 26 Mar. 1911; "Platform Concerts beckon Music-Lovers." *Brooklyn Daily Eagle*, 25 Mar. 1911 には、ロンドンシーズンの前にロシア公演の契約を果たすためにヨーロッパに戻るとの詳細が記されている。

〈68〉 ML, p.273. シンガーがエジプトに発つ前に劇場のための土地は購入していたようである。

〈69〉 Blair, p.215; "Plays and Players." *Scranton Republican*, 15 Aug. 1912; YI, p314. この劇場は「美の劇場」と命名される予定であった。

〈70〉 Blair, p.216; YI, pp.314-315 には、シンガーがクレイグに面会しに行き、五万フランで相談役を引き受けてくれないかと申し出ている。

〈71〉 YI, pp.315-316. いつ宛てた手紙かどうかはわからないが、事実、この劇場建設には住民からの反対もあり、実現はかなり困難であることが予想されていた。

〈72〉 ML, p.264 には一九一三年の四月にパリに戻るとあるが、ML, p.266 には三月にシャトレ劇場で公演していることが記されている。このことから、イザドラは既にパリにいた可能性が高い。この時期のイザドラの記憶は少し曖昧になっている。

〈73〉 四月一九日のことであった。

〈74〉 ヴェルサイユに向かう子どもたちが乗っていた車のモーターが止まったため、運転手のポール・モルヴランがモーターを動かそうと車の外に出たが、車は後退しセーヌ川に落ちてしまった。このニュースを最初にイザドラに知らせた人物は、シンガー、ルイ・スー、オーガスティンと諸説ある。

〈75〉Blair, p.222.

〈76〉一九一三年四月二八日にイタリア、フィレンツェにいたエレン・テリーに宛てた手紙の一部：カリフォルニア大学ロサンゼルス校図書館所蔵。

〈77〉ML 邦訳、三五二頁。

〈78〉"Isadora Duncan Very Ill." *Daily Herald*, 23 May 1913. この頃、イザドラはコルフ島で静養していた。

〈79〉この手紙の現物はニューヨーク公共図書館所蔵。シンガーも心配のあまり、コルフ島に出向き、イザドラを見舞っている。

〈80〉イザドラはサンタカランタでの生活から離れ、一時期レイモンドの妻ペネロペと一緒にイスタンブールに行っている。イザドラは、レイモンドとペネロペにヨーロッパに戻るように説得するが、彼らは難民のために居残ることにした。

〈81〉モンテ・ヴェリタの公式サイトにイザドラがこの地を訪れたことが記されている。

〈82〉ヘッセがモンテ・ヴェリタを訪れたのは一九〇七年で、禁酒を含めた療養のためであった。長谷川（二〇〇〇）、一八九頁。

〈83〉一九一三年から一九一八年までは、ラバンがこの地で初めて「芸術のための学校」を創設していることから、彼の初期活動において「モンテ・ヴェリタ」は非常に重要な役割を果たしている。

〈84〉Dörr, Evelyn. *Rudolf Laban: The Dancer of the Crystal*. Lanham, MD: Scarecrow, 2007, p.33.

〈85〉長谷川（二〇〇〇）、一九〇頁。

〈86〉イザドラがバイロイトでの『タンホイザー』に出演したのは一九〇四年である。このことから、イーダ・ホフマンがイザドラをバイロイトで観たのは一九〇四年と思われる。

〈87〉長谷川（二〇〇〇）、一九〇頁。

〈88〉イザドラは、この年の秋の終わりにフィレンツェでクレイグに会っていた。Blair, p.232.

〈89〉ブレア、二四〇頁。ロダンがメアリー・ファントン・ロバーツに語った言葉。AD, p.26、『芸術と回想』の二〇〇頁でも同様の言葉が確認できる。

〈90〉フランス語では、Isadoraとadorableの造語であるIsadorableをイザドラブルと発音するのが通常であるが、複数の意味を持たせるにはLes Isadorablesになるはずである。そこで筆者は、定冠詞なく複数の意味を持たせるため、英語の発音にはなるが本稿では「イザドラブルズ」と称する。

〈91〉イザドラがヴィアレッジョ滞在中に浜辺で出会ったロマネッリとの子。

〈92〉後見人であることを証明する資料をオーガスティンが所持していなかったため、彼女たちはエリス島に拘留されてしまった。しかし、移民官ハウの助力で、一人当たり五〇〇ドルの保証金を払うことで釈放され、ライにあるシメオン・フォード邸に向かった。Blair, pp.237-238.

〈93〉"Isadora Duncan's Pupils in Dance." *New York Tribune*, 4 Dec. 1914.

〈94〉Blair, p.243 (Endnote 2).

〈95〉"Crowds See Isadora Duncan." *Sun*, 13 Jan. 1915.

〈96〉"Isadora Duncan Spices Her Art with a Speech." *The Evening World*, 26 Feb. 1915.

〈97〉"Isadora Duncan to Dance at Century." *Sun*, 3 Mar. 1915; "Miss Duncan for Century." *New York Times*, 3 Mar. 1915.

〈98〉*New York Tribune*, 4 Mar. 1915; *New York Tribune*, 21 Mar. 1915. 実際は四月いっぱいまでセンチュリー劇場で踊っている。

〈99〉Blair, p.249.

〈100〉ML邦訳、四〇一頁。

〈101〉イザドラはニューヨークで『ラ・マルセイエーズ』を踊ることを禁止された。アメリカへの落胆の言葉はこのことと無関係ではないと思われる。

〈102〉ML, pp.320.

〈103〉Blair, p.250.

〈104〉一九一六年のギリシアは、ヴェニゼロス政権が議会で勝利していたが、政情は不安定だった。

〈105〉ラルモワール・ロレンヌの慈善興業。フランスではチャリティは利益の全てを寄付する規則があり、タクシー代のようにコンサートに伴う出費さえも全額自己負担していた。そのためイザドラの利益は全くなかった。Blair, p.255.

〈106〉Blair, p.256.
〈107〉Magriel, p.31.
〈108〉ブレア、二六〇頁。
〈109〉ジュネーヴでは、フランス人の愛国心を煽る『ラ・マルセイエーズ』は喜ばれなかった。
〈110〉ML, p.326. この南米公演は戦争の間、生徒たちの面倒をみるための資金を得るためだった。
〈111〉Blair, pp.262-263.
〈112〉ブレアは人種差別的な言葉を叫んだと記しているが、彼女も書いている通りこれはイザドラの全人格を示すものではない。イザドラは北アフリカやインドに学校を創設しようと考えたこともあり、本質的に人種差別的な態度はなかったと思われる。Blair,p.263.
〈113〉この公演は私的なものだったため、入場は招待客のみが許される形を取っていた。
〈114〉ローエングリンはシンガーのことを指している。
〈115〉ML, p.328.
〈116〉伊藤は第一次世界大戦が始まってから、ドイツを去り、イギリスに二年滞在した後はニューヨークに移った。イザドラは、伊藤道郎が二人の日本人女性の弾く琴と三味線に合わせて踊る様子を鑑賞し、そこで舞踊に関するスピーチを行っている。写真家ゲントはイザドラが伊藤の踊りに感心していたことを記している。Genthe, Arnold. *The Book of the Dance*. New York: Mitchell Kennerley, 1936, p.184.
〈117〉伊藤道郎『アメリカ』羽田書店、一九四〇年、二三二―二三三頁。
〈118〉アラン・ロス・マクドゥーガルは、一九一六年から一九一七年の数か月間、彼女の個人秘書を務め、イザドラのキューバの休暇に付き添っていたことが、マクドゥーガルの著書*Isadora: A Revolutionary in Art and Love* (1960)の著者紹介文に記述されている。ML, p.29によれば、マクドゥーガルがイザドラのキューバでの休暇に同行する以前はローエングリン（シンガー）の秘書であったとの記述がある。
〈119〉筆者はニューヨーク公共図書館に所蔵されている一九一六年一二月二一日の乗客名簿を閲覧し、イザドラとマクドゥーガルの名前を確認している。フロリダではパームビーチにあるブレイカーズ・ホテルに泊まっている。

〈120〉Blair, p.276.

〈121〉ブレア、二七三頁。

〈122〉Blair, p.272.

〈123〉Blair, p.276.

〈124〉"Duncan and Bauer are Seen Again." *San Francisco Examiner*, 4 Jan. 1918.

〈125〉Blair, p.279.

〈126〉ML, pp.345-346.

〈127〉Blair, p.282.

〈128〉パリで学校を再開しようとしたが、資金的に不可能であったため。ML, p.349.

〈129〉菓子職人のアントン・ランペルマイヤーか兵士のルネ・ランペルマイヤーのことを指していると思われる。

〈130〉*The Mention and Monte-Carlo News*, 8 Mar. 1919.

〈131〉ML, p.350.

〈132〉Timbelle, Charles. *Prince of Virtuosos: A Life of Walter Rummel, American Pianist*. Lanham, MD: Scarecrow Press, 2004, pp.60-64. ルンメルはルドルフ・シュタイナーの思想に影響を受けており、イザドラもルンメルとシュタイナーについて長時間議論していた。

〈133〉Timbelle, p.63; Blair, p.283.

〈134〉Blair, p.283. なぜ実現しなかったかは不明のようである。

〈135〉Musée Bourdelle, edtor. *Isadora Duncan: une sculpture vivante*. Paris: Paris Musée, 2009, p.112.

〈136〉Duncan, Ligoa. Personal interview,8 Mar. 2012.

〈137〉ML 邦訳、四四八頁。

〈138〉ML 邦訳、四四八頁。

〈139〉Genthe, pp.181-182.
〈140〉イザドラが『イゾルデ』を踊ったことが一月二七日付ラ・リベルテの批評からわかった。Blair, pp.285-287.
〈141〉イザドラはロシア人の外交官クラシンと知り合いだった。第1部第6章参照。
〈142〉大天使はヴァルター・ルンメルのことを指している。
〈143〉ML, pp.357-358.
〈144〉当初イザドラは七月一日にロンドンを発つ予定であった。Duncan, Irma, and Allan Ross Macdougall. *Isadora Duncan's Russian Days*.（以後IDRDと記す）New York: Covici-Friede, 1929, p.13. しかし、実際には七月一二日に乗船し、ロシアに向かっている。IARIAAL, p.185.

第6章　ロシアでの生活と晩年のイザドラ

ロシア行き

一九二一年四月、ロンドンでイザドラの踊る『スラヴ行進曲』〔図82〕に感動したロシア人の外交官レオニード・クラシン*から学校設立の依頼を受け、イザドラがロシアへの移住を決意したのは、ギリシアから帰国して数か月たってからであった。愛弟子を伴い出向いたギリシアで学校創設が実現できなかったことや今まで自分の周りにいた者を失ってしまったという喪失感が拭えなかったこともロシア行きを決める一因であった。イザドラは最終的にイルマと共にモスクワに旅立つことにした。[1]

《イザドラのロシア行きの条件》

ロンドンでの公演後、イザドラの踊りに感動したクラシンは、二、三日後に彼女の滞在先を訪れ、ロシアでの学校創設について検討し合った。クラシンは後日希望の条件を書面にして知らせる旨を提案し、イザドラは教育人民委員のアナトリー・ルナチャルスキー*に書簡を書いた。そしてその中で「民衆や労働者の前で無料で踊りたい、子どもたちの未来のために働きたい」ということを伝えた。その後、ルナチャルスキーから条件通り学校と子どもを集めるという電報が届くと、イザドラはイルマとロシアに向かう決心をした。

*レオニード・クラシン（一八七〇〜一九二六）
ロシア・クルガン生まれ。外交官、対外貿易人民委員。ロンドンに出向いて要人たちと会い、アルコス（全ロシア組合会社）を創設した。一九二四年には最初のソヴィエト大使としてフランスに向かう。

図82　『スラヴ行進曲』を踊るイザドラ

＊アナトリー・ルナチャルスキー（一八七五～一九三三）
ウクライナ・ポルタヴァ生まれ。ソヴィエト連邦時代の政治家、教育人民委員、文筆家。チューリッヒ大学で学び、現地でヨーロッパの社会主義者と知り合いになる。一時フランスに住んでいた。芸術に多大な関心を寄せ、一九一八年から一九二一年の間に三六もの新しいアートギャラリーを開設している。

モスクワでの生活

イザドラとイルマは一九二一年七月一二日、船（バルタニック号）と汽車を乗り継ぎ、約二週間の旅を経て、日曜日の早朝モスクワに到着した。当時飛行機はまだ不定期便のみで一般的には普及していなかったことから、海外への主な渡航手段は船であった。これまでロシアには何回となく公演で訪れていたイザドラは、長い船旅には慣れていたため、この旅はさほど苦にはならないはずであった。しかしこのときは小さな駅や乗り換えの駅に長時間の停車があったこと、家族総出で移動する集団がいたことから、どの駅も混みあっており、予定より二倍近くの時間がかかってしまった。

疲労困憊の状態で到着したニコライスキー駅には一行を出迎える者は誰もおらず、イザドラはこの状況に失望した。その後、駅の外に停《と》まっていた外務省関連の車を見つけ、何とか宿泊先を探っていると、一九一八年にアメリカで出会っていたフロリンスキー（ロシア帝国最後の皇帝ニコライ二世猟兵連隊の将校）と再会した。彼の助けで何とかホテルに泊まることはできたが、部屋に大きな鼠《ねずみ》が出てきて落ち着いて眠れなかったようだ。物事が進みはじめたのは、郊外からモスクワに戻った教育人民委員のアナトリー・ルナチャルスキーがダンカンの到着の知らせを受けてからであった。

ルナチャルスキーがダンカンたちの仮の住まいとして提供したのは、国外ツアー中のボリショイ・バレエ団のプリマ・バレリーナ、エカテリーナ・ゲルツァー*のアパートだった。この仮住まいへ、かつてイザドラと芸術論で意気投合したスタニスラフスキーが最初の客として訪れ、二人は互いの再会を心から喜び積もる話に花を咲かせた。数日後、彼が演出していたチャイコフスキー作曲のオペラ『エフゲニー・オネーギン』の招待を受けたイザドラとイルマは、ボックス席で舞台を鑑賞することになった。しかし、鑑賞後にスタニスラフスキーから求められたイザドラの意見は、今の動乱の時勢にはロマンティックでセンチメンタルなやり方はふさわしくない、もっと大きなこと、古典悲劇を演出して欲しい、という厳しいものであった。イザドラから好評価を期待していたスタニスラフスキーにとって、これは予想していなかったことで、かなりショックを受けたのではないだろうか。もともとオペラに対して独自の考えを持っていたイザドラは、バイロイトでの公演の際、コジマ・ヴァーグナーに劇は言葉によるもので、音楽は抒情的なものであることから、オペラと舞踊の混合は難しいと伝えていた[2]。

その後しばらくすると、イザドラの学校の場所としてボリショイの元プリマ・バレリーナ、アレクサンドラ・バラショーヴァ*が住んでいたプレチステンカ通りの立派な邸宅が用意され[3]、八月二三日からはそこに住むことになった。内戦後の混乱があり、慌てて住まいと学校を用意したのか、広い豪華な寝室と鏡のついた部屋があっても、当初はイザドラとイルマはキャンプ用のベッドで寝るという生活が続き[4]、他の空き部屋には戦争で家を失った家族が移り住んで来るという落ち着かない住環境であった。食事に関しては、芸術家の称号が与えられた二人には二週間に一度の配給があったが、若干の白メリケン粉にプレスしたキャビア、お茶、砂糖などで決して贅沢《ぜいたく》なものではなかった。[5] しかし、たまに政府関係者に招待され、贅沢な食事のご相伴にあずかることもあったようだ。そのうちに、通訳を兼ねた世話役のイリヤ・イリーチ・シュナイダー*をはじめ、タイピスト、メイド、料理人など約六〇人のスタッフが揃い、何とか学校の体制が整えられてきた。メイドのジャンヌが配給をもらってくると、イザドラが詩人や画家などを家に招いて振る舞うため、食材はすぐになくなるというのが常であった。そのため残ったジャガイモをいろいろ工夫し、食事として二人に出すのが料理人の腕の見せ所となったようだ。イザドラは政府が派遣してきた若手ピアニストのピエール・ルボシュッツ*をそのまま雇用することにし、学校が正常に機能するまでの間、アレクサンドル・スクリャービンのエチュードに社会的、政治的テーマを扱った二作品*の創作に没頭した。[6] 時期とテーマから推測すると、これはおそらく『革命』と『横断』ではないかと思われる。他にスクリャービンの曲を使って『母』を創作しているが、この作品は社会的・政治的テーマからではなく、自分の子どもを亡くした悲しみなど個人的な体験に基づくものであった。

九月初旬から一五〇人の子どもたちが学校に集まってくると、イザドラとイルマは早速子どもたちに踊りの訓練を行った。そして三か月にわたる訓練の成果を、ロシア革命四周年の記念行事の一環のガラ公演として、一九二一年一一月七日に政府の重臣や労働組合員たちに披露することにした。演目はチャイコフスキーの『悲愴』と『スラヴ行進曲』、そしてレーニン*率いる新政府の公の賛歌『インターナショナル』を選んだ。当日の目玉は、中央で踊っているイザドラの周りを囲むように、赤いチュニックを身につけた多くの子どもたちが輪になり手を繋《つな》いで踊る『インターナショナル』であった。イザドラが踊り終わると、子どもたちは歌いながらその輪を崩すように蛇のようなスパイラルを形作り、最後はイルマに導かれて舞台の袖に入って行った。この光景はボリショイ劇場に集まった多くの観客に感動を与え、印象に残る素晴らしい舞台となった。

臨席していたレーニンは、『インターナショナル』の最後のフレーズが流れたとき、感激のあまり立ち上がり「ブラヴァー、ブラヴァー、ミス・ダンカン」と叫んだ。政府の公演依頼で披露した踊りが時の最高指導者レーニンに讃えられ、イザドラの名前と学校は開校前に知れ渡ることになった。しかし、新経済政策（NEP）を打ち出したばかりのロシア政府に、このとき学校に十分な支援をする余裕はなく、ロシアの学校を維持していくためには、イザドラは母国アメリカ救済局の援助にも頼らなければならないのが現状であった。〈7〉

《モスクワまでの経路》

七月一二日、ロンドンからレヴァルに向けて蒸気船『バルタニック』号に乗船…七月一九日レヴァルを出発…翌日ホテルに泊まり、サンクトペテルブルク行きの列車に乗る…七月二一日ロシアのナルヴァに着き二二日サンクトペテルブルクに到着、ネフスキー大通りを歩く、サンクトペテルブルクからモスクワ行きの船に乗る…七月二四日午前四時にモスクワに到着。

＊エカテリーナ・ゲルツァー（一八七六～一九六二）

ロシア・モスクワ生まれ。バレリーナ。一八八四年からボリショイ・バレエ学校で学び、一八九四年に卒業してボリショイ・バレエ団に入団。二〇世紀初頭のボリショイを代表するプリマ・バレリーナで、一九一〇年にはディアギレフのバレエ・リュスと一緒にパリで踊っている、一九三五年にボリショイを引退したが、ロシア国内を精力的に巡演し続けた。

＊アレクサンドラ・バラショーヴァ（一八八七～一九七九）

ロシア・モスクワ生まれ。バレリーナ。ボリショイ・バレエ学校で学び、一九〇五年にはプリマ・バレリーナとして主役を務めるようになる。

《イザドラとバラショーヴァの不思議な縁》

イザドラが学校として生徒と住むことになった家は、ボリショイの元プリマ・バレリーナ、アレクサンドラ・バラショーヴァが住んでいたプレチステンカ通りの立派な邸宅であった。一方、フランスに逃亡したバラショーヴァは、夫のウシュコフがフランスで紅茶の商売をするため、偶然にもパリにあったイザドラの家を借りようと見に行っていた。しかし、食堂がなかったため、借りることを諦めたようである。

＊イリヤ・イリーチ・シュナイダー（一八九一～没年不明）

ロシア・モスクワ生まれ。演劇ジャーナリスト。主にバレエについて執筆する。自身の創作したバレエの中で思い描く人物はイザドラ・ダンカン以外にいないと断言していた。人民外務委員会の報道局に勤めるとともに「バレエ学校」で舞踊の歴史と美学を教えている。

＊ピエール・ルボシュッツ（一八九一〜一九七一）

ロシア・オデーサ生まれ。ピアニスト。モスクワ音楽院で本格的に学ぶ。イザドラのロシアの学校の専属ピアニストになり、彼女がロシア国内でツアーを行うときは同行し伴奏する。

《社会的、政治的テーマを扱った二作品》

イザドラは学校の生徒が集まっていない時期、かつて友人で畏敬の念を抱いていた亡きスクリャーピンの曲に新しい舞踊作品、『横断』と『革命』を創作した。作品にはありとあらゆる恐ろしさと飢饉《ききん》がもたらす残忍さを盛り込み、残酷さと痛切な痛みなど恐るべき力が込められている。イザドラは作品を通してソヴィエト・ロシアの当時の社会情勢を表現する、あるいは毅然《きぜん》とした決意を示したかったのだと思われる。

＊レーニン（**ウラジミール・イリイチ・レーニン　一八七〇〜一九二四**）

ロシア・ウリヤノスク生まれ。革命家、政治家、哲学者。ロシア・ソヴィエト社会主義共和国およびソヴィエト連邦の初代指導者。「レーニン」は筆名であり、「レナ川の」という意味。

《『インターナショナル』の踊りの様子》

オーケストラがインターナショナルを奏でると、イザドラが舞台中央に進み出て、まるで古代コロスのような出で立ちで立像のごとく、足をしっかり据えて立った。観客が皆総立ちで、賛歌インターナショナルを歌うなか、イルマが赤のチュニックを着た小さな子どもたちの手を引きながら舞台に出てきて、赤い衣装を身につけているイザドラを囲んだ。皆、碧《あお》いカーテンの前で、右手を高く挙げ、前の子どもの左手をしっかり握り、生き生きと輪を描いてイザドラの周りを回ったあと、またイルマに引かれて歌いながら舞台袖へと入って行った。

エセーニンとの出会い

圧倒的な成功を収めたガラ公演から数週間たった一一月二三日、イザドラは労働者の子どもを自分のもとに送るように、また自分が創作した舞踊作品を毎週月曜日の夜に全ての人民がボリショイ劇場で無料鑑賞できるようにと『イズベスチア』紙を通じて、政府に次のように嘆願した。[8]

> 子供たちとともに――私の学校以外の子供たちと――連日稽古をして、春の五月一日には野外で真の休日の喜びを与えてあげましょう……〔中略〕早急にご返事を頂きたく存じます――大劇場での「月曜ごとの」企画に対して政府は援助金を出資できるのか？　私は、商業主義とあまりにも密着したヨーロッパとその芸術を捨てて来ました。ですから再びブルジョワ市民のために有料コンサートを開かなければならないことは、私の信念と望みに反します。大勢の子供たちに教えたいという私の考えを実行するために――ただ、大きくて暖かいホールがあればよいのです。子供たちの衣食についてはす

でにARA（アメリカ救済協会）から約束をもらっています。〈9〉

しかし、時の政府はこれら二つの要求に対して支援できない意向を示してきた。イザドラは学校を諦めるか、あるいは巡業公演を行って資金を稼ぐかの選択を迫られることになったが、彼女をロシアに留めさせたのは、一一月に出会った詩人のセルゲイ・エセーニン*の存在であった。画家で舞台美術家のゲオルギー・ヤクロフの家で知り合ったエセーニンは、詩人として最も創造力豊かな時期であり、作品ができるたびに新聞社に投稿するほど自身の作品にプライドを持っていた。イザドラがエセーニンに心惹かれるようになったのは、才能だけでなく、彼が亡き息子パトリックと同じ金髪にブルーの瞳であったからとも言われている。〈10〉

このときイザドラ四四歳、エセーニン二七歳で、イザドラは彼よりも一七歳年上であったが、エセーニンがどの党にも属さず、自分と同じ菜食主義者で、似たような考えを持っているなど共通する点があったことも引きつけられる要因となった。エセーニンも既に有名だったイザドラに強く関心を寄せ、知り合ってすぐに、イザドラの学校があるプレチステンカ通り二〇番地に移ってきた。それからは昼夜構わず詩人や芸術家の仲間たちが学校に出入りするようになり、当時イザドラとイルマに学んでいたリリー・ディコヴスカヤは、深酒したエセーニンたちが突然やってきたときの有様はひどく、酒豪で癇癪《かんしゃく》持ちのエセーニンに発作が起きると、イザドラは彼が落ち着くまで母親のように介抱していたと筆者にその頃の様子を話してくれた。〈11〉

＊セルゲイ・エセーニン（一八九五～一九二五）

ロシア・コンスタンティノボ生まれ。詩人。二〇世紀のロシアの詩人として最も人気が高いことで知られている。一九二一年にイザドラと出会い翌年に結婚した後、彼女のヨーロッパ、アメリカ公演に夫として同行する。その間、言語、文化の違いや十分な意思疎通が取れなかったこともあり、帰国後、一緒に住むことはなかった。代表作に詩集『ラードニツア』がある。

最後のアメリカ公演

政府からの支援もさほど当てにならない状況が続き、パリに住んでいた兄のレイモンドから母ドラが亡くなった（一九二二年四月一二日没）という悲報が届くと、イザドラは次第に落ち込むようになった。[12] この状況を打破しようと、国外へ出ることを望むようになったイザドラは、[13] アメリカの代理事務所にいたソル・ヒューロック＊に国外公演ツアーを組むように依頼する。ツアーは主に学校運営費を稼ぐことが目的であったが、エセーニンを旅に同行させることにより、彼の精神的な病の治療に加え知見を広げさせたいという考えもあった。

国外ツアーは、スイスのベルンをはじめウィスバーデン、ワイマール、オステンド、ブリュッセル、パリ、ヴェネツィアを順次訪問し、最後にパリを経由して母国アメリカを巡演するという計画であった。ヒューロックは当初、イザドラの希望を取り入れ、ロシア人の生徒たちをアメリカに連れていく予定で手はずを整えていたが、アメリカ政府の許可が下りず、母国で生徒たちと共に踊るというイザドラの夢は儚《はかな》くも消えてしまった〈14〉。エセーニンを大使館もない国に連れて行くのは危険だ、結婚して行くべきだというルナチャルスキーの勧めに従い〈15〉、イザドラは出国前の五月二日、急遽《きゅうきょ》エセーニンと結婚した［図83］。また海外への航空路が開かれたばかりの旅客便に乗ることは命がけだったのか、万が一のことを考え、一週間後の五月九日にはシュナイダーとイルマの立ち会いのもとで遺言書まで書いている。ニューヨーク公共図書館に保管されている結婚証明書には、イザドラが実年齢より七歳若く三七歳と偽って署名していることを筆者は確認した。

結婚から八日後の五月一〇日に出航した二人は、ベルン経由でウィスバーデンに着くと、早速エセーニンはモスクワにいるシュナイダーに手紙を出している。手紙には、馴染《なじ》みのない外国で神経衰弱気味になったが医者にかかり回復したことや、イザドラがドイツの家を九万マルクという安値で売却したことに対する不満などが書かれていた〈16〉。途中ブリュッセルのオペラハウスで公演を行い、ロシアを出航してからおよそ五か月後の一九二二年一〇月一日、二人はようやくニューヨークに着いた。

図83　1922年、イザドラとエセーニンの結婚式の日に撮影された写真。左端はイルマ

その日、『ニューヨーク・タイムズ』紙に掲載されたイザドラの公演ツアーの日程は、一〇月七日のカーネギー・ホールを皮切りに、一一日、一三日、一四日とチャイコフスキーの『交響曲第六番』、『スラヴ行進曲』、ヴァーグナーの『ワルキューレ』、『タンホイザー』、『トリスタンとイゾルデ』、『神々の黄昏』、一二日はブルックリン・アカデミー・オブ・ミュージックで「チャイコフスキーとヴァーグナー・プログラムの公演、その後太平洋側を巡演して、一月にはニューヨークに戻ることになっていた。[17] しかしニューヨークの港に到着したばかりのイザドラとエセーニンは、合衆国入国管理局からスパイ容疑をかけられ、エリス島で身柄を拘束される事態になる。そしてこれに憤慨し、二人に会いに行った興行師ヒューロックまでもが厳重な取り調べを受ける羽目になってしまった。[18] このときイザドラは、政治的イデオロギーの異なる国で公演することに対し、自身の考えを次のように主張している。

私たちは政治的な問題を混同していません。私たちが動いているのは芸術の領域においてのみです。私たちは、ロシアとアメリカの魂が互いに理解しようとしていることを信じます。[19]

この発言が大衆の共感を呼び、イザドラの知人たちの抗議も相次いだことから、[20] 入国管理局は翌一〇月二日に二人を解放した。ウォルドルフ・アストリア・ホテルを宿に、当初の計画通り一〇月七日に行ったイザドラの初日のチャイコフスキー・プログラムは、カーネギー・ホールを溢《あふ》れんばかりの大観衆で埋め尽くし、公演は大成功であった。

翌日の新聞は、「アメリカ・ツアーのために五年ぶりに帰還した芸術家を見ようと、カーネギー・ホールは三〇〇〇人の称賛者で満員になった」と公演の大盛況ぶりを告げている。[21] チャイコフスキーの交響曲『悲愴』の第三楽章に振り付けた『軍隊行進曲』と『スラヴ行進曲』を踊ったイザドラは、皇帝賛歌のテーマが流れるまで両手を結び低姿勢で歩いた。イザドラが戦時期にメトロポリタン・オペラハウスで『ラ・マルセイエーズ』〔図84〕を踊ったときのように自由に両腕を広げるポーズをとると、観客のあちこちから歓声が上がり大喝采となった。三時間ほど続いた踊りが終わると、イザドラはスピーチを待っている観客に向かって、[22] ロシアから招待を受けたことや夫エセーニンについて述べたうえで、なぜロシアに行ったのか、その理由について次のように語った。

図84 『ラ・マルセイエーズ』を踊るイザドラ

なぜ私はモスクワに行かなくてはならないのでしょう。存在すらしない思い違いの後には、私たちアメリカも私たちの子どもたちのためのダンスが必要です。私はアメリカ人の臆病な子どもを知っています。なぜなら私自身もそうだったからです。私はロシア人の子どもたちがベートーヴェンの『第九』に合わせて踊るのをすぐにお見せしたいのです。私はそれをニューヨークで実現することができます。それは、ブロードウェイよりもより現実味があるでしょう。なぜアメリカは私に学校を与えないのでしょう？　理解してほしいのは、なぜ私がモスクワへの招待を受け入れたかということです。〈23〉

この訴えは、イザドラに学校を与えなかった母国アメリカに対する憤りと、モスクワには受け入れる土壌があったということを暗に物語っている。言い換えれば、アメリカ人には彼女の目指す芸術としての舞踊学校の必要性がなぜ理解できないのか、という皮肉を述べているようでもある。しかし一方で、長くヨーロッパに滞在した経験から、自身がアメリカ人であることを強く認識したことを示すかのように、次のようにホイットマンを称賛している。

アメリカの偉大な象徴はウォルト・ホイットマンです。アメリカはロシアが持っているものを何一つ持っていません。ロシアはアメリカが持っていないものを持っています。なぜアメリカは私が手を差し伸べたようにロシアに手を伸ばそうとしないのでしょう？〈24〉

これはアメリカ人の愛国心を擽《くすぐ》るもので、観客からは声援が上がった。確かにイザドラの理想主義的なこの考えは観客にも魅力的に映ったであろうが、残念ながら、彼女の芸術が米露間の根本的な相互理解までには至らなかった。しかし、一時的であったにせよ、彼女の舞踊、そして彼女の演説が観客一人一人の心にヒューマニズムの精神の一片を与える機会になったのではないだろうか。それだけに、イザドラの舞踊と演説が観客にもたらす影響力は相当なものであったことは言うまでもない。

その後も一一日にヴァーグナー・プログラム、一三日にチャイコフスキーとヴァーグナーのプログラム、一四日にはガラ・プログラムを踊ったイザドラは、絶賛され拍手喝采を浴びた。新聞によれば、一一日のヴァーグナー・プログラムの演目は、『ラインの黄金』より「ヴァルハラ城の神々の入場」、「ワルキューレの騎行」、『タンホイザー』からの「序曲」と「バッカナール」[25]、一三日はチャイコフスキーの『悲愴』、ヴァーグナーの『タンホイザー』より「序曲」と「バッカナール」であった。[26]

また一四日のガラではヴァーグナー・プログラムを行うと告知した通り、『ローエングリン』、『ワルキューレ』より「ワルキューレの騎行」、『ラインの黄金』より「ヴァルハラ城の神々の入場」、『トリスタンとイゾルデ』より「プレリュード」と「イゾルデの死」、『タンホイザー』より「ベルク」と「バッカナール」を踊った。新聞は、「最後のアンコールでブラームスのワルツを二度踊るなど大盛況であった」[27]とイザドラの公演がいずれも成功裏に終わったことを告げている。[28]

カーネギー・ホールの公演は、このようにすべて大成功のうちに幕を閉じることになった。観客の一人で後にイルマの弟子となるジュリア・レヴィン*は、「イザドラがロシアの学校への支援を訴えていたとき、観客席から舞台にお金が飛んで行くのを見た」と当時の熱狂的な会場の様子を語っている。[29]イザドラは母国アメリカで、チャイコフスキーだけでなく自身の舞踊の概念と相通じる音楽として、舞踊を生き返らせたヴァーグナーの音楽も選択した。彼女は畏敬の念を抱いていたヴァーグナーを次のように称賛している。

彼は先見の明をもつ栄光ある予言者、未来の芸術の解放者です。芸術の新たなる結合を生むのは、演劇、悲劇と舞踊を一《いつ》にして再生するのは、ワーグナーその人です。舞踊が音楽のもとに生まれることを初めて理解したのは彼でした。これはまた、舞踊に対する私の概念でもあり、このために私は私の学校の仕事に励んでいるのです。ワーグナーのあらゆる音楽の主題の深みに、舞踊が発見されましょう。それは不滅なる彫刻であり、ただ解放と生命のみを必要とする動きであります。〔中略〕長いこと胚の中で死んだようになっていた舞踊に、再び生命を与えるのは、この音楽なのです。〈30〉

ニューヨーク公演を成功に導いたイザドラは、次にボストンのシンフォニー・ホールで一〇月二〇日、二一日と公演を行った。〈31〉二〇日はニューヨーク公演と同様に観客から大喝采を浴びたが、二一日に行ったチャイコフスキー・プログラムで『スラヴ行進曲』を踊った後に問題が起こってしまった。イザドラが赤い衣装を摑《つか》んで頭上に振りかざし上半身を露わにして、「このように、私も赤です！〔中略〕命と活力の色です。みなさんもかつては自由奔放だったはず、飼い慣らされてはいけません」〈32〉と叫んだのである。このことは保守層の多いボストンで、警察から公演禁止令が出るほどの大事になってしまった。

筆者のインタヴューに応じてくれたダンカン・ダンサーのパトリシア・アダムスは、当時この公演を観客席で観ていたステラ・ブロックが*〈33〉「イザドラがあらかじめ簡単に上半身が見えるようにチュニックに細工を施していたかのように見えた」と語っていた、と話してくれた。〈34〉これが事実であるとすれば、イザドラはボストンで自由とは何かを提示するため、あえて最初からこの演出を組み込んでいたのだろうか。一〇月二四日の『ニューヨーク・タイムズ』紙は、ボストンのカーリー市長が「イザドラは二度とボストンで踊るべきではない」と決意表明したと報じた。[35] 同日の『ワシントン・ポスト』紙も、ボストンは「自由な考え」のダンスを望んでおらず、市長と検閲官は二三日にイザドラの公演を取り止めにしたとボストンでの公演の中止を伝えている。[36] イザドラは同紙を通じてボストンと彼女自身の考えについて、次のように語った。

ボストンは因習に縛られています。私は市民を新しい自由な考えに導くことを望んでいました。私は芸術的な意味で「赤」ですが、私にはロシアの考えをアメリカに持ち込もうなどという考えはほんの少しもないのです。[37]

イザドラのこの発言には彼女の意志が表れているが、当時のボストンは、イザドラが真の意味で「赤」と言ったことを誤解していた節が見える。さらに、これまでもイザドラが「赤」と発言したことのみに焦点があてられ、芸術的意味から来るイザドラの真の思いは伝えられなかった。イザドラがアメリカに期待したのは「芸術における自由（同時に女性の自由）」であり、それは当時のアメリカにはまだ完全に浸透されていないものであった。

しかし、彼女のこの言葉の真意が理解されることはなく、ボストンでのイザドラの行動と発言が引き金となり、その後の公演契約の多くは中止となってしまった。興行主のヒューロックもイザドラに、これ以上同様のスピーチをしたら契約を破棄すると警告するほどであった。[38] その後一一月のシカゴ公演を無事終え、ニューヨークに戻ったイザドラは、再びカーネギー・ホールで公演を行うと、インディアナポリスのミュラー劇場、メンフィスのリリック劇場、デトロイトのオーケストラホール、ボルチモアのリリック劇場と次々巡演した。イザドラの踊りが問題視されてから、インディアナポリスの公演は、舞台上でイザドラがチュニックを脱がないようにと市長が四人の刑事を配置し、〈39〉別の市では市長がチュニックを没収するなど革命的な踊りは禁じられた。この全米ツアー中、イザドラにとって理不尽なことが多く、エセーニンとの仲も深刻な状況が続くことになった。

＊**ソル・ヒューロック**（一八八八〜一九七四）

ロシア・ポガー生まれ。興行師。イザドラのほかにもミハイル・フォーキン、アンナ・パヴロワほか偉大な芸術家の興行に携わる。

＊**ジュリア・レヴィン**（一九一一〜二〇〇六）

アメリカ・ニューヨーク生まれ。舞踊家。イザドラの愛弟子アナとイルマに学んでおり、ホーテンス・クローリスとイザドラ・ダンカン・センテニアル・カンパニーを結成し、次世代のダンカン・ダンサーの育成に尽力する。

＊**ステラ・ブロック**（一八九七〜一九九九）

オーストリア＝ハンガリー帝国（現在のポーランド）・タルヌフ生まれ。ダンサー、ジャーナリスト。生後ニューヨークに戻って育つ。インドやジャワで民族舞踊を学び、ニューヨークのアート・スチューデンツ・リーグ・オブ・ニューヨークでジャーナリズムと芸術を学ぶ。

一二月二五日、イザドラはクリスマス公演として、ブルックリン・アカデミー・オブ・ミュージックでマックス・ラビノヴィッチによるピアノ伴奏つきの公演を行った。しかし、この公演は中途半端な形で終わってしまう。最初の二作品を踊ったイザドラが、女優サラ・ベルナールが危篤であると観客に告げ、彼女のために『葬送行進曲』を踊ったことが発端となったのか、ピアニストはその場を去り、公演がそこで中止してしまった。〈40〉イザドラは二七日の新聞で、公演を中断したのは自分とピアニストの体調が悪かったためである、と次のように弁明している。

私は彼を責めていませんし、喧嘩《けんか》もありませんでした。彼は病気でしたし、私も病気でした。私たちは、病気だったのです。しかし、今は大丈夫です。〈41〉

私も病気でした、というイザドラの言葉からも、いつもと違うイザドラの様子を見て、体調がすぐれない状況を察知したピアニストが公演を途中でやめたということも十分考えられる。〈42〉ボストンでの公演以後、周囲から誤解されたうえ、エセーニンとの問題も抱えていたイザドラは、このとき精神的にも肉体的にも堪え難い状況だった。

ブルックリンでの公演は途中で中止してしまったが、翌日には次の公演場所のオハイオ州のトレドに向けて出発し、二七日にはサクソン・オーディトリウムで何とか公演を行った。その後再びニューヨークに戻ったイザドラは、翌年の一月一三日と一五日にカーネギー・ホールでヴァーグナーの『ワルキューレ』から「ワルキューレの騎行」、『神々の黄昏』から「ヴァルハラ城への神々の入場」、「愛の死」、『タンホイザー』の「バッカナール」、シューベルトの『軍隊行進曲』などを踊っている。

カーネギー・ホールの公演の最後、イザドラは満席の観客を前に、「私は無政府主義者でもボリシェヴィストでもありません。夫と私は革命家です。〔中略〕さようならアメリカ。これが最後です〈43〉」と言い放ち、次の言葉を発した。

ええ、私は革命家です。私の夫も同様です。真の芸術家は全てそうです。私は芸術家がボリシェヴィストであるというのではありません。しかし、心底革命家なのです。そうでなくてはなりません。〈44〉

『ニューヨーク・タイムズ』紙は、イザドラの言葉を次のように掲載している。

私はアナーキストでもボリシェヴィキでもありません。夫と私は革命家なのです。全ての天才はその名に値するでしょう。どの芸術家も今日この世界で刻印を残すにはそうでなくてはなりません。ここに自由を！〈45〉

問題が起こる度に、自らの考えを公演後や新聞等を通じて表明するイザドラであったが、今回のアメリカ訪問以後、二度と母国で踊ることはなかった。〈46〉彼女は、アメリカに来たのは自由とは何であるかを伝えるためであったと語っている。[47] しかし、エセーニンの知見を広めるため、自由の国アメリカを彼に見せることがもう一つの目的であったとしたら、皮肉なことに彼女のその思いは果たすことができなかったと言える。

彼女にとって五年ぶりのアメリカは以前と全く変わっておらず、「自由の女神」はただ置かれている彫刻に過ぎなかった。つまり、アメリカのシンボルでもある「自由の女神」は、まだ生命を持たないガラテアのような状態のままであり、まだ身体性や魂を持って踊ってはいなかったのである。芸術に対しては非常に強い意志を持っていたイザドラであったが、パリ行きの旅費[48]やモスクワの学校への送金は、最終的にはシンガーからお金を借りて何とか体面を保っている状況であった。[49]

《アメリカ・ツアー後の公演》

先行研究書（マクドゥーガルとブレアの著書）では、イザドラは一月末にはジョージ・ワシントン号でフランスに向かったとなっている。しかし新聞によれば、実際はカーネギー・ホールの公演が一月中旬に終了した後、二月二日にレキシントン劇場でロシアの交響楽団と共に公演を行っており、[50] パリに向かったのは一月末ではなく二月三日であった。[51]

ロシアへの帰還と最後のロシア公演

ロシアへの帰国前、イザドラは親友メアリー・デスティとの再会を果たすためフランスに立ち寄り、久しぶりにひとときの安らぎを得ていた。しかし、酔ったエセーニンがホテル・クリヨンの家具を叩き壊してしまったことが警察沙汰となり、即刻国外退去となってしまう。この状況を打破するため、エセーニンと共にロシア人コミュニティがあるベルリンに向かったが、〈52〉ここでもエセーニンの奇行は治まることはなかった。五月にパリで公演を控えていたイザドラに同行した際も燭台《しょくだい》を鏡に投げつける事件を起こしたため、イザドラは手に負えず、エセーニンを療養所に入れる始末だった。帰国の旅費を捻出するため、ポンプ通りの家を貸し家具類を売却したイザドラは、兄レイモンドのマネージメントで、パリのトロカデロ劇場でヴァーグナー・プログラムを踊って公演収入を得ることにする。〈53〉

帰国直前の一九二三年五月二七日、六月三日、七月三日に行ったトロカデロ劇場の舞台を最後に、〈54〉イザドラは一年ぶりにモスクワに戻った。アメリカ・ツアーは、最初のニューヨーク公演では歓迎されたものの、ボストンでの公演以降は次々とキャンセルになり、状況は悪化の一途をたどった。そのうえ、エセーニンの奇行が重なり、母国アメリカで凱旋《がいせん》するどころか結果的には汚点を残す顚末《てんまつ》となり、学校の資金はおろか借金して帰国するという、イザドラにとって大変惨めな結果になってしまった。イザドラとエセーニンとの仲も言語をはじめ、様々な問題が表面化し、一年余りの国外ツアーはその後においても最悪な結末を迎えることになった。帰国後、家から出ていったエセーニンは、学校内に置いてあったセルゲイ・コネンコフ*の胸像を取りにやって来て以降、イザドラの前から完全に姿を消してしまった。〈55〉

心身共に疲れ果てロシアに戻ったイザドラに、シュナイダーはサマースクールに参加していた多くの子どもたちを引き合わせた。生徒たちの笑顔を見て、沈鬱な気持ちが幾《いく》らか和らぎ活力をもらったイザドラは、早速キスロヴォツクでチャイコフスキーの『悲愴』と『スラヴ行進曲』を踊ることにした。しかし

『スラヴ行進曲』の一節がロシア皇帝への祝歌であることが問題視され、彼女に代わってシュナイダーが秘密警察に逮捕されてしまうという問題が起きた。イザドラはこのような災難に見舞われても、平静さを失わず、キスロヴォツクの後にはバクー、ティフリスなどのコーカサスの町を巡演し、現地の音楽家を雇いながら『悲愴』と『スラヴ行進曲』に加え、『インターナショナル』とヴァーグナーの『ワルキューレ』などを踊った。そしてアメリカ近東救援協会に保護されたアルメニア人の収容所では、自身の踊りを披露しながら子どもたちにも踊りを教え楽しませていた[56]。

十一月になり、「第一回オクトブリーナ洗礼式」に招待されたイザドラは、そこで生徒たちと踊った『アヴェ・マリア』が好評を博し、ボリショイ劇場でもその踊りを披露した。生徒たちと一緒に踊った『アヴェ・マリア』は、劇場に来た多くの観客から割れんばかりの拍手と大歓声が上がった。

一月からウクライナでツアーを行っていたイザドラは、一月二一日に亡くなったレーニンへの追悼の意を込めて二つの作品を創作し、踊った。公演は大成功を収め、とくにキーウでは満席で大盛況になるなど、帰国後の公演はいずれも大成功となった。

五月はチャイコフスキーの『アンダンテ・カンタービレ』をモスクワのフィル・ハーモニック・ホールで、六月から八月にかけてピアニストのマーク・メイチク*とマネージャーのズィノヴィエフを伴い、再びキーウ、そしてヴォルガ地域のサマラ地方でイルマや生徒と共に公演を行った。しかし、生徒を伴う公演は、移動や宿泊などで出費が嵩《かさ》み、そのうえパリに所有している自宅への家賃も滞納されていた（貸している住人からの家賃不払いが続いていた）[57]。そのため学校の維持資金は足りず、残りの公演はイザドラ一人で踊ることにして、途中から生徒たちをモスクワに帰している。モスクワに戻った生徒たちは、ニコライ・ポドヴォイスキー*と体育教育人民委員会の後援のもと、レッド・スタジアムで労働者の子どもたちにダンスを教えることにした。八月下旬にイザドラが公演から帰ると、赤いチュニックを着た約五〇〇人ほどの子どもたちが学校のバルコニーのもとに集まってイザドラを出迎えた。その場にいたイルマは、この光景に心打たれたイザドラが「ケシの花畑が風のなかで揺れ動いているよう」と感激の言葉を発したと回想している〈58〉。

大勢の子どもたちから声援をかけられ勇気をもらったイザドラは、その後精力的に創作に取り組むようになり、『一、二、三、私たちは開拓者』、『ドゥビヌシュカ』、『ワルシャビャンカ』、『若きパイオニア』など立て続けに革命歌に振付した。これら作品のなかでも、特に『ワルシャビャンカ』、『ドゥビヌシュカ』はイザドラのロシア時代の代表作となり〈59〉、現在まで踊り継がれている。

九月になり、ドイツ公演を控えたイザドラは、出発前の数日間モスクワのカルメニー劇場でさよなら公演を開催した。数回にわたって行われていたこの公演の詳細については不明なところもあるが、演目は『ザ・ウェアリング・オブ・ザ・グリーン』、『ラ・マルセイエーズ』、『カルマニョール』、『ラコッツィ行進曲』、『インターナショナル』、リストの『葬送曲』、『アッシジの聖フランシス』、スクリャービンの『ピアノ・ソナタ第四番』やショパン、シューベルト、グルックの作品で、観客を魅了した。九月二七日、二八日の公演は、当時のロシアの地にふさわしい革命一色のプログラムで構成され、当日、会場内は歓喜と称賛の声が上がり大盛況であった。

この公演を観ていた中央執行委員会議長ミハイル・カリーニン*の妻カリーニナ*は、革命的精神を持ったイザドラに感動し、このとき学校の支援を申し出ている。党の指導者に会うことを希望していたイザドラの願いはカリーニナの計らいにより、翌日の夜、ボリショイ劇場に政府の要人たちを迎え、追加公演として叶えられることになった。イザドラはこの公演で学校維持の支援を政府の要人に訴え、手ごたえを感じたが、既にベルリンでの公演を控えていたため、その後の対応をイルマに任せ、九月三〇日の夜明けには次の公演地に向かって出発した。

＊セルゲイ・コネンコフ（一八七四～一九七一）
ロシア・クラコヴィチ生まれ。彫刻家。モスクワ芸術学校とサンクトペテルブルク芸術アカデミーで学んだ。しばしばロシアのロダンと呼ばれる。プーシキン、チェーホフ、トルストイ、ドストエフスキー、ツルゲーネフなどの彫刻を作成した。

＊マーク・メイチク（一八八〇～一九五〇）
ロシア・モスクワ生まれ。ピアニスト、音楽関連の編集者。一九一八年、教育人民委員会の音楽部門のコンサートマスターになる。翌年からは音楽劇研究所のディレクターを務めた。

＊ニコライ・ポドヴォイスキー（一八八〇～一九四八）
ウクライナ・チェルニーヒウ生まれ。政治家。陸海軍人民委員部で働いた。一九一七年のロシア革命で大きな役割を果たし、新聞『クラスナヤ・ガゼータ』に数々の記事を執筆した。

＊ミハイル・カリーニン（一八七五〜一九四六）
ロシア・トヴェリ生まれ。政治家。村の農民の家に生まれたが、地主の夫人の助けにより、サンクトペテルブルクの工場で働く。その後政治家になり、中央執行委員会議長、最高会議幹部会議長などを歴任する。

＊エカテリーナ・カリーニナ（一八八二〜一九六〇）
ロシア・エスナ生まれ。織物工場で働き、一九〇五年からロシア革命に関わるようになり、サンクトペテルブルクに行き、そこで夫となるミハイル・カリーニンと出会う。

悲惨なドイツ公演と自伝執筆

ベルリンで行った二回の公演の評価は最初から好意的なものではなかった。当時のイザドラは、戦時中に連合国を支持し、ロシアに数年滞在していたことから、好ましくない人物と見なされていたことも事実であった。公演で稼いだ収益も運悪くマネージャーに騙《だま》し取られてしまい、ツアーの継続が困難となったうえ、大使館はパスポートを発行しようとせず、フランス政府も入国ビザを出さないという方針であった。このような最悪な状況でホテル代も延滞していたイザドラは、自伝を執筆することが収入を得る打開策と考えるようになる。

早速、『シカゴ・トリビューン』紙のジョージ・セルデス＊と『ニューヨーク・ワールド』紙のサム・スペワック*が彼女のもとに執筆依頼にやってきた。[60] しかし、イザドラのラブレターを本という形で出版しようとしていた編集者との間には考えに隔たりがあった。イザドラは、自身のラブレターを自伝のネタにすることには、最後まで同意せず出版は難航した。[61]

セルデスが版権交渉をしていたのと同時期、アメリカ人記者アイザック・ドン・レヴィン*との出会いから自伝の執筆を決意したイザドラは、レヴィンの助けによりフランスへの入国許可書を取得し、無事パリに帰ることできた。

＊ジョージ・セルデス（一八九〇～一九九五）
アメリカ・ニュージャージー州生まれ。ジャーナリスト、外国特派員、編集者、作家、メディア評論家。

＊サム・スペワック（一八九九～一九七一）
ウクライナ生まれ。脚本家、小説家、ジャーナリスト。一家でニューヨークに移住しアメリカで教育を受ける。『ニューヨーク・ワールド』紙で働き、その後妻と共同で多くの舞台脚本を書いた。代表作は『私の三人の天使たち』。

＊アイザック・ドン・レヴィン（一八九二～一九八一）
ベラルーシ共和国・マズィル生まれ。ジャーナリスト、作家。ユダヤ人の家に生まれ、一九一一年にアメリカに移住する。『カンザス・シティ・スター』紙と『ニューヨーク・トリビューン』紙、『シカゴ・

――『デイリー・ニュース』紙などに記事を書いていた。

フランスでの晩年の活動

一九二五年一月、イザドラが久しぶりにパリに戻ったときには、彼女が自伝を執筆中というニュースが既に流れており、各新聞社は版権獲得に躍起になっていた。しかし新聞社側が期待した内容は、イザドラがラブレターを公開し、その思い出を執筆するというものであった。自身の舞踊論を執筆したいと思っていたイザドラに反し、世間が期待していたのは彼女の恋愛沙汰であり、彼女の舞踊論に関心を示す出版社は皆無であった。

この年パリにいた愛弟子の一人マーゴと元夫のエセーニンが亡くなったという知らせを受けたイザドラは、精神的にもかなり困憊《こんぱい》し病気がちになってしまう。〈62〉このような状況を心配した兄レイモンドが、イザドラをすぐにニースに呼び寄せた。以前、イザドラが二人の子どもを失い落ち込んでいたときにも心配してイザドラに手を差し伸べるなど、つらいときに彼女に寄り添うのはいつもレイモンドであった。

一九二五年頃は精神的に落ち込み体調も優れなかったのか、しばらく公演の形跡が見当たらない。しかし、翌年の一九二六年四月二日にニースのスタジオでピアニストのレオ・テクトニウスと共演し、＊四月一〇日には同所でイースターを祝うための小さな公演を行っていることが末裔《まつえい》が所蔵する公演プログラムから明らかになった［図85］。その後再びパリに戻ったイザドラは、ラスペイユ通りのホテル・ルテシアで保養する。ニューヨークから訪れた知人のメルセデス・デ・アコスタは、〈63〉滞納していたイザドラのホテル代

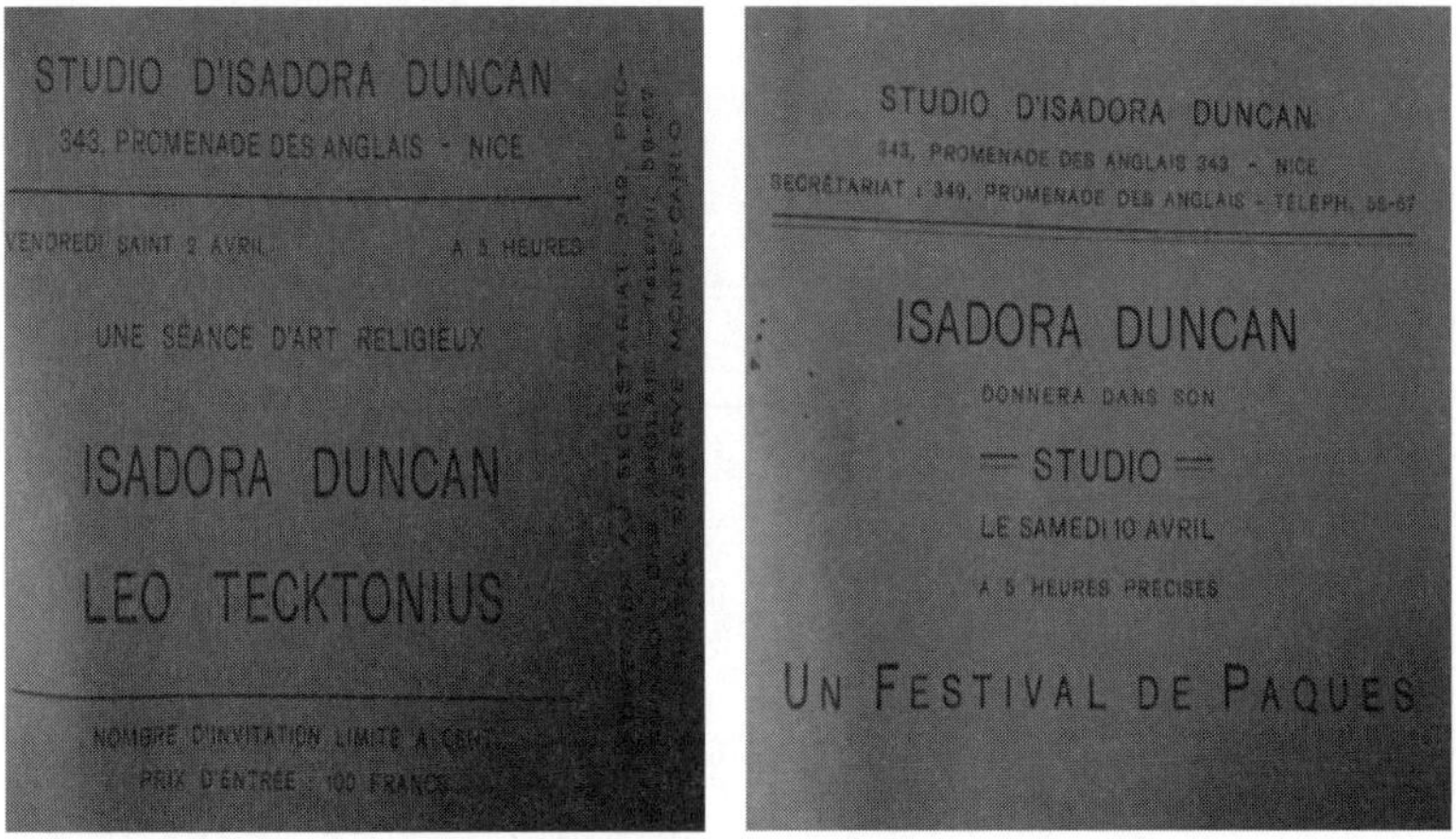
STUDIO D'ISADORA DUNCAN
343, PROMENADE DES ANGLAIS - NICE
VENDREDI SAINT 2 AVRIL A 5 HEURES
UNE SÉANCE D'ART RELIGIEUX
ISADORA DUNCAN
LEO TECKTONIUS
NOMBRE D'INVITATION LIMITÉ A CENT
PRIX D'ENTRÉE : 100 FRANCS

STUDIO D'ISADORA DUNCAN
343, PROMENADE DES ANGLAIS 343 - NICE
SECRÉTARIAT : 349, PROMENADE DES ANGLAIS - TELEPH. 58-67
ISADORA DUNCAN
DONNERA DANS SON
— STUDIO —
LE SAMEDI 10 AVRIL
A 5 HEURES PRECISES
UN FESTIVAL DE PAQUES

図85　イザドラのニースのスタジオでのプログラム
（左：レオ・テクトニウスとの共演　右：イースターを祝うための公演）

の未払い分を支払い、自伝を執筆するように激励して出版社を見つける約束をしている。[64]

九月になり、少し回復したイザドラは、再びニースでリサイタルを開催することにした。現存するプログラムによれば、九月一〇日はピアニストのイラクライ・オルベリアーニ*と共演し、一四日はジャン・コクトー*とマルセル・エラン*の二人と合同公演を開いている[65]〔図86−1、86−2〕。ジャーナリストのジャネット・フラナー*は、『ザ・ニューヨーカー』誌にこの晩年の公演について、次のような賛美の言葉を記している。

彼女の舞踊芸術は以前と変わったようだ。舞台上ではあまり動かず、ほとんど静止した状態か、ゆっくりとした美麗なステップで壮麗に腕を動かし、音楽に合わせて探求し、何かを見い出す。顔には、人間の悲劇、知識、愛、蔑み、苦しみなどのさまざまな感情がよぎる。ワーグナーの作品や小鳥たちにパンくずと知恵を与える聖フランシス伝の曲にポーズを

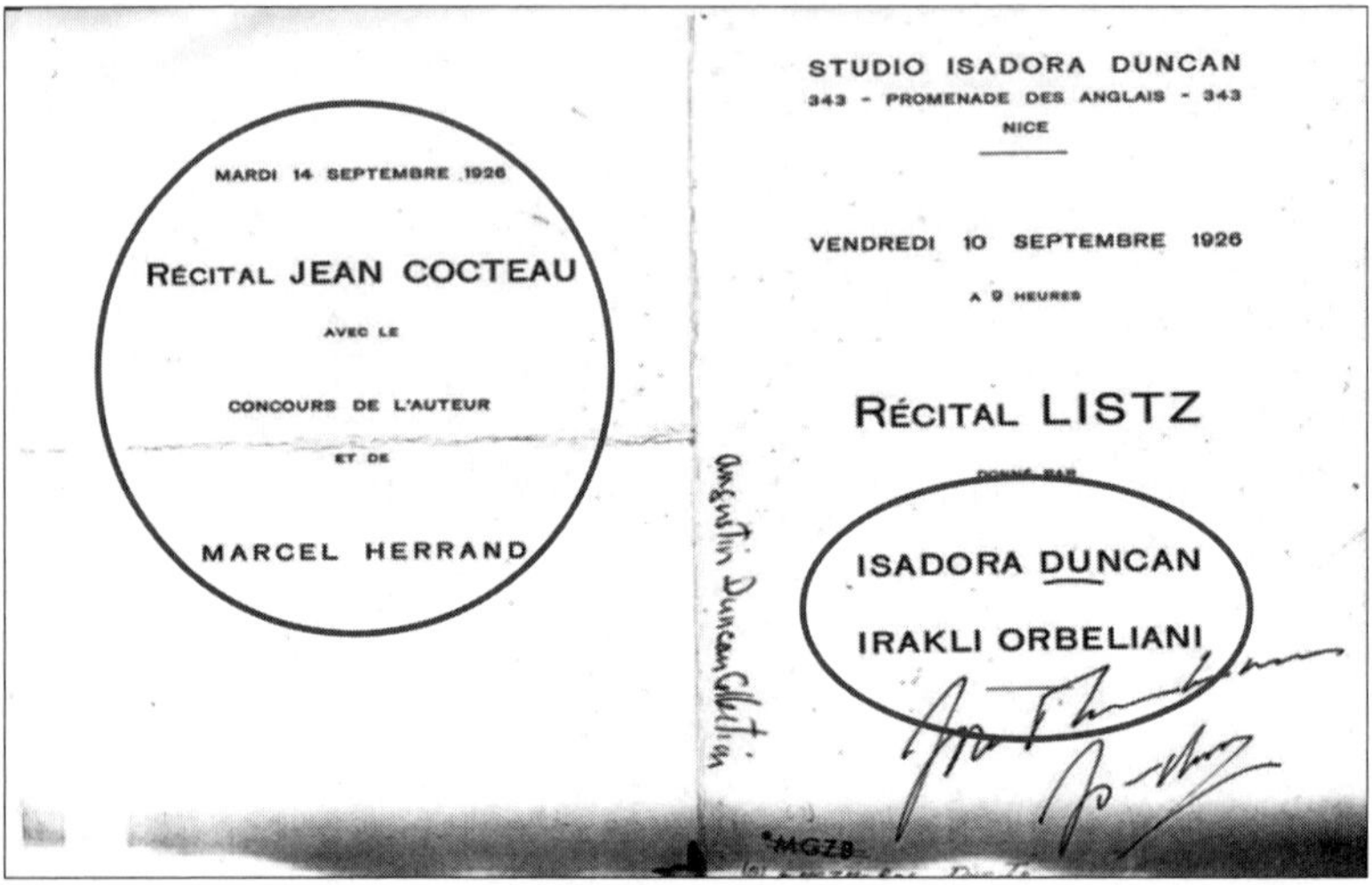

図86-1　ニースのスタジオでのプログラム（左側には14日の公演の予告が掲載されており、丸枠内にコクトーの名、右側丸枠内にはオルベリアーニの名が確認できる）

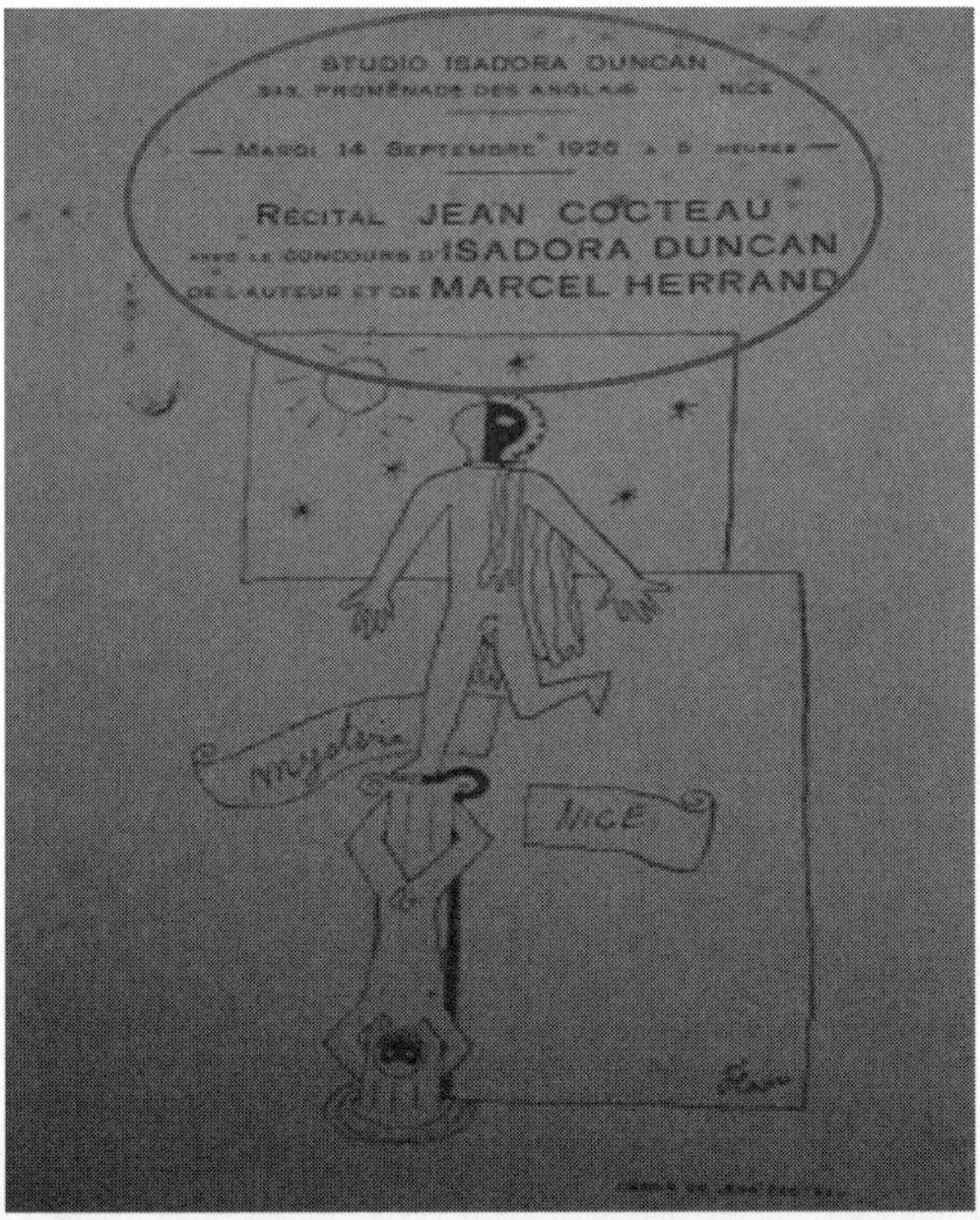

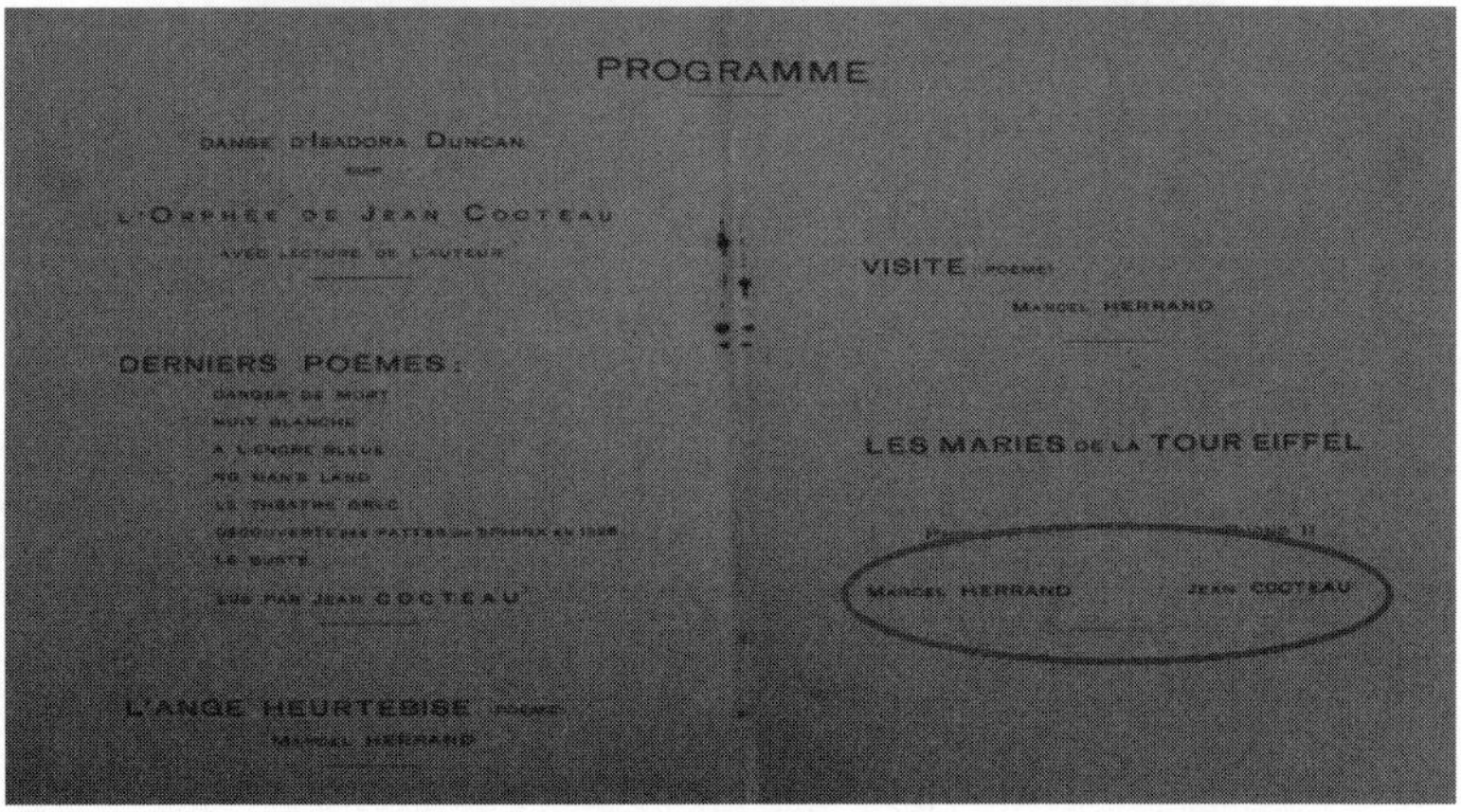

図86-2　9月14日公演のジャン・コクトーとの共演プログラム
（プログラムの表紙の絵はコクトーが描いたもの。丸枠内にコクトーの名前が確認できる）

つくる。イサドラは今もなお、偉大だ。抑えた手法によって、（遂に）簡潔の妙技に到達した。〈66〉

この批評から、イザドラの円熟した踊りが簡潔で抑えた手法により、深い魂の踊りに変化していることが伺える。そして偉大という言葉から、ほとんど動かなくてもイザドラの存在そのものがオーラを放ち、何か特別な崇高なものとして伝わってくる。

＊レオ・テクトニウス（一八八二〜一九三二）

アメリカ・ケノーシャ生まれ。ピアニスト。シカゴ、ニューヨーク、パリやその他の国で音楽を学び、名声を得ていた。

＊イラクライ・オルベリアーニ（一九〇一〜一九五四）

ジョージア・トビリシ生まれ。ジョージアの最も高名な一族の一人として生まれる。アメリカに移住し、市民権を得て、アメリカのジョージア協会のために貢献した。

＊ジャン・コクトー（一八八九〜一九六三）

フランス・メゾン＝ラフィット生まれ。画家、詩人、小説家、劇作家、評論家。映画監督、脚本家としての活動も行う。その多才さから「芸術のデパート」とまで呼ばれた。代表作に『恐るべき子どもたち』などがある。

＊マルセル・エラン（一八九七～一九五三）
フランス・パリ生まれ。映画俳優。冒険活劇や歴史映画での役が最もよく知られている。

＊ジャネット・フラナー（一八九二～一九七八）
アメリカ・インディアナポリスに生まれる。パリを拠点にジャーナリストとして活躍。『ニューヨーカー』創刊と同時に、「ジュネ」のペンネームで、同誌に隔週で『パリ便り』の連載を行う。

図87　ジャン・コクトーが描いたイザドラ

この頃イザドラは、フランスの土地管理人への借金が一万フラン（一九二二年の時点では三〇〇フランだった）にまで膨れ上がり、金銭面で窮地に陥っていた。イザドラの仲間や友人たちは何とか彼女を救おうと救済基金活動をはじめ実行委員会まで結成し、イザドラのヌイイの家を買い戻して「イザドラ・ダンカン・メモリアル・スクール」として政府の保護に委ねようとした。しかしイザドラ本人はその気にならず、この状況を重く見た実行委員のメンバーたちは議論の末、解散を決定し、最終的にこの家を手放すことになってしまった。

イザドラの晩年を近くで見ていた友人のデスティは、「日常生活の困難さにかまけて、四六時中、彼女を悩ました大きな悲しみをわざと忘れようとした。彼女はそれ以外に生きていく術がなかった」[67]とイザドラの心境を理解し擁護している。屋敷が買収される前日の十一月二四日、モスクワ裁判所からエセーニンの詩の著作権料約四〇万フランの遺産相続権の通知が届いた。[68]しかしイザドラは、エセーニンの家族に著作権料がわたるように相続権を放棄した。著作権料が入れば、屋敷は買収されず（三一万フランで買収された）ホテルの滞納金も払うことができたはずであった。しかし、彼女は亡くなったエセーニンが生前、貧しい妹や母親のことをいつも気にかけていたことを知っていたためか、それともエセーニンとの関わりをきっぱりとなくしたかったのか、このとき相続権を受け取る行為には出なかった。

近親者の死という点では、既述の通り、イザドラは一九一三年に二人の子どもを、一九一四年には産んで間もない赤子《あかご》を亡くしている。[69]そして最愛の母親もこの世を去っていた。愛するものを失うという悲劇に幾度となく見舞われたイザドラは、その度に精神的に大きなダメージを受けた。それだけではなく、幼い頃から目をかけしばらく一緒に生活していた愛弟子のマーゴは病死、他の愛弟子たちも次々に自分のもとから離れていった。失った悲しみはイザドラを孤独にするばかりでなく、精神的にもかなり追い込んだと思われる。そのようななか、母親の葬儀参列のためにドイツに戻ったイルマがパリにいたイザドラを訪ね、互いに話し合い、今までの誤解を解くことができた。それまでイルマに抱いていた不信感や複雑な気持ちが消え去ったイザドラは、次第に平穏を取り戻し、その後は執筆に力を注いでいたのであろうか、しばらく公演の形跡は見当たらない。

一九二七年の七月八日、イザドラは久々にパリのモガドール劇場で公演を行うことにした。実行委員会の一人でもあったセシル・サルトリスの企画*でアルベール・ウォルフ指揮のもとで踊ったこの公演は、結果的にイザドラの生涯で最後の舞台となってしまった。公演が行われていたときには、誰がそうなることを想像したであろう。

当日の演目は『贖罪』、『アヴェ・マリア』、『未完成交響曲』から「第二楽章」、『タンホイザー』から「序曲」、観客がとくに熱狂した「イゾルデの愛の死」であった。イザドラはまるで自身の死を暗示するかのように、公演の最後に「イゾルデの愛の死」を踊った。この公演の素晴らしさを伝える批評文が残されている。

> イザドラはモガドール劇場で最後の公演を行った。夏のシーズン・オフにも関わらず、劇場は非常に著名なフランス人とアメリカ人の観客で満員だった。アルベール・ウォルフが指揮を務めるパドルー・オーケストラがセザール・フランクの交響曲のアレグレットと共にマチネをオープンした。それから美しいシューベルトの『アヴェ・マリア』を踊ると、観客は大きな声でむせび泣いた。〔中略〕オーケストラがシューベルトの『未完成交響曲』の第一楽章を弾いたのち、イザドラは踊るために再び登場し、次にかつてないほど悲劇的な深淵をもたらした。休憩に続いて『タンホイザー』の「序曲」と『トリスタンとイゾルデ』の「イゾルデの愛の死」の双方がイザドラ・ダンカンによって踊られた。彼女の最後の踊りが終わると観客は立ち上がり、歓声を上げた。〈70〉

全盛期の頃の軽快さは見られなかったものの、悲劇的な深淵をもたらしたイザドラの踊りは、多くの観客に並々ならぬ感動を与えていたに違いない。

この頃、経済的に困窮していたイザドラは、シンガーから金銭的支援の約束を得ていたようであった。〈72〉しかし、建築家アディソン・マイズナー＊に出資し、パームビーチに多くの建物を建てていたシンガーは一九二六年のフロリダの住宅市場の崩壊により、莫大な財産を失っていた。〈73〉そのため果たしてどの程度の経済的支援が現実的に可能な状態であったかは不明である。

〈71〉

＊セシル・サルトリス（一八七九〜一九六八）

フランス・ルビエ生まれ。作家。ガブリエル・エントヴェンと共にガブリエル・ダヌンツィオが書いた劇『ハニーサックル』を訳した。ロマーニ・ブルックス、エレオノーラ・ドゥーゼ、ラドクリフ・ホール、ウナ・トローブリッジと同様、ダヌンツィオの作品に魅了されていた。

＊アディソン・マイズナー（一八七二〜一九三三）

アメリカ・ベニシア生まれ。建築家。地中海様式とスペイン植民地様式の建築を南フロリダのパームビーチに建てる。パリス・シンガーが多大な出資をし、その資金によりマイズナーは自らの夢を実現することができた。

《イザドラとシンガーの面会》

常に一緒に行動していたイザドラとデスティはほとんど一文無しになり、宿に支払うお金もなく、借金を抱えた状態であった。デスティはイザドラに頼まれシンガーに会いに行き、支援を頼んだがシンガーにきっぱり断られた。このことをイザドラに話すと、彼女は青ざめ落胆した。しかし翌朝、シンガーが憐れみと優しさをもってイザドラを訪ね、当座に必要な支援を施し、次回発表のプログラムを用意するまでの費用を引き受けると約束した。イザドラの喜びは相当のものであったが、イザドラがシンガーからのラブレターの返却を決意していることから、シンガーがラブレターを返却するという条件を出した可能性が高い。

モガドール劇場での公演から二か月を過ぎた一九二七年九月、突如として悲劇的な事件がイザドラの身に起こった。[74]ニースからほど近いゴルフ=ジュアンにあったレストラン「テトゥ」でブガッティを運転するイタリア人と知り合ったイザドラが、ブガッティに興味を持ち彼の車に乗せてもらったことが発端であった。乗った車の出発直後、イザドラが首に巻いていたお気に入りの長い紅いショールが車輪の心棒に絡みついてしまったのである。この紅いショールが首を締める凶器となって、イザドラは帰らぬ人となってしまった。[75]その場で見送った友人たちは呆然《ぼうぜん》として、最初何が起こったのかわからなかった。ブガッティに乗り、去ろうとするイザドラが発した言葉は「さようなら、私の友よ。私は栄光に旅立つわ」であった。偶然とはいえ、イザドラが最期に放ったこの言葉はあまりにも悲しく響く。シンガーから支援の約束を得て、久々の創作に燃えていたイザドラ。それだけに無念としか言いようのない最期であった。

二〇世紀を代表する舞踊家、いや、舞踊家のみに留まらない芸術家イザドラ・ダンカンは一九二七年九

図88-1　イザドラが眠る棺の前に立つレイモンドとエリザベス

図88-2　イザドラの葬儀への参列者（丸枠内はレイモンド）

月一四日、儚《はかな》くも五〇歳という短い生涯でこの世を去ってしまった。姪のリゴア・ダンカンは、このモガドール劇場での公演後、イザドラは新作を創作しようと考えており、ラヴェルの『ラ・ヴァルス』に振付していたと筆者に教えてくれた。〈76〉まだ道半ばであったことが悔やまれる。

イザドラの遺体は友人たちによってニースのスタジオに安置され、多くの芸術家、詩人、知人、友人たちが弔問に訪れた。そしてシンガーの取り仕切りのもと、〈77〉九月一六日にはイザドラの棺はパリのオートイユにあるレイモンドのスタジオに移され、棺の上にイザドラが公演で使用していた紫のローブが、その片隅にはアメリカ国旗が飾られた。碧《あお》いカーテンが掛けられ、花で埋めつくされたスタジオには、イザドラの死を悼む数多くの弔問客が訪れ、多くの花が届けられた［図88—1］。そして、三日後の一九日の朝にはレイモンド、エリザベス、メアリー・デスティ、フェルナン・ディヴォワール、マルセル・エラン、愛弟子のリザ、イザドラの近親者ほか、多くの友人たちが葬列をなし、棺と共にイザドラが活躍した思い出深いトロカデロ劇場からシャンゼリゼ劇場、シャトレ座、子どもたちと踊ったゲテ・リリック劇場の前を通って、ペール・ラシェーズ墓地に向かった［図88—2］。

ペール・ラシェーズの正門前には、霧雨のなか、偉大な芸術家イザドラ・ダンカンに対する畏敬の念と同情から四〇〇〇人以上もの人が集まり、チャペル前の広場は一〇〇〇〇人ほどのあらゆる身分の人々で埋め尽くされていた。棺が炉に入れられると、リストの『葬送曲』、ベートーヴェンの『アンダンテ』、シューベルトの『アヴェ・マリア』、バッハの『G線上のアリア』とイザドラにゆかりのある曲が演奏され、かつての思い出が蘇ってきた親友たちは、嗚咽を止めることができなかった。親友エレオノーラ・ドゥーゼが、子どもを失い悲しみの淵にいたイザドラによく歌っていたベートーヴェンの『この暗き墓の中に』

がバリトン歌手によって歌われ、最後にショパンの『ノクターン』の演奏が終わると、イザドラの遺骨は、数多くの人に見守られながら、デアドリー、パトリックの名が彫られている墓石に近い納骨堂に静かに収められた。

イザドラが亡くなって、一〇〇年近くになろうとしている現在、直接彼女を知る人はほとんどいなくなり、彼女の偉業と功績は次第に忘れられつつある。イザドラ・ダンカンといえば舞踊家というイメージが先行するが、彼女は舞踊だけでなく、クリエイティヴィティ、教育、自由、衣装、そしてライフスタイルにおいても先駆的な革命家であり、まさに次世代の開拓者でもあった。つまり現在の私たちの考え方や生き方は、イザドラのもとで既に萌芽していたとも言える。

しかし、それは同時にイザドラの生きた時代が制約や拘束のもとにあり、これらの制限ゆえに、イザドラと彼女の舞踊は多くの人が希求する自由を表現していると認識されていたとも考えられる。このイザドラ・ダンカンが生み出した舞踊は、愛弟子たちによって継承され、今日のダンサーたちへと脈々と受け継がれている。

そして現在も世界中から彼女を慕う人々がペール・ラシェーズにあるイザドラの墓前で、激動の時代を生き抜いたイザドラに想いを寄せている。筆者もこれまでに何度もこの場所に足を運んでいるが、彼女の墓石の周りには、常に世界各地から訪れた多くの人々からのメッセージが各々の言語で残され、いくつもの花束が片隅に置かれている。今もなおイザドラ・ダンカンが、世界中の多くの人々から愛され魅了し続けている証《あかし》とも言える。

註

〈1〉イザドラに同行したのはイルマのみで、リザ、テレサは最終的について行かなかった。
〈2〉ML, p.151-152.
〈3〉DD, p.227によれば、当初ロシア政府は、一〇〇〇人の子どもを寄宿させることが可能なニコライ二世の別荘リヴァディア宮殿を提供しようと考えていたようである。しかし、一〇〇〇人の子どもの寄宿費用を用意することは難しく、最終的にモスクワにあったバラショーヴァの邸宅を用意することになったと思われる。
〈4〉Blair, p.296.
〈5〉IDRD, p.77.
〈6〉Blair, p.296; IDRD, p.79.
〈7〉アメリカ救済局は、第一次世界大戦後のヨーロッパと革命後のロシアを助けることをミッションとしていた団体。後にアメリカ大統領となるハーバート・フーヴァーがこの団体の監督だった。
〈8〉イザドラはロシアに来る前から、ルナチャルスキーに宛てた手紙の中で、労働者への無料公演を行うことを希望していた。
〈9〉ブレア、二九九―三〇〇頁。邦訳ではアメリカ救済協会となっているため、そのまま記しているが、本来はアメリカ救済局とするほうが適切であると思われる。
〈10〉友人デスティは、イザドラがパトリックの残像をエセーニンに投影していると思ったようだ。Desti, p.92
〈11〉Dikovskaya, Lily. Personal interview. 12 Apr. 2011.
〈12〉ペール・ラシェーズ墓地の墓碑に刻まれた月日。
〈13〉Blair, p.309.
〈14〉Blair, p.322. イザドラ亡き後、イルマがイザドラの意を継ぎ、一九二八年一二月に生徒を伴いアメリカ公演ツアーを果たすことになる。

〈15〉Blair, p.310. イザドラは、このことを晩年の恋人ヴィクター・セロフに打ち明けている。
〈16〉IDRD, pp.134-136.
〈17〉"Return of Isadora Duncan." *New York Times*, 1 Oct. 1922. その後の公演の日時については、同新聞の The Concert List に掲載されている。
〈18〉ヒューロックは、ワシントンの国務省に電報を送っている。"Isadora Duncan and Poet husband Detained on Liner." *New York Times*, 2 Oct. 1922.
〈19〉"Isadora Duncan and Poet husband Detained on Liner." *New York Times*, 2 Oct. 1922.
〈20〉ジャーナリストのヘイウッド・ブルーンや歌手アンナ・フィツィウなど、大勢の著名人たちが抗議している。IDRD, pp.146-149.
〈21〉"Miss Duncan Dances: 3,000 Cheer Speech." *New York Times*, 8 Oct. 1922.
〈22〉イザドラは公演後、必ずと言っていいほどスピーチを行っていた。
〈23〉"Miss Duncan Dances: 3,000 Cheer Speech." *New York Times*, 8 Oct. 1922.
〈24〉"Miss Duncan Dances: 3,000 Cheer Speech." *New York Times*, 8 Oct. 1922.
〈25〉"Music Notes." *New York Times*, 10 Oct. 1922.
〈26〉"Isadora Duncan Dances Again." *New York Times*, 14 Oct. 1922.
〈27〉"Isadora Duncan Gives Final Recital at Carnegie Hall." *New York Tribune*, 15 Oct. 1922.
〈28〉このとき観客が熱狂して、花を投げたようである。
〈29〉*Celebrating a Legacy a Memorial Tribute: Julia Levien 1911-2006*, DVD, *Interview with Julia Levien*, n.d. DVD参照。
〈30〉『芸術と回想』、九四―九五頁。
〈31〉*Boston Globe*, 20 Oct. 1922.
〈32〉ブレア、三二二頁。
〈33〉ステラ・ブロックは、イザドラブルズからダンカン舞踊を学んでいた。

〈34〉 Adams, Patricia. Personal interview. 9 Aug. 2013.
〈35〉 "Bars Isadora Duncan from Boston Stage." *New York Times*, 24 Oct. 1922.
〈36〉 "Bar Isadora Duncan Dance." *Washington Post*, 24 Oct. 1922.
〈37〉 "Bar Isadora Duncan Dance." *Washington Post*, 24 Oct. 1922.
〈38〉 Rosemont, Franklin, editor. *Isadora Speaks: Writing & Speeches of Isadora Duncan*. Chicago: Charles H. Kerr Publishing Company, 1994, p.138.
〈39〉 "Isadora, "Soul Dancer," Fails To Appreciate Shank's Solicitude." *Evansville Press*, 20 Nov. 1922.
〈40〉 "Duncan Dance Ends in a Disappearance." *New York Times*, 26 Dec. 1922; Henderson, Jessie. "Laundry, Bandit and Consul Wars Ushering in New York's New Year." *Washington Post*, 31 Dec. 1922でもこの時の様子が伝えられている。
〈41〉 "All Ill, Explains Isadora." *New York Times*, 27 Dec. 1922.
〈42〉 Blair, p.333.
〈43〉 IDRD, pp.166-167.
〈44〉 "Isadora Prefers Quiet of Moscow." *Washington Post*, 4 Feb. 1923.
〈45〉 "Isadora Duncan Off Will Never Return." *New York Times*, 4 Feb. 1923.
〈46〉 "Isadora Prefers Quiet of Moscow." *Washington Post*, 4 Feb. 1923; "Isadora May Lose U.S. Citizenship" *Times Herald*, 26 Feb. 1923によると、イザドラのアメリカに対する過激な発言により、彼女は市民権を剝奪されるかもしれないとの記述がある。剝奪の有無については不明であるが、以降イザドラが二度とアメリカの地を踏むことはなかった。
〈47〉 "Classic Isadora Shakes Dust of U.S. From Feet; Doesn't Like America, Its People or Booze." *Buffalo Courier*, 4 Feb. 1913.
〈48〉 IARIAAL, p.220.
〈49〉 IDRD, p.165.
〈50〉 "Isadora Duncan." *New York Times*, 31 Jan. 1923.
〈51〉 "Isadora Prefers Quiet of Moscow." *Washington Post*, 4 Feb. 1923; McVay, Gordon. *Isadora and Esenin*. Michigan: Adris,

1980, p.140でも、二月三日にアメリカを発ったことを伝えている。

〈52〉イザドラは同行せず、エセーニンと秘書を行かせたという説もある。

〈53〉五月二七日はトロカデロで公演している。アナ、リザ、マーゴの三人は、秋にアメリカ・ツアーを計画していた。

〈54〉後にリザは、一九二三年七月三日に鑑賞したイザドラのヴァーグナー・プログラムについて、公演は素晴らしく、イザドラはリハーサルしていない作品二つをプログラムの中に入れていた、『バッカナール』は今まで以上に野性的で、まるで地獄そのものがやってきたようだった、とイルマに話している。また、暗闇の中で「私はモスクワに戻った。なぜならば、ブルジョワジーは死んだから」とイザドラが観客に話していたと伝えている。

〈55〉法的には結婚したままであった。

〈56〉IDRD, pp.218-219.

〈57〉Blair, p.350.

〈58〉DD, p.238.

〈59〉イザドラ亡き後、一九二九年七月三日のパリ公演で、イルマとモスクワの生徒たちはこれらの作品を踊っている。評論家のフェルナン・ディヴォワールはこの公演を観ている。

〈60〉Blair, p.371; "Isadora Duncan May Sell Love Letters." *Washington Daily News*, 15 Dec. 1924にはラブレターを売却するかもしれないという記事が掲載された。

〈61〉"Isadora Duncan's Love Letters." *Harrisburg Telegraph*, 26 Feb. 1925; "Isadora Duncan's Love Letters." *Asbury Park Press*, 25 Feb. 1925では、ラブレターを売りたいと思っていることは真実ではないとイザドラが憤慨した様子を報じている。

〈62〉一九二五年一二月二七日に死亡。

〈63〉メルセデス・デ・アコスタの自伝De Acosta, Mercedes. *Here Lies the Heart.* New York: Reynal & Company, 1960には、アコスタがイザドラと出会ったのは、シモーヌ・プジェというフランス人女性を通してであったと記されている。

〈64〉イザドラの出版代理人ウィリアム・ブラッドリーの妻、ジェニー・ブラッドリーとヴィクター・セロフは、アコスタと異なる意見を述べている。実際、本を販売したのはウィリアム・ブラッドリーだった。セロフは、イザドラの死後、アコスタ原稿を編集したと考えているが、ブラッドリーの妻はイザドラが独力で原稿を執筆したと信じている。セロフがイザドラと知り合いになったのは、一九二六年とされていることから、セロフがどの程度イザドラについてわかっていたのか明確ではない。

〈65〉*Brooklyn Daily Eagle*, 7 Jan. 1913に、イラクライ・オルベリアーニがバルビゾン・プラザでピアノリサイタルを行い、シューベルト、ブラームス、リスト、スクリャービン、ラフマニノフを弾いたことが記されている。

〈66〉ブレア、三六八—三七〇頁。Flanner, Janet. *Paris was yesterday: 1925-1939*. New York: Popular Library, 1972, p.32.

〈67〉Desti, p.204.

〈68〉エセーニンは、トルストイの孫娘ソフィア・トルスタヤと結婚していたはずだが、モスクワ裁判所は、一九二六年一一月二四日にイザドラがエセーニンの法的相続人であると裁定を下した。

〈69〉Blume, Mary. *Cote d'Azur: Inventing the French Riviera*. London: Thames and Hudson, 1992, p.86. IARIAAL, p.274.

〈70〉DD, p.315.

〈71〉シンガーは、当時所有していたサン＝ジャン＝カップ＝フェラのヴィラ・デ・ロシェに住んでいた。

〈72〉Blair, pp.392-394.

〈73〉IARIAAL, p.273. シンガーが多大な財産を失ったことはWeiss, Murray ,and William Hoffman. *Palm Beach Babylon*. New York: Pinnacle Books, 1993にも記述されている。

〈74〉Blume, p.86; IARIAAL, p.274.

〈75〉この紅いショールの一部は、ニューヨーク公共図書館に所蔵されている。

〈76〉Duncan, Ligoa. Personal interview. 14 Jun. 2013.

〈77〉報告を受けたシンガーは、イザドラの葬儀に必要なことを全て理解し、準備を進めた。

第2部
イザドラ・ダンカンの三つの舞踊学校

第1章　ドイツ（グリューネヴァルト）の学校

学校創設への想い

一九〇六年、当時二九歳だったイザドラは、芸術としての真の舞踊を少女たちに伝えることが自らの使命と考え、創設した学校に対する熱い想いを次のように述べている。

十年来、心にあったことを決断するまでになりました―それは、真の舞踊の発見を目的とする学校の建設に力を尽くすということでした。けっして私の舞踊の模倣ではなく、一芸術としての舞踊の研究をするのです。私はこの意図をごく解りやすく聴衆に説明し、彼らはこれを素晴らしい構想と考えたようでした。アメリカ、ドイツ、オーストリア、ハンガリー、フランス、こうした国のどの都市の聴衆も、私がこの意図を話せば、それは素晴らしいと答えるのでした。私はいつも踊った後で演説し、観衆はそれにこう答えるのでした。そんな学校が是非とも必要だ、と。こうした声援と各代表者から

の献金とに支えられた私は、一九〇四年のこと、ようやくその学校の創建をみたのでした……。〈1〉

これはケルンのある新聞社の編集長宛てに送っていた手紙の草稿の一部である。イザドラは、一〇代から思い続けていた「舞踊を一芸術として高めたい、そのための理想の学校を創りたい」〈2〉という彼女の強い想いに賛同した支援者からの献金等に支えられ、グリューネヴァルトの学校を創設できた、と公表している。

学校創設までの経緯

イザドラが一九〇二年にミュンヘンの「芸術家の家」で大成功を収めたことは第1部第4章で記したが、当時ドイツ国内で「芸術の都」とされていたミュンヘンでの成功は、舞踊家イザドラ・ダンカンの名が知れ渡る契機となった。またイザドラの踊りを観たリヒャルト・ヴァーグナーの息子ジークフリートからの称賛の声も彼女の名声をさらに高めることになった。なかでも一九〇三年一月二二日のベルリンのクロール・オペラハウスでの公演は、〈3〉大喝采を浴びると同時に「神聖なイザドラ」とまで称され、当時のヨーロッパで不動の地位を築くまでになる。同年三月には、以前から構想していた自身の舞踊概念について講演を行い、それを『未来の舞踊』として刊行したことから、〈4〉イザドラの学校創設の夢は多くの人々に周知され、賛同されることになった。勢いに乗ったイザドラは、初夏はフランス、秋、冬はドイツ国内を中心に公演を行い、翌年の一九〇四年の二月にはベルリンでベートーヴェン・プログラムを踊っている。〈5〉そしてイザドラの踊りに感心したヴァーグナーの妻コジマから依頼を受け、〈6〉同年夏にはバイロイト音楽祭で踊るという大きなチャンスを手にした。このように次々と行った公演が大成功となり、莫大《ばくだい》な財産を得たイザドラは、〈7〉コジマの支援もあって、一九〇四年、上流階級の人たちが住むベルリン郊外のグリューネヴァルトに庭つきの広大なヴィラを購入した。そして、一〇代の頃から思い描いていた理想の舞踊学校をここに創設することになる。〈8〉学校創設前の一九〇四年十一月十四日発行の雑誌記事《Chez Duncan》には、イザドラの構想が次のように伝えられている。

彼女（イザドラ）は、ベルリンのある場所に五〇人から一〇〇人の子どもたちを集めて、〔中略〕舞踊の概念を教え始めたいと思っている。彼女は、舞踊は人生、夢、理想的な目的であると語っている。〈9〉

学校の教育目的

公表されたグリューネヴァルトの学校の教育目的は、イザドラの舞踊思想に基づいた訓練を行い、最終的には生徒一人一人の自由な精神を育成することにあった。イザドラは学校の教育理念について、案内書の中で次のように説明している。

人間の身体の美しい音楽的な動きを再発見すること、最も身体の形に調和する理想的な動きの舞踊を再び呼び戻すこと、そして二〇〇〇年の間眠っていた芸術をもう一度呼び起こすこと、これらが学校

の目的である。〈10〉

イザドラが望む、自然と調和する理想的な動きを得るために、生徒たちは毎日、目的に沿って選ばれた訓練を行った。イザドラにとって、その訓練は目的実現への手段というよりも、それ自体が目的で日々の生活を幸福なものにするべきという理念が基盤となっていた。〈11〉イザドラが唱える舞踊教育の目的を、イザドラの愛弟子の一人テレサに学んだケイ・バーズリーは次の三点にまとめている。

一．身体の楽器を通して知性に辿《たど》りつくこと
二．身体のエネルギーを活性化させることによって個性の形成を達成させること
三．音楽や他の芸術の美的経験を通して高められた反応を発展させること、すなわち、精神の発展、意識の向上〈12〉

イザドラは、以前から関心のあったギリシア文化やドイツ哲学から芸術観を、自然の観察から動きの本質を学び、これらを理念として教育目的に取り入れていた。そして、身体を自然と調和して自由に使うことができる道具とし、身体を通して魂の感情と想いを表現することを踊りの概念として重要視した。当時、踊り手以外の詩人や画家、彫刻家、作曲家等の芸術家は自然の研究に取り組んでおり、イザドラも彼らと同様に、舞踊が芸術になるためには自然を研究することが必須であると考えていたのである。例えば、イザドラは植物や動物について次のように述べている。

植物の繊細な愛らしい動きの研究に増して素晴らしく、美しいものが、自然界に他にあるだろうか。私の想像力はまず、シェリーの《繊細な植物》というすてきな詩にとらえられてしまった。そこで私は私の舞踊のために、植物の開花、蜜蜂の飛行、鳩やその他の鳥の魅惑的な優雅さなどを研究した。こうしたすべては自然のもつ表現法のようであり、全生命をつき抜けている愛すべき舞踊の表現法のようでもあった。〈13〉

一九〇四年の秋に新聞に掲載された学校の案内記事は、舞踊芸術を学びたいと思っている、身体的にも精神的にも健康で礼儀正しい一〇歳以下の少女を募っており、生徒の受け入れに関して国籍や社会的地位についての差別はないこと、また父親や母親がいない、あるいは出自が不明の子どもも受け入れることを強調していた。〈14〉このように、学校は社会的にも自由な思想に基づくものであり、当時の社会において差別を受けやすく、恵まれない境遇にいた子どもも受け入れるとしていた。自身も母親が一人で四人の子どもを育てるという母子家庭で育ったことから、あえてそのような状況におかれた子どもたちを積極的に受け入れたいという考えがあったと思われる。

学校の入学者の年齢が一〇歳以下に設定されたのは、彼女が師として仰いでいたルソーの『エミール』に著された彼の教育論に関心を寄せていたからであろう。イザドラは自身の舞踊論の中で次のように記している。

事実、子供というものは、話し言葉や書き言葉を通しては肉体に理解され得ないと思われる多くのことを、自らの肉体の動きを通じてわかることができる。自然の外的および内的意味や、自然の力の、数知れぬ深遠なる秘密は、舞踊を通して子供に与えられうる。このことを最も早くから理解していたひとりにジャン＝ジャック・ルソーがいるが、彼はその著作《エミール、または児童教育論》の中で、子供には十二歳前に読み書きを教えるべきではない、とまで述べている。十二歳に達するまで、彼らの経験は音楽と舞踊を通じて獲得されるべきなのである。この児童教育法についての最も優れた論文の一つが、百年以上も前に書かれているにもかかわらず、近代の教育機関のほとんどが、このことに未だ目覚めておらず、子供たちの肉体をさいなみ続け、彼らにはほとんど何の意味ももたない言葉という媒体をして、その未熟な理解力に訴えかけようと、いたずらに奮闘しているというのは、奇妙である。[15]

このようにルソーの教育論を信奉し、当時の教育機関には批判的な考えを持っていたイザドラだったが、ドイツの教育省から学校として認定されるためには、必要最低限の一般教育を教えなければならなかった。イザドラの学校を認定校と認めた教育省は教師を派遣し、学校で読み書きを教えることになった。ルソーは『エミール』の中で次のように述べている。

人生における最も危険な時期は、出生から十二歳までのあいだだ。それは、誤謬《ごびゅう》と悪徳とが芽ばえるときでありながら、まだそれを破壊するための手段をいっさいもっていない時期なのである。〔中略〕

右手と左手の区別も知らずに、健康で、頑丈《がんじょう》に十二歳まで生徒を育て上げることができたとしたら、あなた方の最初の授業から、彼の良識の目は理性に向かって開くであろう。[16]

イザドラはルソーが言うように、一二歳までの間に自然と音楽や美しい芸術作品に囲まれた環境を可能な限り子どもたちに提供し、そこから自らの考える「美」を継承する生徒を育成したいと思っていた。そしてその環境を与えるためには、既に他の異なる環境を経験して成長した子どもでは時期的に遅いと考えていた。事実、どの舞踊においても幼少期に学んだ体験が大人になってから活かされるものであり、クラシック・バレエも基本的な訓練を幼少期から始めていないと、一般的にプロフェッショナルなダンサーになることは天才を除いて非常に難しい。イザドラ自身も幼少期から様々な踊りを学んでいたことが、自身の舞踊を踊るうえで、どれほど役立っていたかを身をもって知っていた。彼女の言葉に次のようなものがある。

私は幼いころから二十年間というもの、舞踊芸術への絶え間ない努力を続けてきたが、その大部分は技術《テクニック》面の訓練に捧げられている——それはときに、私に欠けていると責められるのだが。繰り返し言うが、技術《テクニック》は目的ではなく、手段にすぎないからである。[17]

ダンカン舞踊は時に「技術がない」と言われ、内的感情の表現ばかりが強調されがちである。しかし、イザドラの舞踊は鑑賞するに値するだけの技術力を備えていたうえに、内面的感情も十分に表現していたことを見過ごしてはならない。だからこそ、自身の魂を身体で表現していたイザドラは、当時の観客から称賛され喝采を浴びていたのである。

イザドラの六人の愛弟子の一人であるアナの父親は、ウィーンの新聞『ノイエ・フライエ・プレッセ』に掲載されたイザドラの学校の記事を読み、学校に直接問い合わせをしている。学校側は教育理念が書かれている書面を送付したが、それには次のことが記されていた。

一、ダンス、音楽、演劇が主に教えられる内容であり、より自由に、共同生活を営み、一〇〇〇人あるいは一〇〇人の子どもたちが自然で根本的な表現の方法を習得すべきと考えます。

二、生徒たちは一七歳になるまでは、イザドラ・ダンカンの保護のもとで教育が保証されます。その後、彼女たちは独立した踊り手として活動範囲を広めることが許されます。〈18〉

これによると、幅広い観点から子どもたちの成長を考慮して、学校が創設されていたことがわかる。イザドラは、学校の子どもたちが一七歳になるまでは自分のもとで指導することを考えていたが、学校が想像以上に早く閉鎖となってしまったため、この計画どおりにはならなかった。イザドラの愛弟子のイルマも彼女の自伝『ダンカン・ダンサー』の中で、母親がイザドラの学校に関する新聞記事を読んで、イルマをこの学校に入学させたいと思ったと記している。その記事の内容は次の通りであった。

建物は三階建てで、大きな地下室と屋上がある。全ての部屋は広く風通しがよく、多くの窓が日光と新鮮な空気を与える。全ての部屋の壁には、年代ものの芸術作品が飾られており、寮にはドナテッロ*のテラコッタがデッラ・ロッビア*の色彩豊かなマドンナ（マリア）と同様に子どもの遊びを描写している。学校の部屋には踊っている姿のフリーズのコピーがあり、音楽室の長い棚には可愛《かわい》らしいタナグラ・フィギュア*のコレクションがあった。これらすべての芸術作品は、子どもたちに美しさの享受と感覚を与えるもので、これが同時に彼女たちの踊りに影響を与えるであろう、とダンカンは言っている。

子どもたちには無料で教育と食事つきの部屋が提供され、洋服やその他必需品も含まれている。イザドラ・ダンカンによるダンス教育のほかに、生徒たちは公立の学校教師による教育を受けることができ、さらに彼女たちの芸術的感覚を刺激するために、芸術に関する講義を受け、定期的に美術館に行く。二人の住み込み家庭教師がおり、学校の管理は、イザドラの姉エリザベス・ダンカンが担当する。この無料で非営利の舞踊学校は、イザドラによって創立され、経済的にも完全に彼女によって運営されているものである。これは一般の慈善的な組織ではなく、人間の美と健康の推進に捧げる企てである。ここの生徒たちは、身体的にも精神的にも最も健康な身体に最も高い知性〈19〉を提供する教育を受けることであろう〈20〉。

学内の教育環境が伝わってくるこの記事からわかるように、イザドラはアンティークやテラコッタ、フリーズを室内に置くなど内装にも力を入れ、子どもたちが身近に「美」を感じられるような空間を作っていた。また音楽、絵画などに関する講義を提供し、美術館に連れて行くという実践的な教育も実行していた。「最も健康な身体に最も高い知性」という部分は、言うまでもなく、イザドラが「未来の舞踊」で掲げた未来の踊り手の理想像である。彼女はこの理想を具現化できる生徒を数多く育てたいという強い意志を持って学校を創設した。

　このようなイザドラの壮大な理念と教育目的のもと、衛生管理も整えられたグリューネヴァルトの学校は、ポツダムにある教育省の支援も受け〈21〉、初等学校として国から公認されたのである。

＊ドナテッロ（一三八六頃〜一四六六）
イタリア・フィレンツェ生まれ。金細工師、彫刻家。作品に石、銅、木、土、化粧しっくい、ろう、ガラスなどを使用していた。作品にはサンタ・マリア・デル・フィオーレ大聖堂の『福音記者聖ヨハネ像（サン・ジョバンニ像）』、サンタ・クローチェ聖堂の『キリスト磔刑』などがある。

＊ルカ・デッラ・ロッビア（一四〇〇〜一四八二）
イタリア・フィレンツェ生まれ。彫刻家。彼についての詳細は不明な点が多いが、有名な作品に『キリスト誕生』、『聖母子』などがある。

＊タナグラ・フィギュア
紀元前四世紀後半から作られたテラコッタの人形。ボイオーティア地方のタナグラで見つかったことか

ら夕ナグラ・フィギュアと名付けられた。代表的なものとして、ルーヴル美術館にある『青の女性』が挙げられる。一九世紀になってから、注目を集めた。

入学者の選抜

入学者の選抜にはイザドラ本人とイザドラの兄弟、また当時の恋人クレイグが立ち会い、主に巡業先のドイツ、ポーランド、ベルギー、オランダなどでオーディションを行い選んでいた。後にイザドラの愛弟子となり「イザドラブルズ」〈22〉と呼ばれる六人の少女たち（マーゴ、テレサ、リザ、イルマ、エリカ、アナ）が選抜された地域は、マーゴに関しては不明であるが、テレサとリザはドレスデン、イルマとエリカはハンブルク、アナはグリューネヴァルトであった。子どもたちはイザドラの動きを真似し、スキップ等を披露することで、主に音楽性や身体能力を観察されたようであった。

オーディションに受かり入学を許可された子どもたちには、約三か月間の予備期間が設けられ、この間に本当に学校の教育目的に適合しているか、芸術的才能を有しているかなどが確かめられた。そのため、学校には常に生徒が同じ人数いたわけではなく、生徒数は変動することがあった。〈23〉適正と判断され、その後の健康診断に合格した子どもは、一七歳になるまで学校に在籍しなければならないという決まりのもと、イザドラは子どもの両親または保護者と契約を交わした。そして最終的に選ばれた二〇人の生徒のみが授業料と生活費が全て無料の全寮制教育を受けることになった〈24〉［図89］。

図89　学校の裏階段に立つイザドラと生徒たち

学校での教育

イザドラが理想として掲げていた「最も健康な身体に最も高い知性」を育成するための教育として、生徒たちにダンス教育のほかに公立の学校教師による一般教育と芸術に関する授業を提供し、野外での体操を組み入れて定期的に美術館にも連れて行った。生活面では、簡素な食事と風通しのよい寝室、その他洋服を含めた生活必需品を無料で与えた。学校での食事は、無償で校医を務めたホッファ氏（アルバート・ホッファ）[*25]の「子どもたちの教育のためには、肉は与えずに新鮮な野菜と果物の食事が必要だ[26]」という意見に従い、菜食中心のものであった。ルソーも『エミール』で植物性の食物をとることを勧めていることから[27]、イザドラもこの意見に賛同していたと思われる。

当時ドイツでは、日々加速する工業化・産業化に対して、家族、食事、健康、余暇、教育といった領域の問題を自然との関係の中に捉え直す生活改革運動が試みられており[28]、菜食主義、反アルコール主義を主張したサークルが発足していた。一九〇六年にはハインリヒ・プドールが[*29]『身体文化』、『ドイツの古代ギリシア人』という雑誌の編集を行い、「自然文化」を体現する生活を求めていた[30]。このような社会の流れのなかで自然と調和することを子どもたちに学ばせようと、イザドラは子どもたちを学校では「裸足」で生活させていた。［図90］幼少期から子どもたちに生活改革運動を経験させることを目指していた可能性が高い。

図90　エリザベスによる授業の様子

この背景にはイザドラが裸足で踊るという舞踊スタイルを既に確立していたこと、ルソーが『エミール』の中で、「どんな季節にも、エミールが毎朝はだしで部屋のなかを、階段を、庭のなかを駆けまわっても、かれをしかるどころか、わたしもかれのまねをするつもりだ」〈31〉と裸足を推奨していることとも無関係ではないと思われる。

イザドラの学校の子どもたちの一日の生活はどんなものだったのだろうか。一九〇五年八月二七日の『シカゴ・デイリー・トリビューン』紙には、学校のタイムスケジュールが次のように記されている。〈32〉

七時	起床
七時三〇分	朝食
九時～一二時	一般教育
一二時一五分～一三時一五分	昼食

昼食後〜　　　　　　野外でのレクリエーション
一五時〜一八時　　　ダンス（一五時にはお茶の提供）
一八時　　　　　　　夕　食
一九時〜二〇時　　　ゲーム、読書、音楽など
二〇時　　　　　　　就　寝

またドイツ語で書かれた学校のパンフレットによると、カリキュラムは次のようになっていた。

通常午前中　四時間　　　　…一般教養の授業
日曜　　　　一〇〜一二時　…図画の授業
月曜・木曜　一七〜一八時　…歌の授業
火曜・金曜　一四〜一六時　…体操の授業
火曜・金曜　一七〜一八時　…博物館学
水曜・土曜　一六〜一八時　…ダンスの授業

この二つのスケジュールを見ると、新聞掲載のほうはイザドラが考えた大まかなスケジュールで、パンフレットは必須科目の記載があることから、教育省の認定を受けたものではないかと推測する。これによ

り、各種の授業が曜日ごとにバランスよくカリキュラムの中に組まれ、午前中に一般教育を、そして午後に体操、ダンス、芸術を学ぶように計画的に教育が施されていたことがわかる。

とくに入学一年目の保護者の訪問や生徒たちの帰省は望ましくないと考え、その代わりに二週間に一度、保護者に手紙を書く時間を設けた。イザドラブルズの一人アナは、当時両親に次のような手紙を書いている。

では、私が毎日何をしているか伝えます。私たちは七時に起きて、番号順にシャワーを浴びます。〔中略〕それから私たちは朝食を食べます。その後新鮮な空気のある外に出て、学校に行きます。〔中略〕それから庭に戻ってきて、一二時一五分に昼食を食べます。日曜にはデザートが出ます。昼食のあと森林の中に行きます。〔中略〕それから家に戻り、牛乳を飲んで三〇分間眠ります。〈33〉

この手紙から、学校ではイザドラの考えたタイムスケジュール通りに教育が進められ、彼女の舞踊教育の根幹である自然と親しむ時間も設けられていたことが確認できる。

＊アルバート・ホッファ（一八五九～一九〇七）
ケープ植民地・リッチモンド生まれ。外科医、整形外科医、理学療法士。大学で学んだあと、一八八六年に整形外科、理学療法、マッサージの個人クリニックをヴュルツブルクに開院する。一八九五年にヴュルツブルク大学の准教授になり、一九〇二年にはベルリンで外科医ジュリアス・ヴォルフの後を引き

継いだ。

＊**ハインリヒ・プドール**（一八六五〜一九四三）

ドイツ・ドレスデン生まれ。評論家。幼少期に音楽を学び、ライプツィヒ大学で生理心理学、哲学、美術を学ぶがハイデルベルク大学に移り、ショーペンハウアーの音楽と思想に関する形而上学を研究する。ライプツィヒとハイデルベルクで哲学の博士号を取得し、菜食主義に関する書物をはじめ生活改革に関する多くの著作物を残した。

《イザドラ・ダンカンの学校とロシアの帝室バレエ学校》

イザドラが訪れたロシアの帝室バレエ学校[34]の舞踊教育では、ダンスと音楽のレッスンは午前中に行われていたとなっている[35]。当時生徒であったアナトール・ボールマンの『ニジンスキーの悲劇』によれば、帝室バレエ学校の生徒たちは朝七時半に起床し、午前中にバレエのクラスを、昼食後に教養科目を学び、その後一七時にスープ、肉、野菜などの食事をとっていた。そして食後にはパントマイムあるいはヴァイオリン、ピアノなどの音楽を学び、夜九時には筋肉とエネルギー増進のため肉をとっていたようである。寝る時間についても幼少の生徒は夜九時三〇分、年長の生徒は一一時と決められていた[36]。帝室バレエ学校ではバレエのクラスは午前中に行われ、一般教養は午後に、夕食後は芸術に関する実技を学ぶというようなバレエを軸としたスケジュールとなっており、午前と午後の授業内容がイザドラの学校とは真逆であった。食事についても菜食に限らず、筋肉とエネルギー増進の目的であったのか、積極的に肉をとらせていた。このことから、イザドラの学校と帝室バレエ学校の子どもたちの教育内容、食事、生活面のスケジュールは、かなり違っていたことがわかる。なお、入学者の年齢については、帝室バレエ学校は少なくとも一〇歳に達している必要があるのに対し、イザドラの学校は一〇歳以下であるとしていたが、双方の学校とも卒業年齢は一七歳としていた。

図91　野外でのレクリエーション

イザドラは「体操はすべての身体教育の基礎である。体にたくさんの空気と光を与えることは必要であり、正しい方法でその成長を導くことがたいせつである。そして、体のすべての生命力を完全に発達させる方向に導くことが必要なのだ」[37]と考えており、ダンスクラスの前には体操のクラスを設けていた。

イザドラ・ダンカンの踊りと言えば、即興で踊ることばかりが強調され、基本的な訓練を受けずに自己の感情を優先させて踊るという印象を持たれているが、イザドラは魂からの感情を身体で表現する以前に、道具である身体を整えるための訓練[38]として体操が必須であると考え、身体を鍛えていた。[39]学校の運営費を稼ぐために国外公演に出かけることが多かったイザドラは、ダンスの指導方法をメモとして次のように書き留めている。

子供は動くように教えられてはならず、魂が成熟するに従って、その魂が導かれ、教えられねばならぬ。換言すれば、身体は身体にふさわしい動きによって、それ自身を表現するように教えられねばならないのである。〈40〉

このメモから、最初から子どもたちに動作を教えずに、子ども自身が海の波、風、木々の音、鳥の囀《さえず》りなどの自然からインスピレーションを得て、それを踊りとして体現できるように教え方を指示していたことが推測できる。このように子どもたちが自然に触れ、そこから何かを感じ取ることの大切さは、学校のタイムスケジュールの中に、昼食後に野外でのレクリエーションを組み入れていることからも確認でき、ここに自然を源とするイザドラの舞踊教育の特徴が見られる。つまり、これは幼かったイザドラ自身が海、山、川、動物などからインスピレーションを得て感じ取ったことを身体で自由に表現したことが本源となっていると言える。**図91**からも、自然が満ちあふれている場所で、自由に遊んでいる生徒たちの様子が伝わってくる。当時の学校のパンフレットには、〈41〉学校に関わっていた教員一覧が次の通り掲載されていた。

イザドラ・ダンカン・・・・・・・・・・芸術監督
エリザベス・ダンカン・・・・・・・・・ダンス教師
ハーマン・ラフォント教授・・・・・・・ピアノ教師
ヘンリ・ブックフォード・パスモア教授・・・・・歌の教師
P・ヤーシャスキー医学博士・・・・・・・・・体操

ヴァルター・シュールツェ・・・・・・・・図画の授業
コンラート・ミュラー＝ウラー・・・・・・博物学
エルゼ・ツチェッツシンゲク・・・・・・一般教養
W・ヴァーネッケン医学博士・・・・・・・校医
アマーリエ・クローノヴェ博士・・・・・・歯科医

ドイツの教育省に公認されたイザドラの舞踊学校は、舞踊のみならず、一般教養、体操、図画、博物学等の幅広いカリキュラムが用意され、さらにホッファ氏以外の校医や歯科医まで備えていた。バイロイト音楽祭で知り合ったと思われるピアノ教師のラフォントは、学校の公演の際にはピアノ奏者としても活躍していた。

学校運営と組織

この学校は主にイザドラの公演収入と有力な支援者からの支援金によって運営されており、イザドラが公演で世界各地を巡演している間は、姉のエリザベスが学校を管理すると同時に、ダンス教師として子どもたちに舞踊を教えていた。イザドラは公演先から姉エリザベス宛に舞踊の教授法の詳細を手紙で送り、グリューネヴァルトに戻ると、子どもたちに舞踊の精神と創作ダンスを教えた。

グリューネヴァルトの学校が開校されて約一年後の一九〇六年二月、有力者の委員によって「イザドラ・ダンカン舞踊学校の維持と支援のための会」がベルリンに設立され、ライプツィヒ、ドレスデン、ミュンヘン、ハンブルク、ハーグに支部が置かれた。〈42〉学校のパンフレットに載せられていた組織は、整形外科の大学教授ホッファを会長に、作曲家のエンゲルベルト・フンパーディンクが秘書兼書記、その他の役員として副書記に州公認建築士のオッテ、会計に銀行家のヘルマン・クレッツシュマー*、学校の管理者はエリザベス、そして芸術監督にはイザドラが就任するなど名のある人たちで構成されていた。学校創設当初は、イザドラが子どもたちの教育も含めて生活面全ての面倒をみる予定であったが、彼女は学校運営の資金集めのため世界各地で公演を行わなければならず、生徒たちの生活全般の世話は、実際エリザベスに頼らざるを得ないのが現状であった。

＊ヘルマン・クレッツシュマー（一八四六〜一九二六）

出生地不明。銀行家。ベルリンを本拠地とするコメルツ・ウンド・ディスコント銀行の監査委員を務めた。長い間、ベルリン芸術家協会の会計責任者を務め、ゼグラーハウス・アム・ヴァンゼー協会の創設メンバーの一人だった。

帝室バレエ学校の練習場の印象とイザドラの学校内部の装飾

一九〇四年の末か翌年の初め、サンクトペテルブルクの帝室バレエ学校を訪問したイザドラは、そのときの練習場とレッスンの様子を批判めいた言葉で次のように回想している。

バレエ学校では、幼い生徒たちがみな列になって並んで、例の苦しい練習をやっていた。子どもたちは必要のない厳しい取り調べの犠牲者のように、つま先で何時間も立っていた。広くてガランとした練習場には美しさも霊感も感じられず、壁にかけられた皇帝の写真が唯一の飾りで、まるで拷問室のようだった。〈43〉

イザドラは、壁に掛けられた皇帝の写真以外、広い練習場に何もなかったことから、そこに美しさも霊感も感じなかった、まるで拷問室のようだった、と痛烈に批判している。学校内の至る所に芸術作品が置かれた豊かな環境のもとでこそ、生徒たちは自然に芸術への関心に目覚め、美しく育っていくと信じていたイザドラにとって、何の装飾もない練習場は考えられなかったのであろう。イザドラのほかに、同時代に活躍したバレリーナのタマラ・カルサーヴィナも「何もないがらんとしたダンス室を行ったり来たりしているうちに家が懐かしくなって〈44〉」と自伝に記していることから、帝室バレエ学校は飾りのない殺風景な練習場であったと想像できる。

グリューネヴァルトの学校のパンフレットにアフロディテの像が置かれた音楽室の写真を載せるなど、〈45〉

イザドラは前もって子どもたちに豊かなイメージを湧かせようと、学校内の装飾にこだわった。彼女は、彫像を理想の身体として少女たちの目の前に設置することにより、像が与える美の雰囲気が子どもたちに自然に備わり昇華されていく、すなわち美しい訓練と絶えざる努力が彼女たちの形と身振りを完全なものとする、と以前から考えていたのである。〈46〉そして中央広間に実物より二倍の大きさのアマゾン像のレプリカを置き［図92］、広いダンス教室にはルカ・デッラ・ロッビアのレリーフとドナテッロの踊る子どもたちを飾った［図93］。学内に置かれた理想の彫像は、生徒たちに無理やり押しつけることなく、内側から自発的に美しくなろうという子どもたちの意志を目覚めさせ、美を獲得させるのに役立つと信じていたからである。〈47〉

部屋の装飾は舞踊を芸術として高めるための助けになるという考えから、寝室には白いベッドと青いサテンの掛布団、白い綿モスリンのカーテンつき天蓋ベッドがあり、カーテンの最上部分は青いリボンが結ばれていた。その他、ルカ・デッラ・ロッビアによる青と白の聖母マリアとキリストの作品を置き、すべて青と白で統一していた〈48〉［図94］。少女たちは、この恵まれた豊かな生活環境の中で美的感覚を自然に養いながら、自由に育つことができた。

生徒たちから見たイザドラの印象

学校の生徒たちは、イザドラに対してどのような印象を抱いていたのであろうか。六人の愛弟子のうち、テレサとイルマの二人の回想をもとに、生徒たちが抱いたイザドラの印象について探ってみたい。テレサ

図92　中央広間に設置されたアマゾン像

図93　学校内の様子（後壁にギリシアのレリーフが飾られている）

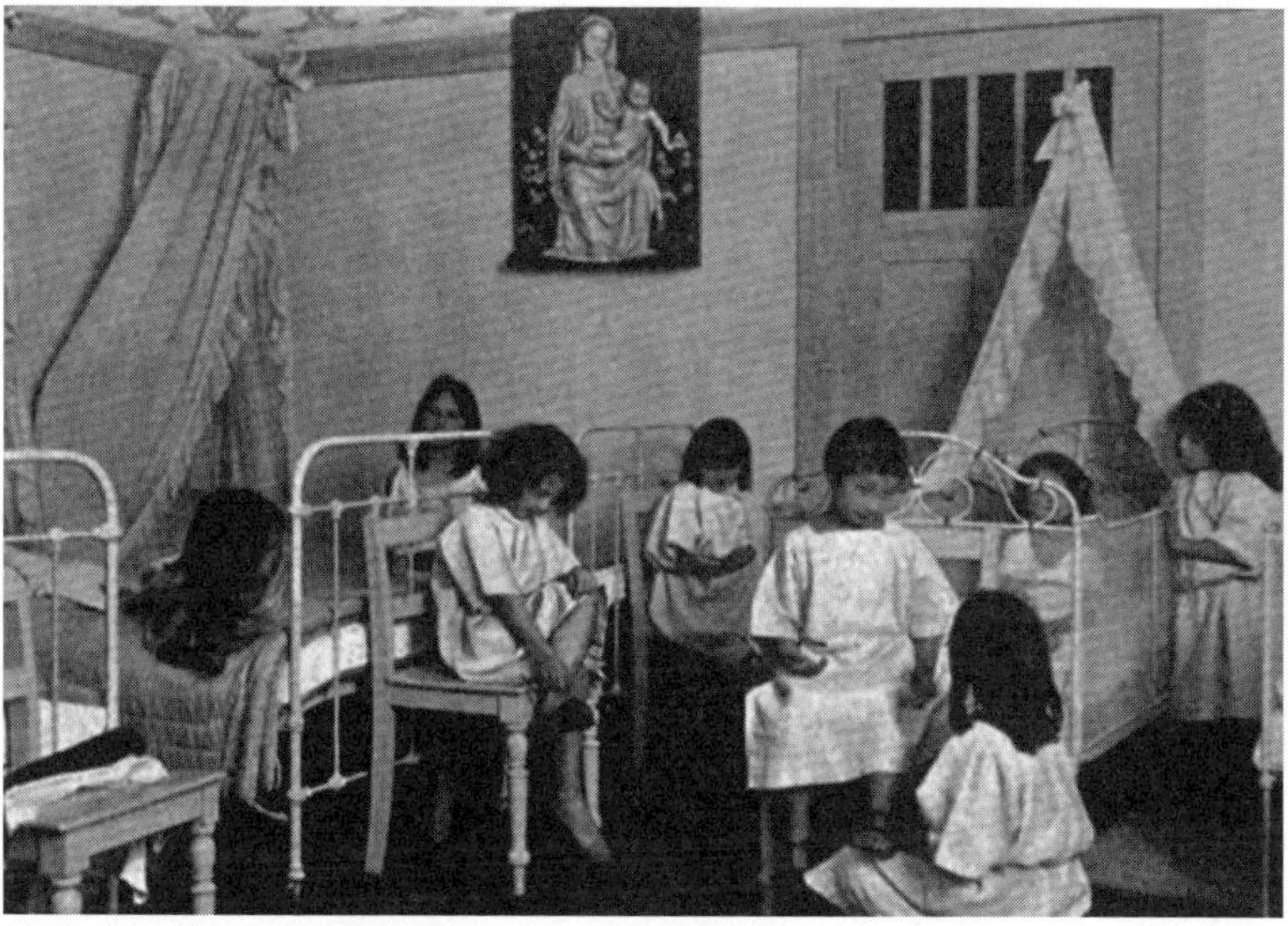

図94　寝室の様子（中央にルカ・デッラ・ロッビアの作品が置かれている）

は、イザドラと出会った当初および最初の授業の印象を以下のように振り返っている。

彼女は女神のようで、私たちは彼女を崇拝しました。私はいつもイザドラが高次のところから何かを送っているような感じを受けていました。〔中略〕彼女は私たちを腕の中に抱きしめ、幸福にさせてくれました。彼女とロンド（輪舞）を踊るのはいつも素晴らしく、常に感動させてくれました。彼女は私たちを優しく抱擁するたった一人の人だったのです。〈49〉

テレサの回想から、生徒たちはイザドラを女神のように崇拝しており、ほかの舞踊家には到達できないイザドラの世界が形成されていたことが理解できる。また「彼女は私たちを優しく抱擁するたった一人の人だったのです」という言葉からも、イザドラは生徒にとって唯一安心させてくれる特別な存在であったことがわかる。

イルマは、ヴィクトリア通りにある別宅に住んでいたイザドラの家を訪問したときのことを、次のように回想している。

イザドラといるとき、私たちは本能的に愛されていることがわかりました。彼女の家で過ごした午後は、本当に幸せでした。彼女（イザドラ）は皆の写真にサインをして、私には「愛とキスを込めて」と書いてくれました。私はその写真を自分の胸に抱きかかえ、それをトロフィーのようにして学校に持っていきました。〈50〉

イルマが憧れのイザドラからサイン入りの写真をもらったことを大変誇らしくまた幸せと思い、ダンスのクラス以外のときにも常に彼女を慕っていたことがわかる。同時にイザドラの子どもたちに対する優しさと包容力が感じとれる。

生徒たちの公演

学校の開校直後から熱心に生徒たちを教えたイザドラは、七月二〇日にはクロール・オペラハウスで、生徒たちの踊りを披露するため公演会を開催した［図95］。オーケストラの指揮をルドルフ・ノヴァーチェク*が担当し、学校の支援団体の委員の一人でもあったエンゲルベルト・フンパーディンクのオペラ『ヘンゼルとグレーテル』と『王子王女』の音楽で二つの小さなダンスを披露した生徒たちの踊りは、観客や批評家から非常に芸術性の高い作品であると大絶賛された。

生徒たちはそれ以降、各地の劇場で数多くの公演を行う傍ら、社交界のメンバーや報道関係者の招待で、例えば、銀行家のフランツ・フォン・メンデルスゾーン*の妻が主催したパーティーやイタリア人女優のエレオノーラ・ドゥーゼのベルリンの家、有名なヴァイオリニストのヨーゼフ・ヨアヒム*の誕生パーティーなどで踊ることになった〈51〉。訪れた都市は、イザドラが出演しないドイツの二〇の都市の他、スイス、ウッチ、ワルシャワやイザドラの公演プログラムに組み込まれ訪れたサンクトペテルブルク、ヘルシンキ、アムステルダム、ロッテルダム、ハーグ、ユトレヒト、ロンドン、パリと広範囲にわたっている〈52〉。ベルリン

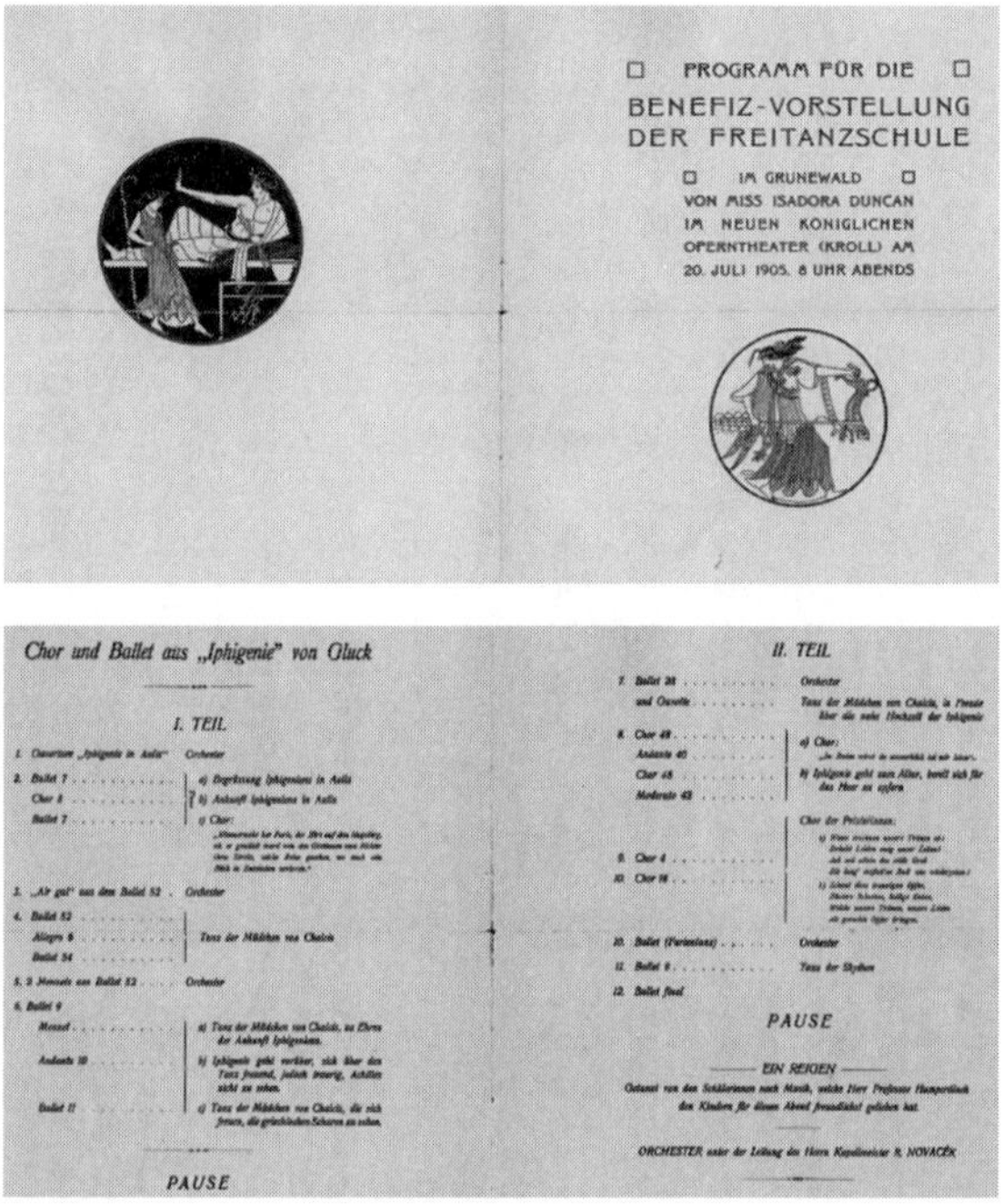

図95　グリューネヴァルトの学校公演プログラム

でのデビュー公演から一九〇九年頃まで（六月二〇日にパリのゲテ・リリック劇場で公演するまでの間）の公演回数は多く、七〇回以上であった。

　イザドラの姪のリゴア・ダンカン[53]やロシアの学校でイザドラに直接学んだリリー・ディコヴスカヤは[59]、公演の際には、裸足で踊る子どもたちが舞台上で滑って足を怪我することがないようにと、必ず舞台の床に青緑色の碧《あお》い絨毯《じゅうたん》を敷いていたと話してくれた。この絨毯に、天井からは同じ色の碧《あお》いカーテンを吊るすという簡素な空間を舞台上に繰り広げたところにイザドラの美的センスと子どもたちへの配慮が感じられる。

＊ルドルフ・ノヴァーチェク（一八六〇～一九二九）

オーストリア帝国・ベラ・ツルクバ生まれ。作曲家、指揮者、教育者。オーストリア＝ハンガリー、ロシア、ベルギー、オランダ、ドイツで指揮者、音楽教育者として働き、チェコスロヴァキアが発足後、チェコスロヴァキア軍の軍隊学校の指揮者となった。

＊フランツ・フォン・メンデルスゾーン（一八六五～一九三五）
ドイツ・ベルリン生まれ。銀行家。ボンとベルリンで法律を学ぶ。第一次世界大戦前は債券ビジネスの分野で活躍する。一九〇六年以降、ドイツ産業商業協会の会員になり、のちに会長に就任する。

＊ヨーゼフ・ヨアヒム（一八三一～一九〇七）
ハンガリー王国・キッツエー生まれ。ヴァイオリニスト、指揮者、作曲家。ヨハネス・ブラームスと共に公演を行ったこともある一九世紀最も重要なヴァイオリニストの一人。ブラームスのヴァイオリン協奏曲を初演したことでも知られている。

学校維持と財政

学校維持のために、イザドラの公演収益を財源として頼りにするだけでは、学校の財政は十分ではなかった。そこで、学校が建設されてから約一年が経過した一九〇六年の二月、「イザドラ・ダンカン舞踊学校の維持と支援のための会（後援協会）」を発足し、エリザベスは学校の支援者たちから寄付金を集めようと懸命に努めた。しかし、イザドラが未婚のまま子どもを宿したことが[55]、当時のドイツ社会の倫理的スキャンダルにまで発展し、頼りにしていた支援団体からの寄付金は開校時ほどあてにできない状況となってしまった。

開校当初からイザドラを熱狂的に支援していたメンデルスゾーン夫人は、イザドラに手紙を届けにきた際、「私がこんなひどい手紙に署名したなんて、思わないでくださいね。ほかの方たちは仕方ありません。みなさん、もうこの学校を後援されないと思います。あの方たちは、お姉様のエリザベスさんだけはまだ信頼しています」[56]と伝えている。[57] 左記は一九〇六年三月（学校創設から二年目）から一九〇七年七月三〇日までの学校の収入一覧である。

（一九〇六年三月〜一九〇七年七月三〇日まで）

寄付金（女性団体から）・・・・・・・三五〇〇マルク
子どもたちの公演の純益・・・・・・・二〇〇〇マルク
基金と会費・・・・・・・・・・・・・七五〇〇マルク
エリザベス・ダンカンの個人指導・・・一〇〇〇マルク

総計・・・・・・・・・・・・・・・・一万四〇〇〇マルク
イザドラの寄付・・・・・・・・・・・一万二〇〇〇マルク
全体総計・・・・・・・・・・・・・・二万六〇〇〇マルク

この表から、女性団体からの寄付金が少ないため、生徒たちの公演収入に頼っている様子が窺える。一九〇七年の「イザドラ・ダンカン舞踊学校の維持と支援のための会」の史料を見ると［図96―1、96―2］、表紙の写真から学校の生徒数が二〇人以下に減っていることも確認でき、当時、学校を維持していくことが非常に厳しい状況であったことは想像に難くない。

一九〇六年八月、エリザベスから手紙で送金依頼を受けたイザドラは、この時期公演を中止し無収入だったため[58]、それまでの蓄えから送金しなければならなかった。そこでイザドラは学校の財政を助けるために、体調が完全に回復していない状態で、再び一二月からワルシャワでの公演を開始する。翌年の一月二五日のアムステルダムでの公演以降、体調を崩したイザドラは、四月までの数か月間は公演を中止せざるを得なくなり、学校の財政はさらに悪化していった。

学校の維持費を捻出しようと、四月にオランダの巡演を開始したイザドラは、五月にはストックホルムでクレイグのマネージメントによるシリーズ公演、夏から秋にかけては生徒たちを伴いドイツのベルリンを皮切りにその後各地を巡演した。そして一二月にロシアを訪れ、サンクトペテルブルクで三回公演を行っている。しかし、イザドラが行った公演収入のみでの学校経営は困難を極めている状態であった。イザドラが立て続けに行った翌年の公演もむなしく、一九〇八年、イザドラ・ダンカンの舞踊学校は開校から四年たたないうちに、短期間で幕を閉じることになってしまう。生徒の多くは保護者のもとに帰ったが、残りの生徒はエリザベスが開校した「エリザベス・ダンカン・スクール」に移り、そこで学ぶことになった。

1. März 1906 bis 30. Juni 1907

Einnahmen:	Mark	Pf.	Ausgaben:	Mark	Pf.
Stiftung Isadora Duncan . .	12 198	90	Hauswirtschaft (Küche etc.) .	7 073	25
Geschenke der Damen . . .	3 450	—	Kohle, Gas, Elektrizität . . .	1 939	50
Netto-Ertrag aus Aufführungen	2 060	05	Wasser	203	--
Ertrag aus Tanzunterricht durch Klassen, geleitet von E. Duncan	1 017	50	Gehälter und Löhne	4 038	90
Jahresbeiträge 1906 Mk. 3540 Jahresbeiträge 1907 Mk. 3938	7 478	—	Wäschereinigung	583	60
Einmalige Beiträge und Besuche	163	—	Hausreinigung	70	10
Diverses	225	-	Kleidung inkl. Tanzkleider .	1 142	55
Debetsaldo bei der Bank per 30. Juni 1907	141	—	Reparaturen	462	15
			Hypotheken-Zinsen	4 606	25
			Lehrerin-Gehalt	1 450	—
			Arzt	410	70
			Telefon	368	—
			Drucksachen	364	85
			Porti	597	10
			Fahrgelder	657	85
			Steuern	386	50
			Gerichts- und Anwaltkosten .	198	85
			Büromaterial	174	40
			Diverse kleine Geräte . . .	121	20
			Sonstige Unkosten:		
			Invaliden-Marken 62,60		
			Geschenke . . . 187,35		
			Feuerversicherung 72,70		
			Vereinsbeiträge . 100,—		
			Schulbücher . . . 54,95		
			Diverses 1407,10	1 884	70
	26 733	45		26 733	45

図96-1　1906年3月から1907年6月までの学校の収支決算表

Verein zur Unterstützung und Erhaltung der Tanzschule von Isadora Duncan. E. V.

Verein zur Unterstützung und Erhaltung der Tanzschule von Isadora Duncan. E. V.

Vorstand:

Geheimrat Professor **Dr. Hoffa,** Vorsitzender.
Professor **Engelbert Humperdinck,** Schriftführer.
Bankier **Hermann Kretzschmar,** Schatzmeister.
Professor **Walter Schott,** stellvertretender Vorsitzender.
Regierungs-Baumeister **Otte,** stellvertretender Schriftführer.

Direktion der Schule:
Elisabeth Duncan.

Berlin:
Geldsendungen: nur Bankgeschäft C. H. Kretzschmar, Berlin W., Jägerstrasse 9. — Schule: Villenkolonie Grunewald-Berlin, Trabenerstrasse 16 (Tel. Wil. 1328). — Zuschriften: Sekretariat Berlin W., Nollendorfplatz 3 (Tel. VI, 96).

Leipzig:
Sekretariat: Konzert-Direktion Schubert, Poststrasse 15. — Geldsendungen: Musikalienhandlung Paul Zschocher, Neumarkt 18.

Hamburg:
Beitrittsanmeldungen: Joh. Aug. Böhme, Musikalienhandlung, Hamburg 1, Neuerwall 35.

Dresden:
Beitrittsanmeldungen: Buchhandlung v. Zahn & Jaensch, Waisenhausstrasse 10.

Holland:
Geldsendungen: Amsterdamer Bank, Conto C. H. Kretzschmar. — Sekretariat: Redakteur Frits Lapidoth, Haag, Borneostraat 49.

Cöln:
Anmeldungen: Lengfeld'sche Buchhandlung, Gr. Budergasse 6.

München:
Anmeldungen: Alfred Schmid Nachf. (Unico Hensel), Theatinerstrasse 33/34.

1

図96-2　「イザドラ・ダンカン舞踊学校の維持と支援のための会」の史料

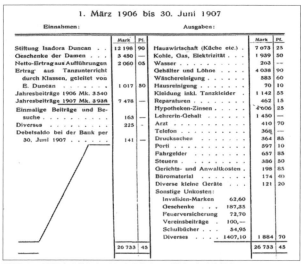

学校閉鎖と「エリザベス・ダンカン・スクール」

エリザベスはイザドラの学校を引き継ぐかのように、ダルムシュタットに「エリザベス・ダンカン・スクール」と自身の名前を全面的に出す形で開校し、イザドラの学校の愛弟子六人もそこで学ぶようになった［図97］。グリューネヴァルトの学校の後援者であったヘッセン大公*の支援を得て開いた学校であったが、一九一四年、第一次世界大戦が勃発すると、学校は一時アメリカに移転した[59]。戦争が終結した一九二〇年、ヨーロッパに戻ったエリザベスは、ダルムシュタットの建物が戦争で破壊され、学校としての機能が全くなくなったことを知り愕然《がくぜん》としてしまう[60]。

図97　ダルムシュタットの学校の外観

その後、幾多の変遷を経て、エリザベスの学校は一九三五年にミュンヘンを拠点に開校することになったが、一九四八年のエリザベスの急死により、四〇年間続いたエリザベス・ダンカン・スクールは幕を閉じることになった[61]。

それ以降は、学校の共同経営者を務めたエリザベスの弟子ガートルード・ドルック[62]が、エリザベスの遺志を継いで、指導にあたるようになった。一九八二年になると、ドルックの生徒ハネローレ・シックが監督となり、「エリザベス・ダンカン・スクール」として再びミュンヘンに開校する。シックが亡くなった後は、二〇〇八年からアストリッド・シュロイゼナーが監督となり、シュロイゼナーを含む三人の教師が同スクールでダンスの指導にあたった。筆者は二〇一一年にこの学校の教師の一人、マリオン・ホーレラングにインタヴューを行い、スクールのスケジュールと現状を知ることができた。〈63〉次のスケジュールは二〇一一年の時点のものである。

月曜　午後三時から四時　子どものためのダンカン・ダンス（九月からコースが始まる）
火曜　午後六時から七時三〇分　ギリシアの民族舞踊とダンカン・ダンス
水曜　午後六時三〇分から八時　初心者のためのダンカン・ダンス
水曜　午後八時から九時三〇分　上級者のためのダンカン・ダンス
金曜　午後五時から六時三〇分　初心者のためのダンカン・ダンス

当時のスクールのポリシーは、「生徒が自身を確立し、また芸術的に表現するのを助けることであり、あらゆる年齢層の人、障害を持つ人のためにも開かれている」となっていた。

しかし現在は、イザドラとエリザベスの双方の功績を称え、「ダンカン・ダンス」のなかに「エリザベス・ダンカン・スクール」が位置するような構成となっており、新たなスケジュールで継続している。

月曜　午後三時から三時四五分　子どものためのダンカン・ダンス（五歳から）
火曜　午後六時三〇分から八時　ギリシア民族舞踊

水曜　午後七時から九時　ダンカン・ダンスへのイントロダクション（初心者から上級者まで）
木曜　午後四時一五分から五時一五分　子どものための新ダンカン・ダンス（三歳から）
金曜　午後六時から七時三〇分　ダンカン・ダンス（エリザベス・ダンカン・スクールの伝統的な訓練を基にした身体教育）

エリザベスに委ねられたこの学校は、イザドラがドイツの学校を閉校してから約一二〇年近く経過した現在において、学校の形態は異なるが、月曜日と木曜日には子どもを対象としたダンカン・ダンスのクラスを設けており、幼少期からの舞踊の教育も意識していることが伺える。このように現在でも幅広い年齢層の数多くの人がダンカン・ダンスに親しむカルチャーセンターのような形で地域に貢献している。

＊ヘッセン大公（エルンスト・ルートヴィッヒ、一八六八〜一九三七）
ヘッセン大公国・ダルムシュタット生まれ。ヘッセン大公国の第五代大公。執筆活動も行う、芸術の後援者だった。公国最後の大公として、一八九二年から一九一八年まで役割を務めた。

註
〈1〉『芸術と回想』、一二五―一二六頁。
〈2〉AD, pp.131-132.

〈3〉 タンツアルヒーフ所蔵のクロール・オペラハウスの公演プログラムによると、イザドラはこのとき、「ショパンの夕べ」で『マズルカ』、『プレリュード』、『ノクターン』、『ヴァルス』を踊っている。

〈4〉 Duncan, Isadora. *Der Tanz Der Zukunft* (The Dance of The Future). Leipzig: Verlegt Bel Eugen Diederichs, 1903.

〈5〉 二つのピアノソナタと『第七交響曲』を踊っている。Loewenthal, Lillian. *The Search for Isadora: The Legend and Legacy of Isadora Duncan*. Pennington, NJ: Princeton Book, 1994, p.194.

〈6〉 "Notes of the Week." *New York Times*, 1 Nov. 1903によると、コジマ・ヴァーグナーが彼女の踊りに深く感心していること、翌年のバイロイト祝祭劇場での公演に出演するように取り計らっていることが伝えられている。

〈7〉 ミュンヘン、ベルリン、バイロイトなどでの公演が大成功となり、公演料が上がったことに加え、劇場設立のために二五万ドルの献金を得たことから、イザドラはかなりの収入を得ていた。ドイツでの成功の様子はアメリカの新聞でも伝えられるほどであった。"Isadora Duncan had won $250,000 by Her Dancing." *Atlanta Constitution*, 25 Feb. 1903; "Has Danced Her Way into German Hearts." *Los Angeles Times*, 25 Feb. 1903; "Theatre for a Dancer." *New York Times*, 25 Feb. 1903; "Hold Theatre Immoral." *Chicago Daily Tribune*, 25 Feb. 1903.

〈8〉 コジマ・ヴァーグナーの強い後押しを得て、学校創設という夢の実現に向かったことがDuncan, Elizabeth. "A Short Sketch of My Life." *Duncan Dance Newsletter* no.2 Summer, 1992に記されている。

〈9〉 « Chez Duncan » *Journal d'un fervent du Théâtre de Petersburg* number 46, 14 Novembre, 1904.

〈10〉 DD, p.47.

〈11〉 ML, p.174.

〈12〉 Bardsley, Kay. "Isadora Duncan's First School." *Dance Research Collage* (*CORD Dance Research Annual X*), 1979, p.229.

〈13〉 『芸術と回想』、一二〇頁。

〈14〉 *Münchner Neueste Nachrichten*, 11 Nov. 1904.

〈15〉 『芸術と回想』、一一七―一一八頁。

〈16〉 平岡昇編『世界の名著30 ルソー』中央公論社、一九九六年、三九七―三九八頁。

〈17〉『芸術と回想』、九二頁。

〈18〉Duncan, Anna. *Anna Duncan: In the footsteps of Isadora.* Stockholm: Dansmuseet, 1995, p.28.

〈19〉「未来の舞踊」の最後の言葉（The highest intelligence in the freest body）に呼応している。

〈20〉DD, p.6

〈21〉Peter, Frank-Manuel, editor. *Isadora and Elizabeth Duncan in Germany.* Cologne: Weinand, 2000, p.91.

〈22〉イザドラブルズという呼称は、一九〇九年にフランス人批評家フェルナン・ディヴォワールが作った造語とされている。一九二〇年、六人のイザドラブルズはダンカンの名前を正式に使うことが許されるが、これは多くの生徒の中から真の愛弟子として認められると同時に、他の生徒たちと区別する役目を果たした。

〈23〉Bardsley (1979), p.226.

〈24〉Duncan, Elizabeth. "A Short Sketch of My Life." *Duncan Dance Newsletter* no.2 Summer, 1992.

〈25〉ML, p.178. ホッファ氏は自分の財産の全てを貧しい子どもたちのための病院につぎ込み、ベルリン郊外にある学校の経費は全て彼が出資していた。イザドラの学校の趣旨に感動し、開校すると、子どもたちの健康と学校の衛生すべての責任を持つと名乗り出て、無料で奉仕している。

〈26〉ML邦訳、二二五頁。実際、イザドラも生徒たちが健康だったのは菜食主義のおかげであると思っていた。

〈27〉ルソー、ジャン＝ジャック『エミール（上）』今野一雄訳、岩波文庫、六三―六五頁。

〈28〉長谷川（二〇〇八）、二三三頁。

〈29〉長谷川（二〇〇〇）、一六六頁。（第1部5章参照）

〈30〉長谷川（二〇〇〇）、一六六頁。

〈31〉ルソー『エミール（上）』岩波文庫、二三一頁。

〈32〉"How American Girl is Teaching German to be Graceful." *Chicago Daily Tribune*, 27 Aug. 1905.

〈33〉Peter, p.94.

〈34〉現在のワガノワ・バレエ学校のこと。筆者は二〇一三年五月二八日にサンクトペテルブルクのワガノワ・バレエ・アカデミーの美術館を訪れたが、スタッフの説明によれば、二〇世紀初頭は帝室劇場学校という名称で呼ばれていたようである。本書では紛らわしさを回避するため、帝室バレエ学校で統一する。
〈35〉カルサーヴィナ、タマラ著『劇場通り』東野雅子訳、新書館、一九九三年、七七頁。
〈36〉Bourman, pp.11-13.
〈37〉ML邦訳、二二一頁。
〈38〉ML邦訳、二二一頁。「体は単に、調和がとれ、自由に使うことができる道具にすぎない」との記述がある。
〈39〉公表されていた学校のスケジュールとは異なるが、イルマによれば、朝六時三〇分に起きた後、朝食前に一時間のエクササイズの時間があったようである。DD, p.28.
〈40〉『芸術と回想』、五五頁。
〈41〉*Verein zur Unterstützung und Ehalung der Tanzschule von Isadora Duncan.* E.V.
〈42〉Duncan, Anna. *In the footsteps of Isadora.* Stockholm:Dansmuseet, 2010, p.43.
〈43〉ML邦訳、二一〇頁。
〈44〉カルサーヴィナ、七三頁。
〈45〉カリフォルニア大学ロサンゼルス校図書館所蔵のグリューネヴァルトの学校のパンフレット*Die Tanzschule von Miss Isadora Duncan im Grunewald*より
〈46〉AD, p.80.
〈47〉ML, p.174.
〈48〉DD, p.18, p.29でイルマは内装について、「あらゆるところにアンティークの彫り絵レリーフが装飾的なモチーフとしてあった。私が一番よく覚えているのは、サンダルの紐を結んでいる大きなニケの一つである。それは、頭部がなかったが、美しい洋服の襞が浮いていた」と語っている。このレリーフは現在アクロポリス美術館所蔵の「サンダルを整えている女神ニケ」のレプリカの可能性が高い。
〈49〉Bardsley (1979), p.231.

〈50〉DD, p.58.

〈51〉生徒たちは、ヘッセン大公、画家のハンス・トーマス、エンゲルベルト・フンパーディンク、女優のエレオノーラ・ドゥーゼ、生物学者・哲学者のエルンスト・ヘッケルなど、王族をはじめ著名な芸術家、学者とも面識を持つことになった。生徒たちのほとんどは、ドイツ語と同様に英語も話すことができたため、訪問者が来ても当惑することはなかった。Peter, p.73.

〈52〉Bardsley (1979), p.235. *Leipziger Abend-Zeitung*. n.d. にはライプツィヒで公演することが記されている。

〈53〉Duncan, Ligoa. Personal interview. 9 Aug. 2011.

〈54〉Dikovskaya, Lily. Personal interview. 18 Sep. 2011.

〈55〉イザドラとクレイグの子どもは、その後、一九〇六年九月に誕生した。このことは、イザドラがクレイグに宛てた手紙や彫刻家キャスリーン・ブルースの日記からも裏付けられる。YI, pp.150-152. ローウェンサルは、一九〇五年に子どもが誕生したとしているが、これは間違いである。Lowenthal,1993, p.194.

〈56〉ML 邦訳、二三五頁。

〈57〉Bardsley (1979), p.238.

〈58〉YI, p. 131, p.164. 一九〇六年六月から一二月までは産前産後の時期のため公演を中止している。

〈59〉パリス・シンガーは、エリザベス・ダンカン・スクールがドイツからアメリカに移動するのを助けている。Duncan, Anna. (2010), p.17.

〈60〉エリザベスはヨーロッパに戻ったが、彼女の教え子の一人アニタ・ザンはニューヨークでダンカン・ダンスの指導にあたった。

〈61〉Martin, John. "The Dance: Memorial." *New York Times*, 19 Dec. 1948; "Elizabeth Duncan is Dead at 77 in Germany; Sister of Isadora." *New York Herald Tribune*, 15 Dec. 1948 でエリザベスの死について報じている。

〈62〉シュトゥットガルト出身のガートルード・ドルックは、エリザベス・ダンカンに学び、彼女と共にアメリカにも同行した。その後教師、アシスタントを経て、最終的にはエリザベス・ダンカン・スクールの共同経営者になった。

〈63〉 Hollerung, Marion. Personal interview. 9 Apr. 2011.

第2章　フランス（ベルヴュ）の学校

ベルヴュの学校創設までの経緯

ドイツ（グリューネヴァルト）の学校が一九〇八年に閉鎖になると、イザドラはパリを拠点にロシア、オランダ、アメリカなど世界各地で精力的に公演活動を行い、自身の学校を創設するための支援を観客に訴え続けた。しかし、賛同を得ても学校創設には至らないのが現実であった。そのようななか、一九一三年、二人の子ども（デアドリーとパトリック）の乗っていた車が川に落ちて溺死するという大変な悲劇が起こってしまう。絶望と深い悲しみに陥ったイザドラは、何も手がつけられず、それ以降公演や創作活動はしばらく停止状態となった（詳しくは第1部第5章に既述）。このような状況のイザドラを何とか立ち直らせようと、パトリックの父親でその頃イザドラを支えていたパリス・シンガーは、再び子どもたちの舞踊教育に専念する機会を与えるべきと考えた。そして、パリ郊外のベルヴュにあるパイヤール・ホテル*［図98］をイザドラに買い与え、舞踊学校の開設を促した。〈1〉

学校内部の造り

図98　パイヤール・ホテルの外観

子どもたちへの舞踊教育という目標を与えられたイザドラは、学校創設に向けて、最初の段階から内装等のデザインについても関わるようになり、徐々に活力を取り戻した。ここであらゆる社会的身分の子どもたちを教えることは、二人の子どもを失った傷心のイザドラにとって大きな癒しに繋《つな》がることにもなった。「この人生がもたらした悲しみと破滅にどんなに苦しみさいなまれても、学校を造りたいという私の思いだけは、少しもけがされずにつねに光を放っていた[2]」という言葉からもその心情を読み取ることができる。

＊パイヤール・ホテル

正式名称はパイヤール・ベルヴュ・ホテル（Paillard-Bellevue Hotel）。フランス国立科学研究センターの史料から[3]、シンガーが購入したパイヤール・ホテル[4]の不動産評価額は、九二四〇㎡の領地が八〇万フラン、家具が二〇万フランで、合計一〇〇万フランであることがわかった[5]。

パイヤール・ホテルは、パリのモンパルナス駅から車で約一五分という比較的パリに近いベルヴュの丘に建っており、建物の内部には大きなレストラン、大広間、二階へと続く大階段、そしてルイ一六世様式の部屋など総計六二部屋あり、セーヌ川を見下ろせる景色のよい場所に位置していた。

イザドラは室内の装飾や家具に関して職人に詳細な指示を出し、〈6〉ホテル内にあった「ポンパドゥール」(もともとこの建物はルイ一五世の寵姫であったポンパドゥール夫人のために建てられたものだった)〈7〉と呼ばれていた大きなレストラン［図99］をダンススタジオに変えて、「碧《あお》の間」〈8〉と名付けた。そして、この広いスタジオに身体の動きを細かくチェックするための大きな鏡を置き、イザドラが特に好んだ碧《あお》色のカーテンを壁にかけ、踊るだけでなく思慮・熟慮するためにもこの部屋を使うことにした［図100］。部屋は縦に約四〇メートルの広い空間で、ドアから離れたところには休憩用の長椅子や腰掛け椅子が置いてあり、ここで訪問客の接待なども行っていた。〈9〉イザドラはこの学校内の様子を次のように回想している。

ダンス室はホテルの食堂だった所で、私の青いカーテンを壁につるし、長い部屋の中央に階段付きの教壇を造った。これは見学者のためのものであると同時に、自分の考え出したダンスを踊ってみたい人が使うためのものでもあった。学校の生活が単調で退屈なのは、一つには床が全部同じ高さにあるせいだと私は考えた。だから、部屋と部屋との間に、片方から上ってもう片方で下るようにした通路を造った。〈10〉

「碧《あお》の間」の反対側には、白いモスリンが床から天井まで掛けられている正方形の「白の間」と名付け

図99　パイヤール・ホテル内の「ポンパドゥール」と名付けられたレストラン

図100　「碧《あお》の間」と呼ばれるダンス・スタジオ

図101　階段を降りたところでくつろぐイザドラブルズ

図102　「白の間」に通じる階段に立つイザドラブルズ

図103　「踊るマイナス」の彫像を眺めているイザドラブルズ

たダンススタジオを設置し、壁にはパンテオン神殿のフリーズの破片の複製を飾った〔図101〕。その他にも崇高なダンサーの彫刻として「踊るマイナス」やタナグラ・フィギュア、彫刻等を設置した。とくに図102、図103の中央に置かれている「踊るマイナス」[11]はイザドラが最も崇めていた彫像の一つで、著書『未来の舞踊』の表紙にもこの彫像のイラストを使用している。

ドイツの学校同様に、イザドラは学校内に彫刻等の美術作品を置くことで、生徒たちが自発的に美しい身体の動きに関心を寄せることを期待していた。これら二つのダンススタジオのほか、一階には食堂があり、食卓にはいつもたくさんの花が飾られていた。食堂の造りについて、イザドラは「食堂はロンドンのイギリス下院の議場風にしつらえ、両側に向かって椅子《いす》の席がだんだん高くなって並んでいた。年長の生徒と教師は上段の席に座り、子どもたちは下段に座ることにした」[12]と自伝に記している。図104からその食堂の様子が伝わってくる。

二階には、生徒たちの部屋、イザドラの部屋、そして勉強部屋と美しい図書室を設け、図書室にはイザ

図104　1階の食堂で談話するイザドラブルズとイザドラの姪テンプル（上段左より、アナ、リザ、イルマ、テレサ、下段左よりマーゴ、テンプル、エリカ）

ドラが尊敬しているオーギュスト・ロダンやウジェーヌ・カリエールにちなんで「ロダンの間」、「カリエールの間」と名付けた部屋を作った。〔13〕図書室は三つの部屋のドアを取り払って作られた細長い部屋で、ガラスの戸棚には数多くの本が収められ、壁にはシスティーナ礼拝堂にあるミケランジェロの『最後の審判』やウジェーヌ・カリエールの作品がいくつか掛けられた。生徒たちの部屋は簡素ではあったが、舞踊を芸術として高めることを願って、壁にはギリシアの彫刻やボッティチェリの絵が飾られた。これらは全てイザドラが影響を受けていた芸術作品であった。

学校の建物は生徒たちが自由に駆け回れる素晴らしい庭で囲まれ、芝で覆われた屋上のテラスからは美しいパリの光景が見下ろせた。パイヤール・ホテルは元々豪華なホテルであったが、イザドラは自身の美的・芸術的センスをふんだんに取り入れ、美しい舞踊学校へと生まれ変わらせた。学校が完成した翌年の春には、敷地内に踊りを鑑賞する場として約三〇〇人収容できる劇場の建設が計画されていた。〔14〕イザドラはこの件について、次の言葉を残している。

ローエングリンは〈15〉ベルビュの丘に、ずっと長い間中断されていた劇場を建設する可能性を探り始めた。しかも、それを祭りの日にパリの人々がやって来る祝祭劇場にして、専属のオーケストラまで作る計画を立てた。再びローエングリンは建築家のルイ・スーを呼び、一度放棄された劇場模型がもう一度、図書室に作られた。そして、すでに基礎の区画も定められた。この劇場で、私は音楽と悲劇と踊りをそのもっとも純粋な形で一つに合わせるという夢を実現したかった。ここでモネ・シュリ、エレオノラ・ドーゼ、スザンヌ・デュプレ（デェスプレ）*などが「オイディプス」や「アンティゴネ」、または「エレクトラ」を演じ、私の学校の生徒がその合唱を踊るのが、私の夢だった。また、この劇場で第九交響曲と千人の私の生徒たちで、ベートーベンの百年祭も祝いたかった。そして、子どもたちが丘を下り、船で川を渡り、パンテオンまで聖なる行進を続けて、そこで偉大な政治家や英雄を記念して祝う日を思い描いていた。〈16〉

しかし、イザドラとシンガーのこの壮大な劇場建設計画は戦争勃発により中断され、その後も計画段階で関係者の意見が対立したことから実現することはなかった。

＊スザンヌ・デェスプレ（一八七五〜一九五一）
フランス・ヴェルダン生まれ。女優。パリ国立高等音楽院で学ぶ。一九〇二年にコメディ・フランセーズでデビューし、『フェードル』などの役を演じた。その他、フランス映画にもいくつか出演している。

生徒の選抜と入学者の年齢制限

ベルヴュの学校は一九一四年二月二一日に開校した。[17] グリューネヴァルトの学校と同じく、授業料、生活費など全て無料で、生徒たちは丘の上にある学校で新鮮な空気と整った環境のもと、生活することができた。開校前の生徒の選抜については不明な点が多いが、イザドラがパリ中心部でコンクールを行い、選んだ新しい生徒五〇人と、前の学校の生徒が集まってきたと話していることから、[18] おそらく開校前の一月か二月頃までには、既に五〇人を選抜していた可能性が高い。

入学者の年齢制限については、各新聞記事の情報が錯綜している。例えば一九一四年三月七日の『ラクシオン』紙には、入学者の年齢は八歳以下で二五人の男の子と二五人の女の子を希望し、この生徒たちが二一歳になるまで教育する意向が掲載されていた。[19] しかし三月一九日の『ワシントン・ポスト』紙は、入学対象を八歳かそれ以上の子どもたち（男子、女子）と掲載し、[20] 六月二六日の『デイリー・メール』紙には、入学者の年齢は五歳から九歳で生徒たちが一八歳になるまで教育を施したいとの意向が記述されていた。[21] これら新聞記事から、生徒たちの入学から卒業までの年齢についてはかなり曖昧で一貫性がなかったことがわかる。これは開校を急ぐあまり、充分に構想を練る時間がなかったことがその一因と考えられる。

イギリス、アメリカ、フランス、ドイツ、ロシアと様々な国籍の子どもたちが入学し、生徒たちの中には男子も数人いたようであった。[22] イザドラの愛弟子の一人、アナは新聞記者のインタヴューで、イザドラがロシアからの生徒の入学を望んでおり、イルマと自分をサンクトペテルブルクに出向かせ、現地でダンカン・ダンスを教えたことや、後でテレサとリザも加わって公演を行ったことを話している。[23] またアナは、当時のロシア政府が非常に親切であったことも付け加え（第1部第4章、第5章参照）[24]、最終的にはベルヴュの学校の生徒として現地で六人のロシア人の子どもを選抜したことも証言している。[25] 実際、筆者はモスクワの文書館でイザドラの学校の生徒が一九一四年四月にロシアで公演することを告知する史料を見つけ、[26] このアナの証言の裏付けを取ることができた。

学校での教育

ベルヴュの学校の子どもたちは学校でどのような生活を送っていたのであろうか。当時の新聞記事や雑誌などの史料から一日のスケジュールを見ていきたい。

フランスの『ル・タン』紙によると、生徒たちの一日は、九時に起床すると色のついた服を着てサンダルを履き、建物の中や庭を行ったり来たりして、時間が許す限り近くの林を散歩することから始まっている。一〇時頃には着替えをして広いダンス室で踊り、午後は一般教養を身につけるための授業を受講し、一七時からはイザドラやイザドラブルズたちと共に大きなダンス室でお茶の時間となった［図105］。この時間には必ず訪問者やイザドラの友人が来ており、生徒たちはこのゲストのために踊りを披露した。[27] 一方、『ワシントン・ヘラルド』紙に掲載された学校のスケジュールの概要は次の通りであった。[28]

①朝

七時三〇分　起床

図105　イザドラとイザドラブルズ

シャワー
歌、呼吸の訓練
朝食（牛乳、フルーツ、シリアル）
一般教育（昼まで）
②午後
昼食
遊び、柔軟体操
昼寝
③夕方
一七時～ダンスの時間

一七時からダンスの時間という点は両紙とも一致しているが、起床時間と一般教育を受ける時間帯は異なっている。『ル・タン』紙が午前中にもダンスのクラスがあるとしていることから、訪問客のあるときには午前中にもダンスのクラスを入れて変則的になるなど、スケジュールは比較的柔軟なものであったことが推察される。

いずれにしても、通常は一七時からが主たるダンスの時間であったことは確かであり、その場に居合わせた芸術家や訪問者たちが生徒たちの踊る様子を見ていたのであろう。この点については次項でも述べるが、ロダンをはじめとする芸術家たちは単に生徒たちの踊りを鑑賞するだけでなく、スケッチやデッサンをしていた。生徒たちと芸術家の交流関係は、単に見る者と見られる者の関係に留まらず、芸術家は生徒たちに芸術における重要な事柄を伝え、生徒たちは芸術家から直に学べる機会を得ていたのである。イザドラは学校での生活を次のように記している。

この忙しい生活のなかで、私はもう一度教える勇気を発見し、また、生徒たちは信じられないほどの早さで学んでいった。開校から三か月たつと、生徒たちは彼らを見にやって来る芸術家たちの感嘆と称賛の的となるまでに進歩をとげた。[29]〔中略〕私は毎日、何時間も生徒を教え、疲れて立っていられなくなると長椅子《いす》にもたれて、手や腕だけを動かして教えた。私の教授力はほとんど神技に近くなっていた。私が手を子どもたちのほうにさし伸べるだけで、彼らは踊った。それはまるで、私がダンスを彼らに教えるというよりは、ダンスの精気が子どもたちに流れてゆく道を私が開いてゆくかのようだった。[30]

図106はダンスのクラス風景の写真である。エリザベスの学校から呼び戻された愛弟子たちが生徒一人一人についており、イザドラは後方に座ってその様子を見ながら指導している。イザドラが座って指導

図106　子どもたちをマンツーマンで指導しているイザドラブルズ
（丸枠内は、後方に座り、指示しているイザドラ）

していたのは、この時第三子を宿しており〈31〉（第1部第5章参照）、長時間立って教えるのがつらい状況になっていたからであろう。しかし、芸術家や文化人を学校に招くことで、自らも含め生徒たちと活発に交流することに生きがいを見出していたのではないだろうか。自伝でもベルヴュの学校を、紀元一〇〇年頃、ローマのある丘にあった少年たちのための「ローマ舞踊神官団の教育施設」と重ね合わせて、「少年たちの踊るダンスが薬のように見物人を元気づけた。私が学校を作ったときに夢見たのは、まさにこうした学校であった〈32〉」と街とそこに住む芸術家たちが生き生きと輝くことを願っていた。

芸術家・文化人との交流

ベルヴュの学校の最も特徴的な点は、芸術家、文化人との交流が盛んに行われたことであった。とくに、当時ベルヴュの近くに住んでいた彫刻家のオーギュスト・ロダンをはじめ、イラストレーターのジョルジュ・バルビエ*、のちに映画監督となるイザドラの友人メアリー・デスティの息子プレストン・スタージェス*ほか、多くの人がこの学校を度々訪れ、訪問帳にサインしていたようである。[33] なかでも近隣に住んでいたロダンは頻繁に学校を訪問し、三日〜一〇日間ほど滞在したこともあったようだ。[34] その他にも画家モーリス・ドニ、[35] 女優のエレオノーラ・ドゥーゼとセシル・ソレル、作家アナトール・フランス*、劇作家エドモン・ロスタン*、哲学者アンリ・ベルクソン、[36]* 俳優ムネ=シュリ、詩人ガブリエル・ダヌンツィオ、ヴァイオリニストのウジェーヌ・イザイ、ナポリの女王、ロシアの王子、イギリスの皇室、ジャック・トゥボー*、首相、大使ほか挙げればきりがなく、パリの上流社会の人たちやエコール・デ・ボザール*の生徒たちも訪問していた。[37] これはイザドラが理想としていた「芸術アカデミー」の実現の始まりでもあった。

筆者はカリフォルニア大学ロサンゼルス校の図書館でこの学校の訪問帳を閲覧し、ロダン、セシル・ソレル、バルビエ、スタージェス、ダヌンツィオの名前を確認することができた。一九一四年二月一七日、二月二三日と日付が記載されていたことから、おそらく開校前後に訪問し署名されたものであると考えられる［図107］。

＊ジョルジュ・バルビエ（一八八二〜一九三二）
フランス・ナント生まれ。イラストレーター。演劇やバレエの衣装のデザイン、本の挿絵、オートクチュールのイラスト、舞台美術や衣装をなどを手掛けた。

図107　訪問客のサインが記載されたサインブック　（左上から時計まわりにロダン、セシル・ソレル、ジョルジュ・バルビエ、ガブリエル・ダヌンツィオ、プレストン・スタージェスのサインが確認できる）

＊プレストン・スタージェス（一八九八～一九五九）
アメリカ・シカゴ生まれ。映画監督、脚本家。母親はイザドラ・ダンカンに付き添っていたメアリー・デスティ。『偉大なるマッギンティ』で映画監督としてデビューし、大ヒットを記録する。その他の作品に『七月のクリスマス』『レディ・イヴ』『サリヴァンの旅』『パームビーチ・ストーリー』などがある。

＊アナトール・フランス（一八四四～一九二四）
フランス・パリ生まれ。詩人、作家。創作した詩が雑誌に掲載され、執筆した小説『シルヴェストル・ボナールの罪』でアカデミー・フランセーズの賞を受賞する。『舞姫タイス』などその他数々の作品を執筆する。

＊エドモン・ロスタン（一八六八～一九一八）
フランス・マルセイユ生まれ。劇作家。戯曲『シラノ・ド・ベルジュラック』の著者として知られる。

＊アンリ・ベルクソン（一八五九～一九四一、本名：アンリ＝ルイ・ベルクソン）
フランス・パリ生まれ。「生の哲学」を提唱した近代フランスを代表する哲学者。著書に『物質と記憶』などがある。

＊ジャック・トゥボー（一八八〇〜一九五三）
フランス・ボルドー生まれ。ヴァイオリニスト。幼少期は父にヴァイオリンを学び、パリ国立高等音楽院に入学した。のちに指揮者になるピエール・モントゥーと共に音楽院で賞をとる。

＊エコール・デ・ボザール
一七世紀パリに設立されたフランスで最も有名な国立美術学校。ルーツはルイ一四世が創設したアカデミーで、一八一六年ルイ一八世が現在地（パリ、ボナパルト街）に設立した。芸術家の養成を目的とし、彫刻、絵画、版画、金工、建築などのコースがあり、多くの芸術家を輩出している。

一九一四年六月にベルヴュの学校を訪問したイザドラの友人メアリー・ファントン・ロバーツによると、当時、著名人たちは皆、学校訪問の機会を得たがっており、〈38〉この学校を訪問できること自体がある種の特権になっていたようである。イザドラは、この学校が真の「芸術アカデミー」になることを当初から強く望んでおり、〈39〉生徒たちが幼少期から本物の芸術家たちと接する機会を与えられることを大変喜んでいた。

訪問した芸術家・文化人のなかでも、とりわけ画家たちは、ギリシア風チュニックを身にまとって自然に動く生徒たちの姿を見ながら自身のスケッチに描くことに専念していた。つまり、この学校には芸術家と生徒たちが相互に影響しあう環境が備わっていたのである。また、時には訪問客を招いて公演会を催すなど、芸術家たちを楽しませる場も用意された。学校が芸術家たちの集いの場になることを望んでいたイザドラは、〈40〉金曜の午後を六人の愛弟子と幼い子どもたちが「碧《あお》の間」で公演を行う日とし、〈41〉毎週土曜日は画家、彫刻家、作家が訪問する日と決めていた。イザドラは、芸術家たちが生徒と意見交換し、子どもたちの成長の様子を目の当たりにすることができる場を素晴らしい環境と考えていたのではないだろうか。彼女は自伝で芸術家の訪問について、次のように語っている。

毎週土曜日は芸術家の日だった。芸術家のために公開レッスンが朝の十一時から一時まで行われ、その後、ローエングリン[42]のいつもの気前のよさで、芸術家たちと子どもたちのために、すばらしい昼食が用意された。天気がよいときは、食事は庭に用意され、昼食後は音楽や詩やダンスの時間となった。反対側の丘のムードンに住んでいるロダンは、よくやって来た。彼はダンス室に陣取って、踊っている少女や子どもたちをスケッチした。あるとき、彼は私に言った。「若い頃にこんなモデルがいたらどんなによかっただろうか。自然と調和して動くことができるモデルがね。確かに私には美しいモデルはいたが、あなたの生徒たちのように、動きの科学を理解しているモデルは一人もいなかったからね[43]」〔中略〕多くの芸術家が毎週、スケッチブックを持ってベルビュにやって来た。すでに、この学校はインスピレーションの源であることが証明されつつあり、そこから何百というスケッチや踊る人物像が生まれていた。この学校から芸術家とモデルの間の新しい関係が生まれるかもしれないと、私は夢見ていた。ベートーベンやセザール・フランクの音楽に合わせて踊り、ギリシャ悲劇の群舞を舞い、シェークスピアを暗唱する生徒たちの姿を見ているうちに、モデルというものは、今までのように画家のアトリエで、じっと座っているだけの哀れで無表情な存在ではなく、命を最高に表現している生きた動く理想像となるだろうと思った。[44]

芸術家にとって、このような経験をもたらされたことは非常に有益な時間であった。なぜならば、通常のデッサンでは静止した人物をモデルにするのが常であったため、生徒たちの動く瞬間をデッサンすることは、芸術家にとっては特殊な訓練になったからである。つまり、動いている人物を一瞬にして捉え、その残像を頭の中に焼きつけてデッサンする、あるいは、一瞬にして身体の動きの大まかな様子を捉えるという極めて特殊な技法を習得できる場となっていたのである［図108－1、108－2］。

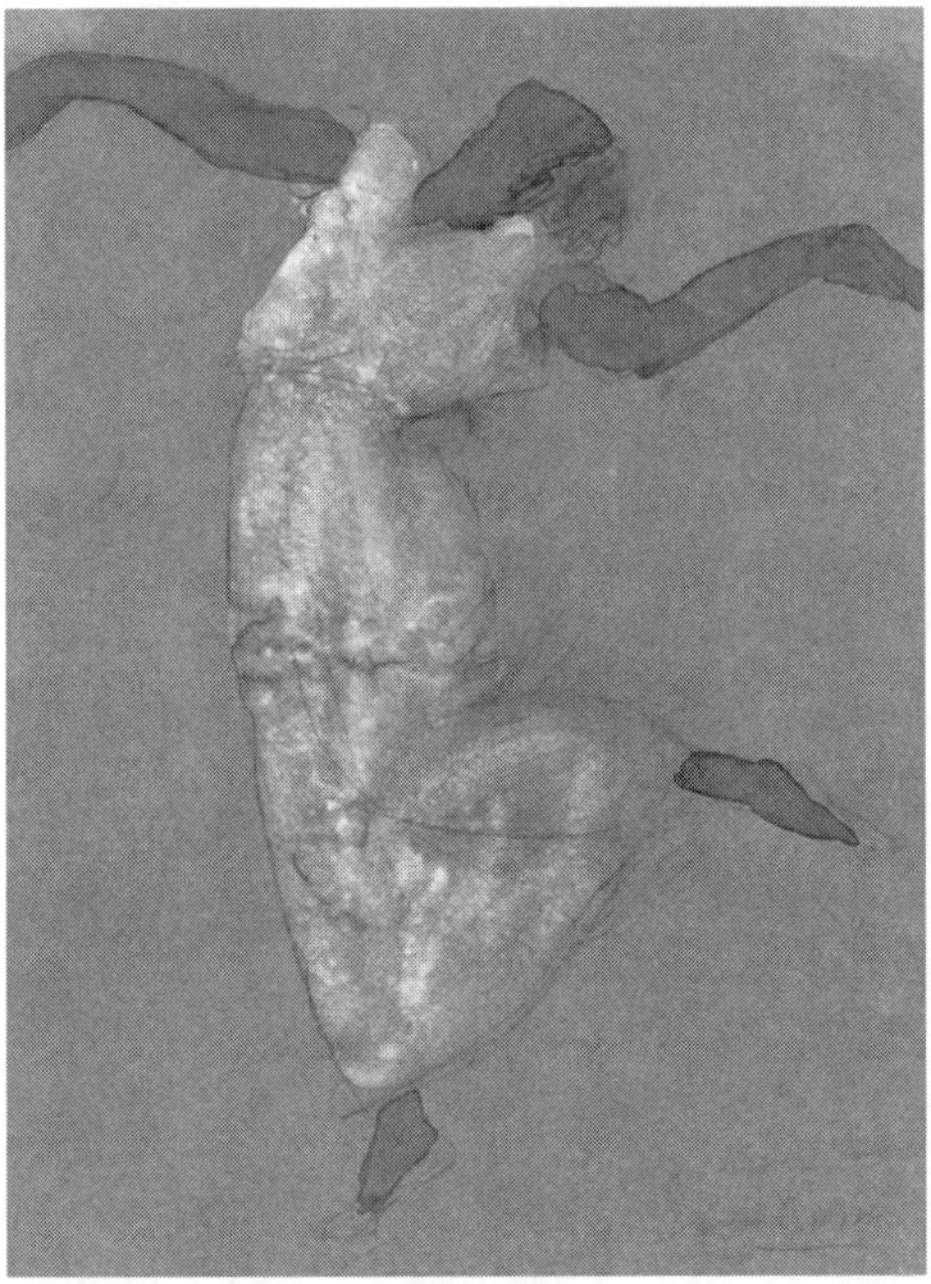

図108-1 ロダンのスケッチ

ベルヴュの開校記念祭とダンス・フェスティバル

一九一四年六月、ベルヴュの学校の生徒は開校記念祭としてトロカデロ劇場で公演会を開催している。〈45〉ロダン美術館とフランス国立図書館に所蔵されていた公演プログラムからこの記念祭の詳細がわかった。公演チケット［図109］の右上に「INVITATION」というスタンプが押されていたことから、イザドラがロダンを招待したものであると推測できる。〈46〉当時学校に程近いムードンに住んでいたロダンは頻繁に学校

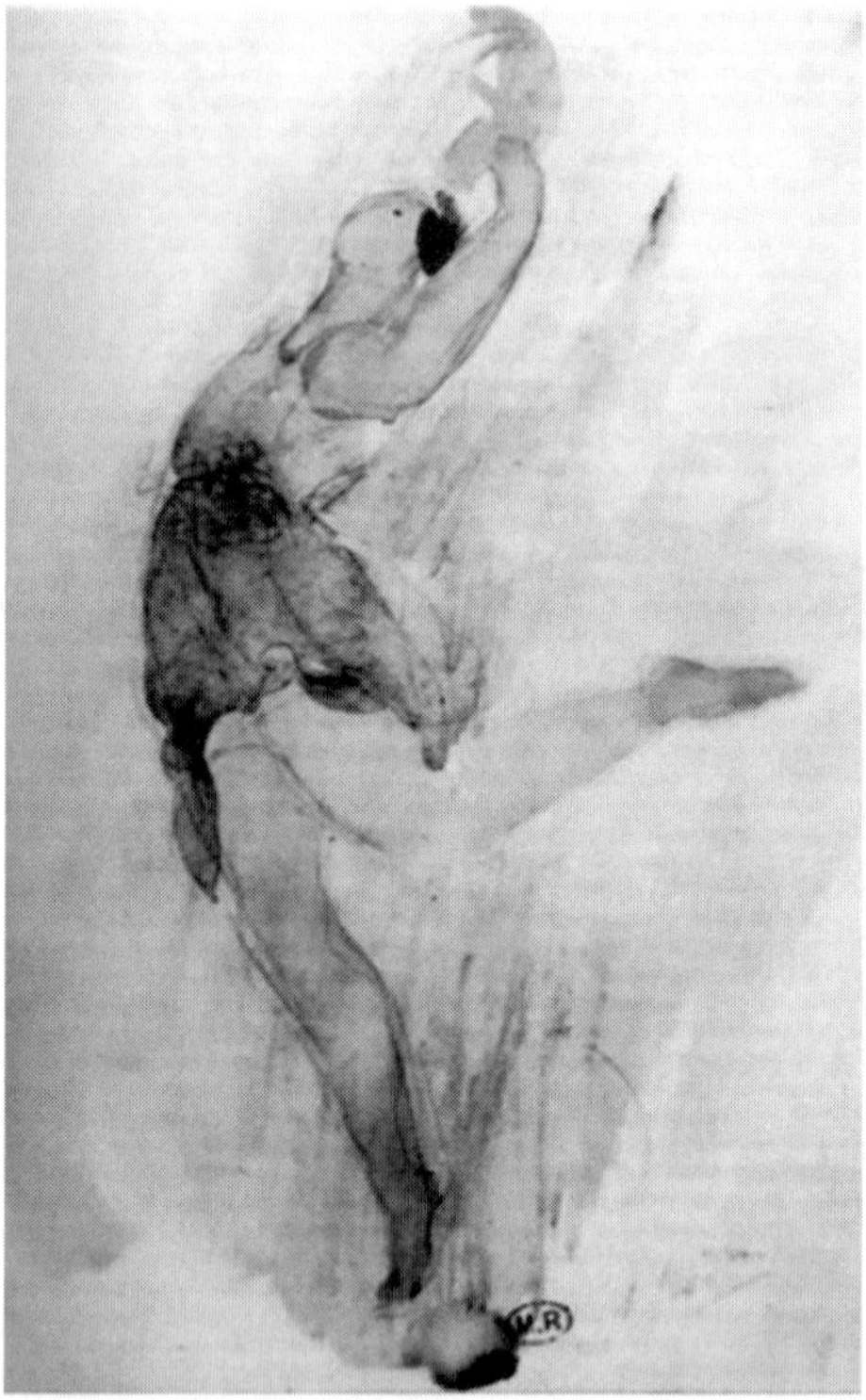

図108-2　ロダンのスケッチ

図109　記念祭の招待券

に出入りしてため、イザドラとの親交も深く、彼女がロダンを招待したのは当然であろう。プログラムから、公演は一九一四年六月二六日（金）にトロカデロ劇場のシャイヨー宮で開催されたことがわかった。［図110―1、110―2］

新聞記事では、イザドラが二人の子どもを自動車事故で失ったという悲劇から立ち直ることができず、[47] この公演にイザドラ自身が出演することはなかったとしているが、[48] この年の八月初旬に第三子の出産を控えていたイザドラは、六月末は臨月に近く踊れる状態ではなかったと考えるのが妥当であろう。

この公演は、主にイザドラの愛弟子六人とベルヴュの生徒たちの踊りで構成されていたが、[49] 著名な俳優ムネ＝シュリの特別出演、音楽はガブリエル・ピエルネ*指揮のオーケストラであったことも功を奏し、大盛況であったようだ。フランス国立図書館にあるトロカデロでの公演プログラムによれば、コロンヌ管弦楽団、俳優ムネ＝シュリ、歌手ナマラ・トイ*の名前が記載されており、生徒たちはシューベルトの『マーチ』、『一〇のワルツ集』、『軍隊行進曲』を踊ったと思われる。イザドラの自伝には記念祭が大成功であったことが次のように記されている。

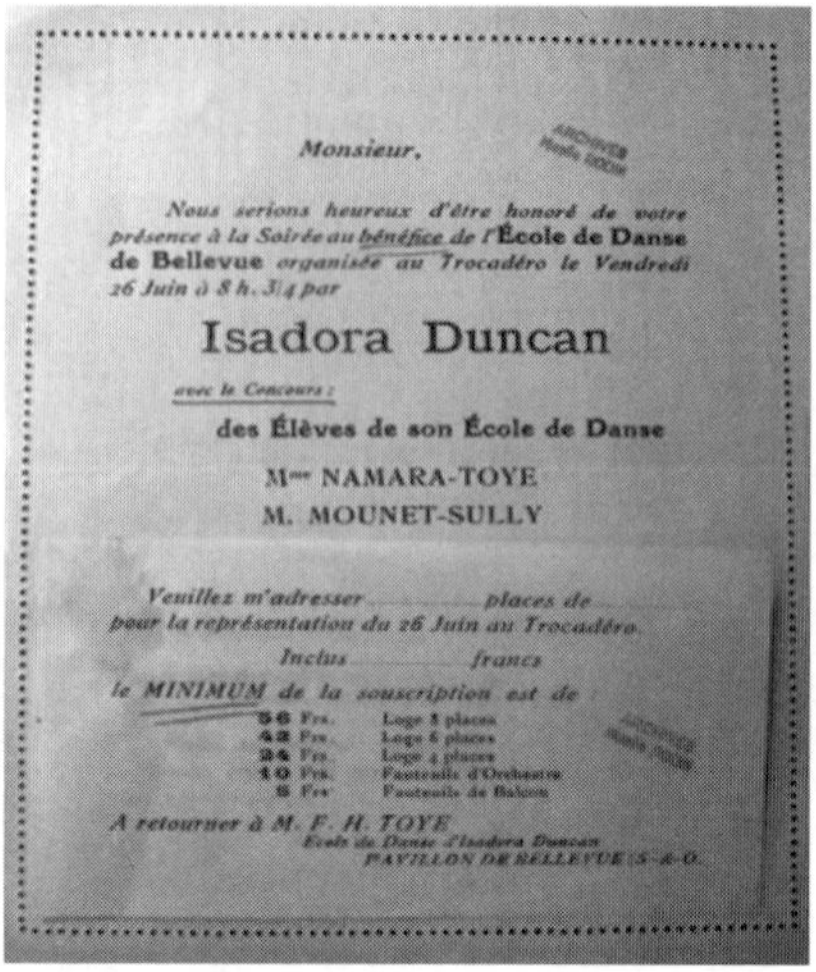

Monsieur,

Nous serions heureux d'être honoré de votre présence à la Soirée au bénéfice de l'**École de Danse de Bellevue** organisée au Trocadéro le Vendredi 26 Juin à 8 h. 3/4 par

Isadora Duncan

avec le Concours :

des Élèves de son École de Danse

Mme NAMARA-TOYE

M. MOUNET-SULLY

Veuillez m'adresser .... places de ....
pour la représentation du 26 Juin au Trocadéro.

Inclus .... francs

le MINIMUM de la souscription est de

56 Frs.	Loge 8 places
42 Frs.	Loge 6 places
24 Frs.	Loge 4 places
10 Frs.	Fauteuils d'Orchestre
5 Frs.	Fauteuils de Balcon

A retourner à M. F. H. TOYE
École de Danse d'Isadora Duncan
PAVILLON DE BELLEVUE (S.-&-O.)

図110-1　記念祭の案内

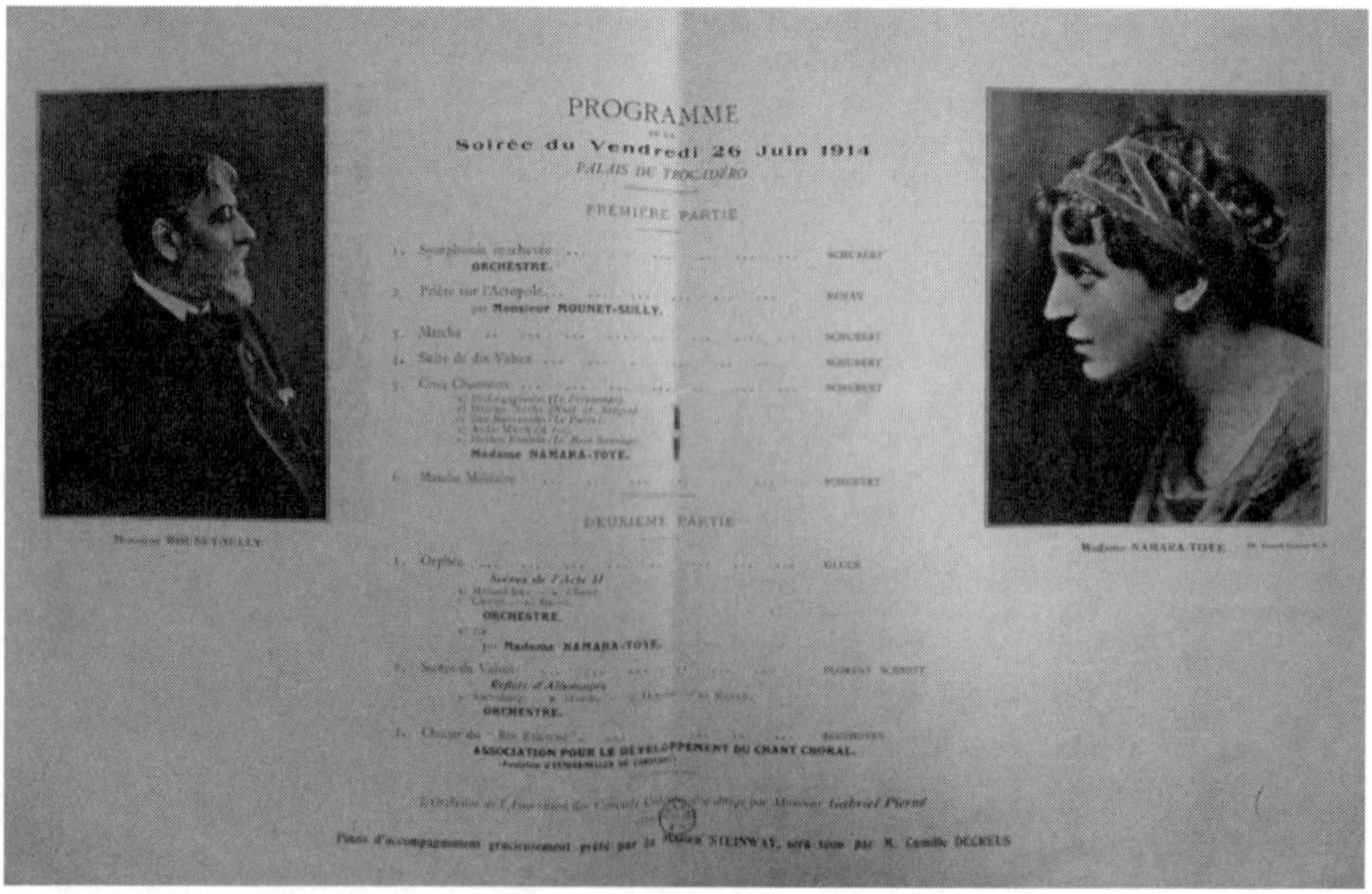

PROGRAMME

Soirée du Vendredi 26 Juin 1914

PALAIS DU TROCADÉRO

PREMIÈRE PARTIE

1. Symphonie inachevée ... SCHUBERT
ORCHESTRE.
2. Prière sur l'Acropole ... RENAN
par Monsieur MOUNET-SULLY.
3. Marche ... SCHUBERT
4. Suite de des Valses ... SCHUBERT
5. Cinq Chansons ... SCHUBERT
Madame NAMARA-TOYE.
6. Marche Militaire ... SCHUBERT

DEUXIÈME PARTIE

1. Orphée ... GLUCK
Scènes de l'Acte II
ORCHESTRE.
Madame NAMARA-TOYE.
2. Suites de Valses ... FLORENT SCHMITT
Reflets d'Allemagne
ORCHESTRE.
3. Chœur des "Ruines d'Athènes" ... BEETHOVEN
ASSOCIATION POUR LE DÉVELOPPEMENT DU CHANT CHORAL.

L'Orchestre ... dirigé par Monsieur Gabriel Pierné

Piano d'accompagnement gracieusement prêté par la Maison STEINWAY, sera tenu par M. Camille DECREUS

図110-2　記念祭のプログラム

六月になると、私たちはトロカデロで記念祭を開いた。私は桟敷に座って生徒の踊りを見た。プログラムのいくつかでは、観客は歓喜と熱狂とで立ち上がり大声で叫んだ。終わっても、彼らはずっと喝《かっ》采《さい》を続けて帰ろうとしなかった。この芸術家でも踊り子でもないがしっかり訓練された子どもたちに対する熱狂は、それとなく予見されていた人類の新しい動向に対する熱狂だったと思う。これはまさしく、ニーチェの未来像に出てくる動きだった。「ツァラツストラ、ダンサーのツァラツストラ、光の者、彼は翼で手招きをする。すべての鳥を手招きして、まさに飛翔《ひしょう》せんとする、喜びに満ち、軽やかな精気に満ちた者よ」これこそベートーベンの第九交響曲の未来の踊り手だった。〈50〉

このイザドラの言葉から、生徒たちの公演は観客に感動を与え称賛を得ていたこと、そしてこの頃から彼女はベートーヴェンの『第九交響曲』を踊る子どもたちの姿を想像して振付する意欲を持ちはじめていたことがわかる。イザドラはその生涯において、公の場で子どもたちと共に『第九交響曲』を踊るという夢を叶えることはできなかったが、将来子どもたちが『ツァラトゥストラはかく語りき』でニーチェが目指した超人を体現する「未来の踊り手」になることを期待していたはずである。

記念祭の八日前の六月一八日、パリ一六区にあるラヌラ・ガーデンでダンス・フェスティバルが開催されていた［図111］。ロダン美術館のアーカイヴからこのフェスティバルにロイ・フラーや当時注目を集めていた一流のダンサーたちが出演していたことがわかった。〈51〉フラーは一九〇八年頃、ロンドンに舞踊学校を開設したため、〈52〉このフェスティバルに自身の生徒たちを参加させたと考えられる。［図112―1、112―］

JEUDI 18 JUIN 1914, DE 2 HEURES 1/2 A 7 HEURES
JARDINS DU RANELAGH, 24 et 26, Avenue Raphaël (La Muette)
MATINÉE DE GALA
FÊTE DE LA DANSE
donnée au profit du " DENIER DES VEUVES " de la Société des Gens de Lettres
PROGRAMME
1. Ouverture du Carnaval Romain — Hector BERLIOZ
L'Orchestre.
2. Danses Polovtsiennes du Prince Igor — BORODINE
L'Orchestre et les Chœurs.
3. Les deux Pigeons — André MESSAGER
4. La Bataille de Marignan — CL. JANEQUIN
Chœur à capella.
5. Danses du 1er Empire — X.X.X.
6. Ouverture du Freischütz — C. M. von WEBER
L'Orchestre.
7. Children's Corner — Claude DEBUSSY
8. Bacchanale — GLAZOUNOW
9. Le Festin de l'Araignée — Albert ROUSSEL
et le Corps de Ballet de l'Opéra.
10. Danses en Crinoline — X.X.X.
11. Danse Norvégienne — GRIEG
12. Divertissement champêtre — X.X.X.
13. Pavane — X.X.X.
14. Suite de Danses — CHOPIN
15. Farandole de l'Arlésienne — Georges BIZET
16. Concours de Danses Modernes
ORCHESTRE DU THÉATRE DES CHAMPS-ÉLYSÉES
CHŒURS DE L'A. C. P. DE PARIS

図111　ダンス・フェスティバルのプログラム

2」はフラーの生徒たちが踊っている写真である。上段の写真に注目してほしい。白いチュニックに「裸足」の生徒が芝生の上を走っているのが目に入り、イザドラの生徒たちの踊るスタイルと酷似していることに気づく。ロイ・フラーの舞踊は、本来は非常に長い布を身体に巻きつけ、様々な色に変化する照明に合わせて、多様な形態を呈示しながら踊る「サーペンタイン（蛇のような）・ダンス」をその特徴としていた。しかし、このフェスティバルでのフラーの生徒たちの踊りには衣装からしてその片鱗も見られず、むしろイザドラのスタイルを自己流にアレンジしているようにも思える。これはフラーが「自然」を重視するイザドラの芸術観を賛美していたロダンの思想に同調して考案した演出であったのだろうか。当時ロダンはフラーとも親交があったことから、この公演を観ていた可能性は十分考えられる。

フェスティバルにはフラーのほか、フェッテ（片足で連続回転をする動き）などの優れた技巧でパリの観客を驚嘆させていたイタリア生まれのカルロッタ・ザンベリ*、アイーダ・ボニ*とアルバート・アヴェリン*など当時のパリ・オペラ座のエトワールも出演し、ロシア人ダンサーのナタシャ・トゥルハノワ*やエキゾチック・ダンサーのサハリ・ディジェリ*も名を連ねていた［図113—1、113—2、113—3、113—4］。

当時（一九〇〇年代初頭）は『サロメ』がヨーロッパのミュージック・ホール、例えばカジノ・ド・パ

図112-1　フラーの生徒たちの踊り

図112-2　フラーの生徒たちの踊り

図113-1　アイーダ・ボニ

図113-2　カルロッタ・ザンベリと
アルバート・アヴェリン

図113-3　ナタシャ・トゥルハノワ

図113-4　サハリ・ディジェリ

リやロンドンのヒッポドローム劇場、ブリュッセルのレストランなどで盛んに踊られていたが、これらダンサーの踊りは、技巧的、曲芸的、妖艶さを強調しており、イザドラの目指した舞踊理念とはほど遠いものであった。そのため、イザドラは彼女たちと共演することは一度もなく、独自の公演を各地で開催する方針を貫き通した。

様々なスタイルの一流ダンサーが集結して踊るダンス・フェスティバルの直後であったにもかかわらず、トロカデロ劇場の開校記念祭で踊ったイザドラの生徒たちの踊りは大盛況で大絶賛された。

＊ガブリエル・ピエルネ（一八六三〜一九三七）
フランス・メス生まれ。作曲家、指揮者。パリ国立高等音楽院で学ぶ。バレエ・リュスによるストラヴィンスキーの『火の鳥』の世界初演（一九一〇年六月二五日、パリ）の指揮を担当。一九二八年から一九三四年までコロンヌ管弦楽団の指揮を務めた。

＊ナマラ・トイ（一八八八〜一九七四）
アメリカ・オハイオ州生まれ。ソプラノ歌手。一八歳のとき、ミラノ音楽院で学び始め、翌年ジェノヴァのポリテアマ劇場でのグノーの『ファウスト』に出演する。アメリカ、フランス、イギリスの主要なオペラハウスで公演している。一九二〇年にはサイレント映画『盗まれた瞬間』でルドルフ・ヴァレンチノと主演を務めた。

＊カルロッタ・ザンベリ（一八七五〜一九六八）
イタリア・ミラノ生まれ。バレリーナ。七歳の時からミラノ・スカラ座のバレエ学校で学び、一八九四年からパリ・オペラ座で活躍するようになる。『ファウスト』でデビューを飾り、イタリアのテクニックと回転技でパリの観客を魅了し、プリマ・バレリーナになった。

＊アイーダ・ボニ（一八八〇〜一九七四）
イタリア・ミラノ生まれ。バレリーナ。ミラノ・スカラ座のバレエ学校で学んだ後、フィレンツェやパリ、ブリュッセル、ロンドンの劇場で踊った。スカラ座に戻った後もパリ・オペラ座でも主役として踊り続けた。

＊アルバート・アヴェリン（一八八三〜一九六八）
フランス・パリ生まれ。バレエダンサー。パリ・オペラ座バレエ学校で学んだ後、パリ・オペラ座バレエ団に入団し、主役を務めるようになる。一九一七年にはバレエマスターも務めるようになった。主にザンベリのパートナーとして活躍した。

＊ナタシャ・トゥルハノワ（一八八五〜一九五六）
ウクライナ・キーウ生まれ。ダンサー。『サロメ』の舞踊を披露したことでよく知られている。フランスのサイレント映画『醜い少女』（一九〇九）、『レダと聴こえる森』（一九一六）に出演した。

＊サハリ・ディジェリ（一八八九～？）

出生地不明。ダンサー。蛇のようなしなやかな腕の動きを得意とし、サロメの踊りを披露した。パリのカジノ・ド・パリ、ブリュッセルのヴァリエテ、ロンドンのヒッポドローム劇場などで踊り、好評を博した。

学校閉鎖の経緯

一九一四年七月一五日、イザドラのパリ滞在中に学校で火災が発生した。不慮の事故として処理されたこの火災で多くの貴重な楽譜等が焼失するという損害を被ることになったが〈53〉、この時学校は夏季休暇中であったため、子どもたちに被害が及ばなかったことは不幸中の幸いであった［**図114**］。

政府からの支援などがとくになかったベルヴュの学校は、パリス・シンガーの私財に頼るところが大きかった。不幸は火災だけでは済まず、フランスが第一次世界大戦勃発という社会情勢の激変に巻き込まれ、イザドラの学校も必然的に閉校せざるを得なくなってしまった。夏季休暇でイギリスにあるシンガーの別荘に滞在していた生徒たちは、イギリスも危険な状態になったうえ、フランスにある学校にも戻れず、イザドラの兄オーガスティンのいるアメリカに避難することになった。戦争状態が悪化してくると、イザドラが学校を軍に提供することに最終的に同意したため、この芸術の殿堂でもあった学校は軍の病院と化してしまった（第1部第5章参照）。その後もしばらくはフランスに留まっていたイザドラと、ドイツに住んでいたエリザベスも危険から逃れるため、やむなくアメリカ（ニューヨークのライにあるシメオン・フ

図114　火事後のベルヴュの学校内の様子

ォード邸）に避難することになった。

ベルヴュの学校を理想の学校として大変気に入っていたイザドラは、「このベルビュの学校は永久に続き、私は人生のすべての年月をここで過ごし、仕事の成果を全部、ここに残そうと思っていた[54]」という言葉を残している。しかし、彼女の理想の学校は戦争により、わずか六か月足らずで幕を閉じることになってしまった。病院になってからのベルヴュを慰問したイザドラは、かつての図書室が手術室に姿を変え、負傷兵を乗せた担架を運ぶ重い足取りを耳にして、多大な衝撃を受けた嘆きを次のように吐露している［図115―1、115―2］。

ベルビュ！　私のアクロポリスよ。それは霊感の源泉であり、哲学と詩と音楽によって触発された高次の生活を学ぶ場になるはずだった。この日から芸術と調和は消え、傷ついた

図115-1　病院となった学校を慰問するイザドラ

図115-2　病院となったベルヴュの学校内

母の叫びと、戦いのラッパに驚いてあっという間にこの世から姿を消した子どもの叫びが、周りの壁のなかから聞こえるようになったのだった。私の芸術の殿堂は殉教者の礫の地と化し、さらに血濡《ぬ》れた傷病兵と死者の納骨堂となってしまった。私が天上の楽の音を思い描いていたここには、今、苦痛の叫び声しかなかった。[55]

イザドラの悲痛な叫びが聞こえて来るようである。戦争がなければ、この芸術の神殿はイザドラの理想の場として続いていたであろう。しかし、たとえ短期間であったにせよ、ここは一流の芸術家・文化人と学校の生徒たちが互いに発展的な影響関係を築き上げ、交流できた夢のような場所であった。学校を訪問した芸術家・文化人のその後の活躍を考えると、神聖なる舞踊教育の実践の場であったこのベルヴュの学校が当時の生徒たちと芸術家に与えた影響は極めて大きかった。[56]言葉を代えれば、イザドラ・ダンカンがフランスに「芸術アカデミー」を創設したという事実は芸術界において大変意義深いものであったと言える。

学校閉校から一〇〇年以上経過した今、この建物はフランス国立科学研究センターのムードン館となり、一階の正面玄関の上には「エスパス・イザドラ・ダンカン」[57]という名称が付けられている。これは、イザドラ・ダンカンに対するオマージュがフランス国内で捧げられている証《あかし》とも言える。現在、ダンス室は会議室となり［図116―1、116―2、116―3、116―4］、上階は会議室のほかに、フランス国立科学研究センターの多くの科学者たちが研究を行い、現代科学の発展に寄与する場所になっている。

図116-1　「エスパス・イザドラ・ダンカン」の建物
中央に正面玄関が見える

図116-2　「エスパス・イザドラ・ダンカン」の正面玄関
扉の上にはESPACE ISADORA DUNCANの文字が見える

図116-3　「エスパス・イザドラ・ダンカン」の内部
部屋の一番後ろにイザドラの写真が飾られている

図116-4　「エスパス・イザドラ・ダンカン」の内部

《ベルヴュの学校の売却》［図117］

終戦後の一九一九年、イザドラはベルヴュの建物をフランス政府に売却し、政府はこの建物を「フランス国立科学研究センター」に改装した。売買契約書の下側にイザドラ・ダンカンのサインがあることから、建物の所有者名義はシンガーではなく、イザドラになっていたことが判明した。契約書にサインをした場所がボー・リヴァージュ・パレス・ホテルとなっているのは、[58]契約書が交わされた一九一九年にイザドラがローザンヌにあるこのホテルを一時的な居住場所としていたためであろう。契約書によれば、イザドラは建物と敷地の代価として最初に一〇〇万フランを受け取り、その後、毎年一〇万フランを四年間に亘って利子なしで受け取るという契約で、総計一四〇万フランで売却することに同意している。[59]売却日は一九一九年一〇月一日とし、その後の支払いについては一九二〇年一〇月一日に一〇〇万フランが支払われ、一九二〇年から一九二三年までの四年間で四〇万フランがイザドラに支払われることになっている。後にこのことを知ったシンガーは非常に立腹したようである。

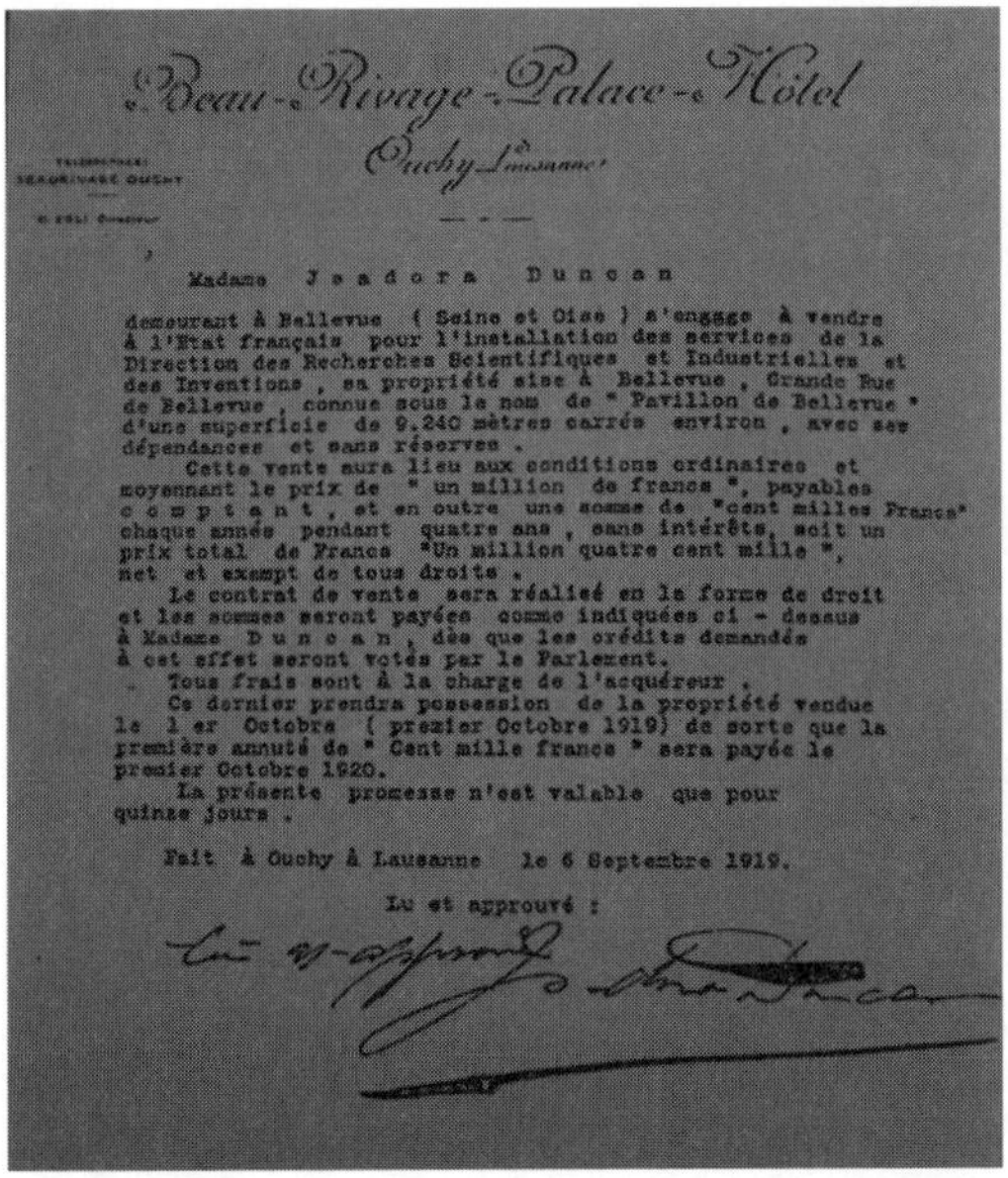

Beau-Rivage-Palace-Hôtel
Ouchy-Lausanne

Madame Jsadora Duncan

demeurant à Bellevue (Seine et Oise) s'engage à vendre à l'Etat français pour l'installation des services de la Direction des Recherches Scientifiques et Industrielles et des Inventions , sa propriété sise à Bellevue , Grande Rue de Bellevue , connue sous le nom de " Pavillon de Bellevue " d'une superficie de 9.240 mètres carrés environ , avec ses dépendances et sans réserves .

Cette vente aura lieu aux conditions ordinaires et moyennant le prix de " un million de francs ", payables c o m p t a n t , et en outre une somme de "cent milles Francs" chaque année pendant quatre ans , sans intérêts, soit un prix total de Francs "Un million quatre cent mille ", net et exempt de tous droits .

Le contrat de vente sera réalisé en la forme de droit et les sommes seront payées comme indiquées ci - dessus à Madame D u n c a n , dès que les crédits demandés à cet effet seront votés par le Parlement.

Tous frais sont à la charge de l'acquéreur .

Ce dernier prendra possession de la propriété vendue le 1 er Octobre (premier Octobre 1919) de sorte que la première annuité de " Cent mille francs " sera payée le premier Octobre 1920.

La présente promesse n'est valable que pour quinze jours .

Fait à Ouchy à Lausanne le 6 Septembre 1919.

Lu et approuvé :

図117　売買契約書

註

〈1〉 Splatt, Cynthia. *Isadora Duncan & Gordon Craig: The Prose & Poetry of Action*. San Francisco: The Book Club of California, 1988, p.99.

〈2〉 ML邦訳、三七九頁。

〈3〉 Bisch, Christian, *Meudon-Bellevue: Du château de la Marquise de Pompadour aux Laboratoires du CNRS*.（以後CNRSと記す）Meudon: Centre National de la Recherche Scientifique, 2000.

〈4〉 ホテルは一九一三年七月に経営を終了し、売り物件として出されていた。

〈5〉 イザドラはこの代償として、自身がパリのポンチュー通りに所有していた一四六〇㎡の土地をシンガーに譲っている。CNRS, p.29.

〈6〉 ML, p.299.

〈7〉 CNRS, p.5.

〈8〉 CNRS, p.29.

〈9〉 “Isadora Duncan’s School.” *Daily Mail*, 26 Juin, 1914.

〈10〉 ML邦訳、三七九—三八〇頁。引用箇所のため、邦訳の通り「青」という文字を記載している。

〈11〉 ML邦訳ではマイナデスとなっているが、この彫像は一つのため、マイナスとするほうが適切である。

〈12〉 ML邦訳三八〇頁。

〈13〉 “Isadora Duncan’s School.” *Daily Mail*, 26 Juin, 1914.

〈14〉 “Isadora Duncan’s School.” *Daily Mail*, 26 Juin, 1914.

〈15〉 シンガーのこと。

〈16〉 ML邦訳、三八三—三八四頁。

〈17〉 « Chez Isadora Duncan. » *Gil Blas*, 22 Fev, 1914.

〈18〉 ML, p.299.

〈19〉“Mme Isadora Duncan ouvre sa colonie de Bellevue.” *L'action*, 7 Mar, 1914.

〈20〉“New Cult Grips Paris.” *Washington Post*, 19 Mar, 1914.

〈21〉“Isadora Duncan's School.” *Daily Mail*, 26 Juin, 1914.

〈22〉“Isadora Duncan's School.” *Daily Mail*, 26 Juin, 1914.

〈23〉第一次世界大戦中、アメリカに避難していた際、アナが記者からのインタヴューに答えていた新聞記事。“A Talk with One of the Duncan Girls.” *New York Tribune*, 11 Apr, 1915; Руднева, Степанида. *Воспоминания счастливого человека: Семеро пляшущих*. Москва: Издательство Главархива Москвы, 2007, p.165 に掲載されているチラシには、ベルヴュの学校の生徒二人が踊るとの記述がある。イルマは、アナとイルマがオーガスティンと共にロシアに行ったと記しているため、この生徒二人はアナとイルマのことを指している可能性が高い。DD, p.14.

〈24〉イザドラは一九〇四年以降、ロシアに何度も出向いて公演を行っていた。そして帝室関係者、芸術家、文化人から称賛され、親交を結んでいた。

〈25〉“A Talk with One of the Duncan Girls.” *New York Tribune*, 11 Apr, 1915.

〈26〉Руднева, p.165.

〈27〉« Theatres. » *Le temps*, 12 Avril, 1914.

〈28〉“America, The Haven of Classic Dancinc.” *Washington Herald*, 29 Nov, 1914. この新聞の見出しはDancincとなっているため、Dancingが正しい表記と思われる。

〈29〉ML邦訳、三八〇頁。

〈30〉ML邦訳、三八四頁。

〈31〉イタリア人彫刻家ロマーノ・ロマネッリとの子ども。

〈32〉ML, p.302.

〈33〉サイン本は、カリフォルニア大学ロサンゼルス校図書館にあるが、サインは解読不明のものが多い。

〈34〉« Chez Isadora Duncan. » *Gil Blas*, 22 Fev, 1914 は三日間、*Le temps* には一〇日間ほどロダンが宿泊したことがあったと記

されている。
〈35〉« Chez Isadora Duncan. » *Gil Blas*, 22 Juin, 1914.
〈36〉"A Talk with One of the Duncan Girls." *New York Tribune*, 11 Apr, 1915.
〈37〉*New York Herald*, 3 Jan. 1920.
〈38〉*The Touchstone Volume II*, Number 1, Mary Fanton Roberts, Inc. October, 1917, p.4.
〈39〉"Isadora Duncan's School." *Daily Mail*, 26 Juin, 1914.
〈40〉« Chez Isadora Duncan. » *Gil Blas*, 22 Fev, 1914.
〈41〉*The Touchstone Volume II*, Number 1, Mary Fanton Roberts, Inc. October, 1917, p.4.
〈42〉シンガーのこと。
〈43〉ML邦訳、三八〇頁。
〈44〉ML邦訳、三八三頁。
〈45〉ML, pp.300-301.
〈46〉ロダン美術館アーカイヴ所蔵のプログラム"Soirée organisée par Isadora Duncan au bénéfice de l'éccole de la danse de Bellevue." *Palais du Trocadero*, 26 Juin, 1914.
〈47〉"Isadora Duncan's New Happiness." *Chicago Daily Tribune*, 5 Jul, 1914.
〈48〉"Isadora Duncan's School." *Daily Mail*, 26 Juin. 1914; "Isadora Duncan's New Happi-ness." *Chicago Daily Tribune*, 5 Jul, 1914.
〈49〉この経験から、愛弟子たちのみで公演を行うという企画が行われるようになったと思われる。
〈50〉ML邦訳、三八一頁。公演プログラム"Soirée organisée par Isadora Duncan au bénéfice de l' école de la danse de Bellevue." の最後にイザドラが記した文章があるが、この文の最後は、「神聖なその日が輝くとき、私たちはベートーヴェンの交響曲の崇高な賛美歌の全てを感じる」となっている。同内容の文が『芸術と回想』、八七頁に掲載されている。
〈51〉ロダン美術館アーカイヴ所蔵プログラム"Matinée de gala fête de la danse." *Jardins du ranelagh*, 18 Juin, 1914.

〈52〉Current, Richard Nelson, and Marcia Ewing Current. *Loie Fuller : Goddess of Light.* Boston: Northeastern UP, 1997, p.194.

〈53〉"Fire at Duncan Villa." *New York Times*, 16 Jul, 1914.

〈54〉ML邦訳、三八一頁。

〈55〉ML邦訳、三九〇―三九一頁。

〈56〉このとき交流した芸術家が、後にイザドラブルズたちの後援者として名を連ねることになる。

〈57〉イザドラの姪リゴア・ダンカンは、二〇一〇年七月九日にエスパス・イザドラ・ダンカンの開会式典でスピーチを行い、かつてイザドラがリゴアに歌い聞かせた子守歌を披露した。筆者は、この式典の様子を収めた映像をリゴアの家で鑑賞している。

〈58〉この契約書が発行された一九一九年九月、イザドラはスイスに三週間滞在し、ルンメルと共に公演を行っている。このことから、この書類に目を通してサインをしていることが裏付けられる。Timbell, Charles. *Prince of Virtuosos: A Life of Walter Rummel. American Pianist.* Maryland: Scarecrow Press, 2004, p.63.

〈59〉"Isadora Duncan Sells Her Paris Property for $200,000." *New York Tribune*, 4 Jan, 1920には二〇万ドルで売却したことが記述されている。

第3章　ロシア（モスクワ）の学校

学校創設までの経緯

フランスに創設したベルヴュの学校はわずか六か月という短期間で閉校になってしまった。イザドラは精神不安と体調不良を抱えながらも公演を行い、学校創設について訴えたが、これまで同様、理解は示されるものの具体的な援助を受けるまでに至らなかった。しかし、ベルヴュの学校を閉じてから七年後の一九二一年、ようやく手を差し伸べる国が現れる。それは、ドイツにグリューネヴァルトの学校を開校していた頃からたびたび訪問していたロシアであった。イザドラは教育人民委員のアナトリー・ルナチャルスキー［図118］に条件つきの書簡を送った。

私の仕事の代償を金銭に換算しないでください。私が欲しいのは私と生徒たちの住む家を兼ねたスタジオ・ワークショップ（ダンスのレッスンと作品を披露する場所のこと）と、簡素な食事、簡素なチューニック、それに私たちの最大の成果を発表できる機会です……民衆のために踊りたいのです、私の踊りを観に来られるだけの十分なお金もなく働いている労働者階級の人々のために無料で踊りたいのです……もしこうした条件の下に受け入れて下さるのならそちらに参り、ロシア共和国とその子供たちの未来のために仕事をしましょう。[1]

図118　左：アナトリー・ルナチャルスキー、
右：コンスタンチン・スタニスラフスキー

これに対し、ルナチャルスキーから次の電報が届いた。

モスクワに来られたし。学校と一〇〇〇人の生徒を提供します。あなたはご自身の構想を大規模に実現できるでしょう。[2]

この返信で、自身の願いが叶えられたと受け取ったイザドラは、愛弟子のイルマを連れてロシアに向かうことにした。多くの反対者がいたにもかかわらず、どうしてイザドラは当時、政情不安定な国に行くことを決意したのであろうか。

一九一四年に創設したベルヴュの学校を閉鎖して以来、アメリカ、イギリス、フランス、スイス、ギリシアほか多くの国を訪れ支援を訴え続けたが、いずれの国からも学校創設の具体的支援が得られなかったのは事実であった。子どもを亡くした喪失感と、身近な人に裏切られるという耐え難い苦悩が重なり（第1部第5章参照）、子どもたちに舞踊教育を施すことでそれを払拭したかったのは確かであろう。そのうえ、これまで何かと経済面で支えてくれたパリス・シンガーが、看護士のアニー・シャーロット・ベイツと結婚したことも、〈3〉ショックだったのではないだろうか。一九〇四年以後何度も公演に出向いていたロシアでは、多少の手ごたえを感じており、そのとき出会った演出家のスタニスラフスキーをはじめ芸術界に何人もの知人がいた。そのような状況下、ロシア政府から学校開設の誘いがあったのである。イザドラがそこに一縷《いちる》の望みを持ったと言っても頷《うなず》ける。また、不安定な政治情勢を立て直そうと必死になっている当時のロシアに自身の人生を重ね、そこに自分の理想の学校を創設したいという思いが強く動いた可能性もある。イザドラがイギリスの雑誌に宛てた次の公開文から、当時のイザドラの心境を探ることができる。

今回の訪露は私にとって、何ものにも変えがたい素晴らしい経験です。〈中略〉新しき世界、新たに創造されし人類。不平等な古き世の破滅、そして機会均等なる新世界の創造。それが今、この国で進められている事業であり、それがために、その第一歩に、子供たちの教育に助力するために呼ばれた私の心は、喜びと誇りでいっぱいです。〈中略〉未来における愛は「私の家族」へのものではなくて「全人類」へと向けられ、「私の子供」へではなくて「すべての子供」へ、「私の国」へではなくて「あらゆる民族」へと向けられるものなのです。広い愛を有する未来社会の誕生に敬意を表して。〈4〉

文の内容から、イザドラの理想的で博愛主義的な思想が感じとれる。このとき彼女は、未来社会の誕生には自身の舞踊芸術が必須であり、それが子どもたちの教育の手助けになると確信していた。しかし現実はそれほど甘くなく、それを当時のロシアで実現することがいかに困難なことであるのか、数年経って実感することになるのである。

訪露前、イザドラは三人の愛弟子イルマ、リザ、テレサと共に〈5〉一九二一年の春頃からさよなら公演と称して、何回か公演を行っている。〈6〉ロンドン交響楽団とルンメルがピアノを奏でた最後の舞台は、ロンドンのクイーンズ・ホールを観客で埋め尽くした。

当初三人の愛弟子はロシアに行く予定であったが、最終的にイザドラに同行したのはイルマ一人となってしまった。同行しなかった二人の表向きの理由は、テレサは婚約者ステファン・ブルジョワ*との結婚を控え、リザは恋人がいたからということであった。しかし、実際は革命後の政情不安定で新聞などでも内乱や食料飢饉が伝えられている国に行くことは、二人とも恐れと不安があり、周囲の者からの強硬な反対があったことも大きかった。

《ロシアへの学校移転の構想と舞踊教育について》

イザドラは一九〇四年以降、ロシアを何回も訪問しており、その都度、ロシアで学校を開きたいと知人に話していたが、失敗に終わっていた。

- 一九〇八年一月　帝国劇場の芸術監督ウラジミール・テリアコフスキーにドイツの学校を移したい旨を伝えたが、実現しなかった。
- 一九〇八年　モスクワの新聞にスタニスラフスキーの芸術学校でイザドラのメソッドを教えると掲載

されたが、学校側からの反対により実現しなかった。
・一九一三年　女優ヴェラ・コミサルジェフスカヤの芸術学校で定期的にイザドラを招く構想があったが、女優の死亡により廃案となった。

＊ステファン・ブルジョワ（一八八一～一九六四）
ドイツ・ケルン生まれ。芸術史家。世界各地の芸術に関する知識を習得し、一九〇六年、パリに芸術作品を売買する会社を立ち上げ、一九一〇年にアメリカに移住し、ニューヨークにアートギャラリー「ブルジョワ・ギャラリー」を設立した。一九三三年には芸術作品の売買の仕事からは退き、芸術研究に専念するようになった。

七月一二日、イザドラはイルマとメイドのジャンヌを伴い船や汽車を乗り継ぎ、七月二四日の早朝、無事モスクワに到着した。巡演に出ていたボリショイ・バレエ団の有名なプリマ・バレリーナのエカテリーナ・ゲルツァーのアパートを急遽用意された一行は、そこを仮宿として住むことになる。このとき、ルナチャルスキーはこれほど早くイザドラがロシアにやってくるとは思っていなかったのか、まだ約束した子どもたちも集めておらず、慌てて彼女の宿泊先も手配したようだ。すぐに、クレムリンにいるルナチャルスキーを訪ねたイザドラは、彼の前で舞踊と音楽の究極的な到達点は演劇的なものではなく、教育的なことにあると力説し、その重要性を訴えている。〈9〉
一九二〇年代前半のロシアは、まだ内戦の終結をみず、経済的に非常に困窮していたが、〈10〉政府はしばら

図119–1　1921年当時のプレチステンカ通り20番地の建物

図119–2　現在の建物

くするとイザドラの学校のための建物として、ボリショイの元プリマ・バレリーナのアレクサンドラ・バラショーヴァが住んでいたプレチステンカ通りの立派な邸宅を与えた〈11〉［図119―1、―2］。しかしこの時点ではまだ学校は正式に開校できる状況になく、レオニード・クラシンほかゲオルギー・チチェリン、*ニコライ・ポドヴォイスキー、イリヤ・シュナイダーなどが協力しあい、イザドラのもとにできるだけ多くの生徒を集めようと腐心している状況であった。〈12〉そしてイザドラとイルマの世話役に、舞台芸術の愛好家でイザドラを尊敬しているイリヤ・シュナイダーが通訳も兼ねて任命された。イザドラの理想に共鳴し理解を示したシュナイダーは、それ以後学校運営に携わり、学校維持のために尽力することになる。早速、彼は『モスクワ・ワーカー』紙に「イザドラ・ダンカンの指揮のもと、舞踊の国立学校を開校し労働者の家族の子どもたちを募集する」という募集記事を掲載した。そしてそれに応えるように、約一五〇人の子どもが学校に参集してきた。〈13〉

*ゲオルギー・チチェリン（一八七二〜一九三六）
ロシア・タンボフ生まれ。外交官。幼少期から歴史、クラシック音楽（とくにリヒャルト・ヴァーグナー）、ニーチェに夢中になっていた。サンクトペテルブルク大学で歴史や哲学を学んだ後、ロシア帝国外務省で働いた。

プレチステンカ通り二〇番地での教育

募集記事を見て九月初旬から学校に集まった生徒たちは、[14] 連日ダンカン舞踊に必要な動きを教えられた。初日のレッスンについて、当時モスクワの学校の生徒だったリリー・ディコヴスカヤは、次のように記憶している。

私たちは二人組になり、階段を駆け抜けて大きなスタジオに続くドアを開けました。そこには碧色《あお》のカーペットに合う碧いカーテンが掛けられており、私たちの身につけていたチュニックも部屋に合うように碧色《あお》でした。後で赤いチュニックを与えられましたが。イザドラは私たちを列にして「今から音楽を流すので、聴いて。両手をここ（太陽神経叢《たいようしんけいそう》）において音楽を聴いて」と言いました。ピアニストはシューマンを弾き、イザドラは次のように言いました。「私についてきて。両腕を上げて、ゆっくりと持ち上げて、ゆっくり上に向かって、そして大きな動きを作って」これが最初の動きでした。そして彼女が再び「ついてきて」と言い、両腕を上げたり下げたりしましたが、それはとても美しい動きでした。[15]

このように、イザドラは主に自身の動きを披露し、それを子どもたちに真似させるという教育手法を取っていた［図120］。その後、子どもたちはスキップ、ポルカ、ワルツを学び、そのほかに毎日の訓練として神秘思想家ゲオルギー・グルジエフ*の考案したエクササイズも習得するなど、[16] 様々な動きを学んだ。[17] 生徒の一人、ユリア・ヴァシェンツェヴァはレッスンを行うイザドラについて、次のように語っている。

図120　イザドラが両手を持ち上げているポーズ

私たちは大きな碧《あお》の部屋に連れていかれ、ここでイザドラの指導のもとにクラスが行われていました。すべての子どもが赤いチュニックを身に着けていました。[18]イザドラは私たちを見つめて立ち、どのように木が揺らぐのか、風の中でどのようにそよぐのかを見せました。一方で木の葉（私たちの手指）は常に少し舞っていました。彼女の腕と手の動きは本当に美しかったです。私たちのような幼い子どもであってもこれはわかりました。美しい音楽は素晴らしいピアニストがグランドピアノで演奏して、[19]私たちを別世界に誘い魅了しました。イザドラは立っていましたが、彼女は美しく、他の人とは異なっていました。彼女は違っていたのです。彼女は天才で真の革命家でした。クラスは三ヶ月間行われました。[20]

子どもたちは自然に、しかも美しく歩き、それから立ち方やそよ風に吹かれているようにリズミカルに身体を揺らすことを指導された。イザドラとイルマは子どもたちの音楽性、リズム感覚から舞踊に対する

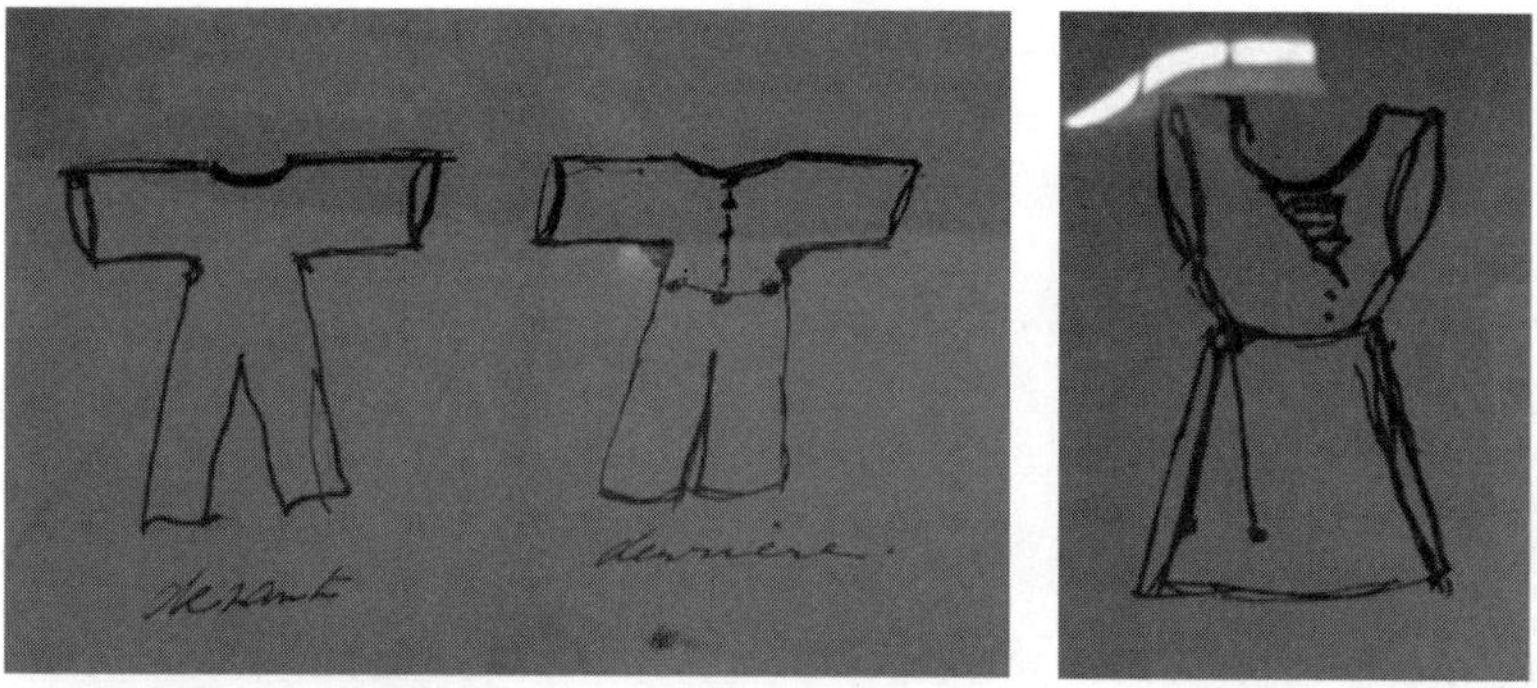

図121　イザドラ本人がスケッチしたモスクワの学校の制服

感性などを見ていたと思われる。**図121**はロシアの学校の生徒のチュニックをイザドラがスケッチしたもので、学校内で撮影されたと思われる**図122**の写真からイザドラの考案を基に作られた簡素な衣装を身につけた生徒たちが確認できる。

当時イザドラの生徒だったディコヴスカヤは、基本的な動きとしては「両手を持ち上げて、地面を見て、再び元に戻って」と腕の動きと立ち方を教えられ、歩き方については「歩くときは常にあなたの身体を前に向けて、後ろに反り返ってはいけません。足を下ろすときは、つま先から先に下ろして、両腕は下げずに保っていなさい」と指示され、歩いている間の腕の動きについては、「何かを運んでいるように両腕を持ち上げて、それから歩きなさい」と教えられた、と話してくれた。[21]ディコヴスカヤは、このイザドラの教えを実際筆者の目の前で実演し、その動きを見せてくれた。九〇歳を既に過ぎていたディコヴスカヤの美しい動きに魅せられ感動したことを今でも思い出す。イザドラの教えは愛弟子のイルマ・ダンカンに最もよく受け継がれ、彼女の著した技法書により、一〇〇年近くたった現在でも、ダンカン・ダンスの基本的な動きとして引き継がれている。

図122　ロシアの学校での生徒たち

＊ゲオルギー・グルジエフ（一八八六～一九四九）
アルメニア・ギュムリ生まれ。哲学者、神秘主義・精神主義の主導者、著述家、作曲家。ロシア各地で指導にあたっていた。彼はより高次の意識を目覚めさせることで、人類の目的に仕えることが可能であると考えていた。

ロシア革命四周年祭のガラ公演

三か月のダンスの訓練が終わると、イザドラは集めた子どもたち全員をモスクワのボリショイ劇場で催されるロシア革命四周年祭のガラ公演（一九二一年一一月七日）に参加させることにした。[22] そして彼女は舞台上で子どもたちに当時の国歌『インターナショナル』を歌い踊らせるため、学校の碧《あお》の間で使用していた碧《あお》色のカーテンとカーペットを劇場に設置し、自身が振り付けた『インターナショナル』のリハーサルを行った。[23] このときの公演プログラムは次のようになっている［図123］。

一部　ルナチャルスキーの挨拶

二部　一．インターナショナル　イザドラ・ダンカン

二．チャイコフスキー　第六交響曲（悲愴）　イザドラ・ダンカン

三．チャイコフスキー　スラヴ行進曲[24]　イザドラ・ダンカン

四．インターナショナル　イザドラ・ダンカン

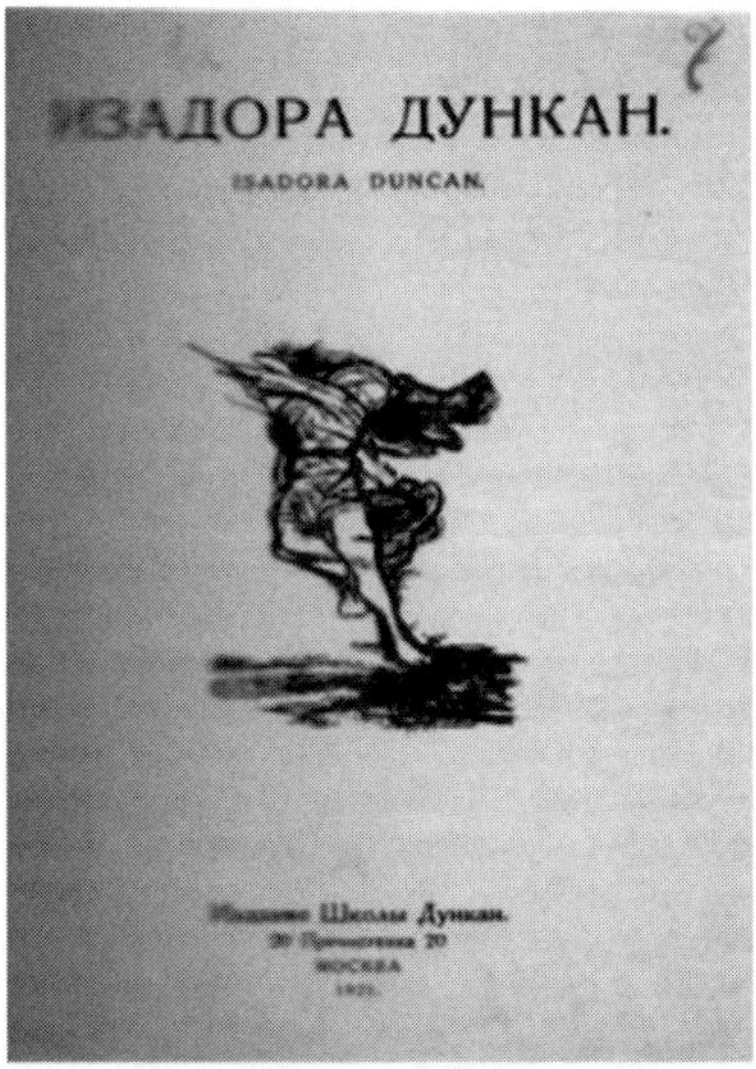

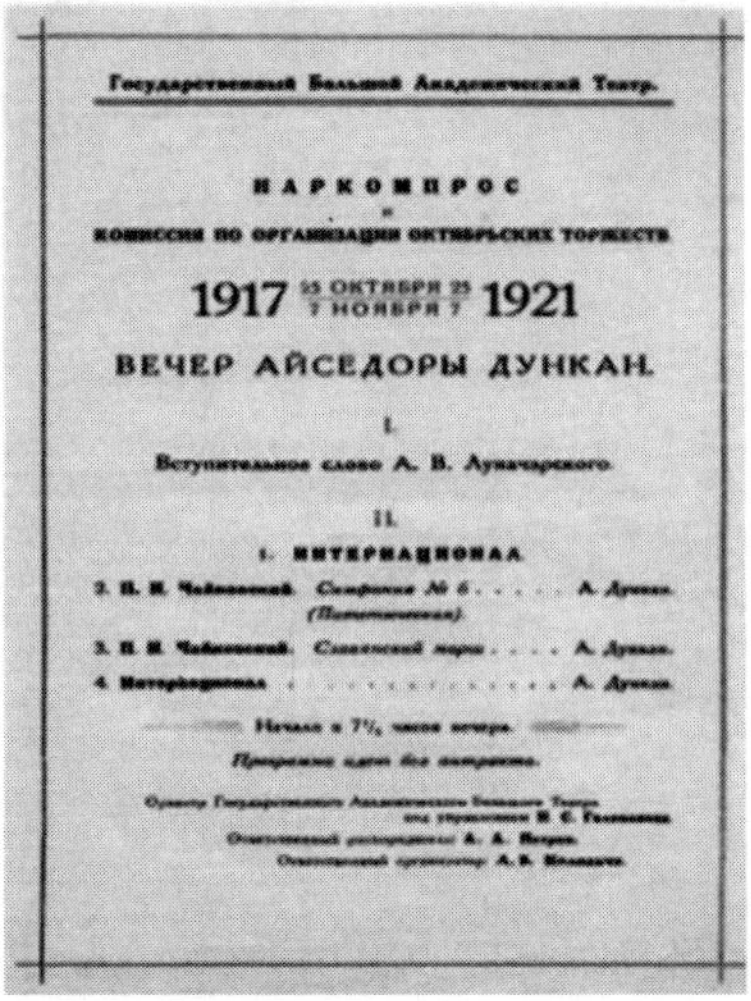

図123　ロシア革命4周年ガラ公演のパンフレット

レーニンが感動した『インターナショナル』

チャイコフスキーの曲を選択し、社会的情勢を取り入れたガラ公演は、臨席していた政府の最高責任者レーニンを大変感動させ喜ばせた（第1部第6章参照）。当時の観客の一人フリスト・パコフ*は次のように証言している。

私は彼（レーニン）をはっきりと見たが、非常に表情豊かで感情がこもっていた。繊細な鏡のように、芸術家（イザドラ）の細かい動きやジェスチャーに反応していた。『インターナショナル』の間、ウラジーミル・イリイチ（レーニン）は自分の席から前に動いたように見えた。そして、手すりに屈み、舞台の上に釘付けになった。顔の表情から、そこで起こっていることに反応しており、そのダンスに彼がいかに感動しているのかすぐにわかった。〔中略〕『インターナショナル』の最後のコードが流れたとき、レーニンは立ち上がり、称賛の声に参加し、大きな声で「ブラヴァー、ブラヴァー、ミス・ダンカン」と叫んだ。[25]

レーニンが感動した『インターナショナル』について、著名な批評家オサフ・リトヴスキーも次の言葉を『イズベスチヤ』紙に載せている。

振付の点においては、まだ出来上がっていなかったが〔中略〕子どもたちは互いに手を取り合い、イルマに続き蛇のようなスパイラルを形作り、円を壊す動きをした。彼らは旗のために使われる安物の赤いコットンのチュニックを着ていた。子どもたちの多くはとても幼く、その光景は非常に感動的だった。〈26〉

当時イザドラの幼い生徒として舞台に立ったディコヴスカヤも『インターナショナル』について、「全員が列になり、頭の上で両手を握り、イルマが歌の終わりまで蛇のように生徒たちを導き、全員歌いながら踊って、それを観たレーニンが感動していた」とそのときの状況を筆者に語ってくれた。〈27〉これら三人の言葉から、ガラ公演は、レーニンをはじめ観客が総立ちし称賛の声を上げるほどであったことがわかる。なかでも、幼い子どもたちが参加し踊った『インターナショナル』は、子どもたちの愛らしさも相まって、とりわけ感動的で、いつまでも目に焼き付く光景だったことは言うまでもないであろう。

＊**フリスト・パコフ**（一八五九〜一九四一）
ブルガリア・プレヴェン生まれ。軍人。ルーマニア王国に移住した後、ロシアに行き、ロシア帝国陸軍に仕えた。一九三六年に少将に昇格するが、すぐに退任している。

入学者の選抜・開校と学校生活

入学者の選抜は、ダンスの動きを見て決めていたようだ。ディコヴスカヤによれば、まずダンスのクラスでマーチ、スキップの動きを教えられた生徒は、次にポルカを最初は一人で、次にペアで、最後に円になって動き、その後に走ることや大きなジャンプ、ワルツを学んでいた。〈28〉このような訓練が数か月続くと、最終日にイザドラからピンクのチケットを与えられた者だけが学校に寄宿できることを告げられ、約四〇人が入学を許可された。〈29〉

ロシア革命四周年を祝して行われた十一月七日のガラ公演で踊った一五〇人の子どもたちは、〈30〉全員合格とはならず、学校内のベッド数に合わせて絞られてしまった。つまり、入学者は舞台で踊った子どもたちの三から四分の一になってしまったのである。

一九二一年十二月三日、プレチステンカ二〇番地の学校は「イザドラ・ダンカン国立学校」として、正式に開校することになった。しかし、実際はまだキッチンや寝室、スタッフなどが十分に準備できていなかったことから、生徒になった子どもたちは、入学後すぐに学校に寄宿することができず、しばらくの間は毎日イザドラとイルマのクラスを数時間受講するだけに留まっていた。〈31〉その後、寝室が整えられると、〈32〉選ばれた約四〇人の生徒は寄宿生活をすることになった［図124］。生徒たちの一日は、毎朝起床後、若い女性教師が待機していた「日本の間」と呼ばれる地下室に行って体操をすることから始まった［図125］。イザドラとイルマは、体操はダンスではなく身体を鍛えるためのものと考え、これには一切関与していなかったようだ。〈33〉学校内に風呂は一つあったが、イザドラとイルマ専用だったため、生徒たちは体操後に温水が出ない冷たいシャワーを浴び、週に一度だけは蒸し風呂のようなものに入ることができた。シャワーを浴びた後は、「日本の間」に隣接する黒檀のテーブルが置かれたダイニング・ルームで簡素で味気ないカーシャ（オートミール）の朝食をとり〈34〉［図126］、その後は二階の部屋で算数や地理、ロシア語、英語、フランス語を四人の専門の教師から学んだ。

ディコヴスカヤは、初回の授業は宇宙に関する内容で、月の動きや地球が太陽の周りを回っていることを教えられた、と感慨深い様子で話してくれた。生徒は午前中の授業が二時間程度行われた後は、ほぼ毎日同じキャベツのスープと[35]カーシャ（オートミール）という味気ない昼食をとっていたようだ[36]。食後は寝室で休憩した後、一時間ほど自然と触れ合う機会が与えられ、外から戻るとお茶が配られて、読書や好きなことをするための自由時間となった。その後はロシア語と文学の授業で、担当していた小柄なヴィクト

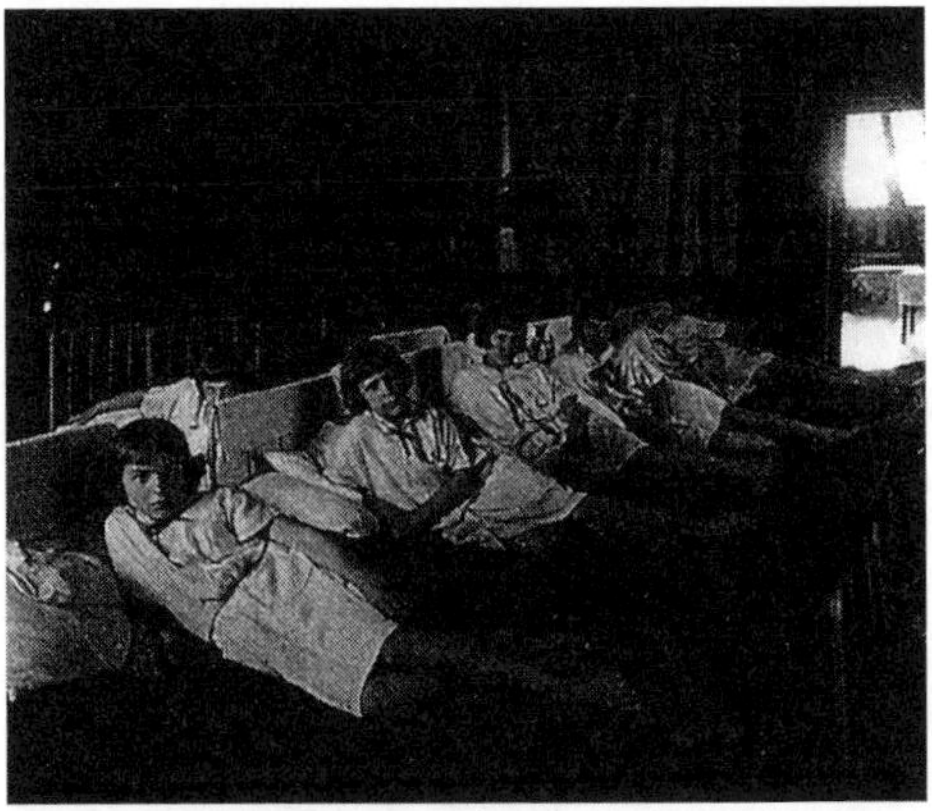

図124　寝室：就寝前の様子

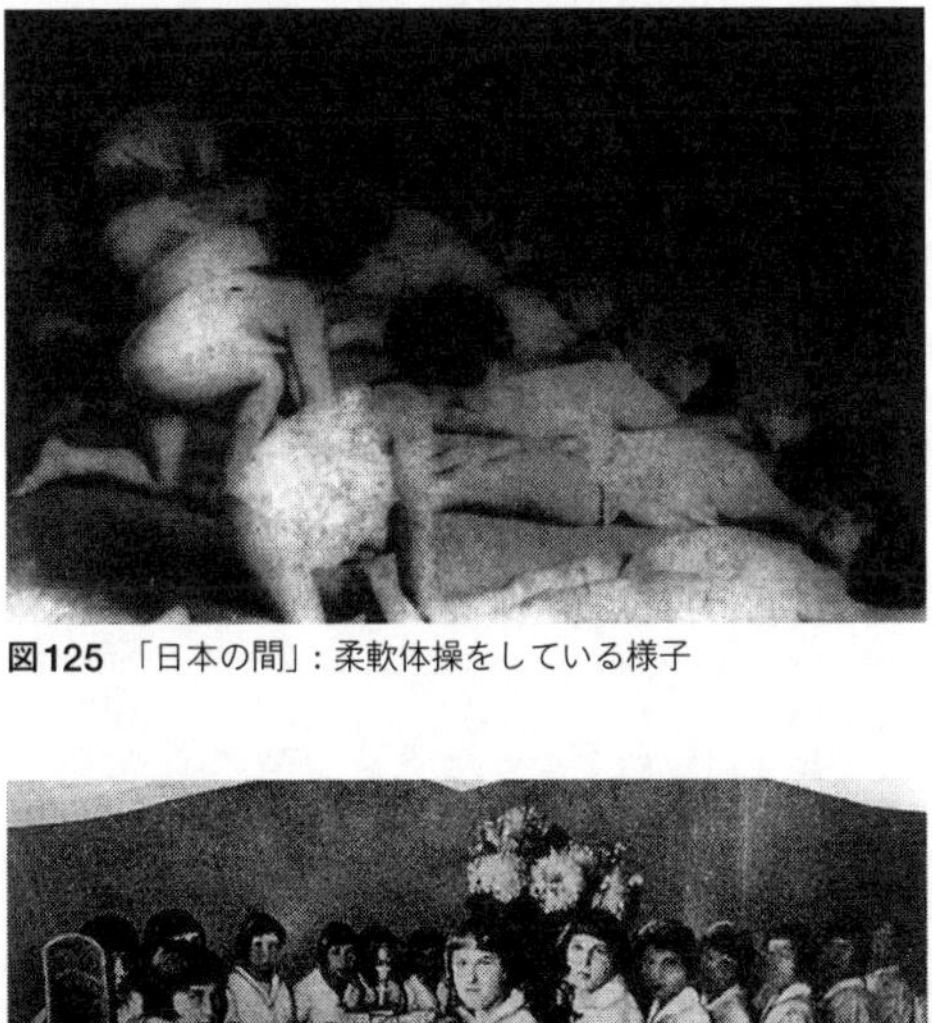

図125　「日本の間」：柔軟体操をしている様子

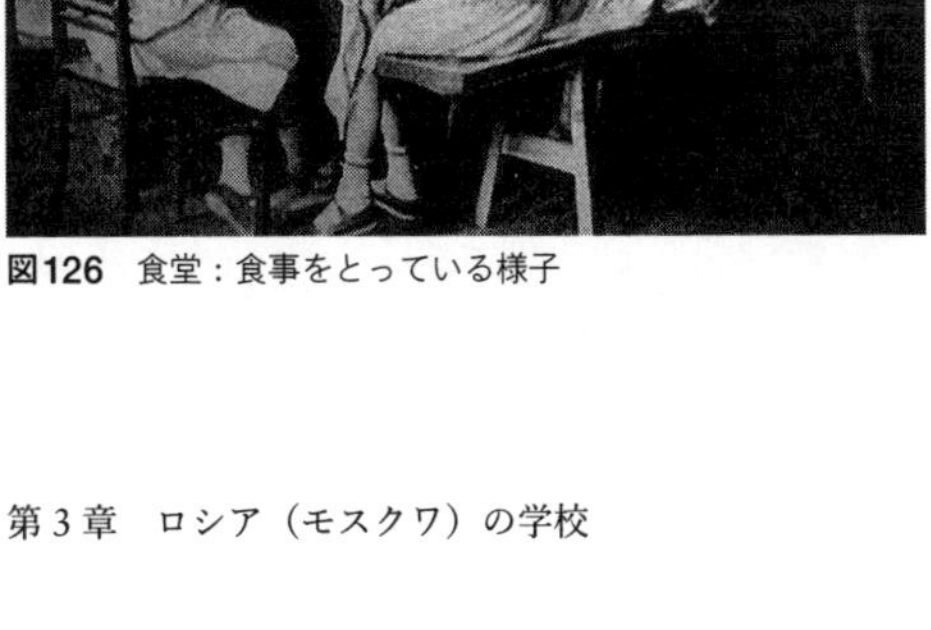

図126　食堂：食事をとっている様子

リア・ヴァキローヴァは、経済についても指導できる非常に優秀な教師として生徒たちから尊敬されていたようである。〈37〉一時間半のヴァキローヴァの授業が終了すると夕食の時間となり、夕食後にダンスのクラスが始まった。

クラスは基本的には年長者と年少者のグループに分けられ、〈38〉合同でクラスが行われるのは一緒に踊るときだけであったが、寝室では各々が学んだステップや動きを互いに見せ合って一緒に踊ることもあった。このようにクラスは二クラスに分けられていても、学校が寄宿制であったため、学んだことを生徒同士で教え合うという環境が備わり和気藹々《あいあい》としていた。

イザドラが関わるのは碧《あお》のスタジオで行われる夜のクラスだった。彼女自らがいくつかの動きや新たな創作品を見せることがあったが、全く踊りを披露しないときもあり、その日によって指導方法は異なっていた。チュニックを身にまとったイザドラが現れると、生徒たちは何か新しい作品を披露してくれるのではないかと期待に胸を弾ませた。

学校は利便性のよい場所に位置していたため、生徒たちはモスクワで一番大きな教会の救世主キリスト大聖堂に出向く機会が何度もあった［図127］。教会では絵画などを鑑賞し、本物の芸術作品を目にする体験をしたが、様々な宗教を持つ子どもたちへの配慮から、祈りを捧げることはなかった。ディコヴスカヤは、日曜日になると彫刻や絵画を鑑賞するために美術館に出かけ、ピカソの初期の頃の作品や古代の彫刻を見るのが楽しみだった、と筆者に話してくれた。〈39〉その他オーケストラの生演奏を聴くためにボリショイ劇場を訪れることもあったが、マチネ公演がなかったため、生徒たちはボックス席からリハーサルを見学し、熱心に音楽を聴いていたようである。

幼少期から本物の彫刻や絵画、音楽に触れさせる環境が大変重要であると考えていたイザドラは、これらのことを教育の一環として行った。〈40〉また、家族との触れ合いも大切と考え、生徒の保護者には日曜に訪問する機会を与えたり、生徒が三週間ごとに家に帰宅したりすることを許可していた。十分な衣服や食事が提供されていたとは言えないが、生徒に音楽と舞踊に触れる機会をできる限り与え、豊かな情操教育を行っていたのである。そして夏季期間中はシュナイダーが生徒全員を田舎に連れて行き、田舎での暮らしと農業を体験させている。

ディコヴスカヤの記憶を参考に生徒の学校生活をまとめると、次のようなスケジュールになる。

朝
　柔軟体操
　シャワー
　朝食
　一般教育——算数、天文学、地理学、語学
　　（ロシア語、英語、フランス語）
午後

図127　救世主キリスト大聖堂の外観

昼食
三〇分〜一時間の昼寝（時には散歩の時間）
お茶
自由時間（読書など）
ロシア語、ロシア文学
夕食
ダンスのクラス（一七時から一九時まで）
（イザドラ・ダンカンによる）夜のダンス・クラス

日曜：美術館やボリショイ劇場（リハーサル見学）に行く。
親は日曜日ごとに学校訪問が可能、生徒も三週間毎の日曜日は家への帰宅が可能
夏季期間：生徒全員で田舎に行き、農業の体験

ルソーの教育論に傾倒していたイザドラは、自身が大切にしていた舞踊精神の真髄を幼い頃から伝えることが重要と考え、生徒に「音楽に合わせて踊るのではなく、音楽を踊りなさい〈41〉」と常に伝えていた。音楽を感じ、音楽を身体で表現するという音楽の視覚化は、まさにイザドラの舞踊理論に基づいた教育方法であったと言える。

学校内の教育環境

ディコヴスカヤはロシアの学校の教育環境について、次のように回想している。

最初にこの学校に入った日、宮殿のようだと思いました。大きなホールで目に留まったのは、ミロのヴィーナスの像でした。大理石のベンチが右側の壁に置かれており、そこには非常に大きなドアが中央にあり、窓からは夏の庭が見えました。建物の左側にはフルートを吹いているサテュロスの像があり、素晴らしい大理石の階段は巨大な柱で支えられていました。建物は拡張しているので、四角に見えますが、メインの建物はL字型をしており、広い中庭がありました。建物の中には手摺《す》りのついた大理石の階段があり、壁には、豪華な額縁に入った絵画やタペストリーがかけられていました。イザドラは、「ブルゴーニュの部屋」でダンスを教えていました。このスタジオは碧《あお》色のカーテンとカーペットで統一されており、イザドラがいないとき、イルマがここでダンスを教えていました。

かつてこの部屋はナポレオンの間であり、一九二一年の秋、イザドラとイルマはこの部屋で一五〇人の志願者たちを指導し、観察していました。建物の中には「日本の間」と呼ばれていた場所や壁が桃色の絹で覆われた「桃色の部屋」と呼ばれる部屋がありましたが、そこは別名「東の部屋」とも言われていました。なぜならイザドラの寝室の向かい側にあったからです。最初、生徒たちは、ダンスのクラスのために「桃色の部屋」を通って「碧《あお》のスタジオ」に行きました。「碧《あお》の間」を横切った廊下の反対側には、床から天井まで大きな鏡があり、その横にあるドアはイルマの部屋に通じていました。そして、その隣の部屋がイザドラの部屋でした。風呂は廊下の端にあり、この二人の部屋の間には小さな階段がありました。ダイニング・ルームでいくつかの授業を受けたこともありますが、「日本の間」は一日の始まりを過ごす部屋でした。ここで毎朝体操を行っており、体操を指導する専門の女性教員がいました。ダイニング・ルームは「日本の間」の隣にあり、ここには、大きな黒檀のテーブルがありました。英語の先生はファーリック先生で、彼女はロシア人と結婚し、学校からそう遠くないところに住んでいました。ロシアの政府関係の人たちが時々学校を訪問し、生徒たちの踊る姿を観たり、長い髪を短く切ったりしていました。〈42〉

これらから、ロシアの学校の内部は宮殿のように豪華で、ドイツ、フランスの学校と同様に、生徒たちを鼓舞するためギリシア彫刻や絵画がそれぞれの部屋に置かれていたことがわかる。ここでは常に芸術を身近に感じられる環境が与えられており、労働者階級の生徒たちにとっては夢のような場所であったに違いない。

二〇一三年の五月、筆者はかつてロシアの学校があったプレチステンカ通り二〇番地の地を訪れ、ほとんど当時のまま残されていた建物を見ることができた。その入り口から入って左側にディコヴスカヤが話していた大理石の階段があったときの感動を今でも覚えている［図128］。この建物は外交関係の組織が使用しているようであった。

イザドラの舞踊テクニック

学校は十二月になって正式に開校されたが、ダンスのクラスを行う部屋には暖房がなかったため、厳寒の日はやむなくクラスをキャンセルすることもあった。〈43〉しかしダンスクラスのほかに楽しみがなかったためか、大声でクラス開講を要求する生徒がいて、イザドラとイルマは指導にあたることもあったようだ〈44〉［図129］。

図128　イルマと生徒たち

当初イザドラは、子どもたちを自分の考える理想のデモンストレーションの場でのみ踊らせたいと考えていたが、政府からの支援が十分ではないことがわかると、子どもたちをかなり幼い段階から公演に出演させ、学校の維持費を捻出するという策に切り替えた。開校前からイザドラとイルマが指導にあたっていたこともあり、子どもたちは入学した年の夏には飛躍的な成長を遂げ、幸運にも舞台に立たせられる状態にまでなっていた。生徒だったマリア・ミソヴスカヤと、〈45〉ユリア・ヴァシェンツェヴァは、当時の舞踊訓練の様子を次のように回想している。

図129　モスクワの学校内の様子、イザドラ、イルマと生徒たち

マリア・ミソヴスカヤの回想

私はイザドラがどのように歩くのか教えたのを覚えています。それは科学であり、啓示でした。私たちは上半身を少し前に傾けるように言われました。脚は太ももから歩き始め、つま先をよく伸ばして、最初に地面につくようにと指示されました。イザドラは「あなたたちが動く方向に身体を前に持っていかなければ、決して踵が先に着くような歩き方にはならないはずです[46]」と言いました。[47]

ユリア・ヴァシェンツェヴァの回想

イザドラがダンスのクラスを行うときは、いつもイルマがいて、あらゆる跳躍や身体を強化する動きをデモンストレーションしました。イザドラは舞踊の精神的な側面に集中していました。彼女は比較にならないほど美しく、真似することはほとんどできませんでした。イザドラは常に生徒たちが自身とイルマ以上に技術的側面を身につけることを望んでいたのです。それはイルマも同じでした。彼女は紐《ひも》の上を飛ぶことで、私たちを高いレベル（位置）にもっていこうとしていました。紐は二人の少女によってより高くされ、私たちは空中でほとんど完全な開脚をするほどでした。また私たちは四分の三のハイ・ポワントで踊りました[48]。愛らしいシューラ・アクセノヴァは、一番才能のある生徒で、彼女は裸足でつま先立ちできるほどでした。しかし、最も重要なことは舞踊と音楽の完全な融合でした。イザドラは踊りの中に最小の光と音楽の影を伝える才能があり、彼女は次第にこの技術を私たちに伝えました。私たちは本当に音楽を踊ったのであり、単に音楽に合わせて踊ることはありませんでした。イザドラのレッスンは私たちの視野を広げ、私たちをより高い次元に上げてくれました。[49]

ヴァシェンツェヴァの「私たちは本当に音楽を踊ったのであり、単に音楽に合わせて踊ることはありませんでした」と言う言葉から、イザドラの舞踊の真髄が生徒たちにしっかり伝えられていたことがわかる。この学校ではテクニックの一つとして高く跳ぶことを強調していたようであり、ヴァシェンツェヴァはそれを非常に高いレベルで習得していた。それは次の言葉からも読み取れる。

私たちはおよそ私たちの胸の高さに持ち上げられた紐の上をジャンプしました。そのジャンプが「はさみ跳び」と呼ばれると、より高いものになりました。「はさみ跳び」は、上半身を後ろに傾けるので、前足は少し曲がっており、着地する前に伸ばされます。一方で後ろ足はまだ空中にあり、ほとんど頭に着くほどです。私はうなじを感じたことを覚えています。〈50〉

このことをよく表している**図130**の写真がイルマの技法書の中に掲載されている。このジャンプの項目の説明は「頭を後ろに投げて、胸を上げ、両腕は空に向かって上方に伸ばして、ヴァルハラを駆け巡るワルキューレのように!」〈51〉となっている。説明と図から、生徒たちはかなりダイナミックなジャンプ力を要求されていたことがわかる。ディコヴスカヤも学校のクラスでゴム跳びや蛙《かえる》飛びなどでジャンプ力を強化するトレーニングが行われていたことをはっきりと記憶していた。

その他のテクニックとして、生徒たちはあらゆる種類の回転技を学んだようである。特にミソヴスカヤが好んでいたのは、支えている足が床を離れ、ジャンプし、その間に、動く脚が臀部《でんぶ》から後方に上がり、三つの小さなステップで一つの回転を完全に終える（ダンカン・ダンスで「ワルツ・ターン」と呼んでいるもの）というものであった。このエクササイズはワルツのリズムと共に行われたが、ダンスの主要な動きでもあったため、かなり頻繁に訓練が行われていたと思われる。

図130 ジャンプのエクササイズ

イザドラが夫のセルゲイ・エセーニンと共に海外に出かけていた一九二二年から翌年の八月までの間、学校を任されていたイルマは大変熱心に生徒たちの指導にあたり、一九二三年四月にはモスクワの中央に位置しているコルシュ劇場でマチネ公演を行った。[32] イザドラが不在のためイルマが初めて生徒たちを主導して行ったこの公演で、選ばれた生徒たちの成長した踊りは、観客から称賛された。この公演についてイニシャルDという執筆者が『イズベスチヤ』紙に寄せた記事からもその成功の様子が伺える。

> 四月一五日の学校の公演は、一年前に観た公演に比べると著しく成長した様子を見せていた。生徒たちはイザドラの愛弟子であるイルマのもとで飛躍的に成長を遂げている。彼女たちの踊りは、子どものゲームのレプリカであったり、簡単に走ったり跳んだりすることなので、人生そのものから流れているように見えた。しかし、彼女たちがリズムの優美さに調和することを

抑えずに踊ることは、同時に喜びであり、ある人はハーバード・ジョージ・ウェルズ*の幸福なユートピアの人々はこのようでなければならないと思うのではないだろうか。〈53〉

しかし、この当時イザドラがロシアで目指していたのは、子どもたちの公演の成功ではなく、彼らの中から美しい動きと理想的に発達した身体を持った芸術家を育成する人間が出てくることだった。

＊ハーバード・ジョージ・ウェルズ（一八六六～一九四六）
イギリス・ブロムリー生まれ。小説家。生物学を学び、教員になることを考えていたが、文筆活動に専念するようになる。社会活動家、歴史家としても多くの業績がある。

学校で学んでいた少年たちについて

ロシアの学校の開校当初は一一人の少年が在籍していたが、彼らのほとんどは、本国に送還されたロシア人の親を持つアメリカ生まれの子どもたちで、〈54〉実のところ、ロシア人の子どもたちと共同生活を体験するための入学であった。少年たちは別の寮に住んでおり、彼らが赤いチュニックを身につけるときは、片方の肩で結び目を作り、女子とは区別されるようになっていた。

ディコヴスカヤも学校に少年がいたことを覚えており、彼らをパートナーにして踊った経験を筆者に話してくれた。それによれば、最初の頃は少年も少女と同じ動きを踊っていたが、成長するにつれ、どちらかというとフェミニンな動きの多いダンカン舞踊を踊ることが彼らにとって難しくなったようである。[55] 学校内で少女たちが少年たちをからかうなどの行為がないよう配慮していたが、[56] 彼らは次第に学校からいなくなってしまった。そもそも入学の動機が共同生活の体験であったことを考えると、いなくなるのは当然の成り行きだったのかもしれない。

学校の経営状況と当時の人々の評価

レーニンのもとに、新しい経済政策（NEP）が始まり、多くの経済改革が行われると、[57] ロシア国内の状況は劇的に変化し、その影響はイザドラの学校にも及んだ。政府による生徒たちの支援も余裕がなくなり、学校への公的支援は国家の予算から外されてしまった。学校の設立当初から関わっていた教育人民委員のルナチャルスキーでさえ、この学校を贅沢《ぜいたく》であると見なす人から面会することを拒否される事態であった。[58] この時期、イザドラの学校だけでなくボリショイ・バレエ学校に対しても冷ややかな眼差しが向けられ、雑誌ではバレエ・ダンサーが自転車に乗っているサーカスのペットと比較されるほどであった。[59] このように当時の深刻な状況下においては、舞踊に対する世間の態度は一般的には極めて冷酷であった。しかし、他の学校同様、「国立学校」という名前だけは保持していたため、教育だけは何とか無料で施すことができた。

このような厳しい状況のなか、イザドラは学校を維持する方策として、日中に授業料を課して教えるクラスを設け、[60] 生徒の中から特に才能のある者を選抜して公演に出演させる「公演グループ」の結成を試みた。授業料を支払い昼間通学する生徒たちが、寄宿している生徒たちと同じように踊ることはないとされていたが、〈61〉イザドラの学校は知名度が高かったことから、自分の子どもをこの学校に通わせている多くの保護者たちは、学校の教育システムや生活様式に理解を示していた。〈62〉

一九二二年一二月三日に行われた学校創設一周年記念の公演チケット代は学校維持費に充てられたが、十分な資金にはならず、シュナイダーは人件費の削減として、スタッフの人数を減らして学校運営の改善を行うことにした。

この頃、新聞ではイザドラの学校の生徒たちがプロフェッショナルかどうかという点を巡って多くの議論がなされていた。そのようななか、学校が掲げる壮大な理想と子どもたちが踊って創り出す感動的なシーンを見た批評家が、イザドラの学校の必要性を訴える次のような記事を執筆している。

イザドラ・ダンカンの学校は芸術を証明している。それは簡素で光のように明るく、喜びを与えるため必要不可欠なものである。すべての公演は簡潔さ、無邪気さ、そして幸福を示唆している。〔中略〕これは私たちがほぼ失っていたものであり、必要なものなのである。〈63〉

しかしこのようなイザドラの学校に対する熱狂は、サンクトペテルブルク（当時はペトログラード）のバレエ愛好家の評論家アキム・ヴォリンスキー*に共有されることはなかった。ヴォリンスキーはイザドラのユートピア的幻想に疑問を持ち、彼女の学校の生徒たちが踊る様子について、「気質が欠けていて一本調子で、あらゆる考えや意志の急激な高まりから創造性は感じられなかった〈64〉」と酷評し、「子どものようなせわしげな動きで、走っているときに足のアーチも形を成しておらず、素晴らしい音楽から完全にはずれており、これらは倦怠以外の何ものももたらさない」〈65〉とさらに手厳しい批判をしていた。
生涯にわたってバレエの美学を追求していたヴォリンスキーのこの批判は、まさにバレエ的な分析に基づいた評価と言わざるを得ない。彼には、イザドラの提唱する美的概念を理解することは困難であったのだろう。この公演で踊っていた生徒たちは、幼い子どもたちが多く、著しく成長した生徒がいたとしても、入学してから一年足らずの学校での教育は、成果がまだ十分に発揮できない状況でもあった。このようなヴォリンスキーの酷評を一蹴するため、イザドラの学校は内部改革と教育の発展になお一層力を注ぐことになる。

《モスクワ（ボリショイ・バレエ）へのダンカンの影響力》

ヴォリンスキーはサンクトペテルブルク（当時のペトログラード）においては影響力のある批評家であったが、イザドラの学校があったモスクワでは、彼の意見は遠くの声に過ぎなかったという現実もあった。実際、モスクワで活動していたボリショイ・バレエ団の芸術監督アレクサンドル・ゴルスキーは、一九二〇年にコール・ド・バレエとソリストたちに伝統的なチュチュではなく、ゴルスキーが好んでいたダンカン風のゆるやかなチュニックを身につけさせて踊るという新演出をダンチェンコと共同で発表している。〈66〉このことから、モスクワにおけるイザドラの影響力は相当なものであったと推察できる。

＊アキム・ヴォリンスキー（一八六三?～一九二六）
ロシア・ジトーミル生まれ。批評家、文芸評論家。レニングラード振付家学校を牽引した。当時レニングラードで最も影響力を持った批評家で、フォーキンを批判した。著書に『ロシア・バレエの諸問題』、『歓喜の書』がある。

学校の初期の頃のレパートリー

モスクワの学校のレパートリーは、生徒が入学した最初の頃は、遊びをアレンジした振付が多く、例えば、ラフマニノフの『ポルカ』は最初一人の生徒が中心に立ち、他の子どもたちが彼女に加わって喜んで踊るというものであった。〈67〉

当時一五歳だったロスラヴレヴァは、一九二三年に観た最初の公演について、「彼女たちは踊っているのではなく、遊んでいた。簡単で健康的で同時に同時代の子どもたちが享受することのできない動きを表現していた。彼女たちは喜びであり、具現化された身体であった」〈68〉と語っている。

イルマは、アレクサンダー・グレチャニノフの歌『アイ＝ドゥ・ドゥ』、『子守唄』などに振り付け、子どもたちは踊りながら詩を歌った。そのほかにシューベルトの『ワルツ集』＊も加えられたが、最も可愛らしいダンスは『スカーフの下で』だった［図131］。この作品は二人の踊り手がそれぞれスカーフの両端を持ち、残りの三人の踊り手がスカーフの下をくぐると、音楽が最も高く鳴り響くと同時にスカーフが最も高い位置まで伸び、その下で二人の踊り手と三人の踊り手が一瞬止まるというものであった。観客には、この止まる瞬間が非常に印象的で可愛らしい踊りと思われたようである。生徒が成長するにつれて、この作品はシューベルトのワルツ曲[69]を踊る『三美神』の踊りとして変容し、現在でもよく踊られる作品の一つになっている［図132］。

子どもたちは大劇場やホールの公演だけでなく、庭でショパンやシューマンの曲を踊ることもあった。子どもたちは『幸福』と名付けられたシューマンの曲の作品を好んでいたが、[70]いつもアンコールを求められたのは、ベートーヴェンの『アテネの廃墟』からの「トルコ行進曲」であったようだ。[71]リズム感ある曲から、子どもたちの可愛らしい踊りが観客に受け入れられたのであろうか。観客が子どもたちを微笑ましく見守る様子が目に浮かぶようである。

図131　『スカーフの下で』の踊り

図132　『三美神』を踊る様子

＊アレクサンダー・グレチャニノフ（一八六四～一九五六）
ロシア・カルーガ生まれ。作曲家。リムスキー＝コルサコフに作曲を学んだ。作曲家として活躍していたが、一九一七年のロシア革命の際、ロシアを去り、プラハ、パリ、ロンドンなどに住んでいた。第二次世界大戦が勃発すると、アメリカに出向き、ニューヨークに定住する。

サマースクールとレッド・スタジアム

毎年夏になると、シュナイダーは生徒たちを郊外の領地に連れて行き、そこで農作業に触れさせた。生徒たちはリトヴィノヴォでフランス語と英語を学びながら、ジャガイモや庭の雑草の取り方も習得している。シュナイダーが新聞や演劇雑誌に、「あらゆる子どもに快適な環境を与え、学問も学ばせ、手作業も身につけるサマースクールがある」と宣伝したところ、学校の財源を満たすほどの反響があり、学校に寄宿している生徒以外の子どもたちもサマースクールに参加することになった。**図133―1、133―2、133―3、133―4**の写真は生徒たちが郊外で過ごしたときの様子である。

一九二四年の夏、イザドラがツアーから戻ってくると、シュナイダーはサマースクールに参加した多くの子どもたちをイザドラに引き合わせた。子どもたちは学校のスローガンである「自由な身体に自由な精神が宿る」という言葉が書かれたプラカードを掲げ、ブラスバンドが『インターナショナル』を演奏して行進した[72]［**図134**］。町の角で待機していた赤いチュニックに裸足の子どもたちが集団に加わり、パレードはさらに拡大していった。道路は赤のチュニックを着た子どもたちで埋め尽くされたため、一時交通停止にしなければならないほどであった。

イザドラは、学校の年長の生徒たちと、スポーツ・アリーナのレッド・スタジアムで労働者の子ども対象にボランティアでダンスを教えることにする。このスタジアムは学校からさほど遠くないモスクワ川の近く、現在のゴーリキー公園の反対側に位置していた[73]。ダンスクラスに参加する子どもたちには、工場などで働く親の子が好ましいことが強調され、それ以外は、熱心な取り組み、定期的な参加、赤のコットンのチュニックの用意[74]、というこの三つだけが必要条件とされた。

図133–1　野外で柔軟体操している様子

図133–2　畑作業をしている様子

図133–3　野外で踊っている様子

図133–4　野外で円になって踊っている様子

図134　スローガンが書かれた旗を持つ生徒達（男子生徒の姿も見える）

当時生徒の一人であったロスラヴレヴァはスポーツ・アリーナで無料のダンスクラスが開催される、というポスターが街の公立学校の近くに貼られていた、と記憶している。[75] イルマも、ポドヴォイスキー[76]が野外にある大きなスポーツ・アリーナを用意すると約束したため、無料で教えるダンスクラスの案内を新聞に掲載したところ、その反響は予想以上であった、と回想している。[77] 最終的にこのクラスには多くの少年も含め約五〇〇～六〇〇人の子どもが参加することになった。

イザドラはこの日以降、毎日スタジアムにやってきて、制限されることのない自由で美しい動きを教えた。そして、時には「同志！」と叫び、腕と手を開く手法の見本を見せていた（ケン・ラッセルの映画*Isadora Duncan, The Biggest Dancer in the World*ではイザドラ役のヴィヴィアン・ピックルが「同志」と言っているシーンがあるが、これはモスクワの学校での様子を再現したものと思われる）。イザドラとイルマは一度にこの大人数を教えることは不可能と考え、子どもたちをいくつかのグループに分け、年長の生徒たちを各グループのアシスタントに置いた。そしてダンカンのダンステクニックの重要な部分をこのアシスタントに伝えることにした。この考えは成功し、スタジアムで学んだ子どもたちは短期間で見事に成長し、政府もこの様子に注目するほどであった。『イズベスチヤ』紙にルナチャルスキーによるイザドラの学校の称賛記事が次のように掲載された。

ダンカンの学校は、モスクワの労働者階級の子どもと共に重要な仕事を遂行し、ロシアの貴重な芸術的教育機関の一つとして存在している。ダンカンの学校の生徒は〈中略〉レッド・スタジアムのスポーツ・アリーナで夏の間オープン・クラスを行った。これは後に素晴らしい成功を収めた。病弱で臆病に見えた子どもたちはすぐに健康的になり、日焼けし、文字通り生まれ変わった。ダンカンの学校それ自体が非常に困難な状況の中で創設された。しかし、今日彼らがしていることについて、中央新聞の喜んでいる意見を嬉しく読んでいる。ダンカンの学校がソヴィエト・ロシアにおける新しい世代の調和ある発展という点において、非常に大きな意義と将来性があることを認識している。労働者たちは、大勢の子どもたちをこの学校に通わせることが極めて望ましく、必須であると考える。〈78〉

レーニンの死とロシアでの最後の舞台

レーニンが亡くなった一九二四年一月二一日、モスクワの学校は深い悲しみに包まれると同時に彼に敬意と哀悼の意を表した。イザドラはレーニンとは直接話す機会はなかったようだが、レーニン率いるボリシェヴィキによって学校は支援されていたことは事実であった。彼女は、レーニンを追悼するために二つの作品を創作した。それらはレーニンが好んでいた「革命賛歌」と「革命の英雄たちに捧げる葬歌」であった。この二作品をイザドラはレーニンを悼みながら各地で踊った。とくにキーウではこれらの作品が大絶賛され、一八日間の公演は全て満席となった。[79]

イザドラがロシアで創作した作品のなかで最も有名なのは、一九〇五年一月九日（グレゴリオ暦では一月二二日）に起きた血の日曜日事件の犠牲者のために捧げられた『ワルシャビャンカ』[80]である。彼女は自伝で、初めてロシアに出向いたとき、この事件の犠牲者を目の当たりにしたと記述しているが、イザドラがこの年にロシアに到着したのは、事件の発生した一一日後（グレゴリオ暦では二月二日）であったと思われる。その前年の一九〇四年一二月末にロシアで初公演を行ったイザドラは、血の日曜日事件が起こるまでの経緯等について、多くのことを聞いていたのであろうか。実のところは解明できていない。

この悲惨な事件から一九年を経て、イザドラがロシアに在住してからおよそ三年後の一九二四年に観客の革命精神を鼓舞する『ワルシャビャンカ』が作品となった。イザドラはほかに『私たちは自らの幸福の鍛冶屋』や『一、二、三、私たちは開拓者』[81]など、当時のロシアの開拓精神を励ますような軽快でリズミカルな作品を創っている。[82]一九二四年九月二七日と二八日には、カルメニー劇場で『アイルランドの革命の歌』[83]、フランス革命の歌『カルマニョール』[84]、そして、最後に『ロシア革命の歌』（『ワルシャビャンカ』のことと思われる）の作品が踊られた。この『革命の歌』の完全版とも言える公演は大成功を収め、観客は称賛と興奮の渦で総立ちになった。なかでも、詩人ズブコフが「未来の子どもたちは誰だ？」と問いかけると、子どもたちが「私たちです」と舞台から答えるような趣向を凝らした演出は、観客を完全に魅了した。[85] この『革命の歌』に非常に感動した中央執行委員会議長夫人のカリーニナが楽屋を訪れ支援を申し出たことから、さらに多くの人に公演を見てほしいというイザドラの願いは叶えられ、翌日は革命一色のプログラムがボリショイ劇場で行われた。

この公演で踊られた全作品に共通していたのは、「革命」という言葉であった。アイルランドもフランスも革命により国の状況が変化してきたが、ロシアは革命によって何が変わったのか、というイザドラからの問題提起の意味が含まれていたのかもしれない。熱烈な大喝采を受けたこの公演は、イザドラのロシアでの最後の舞台となった。

《『ワルシャビャンカ』の振付》

まず初めに上手から赤い旗を持ったリーダーが舞台の中央に走って来て、旗を振りかざしその場に倒れる。次にまた上手から若いアマゾン戦士の踊り手が走って登場し、リーダーを飛び越え旗を握り、その後倒れる。このように二人ずつ、三人ずつと次々に登場し、彼女たちの手に旗が渡っていく。全員が歌いながら登場し終わるまでテンポはクレシェンドで加速し、最後に旗を手にした踊り手が旗を床の上に下ろすと、倒れていたリーダーが再び旗を手にして立ち上がる、それに従うように倒れていた踊り手全員が立ち上がり、身体を最大限に伸ばし勝利を表す、というものである。とくにこの最後の場面は、革命の不滅の象徴を表現するように創られており、また音楽に歌詞があることからこの作品は「ダンスと歌」が結合した最高傑作の一つとされ、現在もダンカン・ダンサーによって踊り続けられている。

イザドラがロシアを去った後の学校の様子

ボリショイ劇場での公演後の一九二四年九月三〇日、イザドラは学校の運営資金を稼ぐために、一人ベルリンに向かった。ベルヴュの学校の売却金の一部を一九二〇年から一九二三年まで、フランス政府から毎年一〇万フラン受け取っていたが、受け取りは前年で終わっていたこともロシアを離れる理由であったのではないか、と筆者は推察している。

ベルリンに向かって以降、イザドラがロシアに戻ることはなく、これが生徒たちとの最後の別れとなってしまった。〈86〉生徒の一人ユーリア・ヴァシェンツセヴァは出発前にイザドラが「あなたたちが大人になったら、私の人生の全てを語るときが来るわ」〈87〉と言った言葉を覚えていたが、皮肉なことに、生徒たちがイザドラの人生について知ったのは、彼女から直接ではなく、イザドラの死後、彼女が生前執筆していた自伝を通してとなってしまった。

イザドラがロシアを去った時期に、学校内のプログラムにも変化が訪れた。開校当初のものと比較して、歌、絵画、デザインに、さらに実用的な要素となる編み物、家事、料理などダンス以外の科目を加えた次のようなプログラム構成になった。

一．一般教育
二．外国語（フランス語、英語）毎日ベルリッツ・メソッドに従って
三．芸術　ダンス（教育の要素として）、音楽、歌、絵画、デザイン

四．ジムナスティック（体操）
五．編み物など
六．家事、料理
七．動きのゲーム
八．子どものクラブ
九．エクスカーション[88]

生徒の年齢は四歳から一二歳までの子どもとされ、寝食は以前と変わらず無料であった。学校内には内科医も常駐し、図書館、救急車、薬局、裁縫のワークショップ、洗濯場、風呂、台所なども設置し、開設当初に比べかなり充実してきた。夏季には、シュナイダーの提案通り、子どもたちはモスクワ郊外で過ごすことにした。

ただ、夕方に開催されるクラスだけ大人たちのためのものに変わっていた。[89]学校を運営するためにはそれなりの資金が必要であったが、既にロシアを去ってしまったイザドラの公演収入をあてにすることはできず、学校の支援団体も基金が底をついてきたため、運営方法を変えないと学校を維持することができない状況であった。そのため、イルマは一九二五年の夏季休暇を返上して生徒たちを伴いヴォルガ地域で公演ツアーを行い、イザドラのスローガン「自由な身体に自由な精神が宿る」[90]を掲げて、シュナイダーやポドヴォイスキーの支援を得て国内公演も行った。学校は可能な限り、あらゆる機会を得るたびにイザドラの理想を表現し、シュナイダーもイザドラ・ダンカンと学校が創設された目的について各所で講演するなど学校の存続に努めた。

イルマと生徒たちの国内ツアー

イザドラの海外公演の収入が全くあてにならないことがわかると（第1部第6章参照）、学校を任されていたイルマは、一九人の生徒を連れてロシア全域を巡演するという大掛かりなツアーを行うことにする。しかし、この時期にロシア人ではないイルマが国内でツアーを行うことは極めて異例なことであった。[91] 当時の状況を鑑みると、イルマはロシア人のシュナイダーと結婚し特例が認められ、[92] ロシア国内での巡演ツアーが許可された可能性が高い。イルマによれば、ツアーはトムスクを皮切りに、ヴォロネジ、バクー、ティフリス、イルクーツク、チタ、クラスノヤルスクなどを巡り、公演を繰り返していたが、いずれの地でも彼女たちの踊りは大好評であったようである。[93] 次に示すのは地方公演の批評記事の一部だが、いずれの公演も大成功であったことが伝わってくる。

バクー

イルマ・ダンカンの公演は、私たちに真の美の夕べをもたらしてくれた。バクーではこのような素晴らしい公演を観たことがなかった。彼女は傑出した芸術家で、素晴らしい踊りを披露した。特に『楽興の時』では観客から熱狂の声が沸き起こり、拍手の嵐であった。[94]

ティフリス

自由に流れるような動きで活気に満ちており、酔わせるようなワルツで、イルマ・ダンカンと彼女のダンサーは舞台の限界を超えて緑の草原まで観客を連れて行った。……私たちにとってヴァトー（画家アントワーヌ・ヴァトーのこと）の牧歌的な絵画が生き返ったようであった。グループのリーダーであるイルマは力強さと陶酔感に満ちた戦いの踊りで創造性の奇跡を生み出した。彼女はこの力強い描写から華奢な日の光の中で繊細に舞う蝶に至るまで踊り、そこには偉大な芸術家の計り知れない領域があった。革命的な踊りにおいてイルマは並外れ表現力の域までたどり着いた。[95]

イルクーツク

イルマ・ダンカンに関する多くの熱狂的な批評を新聞で読んだり、彼女の公演を観ると、思わず誰もが次のように問いかけるだろう。一体何が彼女の偉大さなのか?彼女がこのような驚くべき美を達成した方法は何なのだろうか？　彼女はいかにして観客に強力な影響を与えているのか?彼女の表現の強さは動きの確かさと驚くべき雄弁さにある。そして、それは彼女の優れた音楽の才と芸術の生みの親であることによって完全に達成されている。[96]

チタ

私たちは期待に胸をふくらませていた。私たちは皆ダンカンについて多くを聞いていたが、めったに彼女の芸術を観ようとしなかった。そのため、イルマを観に行こうと人々は言った。幕が上がると同時に観客席には完全な沈黙と静かな期待感が広がり、遂に彼女が現れた。建築は剛直な音楽であると誰かが言ったが、ここでは音楽が崇高な動きで視覚化されていた。身体、手、長いグレーのチュニックの襞のラインが哀愁的な行進の中で悲しみを表現していた。ありふれたダンスではなく、偉大な芸術だった。……イルマ・ダンカンの踊りを観ると、いかに私たちがまだ過去の文化的伝統に縛られているのかはっきりと認識する。ダンカンの公演は通常の劇場的なスペクタクルではなく、新しい文化への一歩である。私たちではなく、私たちの子どもたちのために計り知れないほど新しい地平がこの特別な領域で開かれる。[97]

これら公演批評からも、イルマをはじめ彼女が率いるモスクワの生徒たちの踊りはロシア各地で称賛され、極めて高い評価を受けたことがわかる。それに伴い、イザドラに対する評価と同等の眼差しがイルマにも向けられ、イルマはイザドラに代わる学校の中心的存在になっていった。

中国ツアー

一九二六年、マネージャーに[98]中国のハルビンでの公演を勧められたイルマは、[99]生徒を引き連れこの公演を行うことにした［図135—1、135—2］。『ハルビン・オブザーバー』[100]紙や『ハルビン・デイリー・ニュース』紙に当時の公演予告が掲載されていたが、前者の新聞記事には、当初予定していた日本公演が大正天皇の崩御によりキャンセルとなったことが記されており、中国ツアー後には日本での公演も予定されていたことがわかった。もしこの公演が実現していたら、イザドラ・ダンカンの功績やダンカン舞踊はより広く日本に伝わっていたかもしれない。

ハルビンでの公演も国内ツアー同様、「イザドラの仕事はイルマの中で具現化されている」[101]と高い評価を得ることになった［図136］。イルマによれば、当時のハルビンは治外法権があり、外国人は容認されて住んでいたようである。そのため、観客席は現地の人のみならず、英国人、フランス人、日本人など様々な国の人たちで賑わっていた。[102]

図135–1　シベリアと極東ツアーに行く直前に撮られた写真
丸枠内はディコウスカヤ

図135–2　北京の入り口で

ツアーの間、イルマはかつてイザドラ・ダンカンの生徒だったという西太后の侍女の徳齢*と出会う。徳齢の父親である裕庚*がフランスに中国公使として滞在していた時期（一八九九年から一九〇二年の約三年間）にパリに滞在し、海外で教育を受けていた徳齢は、英語でイルマと意思疎通を図ることができた[103]。イルマに会うため、北京の公使館地区にあるアポロ劇場の楽屋に出向いた徳齢は「私はイザドラ・ダンカンの生徒でした」と伝えたが、イルマは数多くの人がイザドラのことをまるで知り合いのように語ることがあったため、最初は真剣に受け取ることができなかった[104]。しかし徳齢が「一九〇二年に妹（容齢*）と私はパリで彼女のクラスを受けていました。それから妹は、舞踊家としてすぐに有名になりました[105]」と、学ん

図136『芸術界周刊　第二期』

だ時期について具体的に話をしたことから、信用することができたようだ。
おそらく、時期からしてイザドラがパリのヴィリエ通りに移り住んでから、広いスタジオで授業料を課して教えたクラスの生徒であったのであろう。イザドラは一九〇二年の春にはドイツに向かったため、徳齢が学んだ期間は極めて短かったものと思われる。

＊徳齢（一八八一〜一九四四）
中国・湖北省武昌生まれ。作家。妹の容齢と共に西太后に仕え、外国公使夫人と交流する際に通訳を担当。妹の容齢と共にイザドラにダンスを学んだ。

＊裕庚（不明〜一九〇五）
生誕地不明。正白旗漢軍旗人。駐日公使、駐仏大使などを歴任した。徳齢、容齢の父。日本には外交使節団として、一八九五年から一八九八年まで滞在し、フランスには一八九九年から一九〇二年まで滞在した。

＊容齢（一八八二〜一九七三）
中国・天津市生まれ。舞踊家。姉・徳齢と共に西太后に仕え、その間に中国の伝統舞踊を学んだ。その後、西洋の要素を取り入れた独自の舞踊を考案し、中国で最初のモダンダンサーとされる。

学校閉鎖に至るまでの経緯

中国ツアーを成功させロシアに帰国したイルマと生徒たちは、一九二七年九月、公演のため滞在していたロシア国内のツアー先（ドン盆地）で、イザドラの悲劇的な死のニュースを知り、驚くと同時に大きな悲しみに打ちひしがれた。

『イズベスチヤ』紙はバレエ評論家のヴィクター・アーヴィングによる次の追悼記事を掲載し、亡きイザドラ・ダンカンを讃えた。

彼女は限られた舞踊家の役割を、まさに音楽の解釈へと導いた。彼女は教育の偉大な社会的役割と特別な教育環境を通して、新しい調和した人間を創造するという美しい夢と共に全生涯を生きた。〔中略〕彼女は子どもの最初の意識段階から美の雰囲気によって育てたいと思っており、〔中略〕そのため自然自体が持つ権利を復権させ、芸術を生活に近づけた。(106)

イルマは急逝したイザドラの葬儀に参列するため、すぐにロシアを出国しようとした。しかし、その日は濃霧で飛行機は欠航となり、途中ベルリンからレイモンドに葬儀日の延期を懇願する電報を送ったが、パリに到着した時には既に葬儀は終わっていた。そのため、無念にもイルマは、イザドラの葬儀に参列できずにモスクワに戻ることになった。(107)

モスクワに帰ると、イルマは政府からイザドラ・ダンカン・スクールの将来について議論する重要な会議に出席するよう促された。彼女は長い間考案していた公的教育機関のカリキュラムにダンカン・メソッドを導入するという企画を教育省に伝えた[108]。この企画は教育省によって是認され、彼女はイザドラと共に描いていた未来の舞踊教育の夢がついに実現できると喜んだ[109]。しかし、その喜びも束の間、彼女はあらゆる芸術的事柄を規制する新政策を理解していない人物と見なされてしまい、芸術監督の地位を解雇されたうえ、一教師として働くことを命じられた。そして学校にいる全ての職員までも新政府の職員に取って代えられ、イルマはその方針に従わざるを得ないという非常に厳しい状況を強いられてしまった[110]。つまり、レーニン亡き後、新政府によって、ダンカン舞踊の精神的な側面は等閑視されてしまったのである。学校は女性と子どもたちのジムナスティックの場へと変わってしまい[111]、隷属化された社会に芸術家の居場所を見つけることは難しくなった。

イルマはロシアから亡命しアメリカに帰化した興行師のソル・ヒューロックに交渉し、モスクワの生徒と共にアメリカで公演することを企画した。しかしアメリカとロシアの体制の隔たりから、交渉は最初から困難を極め、少女たちの出国に対して政府の承認を取らなければならないという重大な問題に直面してしまう[112]。彼女はアメリカ・ツアーを実現させるために影響力のある上流階層の友人の助けを得て、最終的にモスクワの生徒たちをアメリカに連れて行く許可をなんとか獲得することに成功した。

渡米前の一九二八年六月一一日にはボリショイ劇場でイザドラの追悼公演を開催することが予定され、ルナチャルスキーとスタニスラフスキーが講演することになった。しかしこの公演は延期され、イルマはその間、国内ツアーを行うことにした[113]。

一〇月一日に開催されたイザドラの追悼公演について、『イズベスチヤ』紙は次のように高く評価している。

イザドラは国から国へとさまよっていました。ドイツからフランス、ギリシアからアメリカ、そしてロシア。彼女は少人数の子どもと踊ることに満足していませんでした。彼女の目的は多くの生徒が彼女の理想を実現しているのを見ることだったのです。彼女は、若い世代全員を再創造するために彼女の教義の精神を教えたかったのです。もし全世界が無理なら、少なくとも一つの国だけでも。昨夜の追悼公演では、イザドラの養女のイルマ・ダンカンと彼女のモスクワの学校の生徒たちが出演しました。現在のところ、イザドラ・ダンカンの遺産を純粋な形式で、保持しているただ一つの学校です。[114]

一九二八年一二月二三日にニューヨークに到着したイルマ一行は、二七日にマンハッタン・オペラハウスで最初の公演を行い大絶賛された。そしてイルマ率いるモスクワの生徒たちは、ヒューロックが初めてロシアからアメリカに呼び寄せたダンス・グループとなった。[115]

アメリカ公演が終わると、イルマはこのままロシアに残って規制のある中で芸術の奴隷となってイザドラの夢を少しでも実現するか、それとも自由な環境の中で全てをやり直すか、という大きな選択を迫られることになった。そして最終的に後者を選択したイルマは、アメリカに留まることを決意した。[116] イルマは、自伝に次のように記述している。

イルマ・ダンカンが関わり生きている限り、（ダンカン舞踊の）伝統は残るでしょう。その穢れのない形式を保つためにも、未来の舞踊家が一つの国でなく、全人類に属するであろう踊り手の恩恵を発展させ、繁栄させるために、私は安全な避難所を見つけなければならなかったのです。〈117〉

ドイツ生まれのイルマが最後に見つけた安全な避難所とは、イザドラ・ダンカンの母国アメリカであった。一九二一年イルマを伴い希望を抱いて開校したロシアの学校は、開校から約七年後の一九二八年、愛弟子のイルマによって閉じられることになった。

《一九二八年以後のロシアの学校》

イルマがロシアを去った後の学校の経緯については未詳で不明な点が多い。イルマの弟子ジュリア・レヴィンによると、モスクワの生徒のタマラとアレクサンドラの二人が亡くなる一九四七年まで、ロシアでダンカン舞踊の指導、公演が開催されていたようである。ミソヴスカヤは舞台から去った後、別の学校でダンスを教えていたが、ダンカンの学校で培ったイルマのメソッドに頼ることで、子どもたちを芸術的に発展させることができたようである。

註

〈1〉ブレア、二九一頁。

〈2〉LIA, p.156.

〈3〉Perkins, Stephen, and James Caughman. *Addison Mizner.* Kensington, MD: LYONS PR, 2018, p.132.

〈4〉『芸術と回想』、一〇〇—一〇一頁。

〈5〉エリカ、アナはすでにイザドラのもとを離れ、マーゴは健康を害していた可能性が高い。

〈6〉ロンドン交響楽団と共演し、好評のうちに終わった。第1部第5章参照。

〈7〉イザドラはこの頃付き人なしに旅することはなかったようである。DD, p.223.

〈8〉ルナチャルスキーは、政治的要因からパリに亡命していた際、トロカデロ劇場でイザドラを見ていた。

〈9〉Roslavleva, Natalia. "Prechistenka 20: the Isadora Duncan School in Moscow." *Dance Perspectives* 64.（以後DP64と記す）Winter 1976, p.8.

〈10〉DP64, p.7.

〈11〉DD, p.227.

〈12〉DP64, p.8.

〈13〉集まった子どもたちの中には、イザドラがパリにいた時に知り合っていた女性の娘であるリリー・ディコヴスカヤがいた。Dikovskaya, Lily. Personal interview. 12 Apr. 2011.

〈14〉この生徒たちは、一一月七日のロシア革命四周年祭のガラ公演までの期間、イザドラとイルマから連日レッスンを受けることになる。

〈15〉Dikovskaya, Lily. Personal interview. 12 Apr. 2011.

〈16〉郷尚文『覚醒の舞踊【グルジェフ・ムーヴメンツ】創造と進化の図絵』市民出版社、二〇〇一年、第五章、一三七頁～一五七頁には六つの必修エクササイズが掲載されており、これらのエクササイズを学んでいた可能性もある。

〈17〉Dikovskaya, Lily. Personal interview. 18 Sep. 2011.

〈18〉ディコヴスカヤは、最初の頃は碧色のチュニックを与えられたが、途中から赤色のチュニックに代わったことを記憶していた。これが正しければ、ヴァシェンツェヴァはディコヴスカよりも後に学校にやって来たと思われる。

〈19〉演奏していたのは、政府が派遣してきたピアニストのピエール・ルボシュツと考えられる。
〈20〉DP64, pp.12-13.
〈21〉Dikovskaya, Lily. Personal interview. 18 Sep. 2011.
〈22〉DD, p.228 この公演はルナチャルスキーがイザドラに持ちかけた。チケットは多くの労働者の組織と赤十字に無料で配られた。ディコヴスカヤによると、レーニンとルナチャルスキーが劇場での公演を手配したとのことである。Dikovskaya, p.22.
〈23〉Dikovskaya, pp.22-23.
〈24〉『スラヴ行進曲』は皇帝を称賛する部分が含まれていたため、革命四周年祭のガラ公演にはふさわしくないと反対もあった。しかし、イザドラの演出により、この場では問題なく公演を終えることができた。DD, p.229.
〈25〉DP64, p.10; Blair, p.298 にはレーニンは『スラヴ行進曲』に感動し、称賛したとの記述もあるが、この点は不確かである。
〈26〉DP64, pp.13-14.
〈27〉Dikovskaya, Lily. Personal interview. 13 Apr. 2011.
〈28〉Dikovskaya, Lily. Personal interview. 12 Apr. 2011.
〈29〉DD, p.227でイルマは二五人の才能のある子どもだけが選ばれたとしているが、ロスラヴレヴァもシュナイダーも四〇人が入学していたと記している。時期によって、生徒数に変動があったと思われる。
〈30〉ガラ公演で『インターナショナル』は二回行われているので、一回につき七五人の子どもが踊ったと思われる。
〈31〉Dikovskaya, p.24.
〈32〉学校内部は広々としていたので、全員分の寝室を用意することは難しいことではなかった。
〈33〉イザドラは、アンナ・パヴロワから多くの意見を取り入れており、柔軟体操のやり方やその重要性を学んでいた。
Dikovskaya, Lily. In Isadora's Steps. London: Book Guild, 2008, pp.63-64.
〈34〉子どもたちはオートミールだけでは十分満足できなかったので、一日のうちの早い時間帯から既に空腹になっていたようである。

〈35〉スープに入っているのは野菜だけだったようである。

〈36〉学校では誰もがこれをオビアート（夕食）と呼び、昼食と呼ぶことはなかったようである。

〈37〉ヴァキローヴァは、ロシア語の読み書きと文法をしっかり教え、とくに綴りには厳しかったようである。ロシア語とロシア文学への造詣が深いディコヴスカヤは、一生懸命勉学に励んだようである。筆者はインタヴューの際、ディコヴスカヤの本棚にロシア文学の書籍が数多く置かれていたのを見ている。

〈38〉ディコヴスカヤは、入学したばかりの頃は最も幼い生徒の一人で年少クラスだった。

〈39〉Dikovskaya, Lily. Personal interview. 13 Apr. 2011.

〈40〉第2部第1章、第2章でも触れたとおり、ドイツやフランスの学校で子どもたちに本物の芸術に触れさせていた。

〈41〉Dikovskaya, Lily. Personal interview. 18 Sep. 2011.

〈42〉Dikovskaya, Lily. Personal interview. 13 Apr. 2011.

〈43〉DD, p.227.

〈44〉DD, p.227.

〈45〉マリアは、ルナチャルスキーから彼女の父親に一〇歳の娘をダンカンの学校に入学させるようにという助言があって、入学した。

〈46〉イルマが執筆したイザドラ・ダンカンの踊りの技法書の「歩く」にも同内容が記されている。

〈47〉DP64, p.19.

〈48〉バレエの専門用語としては、ピエ・ア・トロア・カールにあたる。

〈49〉DP64, p.14.

〈50〉DP64, p.20.

〈51〉Duncan, Irma. *The Technique of Isadora Duncan.* New York: Kamin Publisher, 1937.

〈52〉DP64, p.20.

〈53〉DP64, p.18. *Izvestia* 18 April, 1923, no.83.

〈54〉海外で育った少年たちにとって、ロシア語は外国語であり、慣れるまでに時間がかかった。

〈55〉Dikovskaya, Lily. Personal interview. 18 Sep. 2011; Dikovskaya,p.52.

〈56〉DP64, p.22.

〈57〉DD, p.230には一九二一年の新しい経済政策（ＮＥＰ）により、金銭システムが再建されると、金通貨単位でルーブルが標準化され、労働者は再び賃金労働者になった、との記述がある。この新経済政策により、多くの事柄が変動した。国民の疲弊を救うためＮＥＰは一九二一年三月二一日に施行されていたが、ロスラヴレヴァによれば、学校が支援から外されたのは一九二二年一一月一一日となっているので、一年以上は支援を受けていた可能性が高い。

〈58〉DP64, p.16; *Zrelishcha* (Moscow), 1923, no.60, p.13.

〈59〉DP64, p.16.

〈60〉Dikovskaya, p.58.

〈61〉しかし、彼女たちも踊りたいと希望すれば踊ることができた。Dikovskaya, p.58.

〈62〉一方でルーシー・フラックマンのように学校で提供される学問に満足せず、二年程在籍した後に学校を去って行った生徒もいた。DP64, p.23. 彼女たちは裕福な家庭の生まれだったため、授業料を支払っていた。Dikovskaya, p.58.

〈63〉DP64, p.16; *Poslednye Novosti* (Petrograd), 20 Aug. 1922, no.6.

〈64〉DP64, p.16.

〈65〉DP64, pp.17-18; *Zhizin Iskusstva* (Petrograd), 5 Sep. 1922, no.35.

〈66〉しかしこの新版は継続せず、一九二二年にゴルスキーが創作した最終版『白鳥の湖』のほうが好評を得ていたようである。Roslavleva, Natalia. *Era of Russian Ballet: 1770-1965*. London: Victor Gollancz Ltd, 1966, p.212.

〈67〉リドチカ・ロゾヴァヤが中心になっていたことが記されている。DP64, p.23.

〈68〉DP64, p.23.

〈69〉シューベルトのワルツ曲Op.9 no.33.

〈70〉シューマンの『子どもの情景』全一三曲のなかにある「満たされた幸福」を指していると思われる。

〈71〉 DP64, p.24.

〈72〉 DD, p.237. ブラスバンドはポドヴォイスキーが用意した。

〈73〉 IARIAAL, p.241, p.246 ではスパロウ・ヒルズにあるスポーツ・アリーナと記されている。

〈74〉 学校は財政的に人数分のチュニックを提供することはできなかったため、各自用意することを条件の中に入れていた。

〈75〉 DP64, p.25.

〈76〉 一九一七年に軍事革命委員の委員長になったポドヴォイスキーは、労働者の身体的発達を改善しようと努力しており、様々な種類のスポーツを拡げる普及することに熱心になっていた。

〈77〉 DD, p.237.

〈78〉 DD, p.238.

〈79〉 IDRD, p.234.

〈80〉 一九〇五年一月九日、当時の首都であったサンクトペテルブルクで起こったストライキに対し、軍隊が発砲したことから、多数の死者が出た事件。

〈81〉 DP64, pp.29-30.

〈82〉 DP64, pp.29.

〈83〉 『ザ・ウェアリング・オブ・ザ・グリーン』のことを指していると思われる。この作品はアイルランドのジーグを多人数で踊るもので、踊り手の手には緑の枝が握られていた。

〈84〉 フランス革命時に市民が歌っていた曲。生徒たちは完璧なフランス語で歌い踊った。

〈85〉 DP64, p.30.

〈86〉 飛行機が故障したため一度戻ってきたが、すぐにベルリンに向かった。

〈87〉 DP64, p.31.

〈88〉 Emlekkonyv. *Remembering: Isadora Duncan.* Budapest: Mozdulatművészeti sorozat, 2002, pp92-93.

〈89〉 Emlekkonyv, pp.92-93.

〈90〉古代ローマの風刺詩人ユウェナリスの言葉「健全なる精神は健全なる身体に宿る」に由来している可能性がある。しかし、ユウェナリスの『風刺詩集』第一〇編第三六五行には「強健な身体に健全な魂が宿るように願うべき」と記述されており、本来はこちらの訳のほうが適切と思われる。
〈91〉DD, p.273.
〈92〉ディコヴスカヤもイルマとシュナイダーが結婚していたと記している。Dikovskaya, p.65. 彼らの結婚は、一九二二年一月の時点でアメリカの新聞で報じられていた。"Dancer's Daughter Weds Tailor's Son." *Evansville Journal*, Jan. 1922.
〈93〉DD, p.273.
〈94〉DD, p.274.
〈95〉DD, p.274.
〈96〉DD, p.274.
〈97〉DD, p.275.
〈98〉どのマネージャーなのか不明だが、シュナイダーだった可能性が高い。
〈99〉DD, p.277. ハルビン在住者の多くはロシア人だったが、日本人もいた。
〈100〉"Four Soloists From the Duncan Ballet Troupe." *Harbin Daily News*, n.d. にはという見出しと共に四人のソリストの写真が掲載されている。
〈101〉DD, p.277.
〈102〉DD, p.278.
〈103〉DD, p.279.
〈104〉DD, p.279; 星野幸代『日中戦争下のモダンダンス—交錯するプロパガンダ—』汲古書院、二〇一八年、一六—一八頁。
〈105〉DD, p.279.
〈106〉DP64, pp.32-33.
〈107〉DD, p.319

〈108〉DD, p.320.
〈109〉DD, p.321.
〈110〉DD, p.321.
〈111〉DD, p.321.
〈112〉DD, p.322.
〈113〉DD, p.323.
〈114〉DD, pp.324-325.
〈115〉DD, p.322.
〈116〉DD, p.322.
〈117〉DD, p.325.

ダンカン舞踊の継承

最後に、ダンカン舞踊の継承に貢献したイザドラの愛弟子たちについて、簡単に述べたい。

イザドラは、最初に創設したドイツのグリューネヴァルトの学校に入学した生徒の中から、エリカ（一九〇一～一九八四）、マーゴ（一九〇〇～一九二五）、テレサ（一八九五～一九八七）、アナ（一八九四～一九八〇）、イルマ（一八九七～一九七七）、リザ（一八九八～一九七六）を愛弟子とした。彼女たちはダンカンの姓を与えられ、イザドラと共に踊る機会や自分たちだけで公演を行うことを許された。この六人は「イザドラブルズ」と呼ばれ、観客からその踊りを称賛され、イザドラもダンカン舞踊を継承する人材として期待を寄せ、彼女たちを育成していた。

しかし、エリカは画家の道に進み、マーゴは学校を開いたものの若くして病死してしまったため、この二人がダンカン舞踊を次世代に伝承することはなかった。最終的にテレサ、アナ、リザ、そしてイルマの四人がイザドラの意を様々な形で継承し、後進の育成にあたる傍ら公演を行うことになる。なかでもテレサ、アナ、イルマの三人はアメリカで、リザはフランスを拠点にそれぞれの個性と芸術性をイザドラの舞踊に融合させ、ダンカン舞踊の発展に寄与した。

四人の貢献を整理すると、テレサはドビュッシーの曲とイザドラが使用しなかったドヴォルザーク、ヘンデル、スカルラッティの曲を新たに使用することに挑戦し、ダンスと音楽のさらなる可能性を追求して踊った。そしてニューヨークに「スクール・オブ・クラシカル・ダンス」と名付けた学校を開校し、後進の育成に尽力しながら、パフォーマンス・グループ「ヘリコニアデス」を結成している。しかし、学校に厳しい規約があったことや二人の子どもの母親として子育てに専念しなくてはならなかったことから、学校もパフォーマンス・グループも長期間続かなかったようだ。テレサはイザドラブルズの中では最高齢の八八歳まで踊り続け、唯一人ダンカン・ダンサーとしてホワイトハウスで踊るという栄誉を受けている。

アナは、カーネギー・ホール内のスタジオ61やタマラ・デイカノヴァの演劇学校でダンカン・ダンスの指導にあたる傍ら、一九二六年、ニューヨークのギルド劇場でソロ公演を行い、観客から絶賛されて追加公演まで行っている。一九二九年から一九三一年までは、毎年二万人の観客を収容できるルイソン・スタジアムで彼女の生徒たちと共にダンカン舞踊の公演を行い、観客から称賛を得た。アナは、踊りに留まるだけでなく、ジョージ・キューカー監督の映画『晩餐八時』に出演するなど、女優としても活動の場を広げた。一九四二年には、舞踊家のルス・セント・デニス、テッド・ショーンと共にジェイコブズ・ピロー（テッド・ショーンが創設したマサチューセッツ州に現在もあるダンス愛好家のための開かれた場所）で公演を開催し、踊りを披露していたが、七一歳で舞台から降りる。

リザは、イザドラの舞踊精神を継承しながらも、自身の新たな解釈を加え、仮面をはじめ斬新な衣装を身につけて踊るなど、革新的で新たな作品を創作した。そしてテレサ同様、ドビュッシーの曲を使用したり、フランスにおける初めての男性モダンダンサー、ジョルジュ・ポミエスとタンゴにも挑戦している。シャンゼリゼ劇場の一角のスペースで舞踊教育に携わったリザは、その後パリ市内を転々と移転しながら学校を開設した。最後にペルーズ通りに開いた学校では、後に二〇世紀を代表するフランス人振付家として名を成すモーリス・ベジャールが二〇歳の頃、生徒としてリザのもとで学んでいた。イザドラの存在が当時のバレエに多大な影響を与えたことを熟知していたベジャールは、イザドラからリザに受け継がれた手先の微細な動きを、イザドラへのオマージュとして創作した作品『イザドラ』に取り入れている。

唯一イザドラのロシア行きに随行したイルマは、最も長い期間イザドラの傍らにいた愛弟子であった。イザドラが一九二四年にロシアを去った後も、現地に残ったイルマはロシアの学校で生徒たちを指導する傍ら、学校を維持するために国内や中国でツアーを行うなど公演活動に力を注いだ。イザドラの死後は、モスクワの生徒たちを伴うアメリカ・ツアーを行い、アメリカ各地とパリで踊りを披露して大絶賛を浴びることになる。ツアー後はアメリカに留まり、イザドラの遺志を引き継いで、アメリカでダンカン舞踊の指導にあたる。一九三三年、イルマは、ベートーヴェンの『第九交響曲』を大勢の子どもたちと踊るというイザドラのかねてからの念願をニューヨークのマディソン・スクエア・ガーデンで果たした。

今日まで一〇〇年近くにわたるイザドラ・ダンカンの舞踊の継承は、イザドラ本人の国際的な公演・教育活動のみならず、彼女が育てたこの四人の愛弟子たち各々の勢力的な活動と尽力がダンカン舞踊の伝承という形になって受け継がれてきた賜物と言える。

イザドラを直接知る人物や、イザドラの愛弟子たちに当時学んだ生徒たちにインタヴューを行った結果、イザドラブルズのなかでも、とくにイルマが教えた生徒から数多くの後継者が育っていることがわかった。

その主な理由は、イルマが最も長い期間イザドラと共にモスクワの学校で指導にあたった経験をニューヨークの学校で活かせたこと、さらに一九三七年には、ダンカン舞踊の基本的な技法を『イザドラ・ダンカンの技法』という書籍で活字化し、ダンカン舞踊の普及に努めたことなどが考えられる。

四人のイザドラブルズのもとから、現在も次世代のダンカン・ダンサーが誕生しているが、これまで継承されてきたダンカン舞踊は、イザドラの遺志を引き継ぎながら、踊り手が自身の新たな思想、解釈を付加して進化し続けていくことであろう。

「私の舞踊で百人もの少女を訓練出来る劇場を建てるのが私の意向だ。そして代わって、その少女たちが、舞踊を改善してゆくのである。この学校では、私の動きの模倣を教えるのではなく、彼女たち自身の動きをするよう教える」〈1〉と述べたイザドラの舞踊理念と精神が今後も生き続けるものと思われる。

註

〈1〉『芸術と回想』三八頁。

おわりに

イザドラ・ダンカンは、五〇年という短い生涯のなかで、世界各地で公演活動を精力的に行うと同時に独自の舞踊を確立し、当時の文化・芸術界に舞踊を芸術の一領域として認めさせることに成功した。

そして、彼女の言う芸術革命を起こした。その芸術革命とは、コルセットで締め付けられた身体を解放し、裸足で踊ること、舞踊のために作曲されていないクラシックの名曲や交響曲を使用すること、彫刻、絵画、詩からインスピレーションを得ること、社会的テーマや自身の人生を舞踊に取り入れること、自ら演出し、振り付けて踊ることであった。それも華美な舞台装置や衣装を用いず、簡素なチュニック、碧色《あおいろ》のカーテンと絨毯というシンプルな空間の中で。そして何よりも自然に逆らわず、魂から湧き出る自身の想いと人生を身体で表現していた。

このスタイルは、彼女と同時代の舞踊家に多大な影響を及ぼすことになり、例えば、当時のバレエ・リュスにみるように、バレエに自由を与えたばかりでなく、現在のモダンダンスやコンテンポラリーダンスの先駆けとなった。それは彼女が行った公演活動や芸術界に巻き起こした新風を顧みても、その後の振付家や舞踊家がイザドラの舞踊を意識的に、あるいは無意識に再現していることからも明らかである。

時を経た現在、このいずれもが革命的な出来事として見なされることは少ない。しかし、これら全てはイザドラ・ダンカンが誰よりも早く率先して行ったことであり、当時においては、センセーショナルであった。イザドラが当時の他の舞踊家と一線を画していたのは、舞踊だけに留まらず、哲学、文学、音楽、彫刻、絵画等にも造詣が深く、リンカーン・カースタインが称えたように、高い教養と知性を兼ね備えていたからであろう。つまり、イザドラ・ダンカンは未来の舞踊が行うであろうことを既に予見しており、あらゆる芸術的な要素を包含して自身の踊りでそれらを具現化していたのである。それをいち早く理解したのは、カリエール、ロダン、ブールデルをはじめとする同時代の優れた画家や彫刻家たちであった。

イザドラの死後、彼女の功績を尊び、著名な振付家たちはオマージュ的な作品を残した。例えばアメリカでは、ホセ・リモンが晩年に『イザドラのための踊り』(一九七一年)を創作し、フランスではイザドラを賛美、リザに学んだモーリス・ベジャールは『イザドラ』(一九七六年)と題した作品をマイヤ・プリセツカヤのために創っている。イギリスでは、一〇代の頃イザドラの踊りを観ていたフレデリック・アシュトンが当時の記憶を頼りに『イザドラ・ダンカン風のブラームスの五つのワルツ』(一九七六年)をリン・シーモアに振り付けたが、この作品を創作する前から、彼は『ダンテ・ソナタ』(一九四〇年)でダンカン風の動きを取り入れ、女性ダンサーを裸足で踊らせていた。またケネス・マクミランが創作したイザドラの劇的な生涯をテーマにした二幕からなる『イザドラ』(一九八一年)はBBC五〇周年記念のプログラムとして放送された。イギリスを拠点に活躍しているミリセント・ホドソンは、『イザドラのためのオマージュ』(一九九〇年)をカルラ・フラッチに振り付けた。近年では、ウラジミール・ヴァルナヴァが創作した『イザドラ』（二〇一八年）がアメリカで上演されている。

映画界では、ケン・ラッセルがイザドラの生涯をテーマにしたテレビ映画『イザドラ・ダンカン　世界で最も偉大な舞踊家』（一九六六年）を、カレル・ライスが映画『裸足のイサドラ（原題は『イザドラ』）』（一九六八年）を撮影した。最近では、ダミアン・マニヴェルがイザドラの創作した『母』をテーマにした映画『イサドラの子どもたち』（二〇一九年）を作り、ロカルノ国際映画祭で最優秀監督賞を受賞して話題に上った。演劇界においても、マーティン・シャーマンがイザドラの人生を基にした『彼女が踊ったとき』（一九八五年）という戯曲を書き、これは女優ヴァネッサ・レッドグレイヴが演じて大ヒット作品となった。

イザドラは、このように多くの芸術家の心を捉えて離さないほどのインスピレーションを与えていたが、一方でスキャンダラスな面が取り沙汰され、彼女に対する評価が錯綜している状況にあったことも否めない。そこで本書では、末裔が所有するイザドラに関する一次史料をはじめ、インタヴュー、新聞記事等を可能な限り詳細に調べることにより、今まで不明確であったイザドラの舞踊形成から舞踊を芸術の領域に高める過程、彼女の理想とする無償の寄宿制舞踊学校の詳細について明らかにすることを試みた。さらに彼女の愛弟子たちによる舞踊の継承についても簡単に触れることにした。

イザドラは、時には現実離れするほどの理想主義を掲げたが、彼女は舞踊芸術について熱心に研究し、ヨーロッパ文化の核心と見なされる古代ギリシアの理想をアメリカ人である自身の中に取り込み、クラシックの名曲を使用するというハイブリットな組み合わせを新たな舞踊の新機軸とした。イザドラが古代ギリシアにある種の理想を抱いていた背景には、父親の詩の影響やギリシア文化や哲学に傾倒していたレイモンドの存在も大いに影響していると筆者はみている。イザドラは、このレイモンドと新しい舞踊の創造のために共に舞踊研究にいそしんでいたのだった。しかし、イザドラが独自で公演を行うようになってからは、彼女自ら他分野の芸術家と交流し、他の芸術ジャンルを自身の舞踊の中に取り入れ、その融合を図るようになった。その一方で、画家や彫刻家はイザドラをモデルにした芸術作品を創作するなど、そこには発展的な相互影響関係が生まれていた。では、なぜ多くの芸術家たちは、イザドラをモデルにしたのだろうか。それは彼らが求めている自然の美をイザドラが体現していたからにほかならない。すなわち、イザドラの動きが極めて優美で、その美しさは他の舞踊家には容易には表現できない自然との深淵なる調和があったからであり、芸術家たちはそこに共通の本源を見出したからであろう。

彼女は自身の舞踊概念において「永遠なる舞踊」を希求しており、時代、時空を超え、過去、現在、未来を繋げようとしていた。イザドラは常に広大な歴史的パースペクティブを保持しており、自身が生きた時代のみに視座を置いてはいなかったのである。とくにイザドラの外見に注目していた観客は、「ギリシア的」という枠組みで捉える傾向にあったが、舞踊の本質と内的な琴線に触れた者は、彼女の舞踊を単に「ギリシア的」という言葉で片付けることはできなかったはずである。イザドラが古代ギリシアに思いを馳せていたことは事実であったが、それは同時代の社会が見落としていた何かを呈示することにもなった。当時はギリシアブームで、ギリシア風チュニックを身にまとってイザドラを模倣する舞踊家が出てきたが、次第にオリエンタルなものが求められるようになると、サロメ・ダンサーが台頭してきた。イザドラはこのブームを自身の舞踊のスタイルに取り入れることはしなかったが、川上貞奴の草履を脱いで自由に踊る姿には感銘を受けている。そして、彼女が『芸者と武士』の中で見せた「芸者の死」や貞奴の後に活躍した花子（太田ひさ）が舞台上で繰り広げたリアルな表現に強く共感した。

　イザドラがその形式を好んでいなかった当時のクラシック・バレエは、リアリティを出すというよりは、決められた形式を忠実に行う、あるいは与えられた役を演じるものが多く、それはイザドラの考える舞踊の根幹にある概念とは距離があったと言える。イザドラの作品は、基本的にストーリーがなく、音楽が表す情景を身体で描写するものが多く、彼女自身が音楽を視覚化していたのである。この点においては、作品を創るうえで音楽を重視するジョージ・バランシンの抱いていた舞踊概念と通じるところがあるが、バランシンはバレエの形式や舞踊家のスタイルにこだわっており、その枠組みから抜け出ることはしなかった。バレエの形式を重んじなかったイザドラの舞踊には技術がないと解釈されがちだが、彼女が幼少期からバレエを含め様々な舞踊、体操等を習得し、訓練を続けていたことは本書で述べた通りである。

　イザドラは彼女が否定したと見なされているバレエを学んだ後に、太陽神経叢《たいようしんけいそう》が舞踊の源であることを発見し、独自の舞踊を確立した。そして、それ以後はバレエ界に新しいバレエを発案させるヒントを与えることになり、イザドラ以降の踊り手には、シンプルな空間の中で自己の内的・外的表現をすることを促した。イザドラの活躍により、舞踊は一芸術としての地位を獲得し、その後バレエではバレエ・リュスが総合芸術としての新しいバレエを提唱した。イザドラ以降の新しい舞踊において、舞踊家は以前より自己表現の手段として舞踊を確立するようになり、モダンダンス、コンテンポラリーダンスが生まれた。つまり、現在のあらゆるダンスの根底には、彼女の概念の一端が垣間見られるのである。

　したがって二〇世紀の舞踊、さらに今世紀の舞踊は、イザドラ・ダンカンにその原点を見ることができるといっても過言ではない。イザドラとイザドラブルズが亡くなってからも様々な類の舞踊が生まれたが、これからも新たな作品が創られていくと思われる。創造的な活動に取り組む芸術家、舞踊家の姿勢とその意気込みを見るとき、芸術のために全生涯を捧げたイザドラの生き方、精神、彼女の国際的な公演・教育活動は一目置くに値するのではないだろうか。

イザドラは生前、舞踊について興味深い言葉を残している。「舞踊―それは再び生きるために死ぬ、すべてのリズムである。それは永遠に昇る太陽である」と。イザドラ・ダンカンの名は今後も歴史上から消え去ることはなく、次世代を担う芸術家は彼女の切望していた「未来の舞踊」に挑み、その限りない挑戦は続いていくであろう。

あとがき

フランス、パリのペール・ラシェーズ墓地の一角に二〇世紀前半の芸術界・文化界を牽引したイザドラ・ダンカンのお墓があります。

　今から十数年前、初めてこのお墓を訪れた私は、イザドラ・ダンカンと金字で彫られた正方形の墓碑の前に立った時、何か抑えることのできないほどの感情と想いが込み上げてきて、しばらくそこから離れることができませんでした。墓前で目を閉じると、イザドラの生きた時代の鮮やかな風景、同時代を生きた芸術家、知識人たちとの会話、彼女が貫き通した芸術への想い、それらのすべてが私のイメージの中で走馬灯のように映し出されました。同時に、彼女とその時代への関心がより一層掻き立てられるという不思議な感覚が生まれ、世界的に活躍したイザドラ・ダンカンについて、できる限り克明に描き出したいという気持ちが沸いてきました。そして、生身のイザドラを直接知る人物に可能な限り面会し、インタヴューをしたいという思いに駆られたのです。その時、それらの人々へのアクセスを全く知らなかったのですが、もしイザドラ・ダンカンについて深く探究することが許されるのであれば、その出会いはきっと必然的にもたらされるに違いない、という楽観的な気持ちも同時にありました。

私がイザドラ・ダンカンの名前を初めて知ったのは、小学校に入学した頃でした。当時バレエを習っていた私は、暇さえあればリビングのテーブルを端に移動させ、踊れるスペースを作って毎日裸足で自由にくるくる回りながら踊っていたのですが、母はそんな私を見ながら「あなたはダンカンみたいね」と言いながら笑っていました。当時はアンナ・パヴロワやマーゴット・フォンテーンのようなプリマ・バレリーナに憧れていた私にとって、この言葉はあまりうれしいものではなかったのですが。ある日母に連れられて行った図書館で、子どもコーナーにあったバレリーナというタイトルと可愛らしい女の子が踊っている表紙に惹かれて、『はだしのバレリーナ』（ポプラ社文庫）というタイトルの本を借りました。イザドラ・ダンカンのほか、バレエダンサーのアンナ・パヴロワ、ミハイル・フォーキン、マーゴット・フォンテーンの生涯について紹介されたこの本は面白く、夢中で読んだのですが、読み終えた後に一番印象に残ったのは、なぜかイザドラ・ダンカンでした。母自身が借りた本の中にも、イザドラ・ダンカンとアレクサンドラ・ダニロワの伝記があり、私はこれらも苦心しながら読んでいたように思います。それから数年後、二〇世紀を代表するバレリーナ、マイヤ・プリセツカヤの舞台生活五〇周年記念の来日公演で、彼女の十八番である『瀕死の白鳥』とモーリス・ベジャール振付の『イザドラ』を観る機会に恵まれました。ギリシア風の白い衣装で踊っているプリセツカヤの美しい姿と手先の繊細な動きが目に焼き付き、今でもはっきり思い出せるほど印象に残っています。

イザドラ・ダンカンが二〇世紀においてどれだけ重要な存在であったのか、認識するようになったのは、二〇歳の頃でした。図書館でイザドラの自伝を見つけて読んだ私は、子どもの頃に読んだダンカンの物語が一気に広がったような気がしました。そして、舞踊を芸術の高みに押し上げただけでなく、芸術、文化、教育と多岐にわたって影響を及ぼしたイザドラに心打たれたのです。その後、修士課程で西洋史を学び十八世紀に活躍したジャン＝ジャック・ルソーの友人でルソーの庇護者ルイーズ・デピネ夫人を研究しましたが、イザドラがルソーの教育論『エミール』に影響を受け、自身の舞踊教育にそれを活かしていたことがわかり、何か不思議な縁を感じました。

このようなことから、それまでバレエや様々なスタイルのダンスを学んでいた私は、イザドラの踊りに関心を持ち、彼女の足跡をたどりながらダンカン・ダンスのクラスを日本をはじめ、世界各地で可能な限り受講することにしました。幸いなことに、ダンカン・ダンスを教えている人に直接コンタクトでき、それぞれの教師のダンカン・ダンスに対するアプローチの仕方は同じではないこと、世界中でイザドラと彼女のダンスが愛されている現状を知りました。その過程で、複雑で難解なステップが必ずしも大切ではなく、私たちが日々を過ごすなかで見過ごしがちな自然な動きに気づくこと、これがいかに大切なことかを教えられた気がしています。また世界には様々な場所や多種多様な人がいることも目の当たりにし、グローバルな視野がさらに広がったことも幸いでした。

うれしいことにイザドラ・ダンカンの末裔とも幾度となく話す機会に恵まれました。生前のイザドラ・ダンカンを直接知るイザドラの姪リゴア・ダンカンに会うために、アメリカの空港に一人立って、タクシーを待っていたときの期待と不安の入り混じった気持ちを今でも昨日のことのように鮮明に覚えています。日本人の私がダンカンの研究をしていることがリゴアにとっての喜びであったのでしょうか、初対面の私に思った以上に親切で可能な限り多くの時間を割いてくれました。リゴアとの面談を通じて、伝説のイザドラ・ダンカンをより身近な存在として強く認識することができた私に、リゴアの息子ミッシェル、娘のドレが倉庫にある未公開の史料を数多く共有してくれました。ダンカンの末裔一家にはご自宅に泊めていただいたこともあり、そのうえ長年に渡り多くの史料の提供をしていただきました。ここまで親切に対応して下さった末裔の方々には、本当に感謝の気持ちで一杯です。残念ながらリゴアは二〇一五年に他界されましたが、研究以外でも私にとっては夢のような話をしてくれました。例えば、リゴアが幼い頃、マハトマ・ガンジーが彼女の頭上に手をかざしてくれたことや、藤田嗣治から日本人形をもらったこと、パヴロ・ピカソやガートルード・スタイン、モーリス・ラヴェルと会ったことなどを嬉しそうに話す姿が懐かしく思い出されます。今ではドレ、ミッシェルの二人と密接に連絡を取っており、その都度イザドラ、そしてダンカン一家の歴史の深さに気づかされています。

生前のイザドラからロシアで直接ダンスを学んだリリー・ディコブスカヤにも会うことができました。面談初日の最後に明日もいらっしゃい、と言ってくれた彼女の言葉に甘え、二日間にわたる長いインタヴューをさせていただき、自伝には書かれていないロシアでの舞踊教育についての詳細を知ることができました。当時九〇歳は既に過ぎていたディコブスカヤはとても元気で、話の途中に熱中のあまり、イザドラから学んだ踊りを目の前で披露してくれました。これも今となっては大変貴重な思い出です。

本書を執筆する過程でとくにお世話になった方々として、アメリカでは、イザドラの愛弟子のイルマに学び、『王様と私』でトニー賞を受賞したジェムジー・ド・ラップ、私にダンカン舞踊の指導資格を与えてくださったダンカン舞踊の師でニューヨークにあるイザドラ・ダンカン・ダンス・ファンデーションの芸術監督ローリ・ベリラヴ、アナベル・ギャムソン、バーナード大学の名誉教授リン・ガラフォラ、バランシン財団の創設者ナンシー・レイノルズ、フランスでは、イザドラの愛弟子リザから学んでいたマドレーヌ・リットンとオディール・ピロス、オデット・アランド、画家ジュール・グランジョアンの末裔ノエミ・ケックランと令嬢のマリアンヌ、ソシエテ・ボードレール主宰のイゼ・ノールズ氏とパミーナ、今世紀を代表する振付家のカロリン・カールソン、イギリスでは、著名な振付家のミリセント・ホドソンとケネス・アーカー、バーバラ・ケイン、ギリシアでは、インターナショナル・ダンスカウンシルの会長アルキス・ラフティス、ロシアでは、オルガ・トゥール、アンドレ・パノフ、イタリアでは、ミカエラ・ボーミグ、パトリツィア・ヴェロリ、スイスでは、エミール・ジャック＝ダルクローズの末裔マルティーヌ・ジャック＝ダルクローズ、そして国内では川上貞奴の末裔の川上新一郎先生、茅ヶ崎美術館の館長小川稔さん、伊藤道郎の末裔ミッシェル・イトウさん、ご親戚の伊藤慶子さんがいらっしゃいます。

その他、パトリシア・アダムス、アンドリュー・フォスター、マリオン・ホーレラング、パメラ・デ・フィーナ、エイドリアン・ラム、アンドレア・マンテル＝サイデル、キャスリーン・ギャラント、キャスリーン・クインラン、ドリス・ブガー、エイミー・スワンソン、エリザベス・シュワルツにもご協力いただきました。

このように、多くの人たちのご支援・ご協力により実現したインタヴューや新聞・雑誌記事などの史料や研究書を分析、検証し、彼女の生涯と創設した学校の全容を一冊に集約することは私にとって大変な作業でしたが、なんとか、ここで刊行するに至り、大きな安堵と共に感謝の気持ちでいっぱいです。

研究面では、これまで大変お世話になっている上智大学で教鞭をとられていたフランス史がご専門の長谷川輝夫先生にイザドラ・ダンカンを研究テーマに決める際や早稲田大学に移った後も丁寧なご指導をいただきました。本書の基にもなった博士論文の主査を務めていただいた映画史ご専門の小松弘先生にはダンカンに関連する映像や史料をいただくなど、お気にかけていただきました。舞踊美学・日本の歌論・詩学がご専門の尼ヶ崎彬先生には学習院女子大学の研究室にお邪魔してご指導いただき、舞踊学がご専門の慶応大学名誉教授の石井達朗先生からは、ダンカン舞踊関連の情報と的確なご助言をいただきました。これらの先生方から、早く書籍として刊行しなさいと励まされたことは感謝に堪えません。そして、今は亡きリゴア・ダンカンと、同じ年に他界された私のバレエの恩師である小川亜矢子先生は執筆を強く促し、本の刊行を何より待ち望んでくださいました。お二人には直接本をお渡しできないのが本当に残念ですが、ここでようやく約束が果たせた気持ちでおります。

また国際学会で知り合い、ご助言くださった名古屋大学の星野幸代先生、その他、一人一人の名前を挙げることは省略させていただきますが、至らない私へのご指導と絶えず支えてくださっている先生方に感謝と御礼を申し上げたいと思います。さらに、私の国際的な研究活動を財政面で支援していただいた文部科学省の科学研究費補助金、研究に協力してくださった世界各地の図書館、美術館、アーカイヴの関係者、面談に対応して頂いた多くの方々、若手研究（A）の集大成として行ったオンラインでの国際シンポジウム、対面での講演会を開催するにあたり、ご協力いただいた国内・国外の先生方、日仏会館・フランス国立日本研究所ならびにサイエンスコープに深く感謝申し上げます。

この度、ダンカンの特徴をよく捉えて、とても生き生きとした素敵な挿絵を描いてくださったアーティストのyuiさんには心からの御礼を申し上げます。そして、博士論文とこれまで国内・国外で発表してきた論考を修正・加筆し、本としてまとめるのが様々な要因により大幅に遅れてしまったにもかかわらず、本書の出版に際し、詳細に至るまで丁寧に確認し、読者が読みやすいように編集してくださった国書刊行会の佐藤純子さんに深く感謝と御礼を申し上げます。

イザドラは自伝で「正直なところ私は書くのがとても怖かった。…ただ、自分の人生を書くのが難しかったのだ」「私たちは自分自身について真実を書けるのだろうか」「あらゆる冒険を経た私という女性を、どうすれば描きだせるのだろうか」と記しています。筆者として、彼女について執筆したいことはまだ沢山ありますが、本書のダンカン論がイザドラの実像を描き出す助けとなり、少しでも多くの読者がイザドラの人生、芸術観、教育観、国際的な功績を理解することに繋がれば嬉しく思います。とくに、イザドラの各愛弟子たちの活躍とレイモンド・ダンカンの功績については、紙面の都合で思い切って割愛したため、また機会があればお伝えできればと思っております。

最後に本書を手に取られた皆様が、自分に忠実に生きたイザドラ・ダンカンという一人の芸術家の偉業と彼女の生きた時代から、現代を生きる上での新たな学びにつなげていただけましたら、私の望外の喜びとするところです。

筆者がリゴア・ダンカン（イザドラ・ダンカンの姪）に
インタビューしている様子

ペール・ラシェーズ墓地にあるイザドラ・ダンカンのお墓

イサドラ・ダンカン略年譜

一八七七年――――◆五月二六日、アメリカ・カリフォルニア州サンフランシスコに誕生する。
◆数年後に父ジョセフと母ドラが離婚する。

一八八二年（五歳）――◆コール小学校に入学する。海や山などの自然に親しみ、自由な生活を過ごす。

一八八四年（七歳）――◆ダンカン家は母のピアノ音楽、祖母のアイルランド舞踊、叔母の演劇を身近に感じ、芸術にあふれた環境があった。この頃、裁縫や演劇、ダンスのクラスを開く。
◆モスバウムに社交ダンス、ポール・ユーセルから平行棒、跳び箱、行進の仕方を学ぶ。

一八八七年（一〇歳頃～）――◆姉エリザベスとダンスを教えるようになる。

一八八九年（一二歳）――◆ダンカン一家は家族で西海岸沿いを巡業する（サンタクララ、サンタローザ、サンタバーバラなど）
◆サンノゼの劇場（五〇ドルで借りる）で初めてのリサイタルを行う（レイモンドの覚書より）。

一八九〇年（一三歳）――◆オークランドのユニタリアン教会（五〇ドルで借りる）でレイモンドと一緒に踊る。

一八九二年（一五歳）――◆ダンス教師として登録する。

一八九五年（一八歳）――◆六月、シカゴに向かう（劇場でダンスのオーディションを受ける）。
◆マソニック・テンプル・ルーフガーデンのマネージャーと契約するが、三週間で解消する。
◆一〇月一日、ニューヨークのオーガスティン・デイリー劇場の楽屋口に出向く。
◆パントマイムの端役をもらう。主役のジェーン・メイと三週間のリハーサル後、ニューヨークで三週間の公演を行い、旅巡業に出る。

一八九六年（一九歳）――◆『真夏の夜の夢』で妖精の役を踊り、観客から称賛される。

一八九七年（二〇歳）――◆八月、デイリー劇団と共に英国に向かう。
◆ロンドン滞在中にカティ・ランナー（エンパイア劇場のバレエ・ミストレス）にバレエを学ぶ。
◆劇団を退団する。（一八九七年末〜一八九八年初め頃）
一八九八年（二一歳）――◆劇団退団後、ニューヨークでマリー・ボンファンティ（『ブラック・クルック』で一世風靡したバレリーナ）にバレエを学ぶ。
◆独立の道を歩むことを決意し、リサイタルを開く。オフィーリアで優雅な可愛い踊りから存在感のある演じる踊りに変わっていく。
◆主に富裕層の夫人宅で牧歌舞踊、エセルバート・ネヴィンの曲（ピアニスト兼作曲家）を踊る。
◆二月一五日、アーサー・M・ドッジ夫人宅で『春の精』を踊る。
◆二月二八日、エリザベスの開催したお茶会で『春の精』と『ルバイヤート』を踊る。
◆三月八日、スターンバーカー夫人宅で姉の朗読した『舞踊の哲学』を踊りで表現する。
◆三月二四日、カーネギー・ホール内の劇場でネヴィンと共演する。（上流階級の夫人たちの後援）
◆三月二六日、ウィリアム・K・オティス夫人宅で『陽気な踊り』、『思い耽る人』を踊る。
◆この頃、カーネギー・ホールのスタジオでも踊る。
◆四月二三日、バークリー・ライシィアム劇場で踊る。
◆七月一八日、ロンドンのローサー・ロッジで『ナルシスの物語』という演題で公演を行う。
◆七月二七日、オスカー・アイアザジ夫人の別荘の庭で踊る。
◆九月、マゾン嬢のヴィラの庭で『テオクリトスの牧歌詩とその他のシーン』を踊る。
◆九月二八日、ニューポートの音楽学校で『真夏の世の夢』を踊り、約一か月後の一〇月二九日、『ルバイヤート』を踊る。
一八九九年（二二歳）――◆三月、ポッター・パーマー夫人宅で『ルバイヤート』、『ナルシス』ほかを踊る。
◆三月一四日、ロバート・オスボーン夫人主催のもと、ライシィアム劇場で『ルバイヤート』を踊る。
◆三月一七日、住処であったウィンザー・ホテルが火災で全焼する。一時的に友人宅に避難した後、ホテル・バッキンガムに移る。
◆四月一〇日、ジョン・ディ・ゼレガ夫人の企画でレストラン「デルモニコス」で『春のダンス』をテーマに公演を行う。
◆四月一八日、ロンドンに行くための船賃を稼ぐため、ライシィアム劇場で牧歌舞踊を踊る。レイモンドは講話を行う。
◆初夏、イザドラ、レイモンド、エリザベス、母ドラの四人でロンドンに向かう（当時、結婚したばかりのオーガスティンはアメリカに留まる）。
◆ロンドンの美術館、博物館でギリシアの壺や彫刻からインスピレーションを得てギリシア的舞踊創作に着手する。
◆エリザベスはダンスを教えるため、アメリカに帰国する。
◆ケンジントン・スクエア・ガーデンで出会った女優パトリック・キャンベル夫人からジョージ・ウィンダム夫人を紹介される。
◆ウィンダム夫人が芸術家たちを集めて開いた「イザドラの踊りの会」でニューギャラリーの館長シャルル・アレと出会う。

一九〇〇年（二三歳）

◆二月、ベンソン劇団の『ヘンリー五世』、『真夏の夜の夢』に出演する。
◆三月頃、新聞に出張公演を引き受ける広告を掲載する。
◆三月一六日、『ダンスと歌と古代ギリシアの詩の朗読からなる催し物』開催（シャルル・アレ企画でヘレナ王女後援）。ジェーン・ハリソンの詩の朗読、その後イザドラが踊りを披露する。
◆六月二八日、『イザドラ・ダンカンとの三度の夕べ』の第一回目開催（シャルル・アレ企画・ヘレナ王女後援）。詩人アンドリュー・ラングが「ギリシア神話とダンス」について講演し、その後イザドラが踊りを披露する。

◆七月三日、『イザドラ・ダンカンとの三度の夕べ』の第二回目開催（シャルル・アレ企画・ヘレナ王女後援）、作曲家ヒューバート・パリーが「音楽とダンス」について講演、ジョン・フラー・メイトランドのアドバイスによりイザドラは特にショパンの音楽（ワルツ）を踊るようになる。
◆七月六日、「イザドラ・ダンカンとの三度の夕べ」の第三回目開催（シャルル・アレ企画・ヘレナ王女後援）、画家ウィリアム・リッチモンドが「ダンスと絵画の関係」について講演、その後イザドラが絵画からインスピレーションを得た作品『バッカスとアリアドネ』や『プリマヴェーラ』を一五世紀の音楽を用いて踊る。
◆シャルル・アレから大画家ジョージ・フレデリック・ワッツを紹介される。
◆ワッツの庭園でダンスを踊り、ワッツの描いた女優エレン・テリー（ゴードン・クレイグの母）の肖像画を目にする。
◆夏、母と二人でレイモンドのいるパリに向かう。
◆パリ・オペラ座のジャン＝バティスト・カルポーの彫刻『舞踊』、凱旋門でフランソワ・リュードの『ラ・マルセイエーズ』のレリーフに感動する。
◆レイモンドと共にルーブル美術館、博物館でギリシア彫刻をはじめ、多くの芸術作品を見て、パリ・オペラ座の図書館では舞踊関連の史料・書籍を読み、コメントを書くなど舞踊研究に励む。
◆パリ万博のロイ・フラー座で川上貞奴の流れるような自由な踊りに感銘を受け、シャルル・アレと毎晩観に行く。
◆ロダン館でロダンの生命力あふれる多くの作品を目の当たりにし、感動する。
◆秋、イギリスに帰国するシャルル・アレから甥シャルル・ヌフラールを紹介される。
◆ヌフラールから、友人ジャック・ボーニーとアンドレ・ボーニエを紹介され、三人と交流を持つ。ヌフラールからフランス美術を学び、ボーニーから母サン・マルソー夫人を紹介され、ボーニエからフランス文学を通してフランス語を学ぶ。

一九〇一年（二四歳）——

◆ヴィリエ通り四五番地のスタジオでダンスを教える傍ら、長い舞踊探究の末、舞踊の源（表現の中心である太陽神経叢）を発見する。
◆この頃、薄いギリシア風チュニックにサンダルを脱いで裸足で踊るという独自の舞踊を確立する。
◆カイザー夫人の紹介により、画家ウジェーヌ・カリエールおよび彼の家族と親交を結ぶ。
◆彫刻家オーギュスト・ロダンと交流、以後長年に渡る友好関係を築くようになる。
◆サン＝マルソー夫人の館でイザドラの踊りが大作曲家アンドレ・メサジュや劇作家ヴィクトリアン・サルドゥなど、パリの著名人に称賛される。
◆グレフュール伯爵夫人、ルメール夫人、ユゼス公爵夫人の社交サロンで踊る。
◆ポリニャック公爵夫人の館で一般客も入れる公演を開催し、イザドラの名が広く世間に知られるようになる。
◆自宅で会員制の公演を開催する（五月三一日、六月一四日、八月一五日）。
◆カリエールのイザドラへの賛美の言葉により、イザドラの舞踊が芸術として認められることになる。
◆この頃、ノアイユ伯爵夫人、劇作家、詩人アンリ・バタイユ、作家ジャン・ロラン、女優ベルテ・バディと知り合う。

一九〇二年（二五歳）

◆ベルリンに向かう。舞踊家ロイ・フラー（パリ万博で絶賛されていた川上一座の興行師も務めた）に誘われ、フラー一座と共に巡演、ライプツィヒ、ミュンヘン、ウィーンに行く。
◆ウィーンの「芸術家の家」で踊る。上流階級、報道関係、芸術家たちがイザドラの踊りを称賛する。
◆興行師アレクサンダー・グロスからハンガリーでソロ公演をするように勧められ、フラーの一座を去る。
◆四月、ブダペストのウラニア劇場で約一か月間ソロ公演を行い、『美しき青きドナウ』が大絶賛される。

◆オペラ劇場でガラ公演を開催し、グルック、ジプシー・ダンス、ラコッツィ行進曲（ハンガリーの英雄たちのための革命賛歌）を踊る。
◆フェルディナンド大公の招待を受け、彼の別荘に泊まる。ヤシの木の葉の揺れる動きからインスピレーションを受け、新しい舞踊の動き（腕と手と指先を細かく震わせる）を創作する。これが後の『ハープ・エチュード』となる。
◆ミュンヘンの「芸術家の家」で、特別公演会が開催される。著名なドイツ人画家（レンバッハ、シュトゥック、カウルバッハたち）にイザドラの舞踊が芸術として認められ、ミュンヘンで名声を確立する。
◆「芸術家の家」での踊りを観ていたリヒャルト・ヴァーグナーの息子ジークフリートに称賛される。
◆母とエリザベスを伴いフィレンツェに向かい、美術館、庭園、オリーブ畑を巡り、古城の中で芸術家を前に『ヴァイオリンを弾く天使』を踊る。

一九〇三年（二六歳）

◆一月〜三月、ベルリン・オペラハウス、クロール・オペラ劇場で踊り、芸術家たちを魅了し、「神聖なイザドラ」と呼ばれる。
◆三月、ベルリンの報道クラブで『未来の舞踊』について講演する。
◆『未来の舞踊』の講演内容が後に書籍 *Der Tanz der Zukunft* (Leipzig: E. Diederichs, 1903) として、刊行される。
◆パリのスタジオで開催したリサイタルで政治家ジョルジュ・クレマンソーが短い講演をする。
◆五月三〇日〜六月一三日、サラ・ベルナール劇場で踊る。
◆六月三〇日、ロダンのレジオン・ドヌール勲章受章を祝う特別野外パーティに招かれ、芝生の上で踊る。
参加者：バイオリニストのフリッツ・タウロー、画家ポール・アルバート・ベナール、作家オクターヴ・ミルボー、彫刻家キャスリーン・ブルース、彫刻家アントワーヌ・ブールデル、シャルル・デスピオほか。
◆コジマ・ヴァーグナーから翌年のバイロイト音楽祭で踊りを披露してほしいと依頼を受ける。
◆夏、秋、ドイツ・ツアー

一九〇四年（二七歳）――◆ギリシアに向かう。ダンカン一家はコパノスに住居を建て、井戸を掘り始める。
◆古代ギリシアの芸術の再興のため、ギリシア合唱と舞踊を復活させようと、ギリシア人の一〇人の男子合唱団と共にヨーロッパツアーを行う。（アイスキュロスの『嘆願する女たち』の歌と踊りを発表）
◆合唱団はミュンヘンでは好評であったが、ウィーンとベルリンでは古典悲劇より、むしろイザドラの『美しく青きドナウ』のほうが称賛される。
◆合唱団の少年たちは変声期を迎え、ギリシアに戻る。
◆ベルリンに居を構え、文学者や芸術家を招く。
◆七月半ば～八月、バイロイト音楽祭でバッカナールの三美神の第一の女神を踊る。身につけた薄い衣装が物議を醸すが、イザドラは自身の意志を貫き通す。
◆生物学者エルンスト・ヘッケルをバイロイトに招待し、ヘッケル祭を催す。
◆ベルリンの郊外グリューネヴァルトにヴィラを購入し、寄宿制の舞踊学校を一二月に創設する。
◆一二月二五日、初めてのロシア訪問。
◆一二月二六日、二九日にサンクトペテルブルク（ノーブルズ・ホール）で、ショパン・プログラムを踊る。ミハイル・フォーキン、レオン・バクスト、アレクサンドル・ブノワ、セルゲイ・ディアギレフ、アンナ・パヴロワ、マチルダ・クシェシンスカヤなどが観ている。
◆帝室バレエ学校で男子クラスを見学する。

一九〇五年（二八歳）――◆一月、ハンブルグで学校の生徒のオーディションを行い、ゴードン・クレイグの助言で、後に愛弟子の一人となるイルマを選ぶ。
◆クレイグと共にロシアに向かう。

◆二月三日、サンクトペテルブルクでベートーヴェン・リサイタルを開く。
◆二月六日、モスクワでショパン・プログラムを踊る。
◆コンスタンチン・スタニスラフスキーがイザドラの踊りを観賞する。
◆二月下旬～三月、ドイツを巡演する（フランクフルト、ウィスバーデン、ブレスロウ、ベルリン、ハノーバー他）。
◆三月二五～三〇日、ブリュッセルのアルハンブラ劇場で踊る。
◆四月、アムステルダムをはじめ、オランダの各都市を巡演する。
◆七月、クロール・オペラハウスで生徒たちと共に踊る。
◆一〇月、オランダの各都市を巡演する。

一九〇六年（二九歳）

◆一月～五月、ドイツ、オランダ、コペンハーゲン、ストックホルムなどで公演を行う。
◆六月、第一子出産のため、ノールトウェイクの「マリア荘」に滞在する。
◆九月二四日、ゴードン・クレイグとの娘デアドリーが生まれる。
◆一二月一七日、ワルシャワで踊る。

一九〇七年（三〇歳）

◆一月、アムステルダムで踊る。
◆四月初旬、アムステルダムで公演を行う（途中で体調を崩し、ベルリンに戻る）。
◆五月四日～一五日、ストックホルムで公演を行う。
◆六月～八月、ベルリンに滞在後、チューリッヒ、ハンブルグ、ミュンヘンなどを巡演する。
◆一〇月～一二月、オランダ、ワルシャワなどで踊る。
◆一二月、ロシアに出向き、サンクトペテルブルクで三回公演を行う。

一九〇八年（三一歳）

◆一月、ロシア（サンクトペテルブルク、モスクワなど）で公演を行う。
◆スタニスラフスキーと直接会って意見交換する。
◆二月、グリューネヴァルトの生徒たちとエリザベスをロシアに連れて行き、サンクトペテルブルクのマリインスキー劇場でオリガ・アレクサンドロヴナ大公女後援の児童虐待防止協会慈善のための公演を行う。アンナ・パヴロワ、マチルダ・クシェシンスカヤと旧交を温める。
◆この頃、グリューネヴァルトの生徒たちと共に帝室バレエ学校で女子クラスを見学する。
◆七月、ロンドンのヨーク劇場で生徒たちと共に踊る。
◆八月、アメリカ・ツアーを行う。
◆八月一八日、クライテリオン劇場で踊る。
◆八月二八日、アメリカで初めて『第七交響曲』を踊るが、予想より収益は少なかった。
◆彫刻家ジョージ・グレイ・バーナードの勧めでアメリカに留まり、ニューヨークの芸術家や文化人と出会う。
◆一一月六日、一四日、ウォルター・ダムロッシュ（ニューヨーク交響楽団の指揮者）とメトロポリタン・オペラハウスで公演を行う。
◆ダムロッシュと共にアメリカ国内ツアーを行い、絶賛される。
◆一一月二〇日、当時の大統領セオドア・ルーズベルトがイザドラの踊りを称賛する。
◆一二月三〇日、コネティカットでニューヨーク交響楽団とツアー最後の公演を行う。

一九〇九年（三二歳）

◆パリに戻り、生徒たちと指揮者エドワード・コロンヌとコロンヌ管弦楽団を伴って公演し、称賛を浴びる。数多くの芸術家、彫刻家、写真家が彼女をテーマにした作品を創作する。
◆大富豪のパリス・シンガーがイザドラの強力な支援者となる。
◆ナタリー・バーネイの館で、詩人シャルル・ボードレールの『悪の華』の詩をいくつか踊る。
◆一〇月～一二月、再度アメリカ・ツアーを行う。ダムロッシュ率いる彼の楽団との一二月二日のカーネギー・ホールでのさよなら公演の後、ヨーロッパに出航し、シンガーと共に翌年三月末までクルーズでエジプトを旅する。

一九一〇年（三三歳）

◆五月一日、パリス・シンガーとの息子パトリックがフランスのボーリュで生まれる。
◆夏、パトリックのお披露目パーティーを開き、ヴェルサイユのトリアノン・パレス・ホテルに五〇人ほど知り合いを招く。

招待客＝セルゲイ・ディアギレフ、ワツラフ・ニジンスキー、マリー・ルコント、ヘンリー・ラッセル、ポール・マルグリット、ルネ・ブリュムほか。

一九一一年（三四歳）——

◆一月一八日〜二月、パリのシャトレ座でグルックとヴァーグナーの作品を踊る。

◆二月一五日〜三月三一日、三回目のアメリカ・ツアーを行い、ヴァーグナーの『パルシファル』、『タンホイザー』、『マイスタージンガー』、『トリスタン』からのダンスをニュージャージ、ニューヨーク、ワシントン、ボストン、シカゴなどで踊る。

◆カーネギー・ホールでの最終公演の後、パリに戻る。

一九一二年（三五歳）——

◆ヌイイのスタジオでピアニストのヘナ・スキーンと共に仕事に没頭する。

◆ヘナ・スキーンとロンドン、ベルリンで公演を行う。

◆パリに劇場を建設する計画を立てるが、クレイグが手を引いたことから実現には至らなかった。

一九一三年（三六歳）——

◆一月〜二月、ヘナ・スキーンと共にロシア・ツアーを行う。モスクワ芸術座で花子の芝居のデモンストレーションを観る。

◆この頃アレクサンドル・スクリャービンと出会う。

◆三月、パリのシャトレ劇場やトロカデロ劇場で踊る。

◆四月、シャンゼリゼ劇場がオープンする（劇場の外壁と内装には、ダンカンの影響を受けたアントワーヌ・ブールデル、ケル・グザビィエ・ルーセル、モーリス・ドニ等の芸術作品がある）。

◆四月一九日、二人の子ども（デアドリーとパトリック）がセーヌ川に落ちて亡くなる。

◆フランスを離れ、コルフ島で静養する。

◆レイモンドと共にアルバニアの難民支援を行う。

◆モンテ・ヴェリタで静養する。

◆秋頃、ヴィアレッジョで彫刻家ロマーノ・ロマネッリとの子を宿す。

一九一四年（三七歳）——

◆一月、パリ郊外ベルヴュにあったパイヤール・ホテルをパリス・シンガーが購入する。

◆二月二一日、ベルヴュの舞踊学校を開校する。エリザベスの学校で学んでいた六人の愛弟子たちがこの学校に呼び戻される。ベルヴュの学校には、彫刻家ロダン、ブールデル、女優エレオノーラ・ドゥーゼ、詩人ガブリエル・ダヌンツィオ、女優セシル・ソレル、その他アカデミー・デ・ボザールの生徒たちがやって来てレッスンや非公式のリサイタルを見学する。
◆六月、トロカデロ劇場でベルヴュの開校記念祭を開催する。
◆七月〜八月、フランスが第一次世界大戦に参戦し、ベルヴュの学校は軍の病院になる。
◆ロマーノ・ロマネッリとの子どもが生後すぐに亡くなる。
◆第一次世界大戦から逃れるため、アメリカに向かう。

一九一五年（三八歳）――

◆一月、ニューヨークのメトロポリタン・オペラハウスで愛弟子たちと『アヴェ・マリア』を踊る。
◆二月二五日、三月二日、メトロポリタン・オペラハウスで公演を行う。
◆オットー・カーン（資産家・芸術庇護者）がニューヨークのセンチュリー劇場を無料で提供する。
◆五月、上流階級の人たちを対象に公演を行う。
◆スイスのホテル・ボー・リヴァージュで指揮者ワインガルトナー夫妻の前で踊りを披露する。
◆チューリッヒのグランド・オペラ・ハウスで公演を行い、生徒たちをスイスの寄宿学校に預ける。
◆イザドラはギリシアに向かい学校を創設しようとするが、難しいことがわかりフランスに戻る。

一九一六年（三九歳）――

◆四月九日、トロカデロ劇場での戦争チャリティコンサートを開催し、チャイコフスキーの交響曲第六番『悲愴』、フランクの『贖罪』、『ラ・マルセイエーズ』などを踊る。
◆五月、ピアニストのモーリス・デュメニルと共にニューヨーク経由で南米ツアーを行うことを決定する。
◆七月〜九月、南米ツアーを行い、ブエノスアイレス、モンテビデオ、リオ・デ・ジャネイロ、サンパウロで踊る。
◆一一月、ニューヨークに戻り、メトロポリタン・オペラハウスで友人たちのためにガラ公演を開催する（観客席にはアンナ・パヴロワ、オットー・カーン、ポリニャック公爵夫人、ミッチェル市長など）。

◆ニューヨーク滞在中、伊藤道郎と交流する。
◆一二月、秘書アラン・ロス・マクドゥーガルとキューバ経由でフロリダに行く。

一九一七年（四〇歳）――◆三月、メトロポリタン・オペラハウスで公演を行う。
◆夏、友人とロングビーチで過ごす。
◆生まれ故郷のカリフォルニアで踊る。
◆ピアニストのハロルド・バウアーに出会う。

一九一八年（四一歳）――◆一月、バウアーとショパン・プログラムをサンフランシスコのコロンビア劇場で共演する。
◆ニューヨーク滞在後、ロンドン経由でパリに戻る。
◆ドビュッシーの弟子でピアニストのヴァルター・ルンメルと出会う。
◆ルンメルと共にリストの『葬送行進曲』と『孤独の中の神の祝福』に取り組む。
◆ショパンの音楽を用いた作品を増やし、ベルヴュの学校内の広間でショパン・フェスティバルを開催する。

一九一九年（四二歳）――◆ベルヴュの邸宅をフランス政府に売却し、その資金でポンプ通りにスタジオを兼ねた家を購入する。
◆三月～四月、パリの主要な劇場で交響楽団と共に公演を行う。
◆トロカデロ劇場で、ベートーヴェン、ヴァーグナー、シューベルト、ショパン、チャイコフスキー、フランクの曲を踊る。
◆五月～六月、シャンゼリゼ劇場で、ショパン・フェスティバルを開催。その他リスト、ブラームス、ヴァーグナー、ベルリオーズの作品も踊る。
◆九月、スイスで三週間ほどのツアーを行う。一六日にはゲーテヌアムで公演を行う。
◆一〇月、ルンメル、秘書のダリエスと共に北アフリカに行き、学校創設を試みるが失敗する。

一九二〇年（四三歳）――◆三月～四月、ジョルジュ・ラバニの指揮するオーケストラと共にトロカデロ劇場で公演を行う。
◆六月、ルンメルとショパン・フェスティバルを開催する。

一九二一年（四四歳）――◆九月、再びギリシアに向かう。アメリカから帰って来たイサドラブルズ、写真家のエドワード・スタイケンが同行する。ギリシアでの舞踊学校の創設は実現しなかった。

◆一一月〜一二月、トロカデロ劇場で四人のイザドラブルズとヴァーグナープログラムを踊る。

一九二一年（四四歳）――◆一月、ルンメルとオランダで公演する。

◆シャンゼリゼ劇場で四人のイザドラブルズと踊る。

◆四月一七日、ロンドンのプリンス・オブ・ウェールズ劇場で、ロンドン交響楽団の演奏で踊る。

◆五月二日、ブリュッセルのパルク劇場でショパン・フェスティバルを行う。

◆六月、ロンドンのクイーンズ・ホールで愛弟子のイルマ、テレサ、リザと共にさよなら公演を行う。

◆七月一二日、愛弟子のイルマと共に舞踊学校創設のため、ロシアに向かう。

◆九月、プレチステンカ通りの学校で一五〇人の子どもを指導する。

◆一一月七日、ボリショイ劇場でのロシア革命四周年祭で子どもたちとガラ公演を行い、レーニンから称賛される。

◆一二月三日、モスクワに「イザドラ・ダンカン国立学校」を開校する。

◆アレクサンドル・スクリャービンの曲に振付を始める。

一九二二年（四五歳）――◆四月一二日、母ドラが亡くなる。

◆五月、詩人セルゲイ・エセーニンと結婚し、彼と共にアメリカに向かう。

◆一〇月一日、ニューヨークに到着する。エリス島で拘留されるが、翌日釈放される。

◆カーネギー・ホールを皮切りにアメリカ各地で公演を行い大盛況となる。

◆ボストンでは扇動的なスピーチと革命的な踊りが問題視され、公演中止になるが、その後も何とかアメリカ各地で公演を続ける。

一九二三年（四六歳）――◆一月、カーネギー・ホールで、さようなら公演を行う（二度とアメリカに戻らないと誓いを表明する）。

◆二月三日、エセーニンと共にフランスに向けてニューヨークを出発する。
◆五月、六月、七月、トロカデロ劇場でレイモンドのマネージメントのもと、帰国前に三回公演を行う。
◆八月五日、エセーニンと共にモスクワに戻る。
◆キスロヴォツク、バクー、ティフリスをイルマと共に訪れ、公演する。
◆一一月、ボリショイ劇場でモスクワの生徒と共に踊る。

一九二四年（四七歳）——◆一月、レーニンの死に際し、『葬送行進曲』として創作した二作品を踊る。とくにキーウで大成功を収める。
◆スクリャービンの生徒であるピアニストのマーク・メイチックと共にモスクワ学校の経済危機を救うため、ヴォルガ地域でツアーを行う。
◆夏、レッド・スタジアムで労働者の子どもたちを指導する。
◆九月、モスクワのカルメニー劇場で踊る。
◆カリーリナ夫人の計らいにより、追加公演をボリショイ劇場で行い、称賛される。
◆九月三〇日、公演地ベルリンに向かう。
◆ベルリンで公演を行う。

一九二五年（四八歳）——◆二月、愛弟子の一人、マーゴが病死する。
◆ニースの小さなスタジオで創作活動を続ける。
◆一二月二八日、セルゲイ・エセーニンが自死する。

一九二六年（四九歳）——◆ピアニストのヴィクター・セロフと知り合いになる。
◆四月二日、ニースのスタジオでピアニストのレオ・テクトニウスと共演する。
◆九月一〇日、ニースのスタジオでピアニストのイラクライ・オルベリアーニと共演する。
◆九月一四日、ニースのスタジオでジャン・コクトーと共演する。
◆一一月、ヌイイにある家が支払いの不履行のため、オークションで売却される。イザドラの友人が委員会を立ち上げ、彼女のためにヌイイの家を買い戻そうとするが、実現に至らなかった。
◆この頃から自伝の執筆に着手し始める。

一九二七年（五〇歳）

◆二月、パリに戻る。
◆七月八日、パリのモガドール劇場で、アルベール・ウォルフ指揮のもと、コンセール・パドルーと共に最後となる公演を行う。フランクの『贖罪』、シューベルトの『アヴェ・マリア』、『未完成交響曲』、ヴァーグナーの『タンホイザー』から「バッカナール」、『トリスタン』から「イゾルデの愛の死」を踊る。
◆ニースに戻る。
◆九月一四日、首に巻いていた紅いショールが乗車していたブガッティの車輪に巻き付いたことが原因で亡くなる。
◆九月一九日、パリのペール・ラシェーズ墓地で火葬と告別式が行われ、埋葬される。

わ

ま

か

人名索引

著者紹介
柳下恵美（やぎした えみ）
上智大学大学院文学研究科博士前期課程修了、修士（史学）。
早稲田大学文学研究科博士後期課程修了、博士（文学）。
早稲田大学招聘研究員。現在、早稲田大学、日本大学において文化、芸術、英語を日英両原語で講義している。
国内をはじめ、アメリカ、ギリシア、ノルウェー、ポーランド、マルタ、ポルトガルなど世界各地で開催された国際学会でイザドラ・ダンカン、世界で活躍した日本人芸術家・文化人に関する発表（口頭・論文）を数多く行う。

小川亜矢子にバレエを学ぶ。ニューヨークのイザドラ・ダンカン・ダンス・ファンデーションよりダンカン舞踊の教員免許を取得。
ニューヨークでは Lycee Kennedy International School でダンスのクラスを提供し、Steps on Broadway、Bridge for Dance でダンカン舞踊のアシスタントを務めた。

挿　絵　yui

イザドラ・ダンカン　美《び》と魂《たましい》の表現者《ひょうげんしゃ》

2025年3月10日　初版第1刷　発行

著　者　柳下恵美

発行者　佐藤丈夫
発行所　株式会社国書刊行会
〒174-0056　東京都板橋区志村 1-13-15
電話　03-5970-7421　ファックス　03-5970-7427
https://www.kokusho.co.jp
編集協力　長田年伸

印　刷　モリモト印刷株式会社
製　本　牧製本印刷株式会社

ISBN　978-4-336-07649-6